# 中华美育演讲录

## CHINESE
## AESTHETIC EDUCATION
## SPEECH BOOK

祁志祥 主编

上海市美学学会
上海交通大学人文艺术研究院 编
《艺术广角》编辑部

上海三联书店

恒源祥美学书系

# 编 委 会

# 目　录

## 上编　美育入门

第一讲　"全球人文"与中国学者的贡献/王　宁 ……………………… 3

第二讲　"美"的"千古之谜"的全新破译/祁志祥 ……………………… 20

第三讲　"美育"的完整义涵及其实施路径/祁志祥 …………………… 34

第四讲　现代美育的精神涵养功能/王德胜 ………………………… 47

第五讲　中国古代美学的"乐感"传统及其现代启示/祁志祥 ………… 58

第六讲　从《美的历程》到《中国美学全史》/祁志祥 ………………… 67

## 中编　艺术美育

第七讲　何为美好的艺术/毛时安 …………………………………… 81

第八讲　艺术与美的关系的古今演变/祁志祥 ……………………… 97

第九讲　艺术训练的方法与意义/张　晶 …………………………… 117

第十讲　旧体诗创作的当代际遇与命运/汪涌豪 …………………… 127

第十一讲　如何品味中国古典诗词之美/方笑一 …………………… 136

第十二讲　中国古代的三大爱情剧/谢柏梁 ………………………… 146

第十三讲　恒源祥戏剧文化与奥运国际化推广/陈忠伟 …………… 173

第十四讲　怎样欣赏交响曲/杨燕迪 ………………………………… 181

第十五讲　都市新民谣的听觉审美与文化阐释/周志强 …………… 201

第十六讲　散文为何写、写什么和如何写/赵　勇 ………………… 220

第十七讲　网络创作能否打造文学经典/欧阳友权 ………………… 239

## 下编　生活美育

第十八讲　中国人的生活美学/刘悦笛 ……………………………… 257

第十九讲　从《世说新语》看六朝美育风貌/袁济喜 ……………… 268

第二十讲　江南文化的审美品格/胡晓明 …………………………… 282

第二十一讲　当下中国乡村旅游的美学探寻/张建永 ……………… 290

第二十二讲　中国美好形象的建构与传播/孟　建 ………………… 304

# 前　言

　　《中华美育演讲录》是上海市美学学会主办的"上海美育大讲堂"演讲录和在辽宁《艺术广角》开设的"中华美育大讲堂"演讲稿的集锦。现整理出版,希望能让更多的读者从中受益。

　　"上海美育大讲堂"是上海市美学学会响应党中央"加强和改进学校美育工作"的要求,组织上海及全国一流专家在上海市各高校和部分中小学开展的系列美育讲座。讲座针对的听众对象主要是大学生,部分是高中生,也包含部分中小学教师。讲座主题要求接地气,大众都能听得懂,解决人们的实际美育问题。讲座内容既尊重各位专家的学科专长和思想独立,又努力贯穿一个大的主题,即矫正当下"美不可解"、美丑混淆的审美乱象,重温亚里士多德"美是具有价值并同时给人愉快的东西",确认"美是有价值的乐感对象",帮助受众树立健康的审美观,正确辨别美丑义界,从快乐和价值两个维度从事美的欣赏和创造,为美化人生和社会、建设中国式现代化美好生活服务。讲座原计划在2021—2022年举行。因为疫情的关系,2021年底九位专家讲座结束后就不得不中止。2022年伊始,本人与《艺术广角》主编张立军先生达成默契,自第2期起开设"中华美育大讲堂"专栏,由我担任主持人,每期刊发两篇演讲录,在陆续发表上海美育大讲堂演讲稿的同时,还组织编发了全国美学名家的部分美育演讲稿。这次萃编成书,另作了个别增补。

　　本书各讲的作者,都是美学相关学科的名家。他们是欧洲科学院院士、上海交通大学人文艺术研究院院长王宁教授,中国文艺评论家协会原副主席、著名文艺评论家毛时安先生,中国文艺评论协会副主席、复旦大学中文系汪涌豪教授,中华美学学会副会长、首都师范大学艺术与美育研究院院长王德胜教授,中国古代文论学会会长、华东师范大学江南文化研究中心主任胡晓明教授,中国音乐家协会副主席、哈尔滨音乐学院院长杨燕迪教授,中国文艺理论学会网络文学研究分会会长、中南大学欧阳友权教授,中国辽金文学研究会会长、中国传媒大学人文学院院长张晶教授,中国人民大学国学院原副院长、著名六朝美学史家袁济喜教授,复旦大学国家文化创新研究中心主任、中国传播学学会副会长孟建教授,联合国教科文组织国际剧评协会中国分会监事长、中国戏曲学院谢柏梁教授,湖南省旅游委首席专家、吉首大学原副校长张建永教授,中国赵树理研究会副会长、北京师范大学文艺学研究中心赵勇教授,中国社会科学院哲学研究所研究员、国际美学协会原总执委刘悦笛研究员,天津市美学学会会长、南开大学文学院周志强教授,央视《中国诗词大会》命题专家、华东师范大学中文系方笑一教授。恒源祥集团董事长兼总经理陈忠伟作为富有文化艺术情怀的企业家的代表,也共襄盛举。本人作为活动组织者和美学研究者,也参与其中。

关于本书各讲的逻辑结构及其内在联系,这里略述如下。

本书二十二个专题,分三编。

上编可视为美育入门板块,讲述美学的人文学科定位,"美学""美育"的基本含义,中国古代美学的乐感精神,中国美学史的书写历程这样一些基本问题。

科学分自然科学与人文科学。人文科学不同于自然科学的最大特点,是主体性很强的学科,不可进行定量测定,但又具有反映客观规律的科学属性。美学就是这样一门人文学科。王宁教授长期致力于中外文学、文论、美学的比较研究,具有宏阔的国际视野。他代表中国学者不断向世界人文界发声,倡导"世界文学""全球人文"概念,成果累累,具有广泛的国际影响和很高的国际声誉。他的演讲《"全球人文"与中国学者的贡献》讲述了自己这方面的经历和心得,对中国美学为"全球人文"做出中国学者的贡献提出深情期待。

美学是美之哲学。美是什么,是当代美学工作者否定不了、回避不了的基本问题。祁志祥教授在悉心搜罗古今中外各种美的定义的基础上,从审美实践出发,对这个"千古之谜"做出了全新解答,提出"美是有价值的乐感对象",出版《乐感美学》加以系统阐释,引起广泛的反响,受到不少学者的高度评价。曾繁仁先生指出:作者"具有自己的学术立场和学术观点,论述翔实而富有条理,知识面深广,且有极强的现实针对性"。陆扬教授指出:《乐感美学》"是近年学界少见的美学理论建树大著,堪称美和美感研究以及日常生活美学的一部百科全书,是作者酝酿有年、精心打造出来的高牙大纛"。

高楠教授指出,作者"对很多有争议的问题都明确地表述且旁征博引地证明自己的看法","正引发着中国美学界的一次不小的地震。它的震动力量来源于它对于一些几成定论的或争论不休的美学理论的纵深性的爆破"。冯毓云教授指出:"自古以来,对美阐释就是一道美学领域的哥德巴赫猜想,引无数学者竟折腰。祁志祥先生在对何为美追问的路上,不畏艰险、锲而不舍去探寻美的真谛,为美学史贡献出别具一格的美学原理,必将在中国美学史上独领风骚。"本书第二讲《"美"的"千古之谜"的全新破译》就来看看祁志祥教授是如何破译这个美学的"千古之谜"的。

美育是审美教育。但何为"审美教育",却莫衷一是。实践中常把它与艺术教育混为一谈。祁志祥教授依据"美是有价值的乐感对象",推导出美育是情感教育、快乐教育、价值教育、形象教育、艺术教育的复合互补。于是,"美育"与"艺术教育"有了种差。在艺术教育之外,人们可以在情感节制、趣味教育、德育智育、形象塑造几方面从事美育实践。所以第三讲安排祁志祥教授的演讲录《"美育"的完整义涵及其实施路径》。

美学的旨归在美育。对于"美育"内涵及功能,当代美学工作者做出了许多探寻。王德胜教授作为首都师范大学美育研究中心主任,一直在思考"现代美育的精神涵养功能"问题。美是有价值底线的。美育不仅是怡情悦性的,而且是净化灵魂、提升精神的。王德胜教授长期致力于高校美育研究,对美育问题有深度的思考积累。第四讲,我们就来倾听王德胜教授对这个观点的分享。

美是带来有价值的愉快感的对象。但我们下定义时,不宜说美是"有价值的快感对象",而应当说是"有价值的乐感对象"。因为"快感"容易造成与肉体连得很紧的误解。其实美所带来的愉快感不仅与感官相连,而且与精神有关。中国古代美学中的"乐感"概念恰恰积淀着"孔颜乐处"与"曾点之乐"、道德愉悦与感性欢乐。美作为"有价值的愉快感的对象",得到中国古代美学思想资源的有力支撑。中国古代文化既不同于西方古代的罪感文化,也不同于印度古代的苦行文化,而是乐天知命的"乐感文化"。在甄别中国古代"乐感文化"得失的基础上,诞生了中国古代美学的"乐感"精神。它启示着、印证着美是"有价值的乐感对象"。所以第五讲,我们来听祁志祥教授《中国古代美学的"乐感"传统及其现代启示》的演讲。

美学研究既有横向的逻辑建构,又有纵向的历史书写。自1981年李泽厚出版《美的历程》以来,中国美学史著述取得了不少成果,出现了不少写法。它们有写神型的,有写骨型的,有写肉型的。如何评价其中的得失,找到合适的写作门径?祁志祥教授结合自己独立著述《中国美学全史》的体会,与大家分享了中国美学史的书写历程及《中国美学全史》的基本框架和主要观点。讲座内容主要包括:与《美的历程》和《中国美学史大纲》相较,《中国美学全史》有什么异同?《中国美学全史》为什么不直接写史,而在第一卷中论述美学、美和中国古代美学精神?如何把握中国古代美学精神的演进历程和时代分期?如何理解中国现当代美学的学科转型及中国现当代美学精神的演变?

本书中编是艺术美育板块,涉及艺术与美的关系以及诗歌美、戏曲美、音乐美、文学美的解析。

艺术是艺术家运用各种艺术媒介创造的美。美作为有价值的乐感对象,既能给人愉快的美感享受,也具有价值含量。前者,日常话语中往往用狭义的"美"指称之。后者,日常话语中就叫"好"。艺术的特征是广义的"美",或者说是狭义的"美"与"好"。毛时安先生从事艺术评论几十年,他结合自己长期丰富的评论经验对艺术的"美好"特征分享了自己的独特体悟。他揭示:艺术是能让冷酷的心变得温暖、浮躁的心变得沉静、脆弱的心变得坚韧、平庸琐碎的心变得诗意盎然、贪婪的心变得节俭、荒芜的心变得丰饶、空虚的心变得充实、阴暗的心变得光明。在信息泛滥的时代,更需要美好的艺术。

艺术的特征是给人愉快的美,这是西方传统文艺理论的一个基本观点。这个美既可以由艺术所摹仿的令人愉快的美的现实题材带来,也可以由对丑的现实题材的惟妙惟肖的逼真摹仿带来。由于现实题材的美丑在不同的艺术媒介中产生的审美反应不同,所以西方传统美学规定:文学、音乐等时间艺术可以比较广泛地反映丑陋的题材,但绘画、雕塑等造型艺术在反映丑陋题材的时候必须有所规避和淡化。现代西方艺术则打破了"美"的束缚,从题材到艺术表现形式方面都大踏步地向令人不快的丑挺进。于是,美的艺术出现死亡现象。如何评价这种现象的得失?艺术是不是应该向缓解人生苦痛、给人愉快之美方向复归?请听祁志祥教授讲述《艺术与美的关系的古今演变》。

艺术的特征是美。各门媒介的艺术,其创造美的规律是不同的。因此,

"艺术训练"便有了必要,也有其特殊的方法。张晶教授既是富有成就的艺术理论家,也是造诣很高的辞赋作家。他饱含自己的创作体会,综合古今中外的艺术理论,与我们谈艺术训练的方法与意义,揭示艺术训练的基本要求,在于掌握特殊的艺术媒介和创作法则,完成从初始到谙熟、从必然到自由、从技到道的蜕变。张晶教授肯定艺术美创造的规律和按照这种审美规律进行艺术训练的必要性,对于人们重新反思美由心生的存在论新潮学说的缺失,具有发人深省的启示意义。

诗是文学艺术的宠儿。在中国当代学者中,汪涌豪教授既擅长写旧体诗,出版过旧体诗集《巢云楼诗抄》,也擅长写现代诗,出版过现代诗集《云谁之诗》,是一位学者型诗人。在旧体诗写作方面,他五古、五绝、五律、七古、七绝、七律各体皆工,言志、抒情、咏物、叙事、咏史无不入诗,用旧体诗写当代事不失古风,以中国诗写外国事不失国风,体现了很高的诗学造诣。他的《旧体诗创作的当代际遇与命运》讲座,是饱含自己创作甘苦的经验之谈。喜欢写旧体诗的朋友,不可错过。

中国古代是一个诗歌国度。唐诗宋词造就了中国古典诗歌的皇冠明珠。生活不能满足于眼前的物质享受,我们还需要诗与远方。"如何品味中国古典诗词之美?"这是一个解决了温饱问题之后国民面临的一个大问题。中央电视台《中国诗词大会》命题专家方笑一教授对这个问题有独到的研究与解答。品味中国古典诗词之美可从四个方面着眼,即丰富的情感表达、精致的语言形式、深厚的人文内涵、多样的文人意趣。

戏剧是一门综合的艺术。中国古代戏剧是"以歌舞演故事",所以王国维又叫"戏曲",并说:"必合言语、动作、歌唱以演一故事,而后戏剧之义始全。故真戏剧必与戏曲相表里。"爱情是艺术的永恒主题。中国古代戏剧中《西厢记》《牡丹亭》《长生殿》是三大经典爱情剧,堪称是中国人爱情的"圣经"与教科书。谢柏梁教授长期从事中国古代戏剧研究与教学,本身也是戏剧编剧。他讲述的《中国古代的三大爱情剧》别具匠心,摇曳生姿,饶有趣味。

创立于1927年的恒源祥是近百年的民族品牌,2008年以来成为世界服装纺织行业的奥运赞助商。这个品牌发展到今天,不仅与文化兴企、美学经济战略密切相关,而且与艺术助力、戏剧助力有关。现任掌门人陈忠伟先生深富文化情怀和底蕴。他联系企业发展战略及其走过的历程为上海交通大学国际化戏剧培训班所作的《恒源祥戏剧文化与奥运国际化推广》讲座,站得高、看得远、接地气、可读性强,堪称是生活美育的范本之一。

在现代生活中,音乐是生活美学中一个不可或缺的重要组成部分。在音乐欣赏中,常见的交响曲是器乐音乐中大型作品的最高代表。如何欣赏交响曲之美?杨燕迪教授长期从事西方音乐理论研究与音乐的人文性评论。他从美学品格与形式规范等方面对交响乐欣赏作了专业解读,对大众来说具有启蒙意义,对于交响乐发烧友来说则是不可多得的理论提升。

当代中国流行音乐正在催生一种声音的乌托邦主义——追求极端完美、纯粹的声音,构造出一种对完美生活和完美城市的诉求。与此同时,当代社会正在进入"独居社会"时期,都市新民谣体现出"孤独美学"诉求。周志强教授《都市新民谣的听觉审美与文化阐释》的讲座视角独特,揭示了"都市新民谣"的历史背景、声音特质、文化内涵以及它所隐藏的当代社会文化的内在矛盾。这是一个贴近现实的由浅入深、由外而内、形式与内涵相结合的深度解读。

文学是最常见的艺术样式。散文是人们常用的文学形态。散文为何写、写什么和如何写?赵勇教授结合自己的研究和创作指出:为何写——作者意有郁结,无病呻吟不行;写什么——敢于真实呈现丢自己脸的事情,文过饰非不行;如何写——娴熟掌握某种艺术方式,技艺不造练到一定程度不行。只有非写不可、充满真诚、艺术圆熟,才能创造散文吸引人、打动人的美。

随着科技发展和艺术媒介的日新月异,网络文学成为当代文学创作领域的新贵。什么是文学经典?网络创作能否打造文学经典?如何打造?国内研究网络文学的顶级专家欧阳友权教授对这个大众感兴趣的热点问题做出了权威解读。他认为:网络文学虽然目前有渐成主流之势,但数量与质量不匹配、过度商业化以及技术与艺术的不平衡,导致精品力作占比不高,经典难觅。原创性、亘久流传、多向阐释空间和艺术价值的永恒魅力,是文学经典评价的一般标准。网络文学打造经典,一是要树立精品意识和经典观念,倡导创作的"工匠精神";二是要采取"经典化"有效举措,如推精品设置创作标杆,走出媒介歧视、过度商业化和跟风套路误区,对网络文学实施评价分层而不必一刀切;同时要优化创作环境,解决好网络作品盗版侵权问题,建立健全网络文学评价体系,尊重审美规律和网络特点来管理网文行业,并假以时日,把优秀之作置于历史沉淀和口碑传承中。这样,网络传媒方能催生文学经典的"日出"。

本书下编,属于生活美学板块,涉及中国古代的生活美学、六朝美育、江南文化的审美特点、乡村旅游美学、国家美好形象的建构与传播。

在21世纪出现的生活美学潮流中,刘悦笛教授是著述甚力、影响很大的一位学者。他的生活美学讲座,阐释了对"美好生活"含义的独特理解,揭示了中国古代生活美学的十个基本面向:从"天之美"开始,到"地之美""人之美",再到"食之美""物之美""居之美""游之美",最后到"文之美""德之美""情性之美"。他启示我们:"日常生活的审美化"并不是现代才有的事,中国古代人生活得也很有审美情调。当然,这大概只能是士大夫阶层的生活。

《世说新语》记载了六朝名士的日常生活方式,其中包含着特殊的审美追求。袁济喜教授长期致力于研究六朝美学,成就斐然。本讲中,他以《世说新语》为据,对六朝美育风貌做出了独特解读。六朝名士在玄学与佛学思想的启发下,采用兼容并包、对话辩论的方式,对于人生美学问题进行思考与讨论,形成了玄学的美育观念。当时的言意之辨、有无之辨、才性之辨、性情之辨都是在此基础之上形成的,并且推动了美学智慧的形成与发展。具体说来,袁济喜教授从九个方面对《世说新语》与美育的联系做了简要的概括,对读者认识六朝美育的风貌很有启发。

美既是有历史特征的,又是有地域特色的。胡晓明教授的讲座《江南文化的审美品格》以对江南文化的长期研究,抓住"水"的灵魂,对江南水国的空间诗意之美做出了独特解读。江南是一个空间概念,但谈江南的美却离不开时间的积累。从时间上看,中国历史对江南有三次重大发现,江南文化的发展有三座高峰。第一座高峰是六朝时代,以金陵为中心;第二座高峰是宋元时代,以杭州为中心;第三座高峰是明清及近代,以苏州为中心。江南文化就是由这三座高峰所代表的文化精神、文化成果等构成的。由此孕育的江南文化之美,主要体现为和平农耕之美、生生之美、包容之美。这些江南之美在中国古代诗人笔下得到了美轮美奂的表现。

随着人们生活水平的日益提高,旅游成为人们日常生活的一个组成部分。当下红火的民宿旅游,彰显了乡村旅游在城市旅游产生审美疲劳之后正成为游客追捧的新宠。张建永教授长期从事旅游美学的研究与实践,积累了大量经验。他的演讲从当下乡村旅游的美学缺失谈起,指出美学直抵精神和灵魂,无此便无魂;美学直抵感官和情愫,无此便无根;美学直抵经济和消费,无此便无力。在此基础上,对乡村旅游美学的观念做了独到辨析,从热文化与冷文化、美文化与丑文化、奇文化与庸文化的对比中揭示了乡村旅游美学的应用方法，指出乡村旅游美学的根本路径在于创意与创异。

在人类命运共同体的建构中，中国美好的国家形象的塑造及其跨国界、跨政体、跨语言传播是摆在新闻工作者面前的一项至关重要的使命。孟建教授长期致力于此项研究。他的《中国美好形象的建构与传播》结合自己跨文化传播的理论研究与运作实践，面对存在的问题，提出了努力的方向与做法。存在问题是：跨文化传播尚缺乏多元共生的理念；跨文化传播尚缺乏双向交流平衡模式；跨文化传播尚未形成国际话语表达体系；跨文化传播尚缺乏精准有效的传播方略。提出的对策是：建立多元逻辑、多元共生、多元共识的跨文化传播认识论和方法论；设计多层次、多角度、多方位的跨文化传播立体管道；遵从传播规律，增强跨文化传播的有效性；将构建全媒体传播矩阵作为跨文化传播的重点；注重与国际组织合作共同开展国际文化交流。

作为"上海美育大讲堂"的一份记录，在此要铭谢当时加盟大讲堂、组织师生听众的单位及其负责人、联系人。他们是：复旦大学国家文化创新研究中心副秘书长汤筠冰教授，华东政法大学新闻传播学院院长范玉吉教授，上海建桥学院新闻传播学院王梅芳院长，上海视觉艺术学院基础教育学院魏志强院长，上海交通大学人文学院张蕴艳副教授，上海师范大学人文学院潘黎勇副教授，上海政法学院文艺美学研究中心副主任曾嵘副教授，上海第二工业大学通识教育中心教师吕峰博士，上海大学文学院谭旭东教授，上海商学院艺术设计学院褚艳杰副院长，上海音乐学院副院长冯磊教授、科研处处长伍维曦教授，同济大学艺术与传播学院王冬冬教授，上海戏剧学院戏文系主任陈军教授，上海市行知实验中学原校长刘华霞女士（现为上海大学附中校长），华东师大附属枫泾中学特级校长陆旭东博士，上海进才实验小学特级校长赵国弟、青年教师孙沛莹。在《艺术广角》开设"中华美育大讲堂"期间，得到主编张立军、编辑部主任刘艳妮的大力支持。书中插画由湖南师范大学美术学院吴卫教授提供，封底插画由著名画家金柏松先生提供。在此一并铭谢。

上海市美学学会会长
上海交通大学人文艺术研究院教授
祁志祥
2023 年 12 月 5 日

上编

美育入门

# 第一讲　"全球人文"与中国学者的贡献①

## 王　宁

**主持人语**：科学分自然科学与人文科学。人文科学不同于自然科学的最大特点，是主体性很强的学科，不可进行定量测定，但又具有反映客观规律的科学属性。美学就是这样一门人文学科。王宁教授长期致力于中外文学、文论、美学的比较研究，具有宏阔的国际视野。他代表中国学者不断向世界人文界发声，倡导"世界文学""全球人文"概念，成果累累，具有广泛的国际影响和很高的国际声誉。本讲讲述了他这方面的经历和心得，对中国美学为"全球人文"做出中国学者的贡献提出深情期待。

我们都知道我们目前生活在一个全球化的时代。不管我们承认与否，我们都无法摆脱全球化的阴影。自从 20 世纪 90 年代后期全球化进入中国以来，对中国的经济社会和政治文化都产生了重大的影响。关于全球化及其相关问题的讨论不仅在西方，而且在中国的人文社会科学界也方兴未艾，特别我们都知道，自从特朗普高举起"逆全球化"和"反全球化"的大旗以来，我们国内很多人在向国际社会介绍中国的情况时该怎么办？我的看法是，在这股"逆全球化"和"反全球化"大潮中，中国应该当仁不让，勇敢地承担起全球化进程中的领军角色。

---

① 本文是王宁教授 2021 年 5 月 25 日在上海政法学院、5 月 26 日在华东政法大学举行的美育讲座演讲录。王宁，上海交通大学人文艺术研究院院长、教育部"长江学者"特聘教授、上海交通大学文科资深教授、中国社会科学院大学特聘讲席教授、欧洲科学院院士。本文另载《艺术广角》2022 年第 3 期。

所以我就提出,我们不仅在经济上,同时也要从人文学科的角度来审视全球化现象。确实,当今所有最有理论敏感性的人文学者都或主动或被动地介入了关于全球化问题的讨论,或者涉及与全球化和文化相关的问题,显然这个话题已经成为整个人文社会科学领域的学者最为关注的前沿理论话题之一。我们现在来看看全球化带给我们什么。地球上只有20%是有人居住的,其余80%都是海洋。因此法国的解构主义理论家德里达便认为,英语中的"全球化"(globalization)这个术语用来描述文化上的全球化并不准确,他主张用一个法语词"世界化"(mondialisation)来代替文化上的全球化。全球化给我们带来的后果确实是导致了贫富等级的差距,所以全球化在世界各地也遭到了一些抵制和反对。欧洲人认为这是美国化,标志着欧洲中心主义的终结。

　　不可否认,全球化也给我们带来了很多便利,比如说西式的面包、宜家家具,可口可乐的广告在全世界都可以见到,我们中国的工商银行的广告也做到了全世界,而且不光是工商银行,中国的语言现在也在走向世界。比如说,我到俄罗斯去访问时,在莫斯科机场就看到这样的情形:按理说标明航班信息首先是俄文,然后是英文;但是俄文的字号很大,英文很小,中文却很大,这是为什么呢? 因为俄罗斯人知道到俄罗斯旅游的很多是中国人,他们便直接用中文做广告,因为他们知道中国的市场对俄罗斯是最重要的,而欧洲其他国家的人去购物的并不太多,所以俄罗斯人希望赚中国人的钱,便不惜工本用中文做广告。

　　这样看来,全球化确实给我们带来的不只是中国经济的发展,同时也是全方位的发展。但是中国学者研究全球化的情况如何呢? 中国学者在国内谈论全球化很时髦,但在国际上中国学者几乎是失语的。2006年英国劳特里奇出版社出版的《全球化百科全书》使我有机会进入国际全球化研究的前沿。该书主编邀请我担任副主编,负责整个人文学科的条目。所以这就使得我们在一定程度上掌握了英语世界的人文学科研究的话语权。这本书中有50个条目是我组织的,而且我本人写了3个条目。所以我想至少我们在这方面掌握了部分话语权。现在这本书翻译成中文之后,我们可以看到里面有不少条目是中国学者或华裔学者撰写的,这在过去简直是不可能的。

　　我们都知道,在"剑桥中国史"丛书中,几乎没有出现中国作者的身影,《剑桥中国文学史》也只有几个美国的华裔汉学家参加撰写,中国人连在国际学界讨论中国问题都没有话语权,这是为什么呢?西方学界认为,第一,中国人的英语不够好;第二,中国人没有受过西方的汉学训练,跟他们的观点也不太一样,写作风格也不太契合,所以中国人在国际中国研究领域也没有什么话语权。所以我认为,这对于我们来说是一个严峻的挑战。我始终认为,我们不仅要在国际学界中国研究中掌握应有话语权,而且至少要在全球化的平台上对全世界人民共同关心的一些基本理论问题,提出中国的方案和智慧。

所以,我本人认为应对全球化做一个重新描述。我用英文发表了一篇长篇论文,描述了作为一种全球本土化话语实践的全球化,主要参照的是全球化在中国的实践。我主要从七个方面做了界定:第一,作为经济一体化运作方式的全球化;第二,作为一种历史过程的全球化;第三,作为一种金融市场化进程和政治民主化进程的全球化;第四,作为一种批评概念的全球化;第五,作为一种叙述范畴的全球化;第六,作为一种文化建构的全球化;第七,作为一种理论话语的全球化。

我的这一全新的界定发表后,国际学界对它的引用很多,因为我认为全球化问题不仅仅是一个经济问题,它也是一个文化问题。当然我们研究法律的学者也提出法律的全球化,这已经是一个不争的事实了。

应该承认,马克思、恩格斯是最早探讨全球化现象的西方理论家,他们也是最早对文化生产和文学批评作用提出见解的思想家。因而从事全球化与文化问题的研究,必须从细读马克思主义创始人的原著开始。在《共产党宣言》中,马克思、恩格斯就已经窥见了全球化过程中隐含着的种种矛盾,并且在描述资本的无限扩张及其对精神文化生产造成的影响时,颇有远见地指出:"物质的生产是如此,精神的生产也是如此。各民族的精神产品成了公共的财产。民族的片面性和局限性日益成为不可能,于是由许多种民族的和地方的文学形成了一种世界的文学。"所以马克思、恩格斯在《共产党宣言》中提出了这一新的"世界文学"概念。"世界文学"最初并不是他们提出的,最早是歌德提出的一种世界文学的猜想,那是一种乌托邦的想象,但马克思、恩格斯的"世界文学"概念则主要是一种世界人文知识的生产和流通,涉及的范围更广,所以马、恩所说的"世界文学"在更为宽泛的意义上说,是一种世界性的文化,包括整个人文社会科学知识的生产,因此从文化知识生产和研究的角度来研究全球化和世界文学,就必须从阅读《共产党宣言》开始。

因为后来的西方马克思主义理论家及左翼知识分子的研究都是基于这一点的，所以我提出这个观点正好也与美国的汉学家和历史学家德里克的观点不谋而合。他是1997年冬天在英语世界提出的，而我则是1998年在汉语世界提出的，但我们事先并未进行任何沟通。我们都认为研究全球化问题，要从阅读《共产党宣言》开始，马、恩是最早研究全球化问题的学者，所以马、恩的观点对我们今天提出"全球人文"的概念无疑有着重要的启示。他们也是最早把全球化问题运用到文化知识的生产中的，因而全球化不仅仅是一个经济问题，也是一个文化问题。

美国国家人文中心前任主任杰弗雷·盖尔特·哈派姆于2011年出版了一本书，题为《人文学科与美国梦》。他在书中阐释了美国梦，我觉得这本书很重要，便组织人把它翻译成中文，然后我也把他邀请到清华大学做了一个文科高端讲座。他认为这样的交流应该平等，所以随后便要他的继任人罗伯特·纽曼也邀请我到美国国家人文中心去访问，其间也做了一个演讲。他讲的是美国梦，而我到美国国家人文中心讲的则是"作为世界文学的中国文学"。美国人文中心的级别很高，是美国的主流学术机构、人文学术的最高机构，我觉得有必要在这个平台上宣传中国文学和文化。我之前还应邀前往哈佛大学人文中心发表了演讲，讲的是"全球本土化语境下的新儒学建构"，也吸引了众多的听众。

所以，我认为，我们今天在建设世界一流大学的进程中，人文学科是不可或缺的。即使在以自然科学为主的美国麻省理工学院和英国剑桥大学，也有一个实力非常强的文科，这就说明人文学科在当今世界一流大学建设中的重要作用。可能我们都知道，麻省理工学院是一所理工科院校，但麻省理工学院的文科也很强，它有乔姆斯基这样的蜚声世界文坛的语言学家和思想家，在叙述学研究方面也很强。虽然来听我演讲的人并没有很多，但文学系的20多个教授都来了。系主任对我说，他们虽然只有20多个教师，但是这20多个人每位都是某个领域内的著名学者。邻近的哈佛大学也来了30多位中青年教师。我可以说，这次演讲达到了和世界一流大学的一流学者进行平等对话的层次。

有鉴于此，随着中国国际地位的日益提高，一些人文社会科学的学者也不满足于仅仅在国内学界发挥作用，他们也想在国际学术交流中发出中国的声音，但是中国的声音发出后会怎么样呢？可以说经常是发出声音后传播不出去,或者说传过去以后人家听不到或者传播不顺畅,所以要使它顺畅地传播,我们还要做出更多的努力。

有人提出要建构中国的学术理论话语,这是理所当然的,同时也是十分必要的。确实,中国在全球化的进程中,被公认为是最大的受益者之一。美国日裔思想家福山认为中国是全球化的最大赢家,我说美国也是另一个最大的赢家,只不过美国的经济原来就已经很成熟了,早已经成为世界第一大经济体,而中国原来却很落后,所以中国经济飞速发展后,确实使世人感到震惊。

随着中国经济的腾飞,全球化的作用也开始逐步体现于中国的文化和文学在全世界范围内的传播。我认为在这方面,新一代人文学者应该是大有作为的。因为老一代学者的思维和治学方式已经定型,现在再让他们去学习西方的语言,已经无法达到传播学术思想的境地了,所以这对我们中青年学者来说应该是难得的机遇。

我们来看看中国的情况,中国加入世界贸易组织也不过 20 年,但在这20 年内中国的经济已经翻了多少番?中国已成为全球化的领军者之一。但中国的全球化进程并非一帆风顺,开始时中国是被动地加入世贸组织的,就当时的情况而言,如果加入世贸组织,中国的经济可能会阵痛一下,但是很快就会得到飞速发展,如果不加入就会和俄罗斯一样停滞不前。现在俄罗斯经济与中国经济的差距变得越来越大,俄罗斯全国的 GDP 略高于广东省,差不多是上海 GDP 的两倍多。上海有多大,俄罗斯有多大? 可想而知,上海对全国乃至全世界的贡献有多大。上海的 GDP 已超过 4 万亿,俄罗斯的 GDP 也就 8 万多亿,这样的差距可想而知。

中国确实在全球化的进程中进步非常快。在当下的国内知识界人们谈论最多的一个话题就是中美关系,因为中国强大了之后,美国把它当作竞争对手。过去美国根本就看不起中国,他们觉得中国作为第三世界国家需要发展,所以提供一点支持就算不错了,而现在美国也知道中国强大后对美国形成了挑战和竞争,便试图千方百计地打压中国。一些患“恐美症”的人对此便感到忧心忡忡,生怕得罪了美国人将来就没有好日子过了;另一些坚定的反美民族主义者则认为,干脆与美国断绝一切关系,走自己的路。

当然这两种观点都是十分偏激的,大家可以在网上看到这些讨论。作为一个人文学者,我认为上述两种看法都难免失之偏颇。至少在当今的全球化时代,每个国家都处于一种相互依赖的关系,你中有我、我中也有你,全球化的理论体现为一种依附理论。美国为什么和谁开战都不敢跟中国开战?它没法开战,因为它的许多东西是中国制造的,中国也有很多东西是美国的,我们最近在芯片上就受到了美国的"卡脖子式"的打压。你们便明白了,在尖端技术方面我们还不行,所以习近平总书记鼓励我们的科学家一定要在一些顶尖的技术方面有所突破。

互联网的普及更是将我们生活在世界各地的人连通为一体,可以说我们今天就生活在这样一个地球村里。虽然如安德森所描述的,这个世界曾经是一个想象的共同体,但现在这个想象的共同体已经成为名副其实的命运共同体。也就是说,我们不仅彼此分享福祉,同时也各自承担责任。我们也可以说,未来的人类世界就是这样一个命运和利益共存的共同体。

毫无疑问,中国的经济腾飞也引起了拉丁美洲学者的瞩目,所以2010年拉丁美洲科学院邀请我前去做了一个主旨发言,非常凑巧,另一个主旨发言者也是上海的,就是华东师范大学的童世骏。他们给我一个命题作文,题为"中国的现代化和后现代化",我做了一小时的主旨发言,并当选为该院院士。

2009年剑桥大学800周年校庆,我应邀前往访问讲学,他们的校庆不搞专门的庆祝大会,倒是整个一年都以开展各种各样的学术活动来纪念校庆。这很值得我们学习。

2010年,我应邀前往牛津大学讲学,这两所英国顶级高校都是我们青年学子所向往的世界名校,但我相信总有一天我们中国的大学也会像牛津、剑桥那样令全世界的莘莘学子所向往,所以我们首先要了解牛津、剑桥是什么样的,然后才能够赶上并超过它们。

2020年1月以来,先后在世界各国爆发的新冠肺炎病毒疫情,就是全人类共同面对的一场灾难,这也是考验每一个国家的治理能力的事件,所以我写了一篇文章在人民日报海外版网上发表,强调既然是全球性的突发公共卫生事件,就应该通过全球治理才能够把它遏制住。我还组织了一组由中国学者撰写的英文文章在欧洲科学院院刊上发表,欧洲学者也认为这是一个非常好的案例,所以欧洲本来开放的边界也封闭了,包括比利时、卢森堡、荷兰也都各自关闭了边界,它们最后也很快地控制住了疫情。可见中国的智慧和解决方案对世界也有用。

当然,不同的国家对于疫情的态度迥然不同,有的国家出于保护主义的策略,只顾自己安全,不管别国疫情如何,也有的干脆在自己无法控制疫情时就任意"甩锅"别国,甚至提出要别国为自己所遭受的损失买单。这就是美国前总统特朗普的做法,他要中国买单,但中国偏不买单,因为这不是我们的责任。显然就国际关系而言,出于竞争的考虑,近几年的两届美国政府都将中国当作自己最强有力的敌人或竞争对手。

美国等西方国家把中国当成竞争者,这也是意料之中的,但是我们都很清楚,世界上绝对没有永远的敌人,也没有永远的朋友。我想我们要有这样一种本事,就是如何化敌为友,变敌对性竞争为友好竞争,这实际上也是一种技巧。而要实现这个目的,除了政府领导人和外交机构应付出主要努力外,人文学者也应该在这方面有所作为。

在我看来,人文学者的作用就是通过人文交流来实现一种人文外交。在中美关系最紧张的时候,也即互不来往的时候,我依然和美国朋友在交流,而且还越来越频繁。在美国比较文学学会出版的刊物上,一般不可能连续两期都发表同一个人的文章,但是我却做到了,因为该刊主编觉得这篇文章对他们有启迪,那就立即发表,不管你是谁。所以我认为人文学者之间的交流,有时候也能够起到政府间达不到的那种效果。

所以我便想到了上海市前副市长,曾担任过国务院新闻办主任的赵启正先生,我和他的观点倒是不谋而合。他曾提出一个"公共外交"的策略,我提出的是"人文外交"。我们最近在上海交通大学搞了这样一个对话,是关于比较文学与公共外交问题的。

也就是说,实际上在美国的学界,中美关系也在日益发展,至少在与我频繁交往的一些常春藤名校的教授和知识界的精英院士是如此。我对这些国际局势和关系的走向颇为关心,并且希望能够为改善这种关系有所作为。即使在中国疫情十分严重的时候,我依然经常收到一些美国同行的电子邮件。他们在信中询问我目前的情况如何,送上几句美好的祝福。那时候正值中国疫情严重的时候,收到这样的问候不禁使我感到一些温暖。当相同的情况在美国大面积蔓延的时候,我也发去邮件问候他们,并希望疫情过后,他们能够再度来中国访问讲学。

所以我想这就是人文外交所能起到的作用。我和美国人文与科学院院士、文学理论家米勒教授应该交往了 20 多年,几乎快 30 年了。我们最初是在 1993 年认识的,而我最早则是在 1987 年在北京大学读书的时候就听了他的讲座,当时我作为一个博士生不可能跟他近距离接触。1993 年我作为教授单独把他请到北京大学,然后和他建立了持久的学术联系。一直到他去世之前我们都保持着较为密切的联系,所以我想至少我们通过交往之后,已经使得米勒这样一个曾经的欧洲中心主义者、一个过去从不看中国文学的西方学者,也开始对中国文学感兴趣了,这应该说是我们的人文交流或人文外交的一个成果。确实,和他一样,许多西方学者过去确实不屑于去了解中国,而现在却对中国异常感兴趣,并且阅读了大量的相关文献。

米勒在读完宇文所安编译的《诺顿中国文学作品选》英文版后,感到并不满足,他说为什么整个文集所收的文学作品中都没有出现过一个词"kiss"(接吻)? 也许中国文化比较含蓄,中国人之间的爱情表达也比较含蓄。

另外一位后殖民理论家斯皮瓦克则是 60 岁才开始学汉语的,但她现在的汉语用来简单交流并没问题,她现在 79 岁了,前不久刚当选为美国人文与科学院院士。也就是说,我们通过彼此的交往之后,使这些西方学者热爱中国文学和文化,就使得他们可以为中国说话,我想这样所起到的作用是一般的对外宣传所起不到的吧。

我于 2011 年出访德国哥廷根大学时,正副校长都出席了欢迎我的宴会,使我深受感动。我在致辞中讲到,哥廷根大学是季羡林先生的母校,能够在这里演讲是我的荣耀。然后校长则说道,在哥廷根大学,中国近代史上的两位伟人都来访问或学习过,一位是周恩来总理,另一位是朱德元帅。这就说明,学术交流也能够起到一些对接国家战略的作用。

当前中美关系的恶化难免会给两国的人文学术交流蒙上一层阴影。但作为人文学者,我们能为之做什么呢? 我们能否在民间率先突破中美两国交往的障碍? 我不禁想起发生在近 50 年前的一个人文交流事件——乒乓外交。2021 年正值乒乓外交 50 周年,也就是 1971 年,中国政府邀请了美国乒乓球队访问中国,因而为后来基辛格以及尼克松总统的访华奠定了基础,这应该说是人文外交的一个卓有成效的范例。出生于 20 世纪五六十年代的中国人都不会对乒乓外交感到陌生。

我们都知道,1971 年中国乒乓球队赴日本名古屋参加第 31 届世界乒乓球锦标赛期间,中美两国的运动员有了直接的交流和接触,一个偶然的事件使得美国的乒乓球队员罗伯特上错了车,他上了中国队的汽车,这样便有机会与中国队员简单地交流了一下，然后还到中国队队员的驻地去看了一下，其间他表达了乐意去中国访问的愿望。

当时的中国乒乓球队队长立即报告了周恩来总理，周总理请示了毛主席以后，决定邀请美国乒乓球队访华，于是就发表公报表示中国政府决定邀请美国乒乓球队访问中国，从而以"小球"推动"大球"，最终帮助促成了美国总统尼克松访华。当然这种人文交流并非单向的，就在尼克松结束访华后，美国乒乓球队也邀请中国乒乓球队访问了美国。

毫无疑问，我们从今天的角度来看，依然不可否认这一"小球"推动"大球"的人文外交事件在中美两国关系史上的重要意义。接下来我们就有了这样一幅历史性握手的照片：尼克松到达中国后迫不及待地伸出手来和周总理握手。因为他要世人觉得他的访问中国是改变世界的一周。显然他当时感觉非常好，但毛主席却说，究竟是尼克松改变了世界，还是世界改变了尼克松？不可否认的是，尼克松从一个曾经的坚定的反共反华分子转变成了一个知华友华的政治家，这也在一定程度上显示了人文外交的重要性。

上面提到的是大的国家战略问题。现在我们来看看学术界发生的一件与比较文学有着直接关系的中美人文交流事件，这发生在 1983 年的首届中美比较文学双边讨论会上。起因是时任中国社会科学院副院长的钱锺书先生在国际会议上会见了美国普林斯顿大学教授孟而康。两人的中西方文学造诣都很深，并对文学理论问题有着浓厚的兴趣。孟而康提出是否可以举行一个中美比较文学双边会议，而钱锺书则主动提出，这样的会议最好首先在北京举行。他说，他现在已经快 70 岁了，正好还担任中国社会科学院的副院长，有些行政资源可用，他可以把会议开好，若再过几年他退下来就不一定能办了。所以我们也看出钱先生并不像人们所认为的那样是一个纯粹的书呆子，他在关键时候该出手就出手。正是由于两位人文学者的努力，首届中美比较文学双边会议于 1983 年在北京率先举行，并且取得了预期的效果。

中美双方各派 10 位顶尖学者在北京举行对话，随后在孟而康的努力下，第二届会议也于 1987 年在美国举行，中国当时派了一个代表团，团长就是我的博士生导师杨周翰教授。可以告诉大家的是，同时也是我本人引以为豪的一点：后来的第 3 届、第 4 届、第 5 届、第 6 届、第 7 届，以及第 8 届中美比较文学双边会议都是由我本人领衔主办的。这个机制的确立无疑在中美人文学术交流史上占有一席之地。

所以今天我们可以自豪地说,通过中美学者的共同努力,原来并不了解中国文学和文化的美国学者,也开始对中国文学和文化产生了浓厚的兴趣,并在一些学术或者公共媒体上发声,建议美国的人文教育增加中国文学和文化课程。美国人文与科学院院士米勒教授就给《泰晤士报》和《纽约书评》都写了文章,建议美国大学的世界文学课要教授中国的小说《红楼梦》,哪怕通过英文来阅读也比不阅读好,所以这是一个非常大的进步。米勒于10年前甚至在公开演讲中说,假如他年轻20岁,他一定要从学习中国语言开始了解中国文化。

当时他说这话时已经80岁了,也即60岁时他一定要学习中文。确实,比他年轻一些的斯皮瓦克就于60岁时在哥伦比亚大学听课学习中文。10多年前,我和我夫人到哥伦比亚大学访问讲学的时候,我们的讲话斯皮瓦克都能听懂,我问她学了多少时间,她说已经学了三年了,而且每次都按时参加学生们的中文考试。这么一个蜚声世界的大理论家还不惜放下身段去跟普通学生一起听课,可想而知,她对中国有多么热爱。我们中国的教授大概不会到课堂上去听本科生的外语课吧。

但是有一件事我可以告诉你们,据说当年美学家李泽厚先生去美国访学之前,为了提高英语水平,也不惜放下身段到海淀区教师进修学校去听课。后来英语还真帮了他很大的忙,但是他学英语有点晚了,所以还不能直接用英语著述,还得靠别人翻译。

当然,对于特朗普政府抹黑中国的做法,美国学者也不苟同。另外一位美国院士在给我的信中愤怒地谴责特朗普政府的倒行逆施和破坏中美关系的言论,认为他的所作所为将使美国人民蒙受耻辱。

还有一位长期担任权威人文学术刊物主编的学者,不仅邀请我为他的刊物编辑一期主题专辑,而且还在同一年里发表了我的另一篇文章。我问他,你不怕你的美国同行指责你亲近中国吗?他毫不犹豫地对我说,他就是要让他们知道他对中国文学有自己的认识。我们都知道,美国的左翼是很强大的,他们对政府的批判也是很激烈的。在美国这样一个多元价值取向的国家,掌握话语权的很多都是左翼知识分子,但是掌握财权和人事权的则大都是右翼分子。

从上述简单的叙述中,我们可以清醒地认识到人文学科的重要性和学习它的目的,它不求在短时间内取得立竿见影的效果,但是在大学的学科分布中人文学科又占有不可或缺的一席位置。这也就是我们今天所说的一所世界一流大学，不仅要有一流的科学大师，同时还要有一流的人文环境与卓有成就和影响的人文思想教育。

我们现在来看看全球化时代人文学科的作用。令人遗憾的是，人文学科在当今时代并没有得到应有的重视，我们有时甚至会听到这样一些着实令人啼笑皆非的问题：你们文科也从事科研吗？那么文科究竟研究什么东西？我的回答是文科从事的并非科学意义上的那种研究，而在严格的意义上说是人文学术研究以及思想的研究，也即人文学者并不需要偌大的实验室和昂贵的仪器设备，但他们必须有一个馆藏丰富的图书馆和可以进行思考和写作的环境。此外还得有一个可以与同行进行交流和对话的跨学科平台。这个很重要，文科并不需要太多的投资，所以要发展文科，引进几个知名学者一下子就上去了。我现在所在的上海交通大学的文科为什么会发展这么快，恰恰是因为引进了几个重量级的教授，因此这些学科一下子就上去了。

我想在此强调的是，人文学者或者思想家的某个观点，可以改变人的思维方式，甚至对科学的方法论和研究范式产生革命性的影响。因此人文学科的研究成果并不像自然科学和社会科学成果那样，对前人的成果是淘汰制和绝对的超越。

人文学者的成果同时体现在对前人成果的继承和发展。我们经常讲文化传承，我们为什么今天还要讨论柏拉图、亚里士多德、莎士比亚、塞万提斯等伟大的哲学家和作家，因为他们已经成了经典，我们绕不过去，今天只不过是在他们的基础之上有所创新。即使是某些全新的假想，也是建立在对前人的结论的批判性超越或扬弃之基础上的，这就是人文学科与社会科学的区别。

虽然关于人文学科在大学中的地位和作用，不少中外学者已经做过论述，但有两个问题必须达成共识。第一是关于文科的评价问题，说得更具体一些，就是关于人文学科的评价问题。

有人认为人文学科没有固定的标准，因而无法评价，常常是公说公有理、婆说婆有理。但我却认为，既然是一个学科，那就必须经过同行的评价。在这方面我甚至认为，评价人文学科的成果绝不能简单地以论文的数量来衡量，也不能以该成果发表在何种刊物上来衡量，更不能绝对地以某项成果在短时间内的被引次数来作为衡量一项学术成果是否有意义和有价值的唯一标准，这当然可以作为其中的一个标准。量化可以看出一个学者的影响力如何，但是影响力大的并不一定就学术价值很高。假如说他所从事的是冷门绝学，没什么人引用，那影响力就小多了，但是其价值可能照样很高。所以我想这只能作为一个标准，但不能作为唯一的标准，更不能当作我们评价文科的唯一标准。

那么文科的评价标准究竟何在？我认为就在于一位学者或一项成果对已有的人文学术研究做了多大的发展和推进。因为人文学科的素养往往体现在深厚的积淀，有些公认的人文学术大师生前也许并不为当时的学界所青睐，嗣后才被新一代学者重新发现，有些人甚至已经去世多年，但他们的影响却没有因此而衰落，反倒是随着当代学术研究的进展，他们的价值越来越得到重视，因而产生持久的影响。这在王国维、梁启超、陈寅恪、钱锺书、朱光潜等学术大师在今天的被引数据中有所体现。这就说明，人文学科的影响力会是持久的，真正的大师其影响力是不会消失的，所以这几位已故的大师，仍然活在人们的心中。而相比之下，某些生前曾经红极一时，死后却逐渐受到学界冷落，并最终淡出学界的一些二三流学者在当今学界的境遇，足以说明这个问题。

因此，即使是对一个学者以及其研究成果做定量的评价，也不能简单地视其短时间内的影响，而更应该注重其在后世的持久性影响。而对某些冷僻的专业学科的学者及其研究成果的评价，则主要依靠同行的定性评价和客观定量评价相结合的办法，这样才能得出相对客观公正的评价。

所以就像我们今天在评选文科的"长江学者"一样，首先要让候选人出示证明，说明他在社会科学文献上被引用的次数，进入门槛后还要经过通讯评审，通过后还要有一批同行专家来对他进行定性的评价。这样评出的学者应该说是比较公平的。

第二就是文科的风险问题，这也是许多大学校长在发展文科时谨小慎微的原因。既然人文学科所要探讨的往往是关乎人类生存的一些具有普适意义的问题，那就势必要冒一些风险。这其中既包括对前人研究成果的颠覆性批判和超越，同时又包括一些在我们看来政治不正确的敏感话题的研究。如果冒犯前者，就会受到学界的诛伐；而冒犯后者，则有可能遭到查禁。我们都知道哈佛大学的校长就因为说错一句话，得罪了女性，最后就被迫辞职了。所以即使在美国，政治不正确也不行。

那么人文学科在当今社会的作用体现在哪里呢？对于这个问题我这里

简单阐发一下。

第一，人文学科在现代大学体制内是不可缺少的，尤其是对于一所世界一流大学就更是如此，这也就是为什么耶鲁大学的文学学科始终在全美大学分科排名中名列前茅的原因所在。但是近年由于"耶鲁学派"的最后一位大师布鲁姆的去世，所谓的"耶鲁学派"也就解体了。同样这也是为什么哈佛大学总是不遗余力地在全球范围内揽一流人才，以充实其师资队伍的原因所在。因为这两所大学的人文学科确实为它们的光环增光，使其无愧为世界一流大学的称号。

第二，人文学科除了发展自身的学科外，还可以在所在的大学校园里营造一个良好的人文环境和学术氛围，促进各种学术思想的交流和交锋。正是在这样一种交流和交锋中新的思想和成果才能产生，新的大师才能脱颖而出。所以我过去在清华大学和学生们说，你们到清华大学来读书，要关注学校的各类讲座。确实，各种各样的讲座天天晚上都有，一年有几百场，而且很多都是世界顶级的科学家，包括一些诺贝尔奖获得者，还有一些政治家，这些人都会到清华大学来演讲。我在清华大学就听了好几场世界级的政治家的讲座，比如韩国前总统卢武铉，还有美国前国务卿、四星上将巴威尔等，而这些人的演讲在一般的学校是听不到的。还有一些世界级教育家和学者的讲座，包括牛津大学校长，以及几年前去世的安德森，也就是提出了"想象的共同体"的那位美国思想家。

第三，现在大学里的人文学科还服务于整个社会，它向社会提供先进的思想和新的价值观念，提升人们的伦理道德修养，巩固人们的信仰，从而使人们在各自的工作中能够充分发挥主观能动性。这也正是当今世界的500强企业为什么如此重视企业文化建设的原因，同时也是儒家的管理思想在当今为什么受到管理者如此青睐的原因，这些企业家也要从文化中受到启迪，从而建设他自己的企业文化。

由此可见，人文学科并非总是显得"无用"，它有可能变得有用，进而直接服务于经济、政治、社会和文化建设的目的。当然人文学者的呼声也许不能改变决策者的错误决定，但至少可以使决策者有所顾忌，进而三思而后行。这一点尤其体现于当代生态批评对环境保护所起到的潜移默化的作用。

20多年前，我们就把美国的生态批评引进中国，很多人说现在我们中国正在发展，你却号召保护生态环境，那不是起了倒退的作用吗？实际上，我们在发展经济的同时也要保护好我们的环境，使之达到可持续发展。现在习近平总书记也说，"绿水青山就是金山银山"。我们所提倡的是一种可持续发展，因此生态文明建设也提到我们的议事日程上来了。

最后，我来谈谈中国学者对全球人文的可能贡献。今天我们在全球化的时代提出全球人文的概念，主要基于以下几方面的考虑。

首先，在全球化进程加快的今天，人文学科已经不同程度地受到影响和波及，在文学界，"世界文学"这个话题重新焕发出新的活力。从歌德提出"世界文学"的概念到现在已经有190多年了，但是这一概念曾经一度沉默了相当一段时间，为什么现在又突然兴起了？因为我们处于这样一个全球化的时代，文学的交流和跨国的写作已经成为一种实实在在的现象，所以世界文学时代可以说在歌德时代不过是一个想象的"乌托邦"，而现在则已经成为一个现实了。

在语言学界，针对全球化对全球英语的形成所产生的影响，我本人也提出了一个"全球汉语"的观点，认为在全球化的时代，世界语言体系将得到重新建构，原来处于中心地位的一些帝国的霸权语言，现在由于其在全球化进程中发展较慢，也就退居了二线；原来处于边缘地位的语言，则逐步在向中心挺进，例如汉语。尽管汉语使用人数很多，但使用汉语的人在过去是没有话语权的，而现在汉语已经成为世界第二大语言。

所以世界语言体系已经得到重新建构，我们都知道过去俄语曾经影响极大，而现在主要用于俄罗斯国内，甚至苏联解体后独立出来的那些国家都不讲俄语了。日语也曾经影响比较大，但现在除了在日本以外，其他国家的人，包括韩国人，都不愿意讲日语。

在哲学界，一些探讨普适问题并试图建立新的研究范式的哲学家，也效仿文学研究者，提出了"世界哲学"这个话题，并立足中国哲学，认为其应当在建立世界哲学的过程中发挥奠基性作用。而一向被认为是最为传统的史学界，也早有学者在世界体系分析和全球通史的编撰等领域内做出了卓越的贡献。因此我认为，我们今天提出"全球人文"这个概念是非常及时的，而且文史哲等人文学科的学者们就这个话题也确实有话可说，并能够在这个层面上进行卓有成效的对话。

全球人文就是着眼于全球普遍关注的问题，既然"全球人文"这个概念的提出具有一定的合法性，那么人们不禁要问：它的研究对象是什么？难道它是世界各国文史哲学科简单的相加？我认为并非如此简单，就好比世界文学也绝非是各民族文学的简单相加那样，它毕竟有一个评价和选取的标准。什么样的作品才能够称得上世界文学？曹雪芹的《红楼梦》是世界文学，李白的诗歌、杜甫的诗歌应该是世界文学。鲁迅的小说意义深刻，影响久远，自然属于世界文学。但是很多二三流的作家，则没有世界性的影响，作品也没有被翻译成多种语言，因此不属于世界文学。所以世界文学的界定有一定的标准，全球人文也是一样，即它所要探讨的主要是一些具有普遍意义的话题，例如全球文化、全球现代性、超民族主义、世界主义、全球生态文明、世界图像、世界语言体系、世界哲学、世界宗教、世界艺术等，这些都是世界各国人民可以讨论的，我们可以在同一个平台讨论这些话题，但是我们从中国的视角出发，对它们进行一些重新建构是可行的。

2017年我应邀到瑞典出席了一个世界主义方面的国际研讨会。一般来说，我们中国学者出席这种国际会议，不太可能被安排第一个发言，当然我曾在拉丁美洲科学院大会上作为第一个发言人，因为相比拉美国家，我们还是属于强势的。而那次在瑞典会议上，组织者则邀请了一个美国学者、一个中国学者，还有一个瑞典学者，我们三个人做主旨发言，我第一个发言，第二个是美国学者，第三个是瑞典学者。

我觉得瑞典人还是比较公正的，不像我们中国人常常看资历和辈分，他们是看你的发言主题，是宏观的、具有普遍意义的，还是仅具有地方意义的。我这个话题是比较宏观的——世界主义的重新建构与全球化，因此他们认为我这个主题具有宏观引领性，当然，美国的发言人尽管水平也不错，但他讲的主要是美国问题。

所以作为中国人，我也做了这样的总结：在国际场合，我们不仅要对中国问题发言，同时也应该对全世界、全人类普遍存在并备受关注的问题发出自己的声音。我过去也经常出席国际会议，但是说实话，并不是一帆风顺的，过去出国开会，常常是主办者命题作文，认为我只能谈中国问题，而对于一些宏观的普遍的问题则应由西方人来谈，因为你是中国人。他们认为你能用英文发言就算不错了，尽管你研究的是美国文学，但他们觉得你没有资格和他们谈美国文学，即使你谈他们也不愿听。因此你只能谈中国的问题，这对他们还有些新意。

所以我认为，我们中国人现在也应该就一些普遍的基本理论问题提出我们中国学者的看法,因为我们中国人了解西方的东西,我们不会排斥他们,但是我们也有自己的立场和视角,就像美国人讨论中国文学也有他们自己的视角。

所以我想就这一点而言,我们应弘扬中国的人文学者的抱负和使命。具体说来,在过去的100多年里,我们中国的人文学者确实在引进国外,主要是在西方的学术思想和文化理论方面做了大量的翻译工作,以至于一些西方的二三流汉学家的著作也有了中译本,这些汉学家在中国甚至备受追捧。相比之下,中国绝大多数一流人文学者的著作都没有被介绍到英语世界,只有极少数可以直接用英文写作的优秀的人文学者的著作在经过严格的评审和多次修改之后,才能勉强跻身国际学界,但发出的声音确实十分微弱,所以可想而知这是很不公平的。

在相当程度上这当然是语言的障碍所致,但我们也应该考虑到我们所提出的话题是否具有普遍的意义和价值。所谓越是民族的就越是世界的,至少是不全面的。如果传播媒介无效或者传播途径不畅,那么越是民族的就越难以走向世界。这样的例子在中外文学文化学术交流时还少吗?我们就举一个美学界的例子,我们中国研究美学的学者都知道朱光潜、宗白华,他们在中国可谓是如雷贯耳的美学家,但他们在国际学界所产生的影响则很小,甚至有意地被低估或忽视。因此我们必须主动地走向世界。

2019年我们中国比较文学学会和国际比较文学协会共同在澳门主办第22届年会,我代表中国学界作主旨发言,欧洲和美国各安排一个主旨发言。在过去,中国学者几乎不会被安排主旨发言,让你作一个圆桌或专题发言就不错了。而现在不同了,尤其在中国举行就更是要掌握主要的话语权,决不能拱手相让。

全球人文所探讨的既然是全世界的人文学者都普遍关注的基本问题,那么表达形式自然是相当重要的。全世界134个国家成立了500多所孔子学院和近2000所孔子学堂,学习汉语的人数达到了150万,而实际上通过不同方式学习或者使用汉语的人在海外已经达到了2亿,因此就需要大量的人才,需要最好能用外语讲授中国文化和人文学术的教师。

但是与中国中小学和大学乃至全民学英语的情况相比,这显然是微不足道的。尽管在文化全球化的进程中,汉语的地位得到了大大的提升,并且已经逐步由一种主要属于民族国别的语言,发展成为一种区域性的语言,并逐步成为一种影响力仅次于英语的世界第二大语言。

但汉语是世界上最难学的语言之一,尤其是写作,我们很难在西方非华裔汉学家中找到其写作能力达到在中国发表水平的学者,像葛浩文这样把莫言的作品翻译成英文的美国汉学家也做不到。虽然他也用中文写小说,但他说他写的中文小说暂时不能发表,等死后找人修改后再发表。但是在中国以及海外的华裔人文学者中能用准确的学术语言著述,并达到在英语世界发表水平的学者已经不少了,尤其新一代青年学者更是能够娴熟地使用双语写作。因此我们在加强中国人文学者的英语写作水平的同时,也要培养一支精干的学术翻译队伍,通过中外合作的方式,把中国的学术思想和文化理论介绍到英语世界,这样才能有效地打破全球人文学界实际上存在的英语中心主义的态势。

但令人感到遗憾的是,不少青年学生对于文科有用还是无用十分纠结。在我看来,所谓无用是指文科不能带来立竿见影的经济效益,不能从根本上改变人们的生活条件,而有用则指的是人文学科的重要性往往体现在对人们的认识观念的影响,以及对人们世界观的改变。而受到这种潜移默化的影响的人们,可以在自己所从事的工作中取得不同程度的成就。担任领导工作的人的观念一旦发生变化,就会带来政治、经济和文化方面的巨大变革。

因此就这一点而言,我认为人文学科所产生的作用是一种"大用",它的价值是无法用经济效益来衡量的,但是它有时却能够转化为巨大的经济效益。总之,不管我们的社会向哪个方向发展,人文学科总是不可缺少的,看不到这一点,为了追求短期的效益就会造成人文精神的失落。同样在建立中国自己的世界一流大学的过程中,年轻一代的人文学者应该是大有作为的,因为当今时代是一个产生理论、产生思想和产生理论大家的时代,这一点将随着时间的推移越来越得到证实。

当前一些具有远见卓识的人文学者已经认识到,在全球化的时代应该是中国的哲学登场了,中国的人文学者不仅要在国际中文研究领域掌握话语权,同时也要在一些具有普适意义的基本理论话题的研究方面争得最起码的话语权。由此看来,全球人文的实施可谓任重道远。作为中国的人文学者,无论是教师还是学生,我们都应该不负众望,为全球人文学科的建设做出自己的贡献。

# 第二讲 "美"的"千古之谜"的全新破译①

## 祁志祥

  **主持人语**：美学是美之哲学。美是什么，是当代美学工作者否定不了、回避不了的基本问题。祁志祥教授在悉心搜罗古今中外各种美的定义的基础上，从审美实践出发，对这个"千古之谜"做出了全新解答，提出"美是有价值的乐感对象"，出版《乐感美学》加以系统阐释，引起广泛的反响，受到不少学者的高度评价。陆扬教授指出：《乐感美学》"是近年学界少见的美学理论建树大著，堪称美和美感研究以及日常生活美学的一部百科全书，是作者酝酿有年、精心打造出来的高牙大纛"。高楠教授指出，作者的新说"正引发着中国美学界的一次不小的地震。它的震动力量来源于它对于一些几成定论的或争论不休的美学理论的纵深性的爆破"。冯毓云教授指出："自古以来，对美阐释就是一道美学领域的哥德巴赫猜想，引无数学者竞折腰。祁志祥先生在对何为美追问的路上，不畏艰险、锲而不舍去探寻美的真谛，为美学史贡献出别具一格的美学原理，必将在中国美学史上独领风骚。"在本讲中，读者可以看看演讲者是如何破译"美是什么"这个美学的"千古之谜"的。

---

① 本文是祁志祥教授 2021 年 3 月 22 日为复旦大学新闻学院硕博士生举行的美育讲座的演讲录，为"上海美育大讲堂"之首讲。同题讲座分别于 2021 年 3 月 29 日为恒源祥集团有限公司高管、4 月 2 日为华东师范大学附属枫泾中学教师、4 月 9 日为上海行知实验中学教师、10 月 18 日在同济大学高等讲堂为全校硕博士生讲授。祁志祥，上海市美学学会会长，上海交通大学人文艺术研究院教授。本文以"'美'的解密：有价值的乐感对象"为题另载《艺术广角》2022 年第 2 期。

# 一、从当前美学界的"三去"现状说起

让我们先从当前美学界的现状说起。前段时间网络上流行蒋勋的一段话:"美的本质其实不需要解释。美的本质不过是一棵树摇动另一棵树;一朵云推动另一朵云;一个灵魂唤醒另外一个灵魂。"蒋勋是台湾的一位大学教授,本人是画家,同时也是一位诗人和作家,但他不是理论家。他热爱美,但对研究阐述美的理论著作,他感到有点头疼,没有好感。他说,我们为什么要去追问"美的本质"这样形而上的枯燥乏味的问题呢?"美的本质"其实不需要解释,只需要关心鲜活感人的美的现象。他还有好多讲解艺术的视频,很受观众的追捧。于是理论家对"美的本质"的追寻和探索遭到嘲笑。

蒋勋的这段话其实并不是他的发明,而是克隆德国当代存在主义哲学家雅斯贝尔斯《什么是教育》中的话,只不过把主语"教育"改成了"美的本质"。实际上,蒋勋回答的不是"美的本质",而是"美的形态"。蒋勋的这段话之所以受到追捧,是因为契合了当下国内美学研究的现状,这就是"去本质化"。去了"本质"之外,还要"去体系化""去理性化"。去了"理性"之后,"逻辑"也就取消了,实际上"思想"也就取消了。

中国当代美学界的"三去"特点,实际上是受到西方的美学和哲学影响在中国克隆的产物。中国的学者往往喜欢跟风,当代西方流行什么,我们就跟着说什么。当代西方流行什么?流行存在论、现象学、阐释学、非本质论。

我们首先看对"本质"的取消,这受到当代西方存在主义哲学的强大支撑。存在主义的代表人物是海德格尔。法国的一位学者富尔基埃指出,存在主义哲学对本质、一般的存在,对抽象的概念丝毫不感兴趣。现象学也是如此,代表人物是胡塞尔。现象学所说的"现象"跟我们过去所讲的与"本质"相对应的"现象"有不同的含义。他们说"现象"就是"本质","本质"就在"现象"中。现象学否定离开现象的本质存在,于是就走向了对"本质"的否定和解构,形成"解构主义",代表人物是德里达。

"本质"是一种学说体系的核心。核心的东西被兜底抽掉,那么在这个基础上建立起来的体系的大厦也就轰然倒塌。于是否定"体系"。比如说尼采,他在《悲剧的诞生》当中这样说,对体系的追求是缺乏诚意的表现,他不相信,并且尽量避免一切体系。胡塞尔要求现象学家们放弃建立一个哲学体系的理想。当代法国法兰克福学派的代表阿多诺声称,他提出的"否定的辩证法"是反体系的,否定统一性,坚持非统一性。当我们赞美西方学说伟大的时候,往往归功于他们创造了完整的体系,比如我们赞美康德、黑格尔建构了庞大的哲学体系。然而,这些过去被人们非常尊重的学术建构,却在西方当代受到了解构和嘲笑。现在再有人说尝试建构什么"体系",则不受待见,出了力也不讨好。

"去体系化"之后,接着就是"去理性化"。理论工作者本来是吃理性的饭的,但是现在居然要把理性去掉。海德格尔说,理性是思想的敌人。放弃理性,思想才能启程。其实,放弃理性后,只有想象才能启程。思想不存在了,哪里能启程?雅斯贝尔斯说,只有当理性触礁的时候,哲学才能开始。这话其实也不能成立。我们难以想象,理性触礁的哲学是什么样的哲学。

西方现代哲学、美学、文艺理论所凸显的"去本质化""去体系化""去理性化"乃至"非逻辑化"这样一些特点,在后现代的西方文化哲学中得到了保留和推进,而且走得更远。代表人物就是利奥塔、福柯、拉康,还有刚才我说的德里达等。后现代有两种:一种是建设性后现代,一种是否定性后现代。否定性后现代的主张是打倒一切、否定一切。本质取消了,体系取消了,理性取消了,逻辑取消了,最后得到的是什么呢?是空无。复旦大学中文系有一位以研究西方后现代理论著称的陆扬教授,他在《后现代景观》这本书中指出,西方后现代的代表人物和学说反传统、反理智、反本质、反规律,一路反下来,使人如堕烟雾之中,不知所云。上海社会科学院文学所原所长陈伯海先生晚年写了一本美学著作《生命体验与审美超越》,他在书中指出,西方当代的美学、哲学,只有否定没有建设,只有解构没有建构,只有开放没有边际,因此就不具有任何定性,这样的事物也就不成为特定的事物,只能归之于虚无。

否定一切以后,路到底走得通走不通呢?实践表明走不通。西方当代的哲学、美学,否定黑格尔以前、亚里士多德之后两千多年的探求本质的哲学、美学,但并没有提供更有效的东西。打个比喻,他说这个杯子不好,要把它打碎、砸烂、扔掉。照理说,他认为它不好,就得给我们一个更好的杯子让我们喝水。但后现代派也不提供给我们更好的杯子,于是我们连水都没法喝了。这就是西方否定性后现代所做的事情。我们说,自古以来没有绝对完美的东西,特别是在人文社会科学里面。但是我发现西方的现代派和后现代派都讲得比较绝对。他们说整个古希腊一直到 19 世纪的学说都是不足道的,只有他们才是我们的救星。

现在全国高校从事美学研究的硕士生、博士生,他们的知识构成大都是近代百年现代、后现代的东西,以前三千年的传统都没有。他们抓住近百年的东西,说前面的传统不好。但是前面的怎么不好,他们从来没有好好看过。否定了之后又拿不出新的东西来。比如说"美"是什么? 这个问题原来回答的定义都不好,于是后现代认为应当什么都不说,这叫"道不可言"。其实这不是什么高妙的发明,我们中国古代的老庄早就说"道可道,非常道","智者不言",但同时又说"道不离言"。佛教也是这样,一方面说"言语道断",一说话菩提就不存在了,但另一方面还是可以看到佛教留下了那么多经典语录。世界是不完美的,但是人只要生存,就得给我们提供一个虽然不够完美,但是比较起来、相对来说最为完美的选项。

同时我要告诉大家的是,西方现代、后现代的这些学者,他们本身说的话也自相矛盾。因为他们反逻辑,他们矛盾得还理直气壮。比如说海德格尔,他一方面否定普遍的本质,认为什么都不可解,甚至"人是什么"也不可解,但同时他又说,追问什么是什么的这种形而上学的属性是人的天性。这是什么? 这不是人的天性吗? 我们来到人世,开始学习知识、认识世界的时候,不就是从这种问题开始的吗? 但是现在被西方自以为非常高明的哲学家嘲笑太傻了,认为不应该这么问,这是伪问题。我也不知道到底谁是伪问题。维特根斯坦一方面说美不可言说,我们应当对它保持缄默,另一方面又说美是令人幸福的东西。

正如中国当代最有影响力的哲学家、美学家李泽厚指出的那样,美虽然很难言说,但人心里永远有想把它言说清楚的形而上的追求。美不可言说,但又不能不言说。重要的是我们言说的缺陷要少一点,并且不把它绝对化。美育大讲堂为什么要举办? 有一个现实的考量,就是我们中国当下存在的审美方面的乱象。什么乱象? 因为受到理论家美不可定义、美不可解的理论支撑,大众误以为感受什么娱乐,什么就是美。于是美与丑不分,美与丑颠倒,美与丑混淆,以丑为美的有很多。对此我们必须反思。我们必须理直气壮地重申:美是有边界的,美丑之间是有差别的。我们要说明这种边界,然后指导大家在边界里面去追求美的创造、从事美的欣赏。说得严肃一点,就是培养正确的健康的审美观,能够正确地辨别美丑,然后弘扬真善美,拒绝假丑恶,美化我们的人生、我们的生活。

# 二、客观主义美本质的探求此路不通

在西方现当代的美学之前，从亚里士多德一直到 19 世纪中叶的两千多年，对"美是什么"的问题，西方美学理论家做出了大量的探寻。中国古代没有"美学"这门学科，但有关于"美"的思想。19 世纪末 20 世纪初，美学伴随着西方学术进入中国，"美学"这门学科在中国产生，形成了关于"美"的一些看法和学说。但是这些美学学说，往往从客观的角度，用绝对化的思维方式，把"美"界定为一个离开主体存在的独立的不变的永恒的实体。后来我们发现，完全从客观对象方面去找"美"的统一性的原因，此路不通。

比如柏拉图的《文艺对话录》，一个最核心的观点就是美是引起视听觉愉快的事物。但是实际上，难道美食不是美吗？难道花香不是美吗？为什么要把美局限在眼睛和耳朵愉快的对象范围以内？凭什么？审美实践不答应。

古希腊美学家又说，什么东西能够引起我们视听觉的愉快呢？是视听觉形式元素的和谐、对称。和谐是什么？是寓变化于统一之中。这诚然有道理。比如穿衣，你不要把暖色调跟冷色调混杂在一起，不要把西装和牛仔服混杂在一起，不要把薄薄的真丝上衣与厚厚的羊毛裤搭配在一起。色彩、款式、面料的搭配要注意和谐。和谐指大体在一个调子上，当中又有变化。美就是形式元素之间的和谐。和谐的最高境界是对称。中国的四合院、法国的凡尔赛宫，它们的构造都是对称的。但能不能绝对化？不能。很早就有人从审美实践出发，说美并不都是和谐、对称所能概括的。色彩的和谐固然是美，但和谐的东西看多了，腻味了，来一点撞色，好像也觉得美。有一颗痣叫"美人痣"，对称地长一颗痣，那就很难看。女士的发式 π 型，对称，很好看，但把 π 的一半削掉，也是"俏佳人"的形象。美在和谐、对称，只是从形式元素方面概括的统一性，尚且不能说明全部形式美。如果用它来解释内涵美，就更不管用了。比如柏拉图《文艺对话录》中说的粪兜的美、风俗制度的美。所以我们不能满意。

然后到了黑格尔。黑格尔提出美是"理念的感性显现"。理念用形象把它表达出来，就是美的。2010 年上海举办世博会，世博会的主题是"城市，让生活更美好"。世博会有 200 个左右的国家和地区参加。每个场馆的造型既要保持自己国家和地区的地域、历史、民族、风俗特色，又要跟"城市，让生活更美好"的主题融合起来。有的融合得比较好，我们觉得美；有的融合得不够好，我们便觉得不美。所以说"美是理念的感性显现"这个定义有一定道理。但是黑格尔过分强调理性的作用，似乎完全忽略了人的情感欲望，好像情感欲望的形象显现就不能有美，这是不完整的。感性的情感欲望在美的建构当中扮演着重要角色，发挥着不可缺少的作用。讲思想政治课的时候要饱含情感、鲜活生动才好听。如果枯燥乏味，只是理性的传声筒，那就没有人要听，就不美。

再下面到康德。康德写了一部《判断力批判》。上卷第一部分叫"美的分析"，第二部分叫"崇高的分析"。在"美的分析"中，他反复强调美是"超功利的愉快对象"。意思是说，"美"没有给我们带来功利，但是我们却感到愉快。比如说青青翠竹、郁郁黄花、绿油油的麦田、蔚蓝色的大海，什么功利也没有带给我们，但是我们却毫无保留地把我们的喜好给了它们。由于"自由"在美学中指超功利，所以后来又有人把美定义为"自由的象征"。然而"美"仅仅是"自由"、是"超功利"吗？形式美固然可以以此来解释，但内涵美的原因恰恰是给我们带来功利的那种对象。在抗击疫情中涌现了那么多舍己救人的医护人员，我们称他们"最美医生"，就是典型的例子。还有"最美教师""最美司机"的称号，都是从功利的角度出发的，怎么能说"美"完全是超功利的对象？这方面的例子还可举出很多。我戴了枚戒指，金光闪闪，很好看。但如果我告诉你是地摊上买的，只花了几块钱，你可能会一下子觉得眼前的戒指黯然失色。为什么会发生这种审美感的变化？功利在起作用。这里面体现的是以富为美。从黄金戒指升级到铂金戒指，这是功利美追求的升级换代。在这里，美之所以为美，正因为是财富的象征。可见美不完全是超功利的对象。

接着是"美是关系"说。"美是关系"是狄德罗说的。他举例说："让他去死吧！"这句话孤立地看无所谓美还是不美。这是一部描写公元前6世纪罗马卫国战争的剧本中的一句话。说这句话的人是一位父亲。父亲有三个儿子参加了保家卫国的战争。两个儿子战死了，还有一个儿子活着。这个活着的当了逃兵。怎么办？父亲说："让他去死吧！"随着这句话所处关系的层层揭示，它的美丑属性也就逐渐展现出来。所以事物的美丑要放在特定的社会关系中来考量。不过，说"美是关系"，到底是一种什么样的关系？狄德罗没有进一步说明。狄德罗曾感叹：世界上最简单的东西往往是复杂的东西，美就是其中之一。

狄德罗之后著名的观点是"美是生活"，这是19世纪俄国车尔尼雪夫斯基说的。车尔尼雪夫斯基有一本书，叫作《生活与美学》。他说的"生活美学"是指美与生活之间的因果联系，即美源于生活。他的"生活"更多地是指生命存在。他有个定义，任何事物，凡是令人想起生活，或令人觉得应当如此的生活，就是美的。换句话说，凡是充满生命力的事物就是美的事物。美是有益于生命存在的。是的。春天的美在于生机勃勃，冬天的肃杀是不那么令人快意的，因为令人想起了生命的死亡。年轻人从形体上看真的很漂亮很英俊，因为脸上有胶原蛋白，容光焕发。老了以后不分泌胶原蛋白了，看不到什么光泽了，形容枯槁了，就不那么好看了。"美是生活"是不错的，但也不能说美绝对是"生活"，也有一些例外。佛教就认为死亡是一种美，叫"死亡美学"。有人写过《死亡美学》的书。在一些宗教徒看来，死亡是人升入天堂的阶梯。所以他们歌颂死亡、赞美死亡。

下面到了中国的学说。

"美是典型"，是20世纪50年代美学大讨论中蔡仪提出的。典型是代表普遍性的个体，是总数相加除以总数得到的平均数。比如说男人典型的身高大概是一米七八上下，女人典型的身高大概是一米六五上下。太矮或太高都会在谈恋爱时出现麻烦。但是否可以说典型就是美的本质呢？好像不可以。早在大讨论时就有人质疑：典型的人是美的人，一条典型的蛇或一只典型的癞蛤蟆能说是美的吗？蔡仪也有解释。他说典型的蛇或癞蛤蟆不美，因为他们在整个动物发展序列中是不典型的，所以不美。虽然自圆其说，但别人不信。后来流行的美本质观是"美在实践"。这个观点曾经持续了很长时间。其实大而无当。当你用"美在实践"的定义美化自己，对着镜子打扮自己，怎么打扮？怎么美化？"美在实践"实际上说的是美的根源在于实践，不是说美的语义。

80年代以来，由于马克思《1844年经济学哲学手稿》意义的发现，"美在实践"换了个表达方式，叫"美是人的本质力量的对象化"。南方北方的大学美学教材都这么讲，因为实践就是人的本质的对象化过程。但表述不一样了以后，给我们带来了好多麻烦。比如什么是"人的本质"？什么是"人的本质力量"？这两个概念之间有没有差别？"人的本质"本身就是一个争论不下的概念。用一个争论不下、莫衷一是的概念解释另一个概念,本身就是有问题的。再说,什么是"对象化"?"对象化"是不是"物化"? 如何用"人的本质力量"来"对象化"、美化自己和社会? 这些都留下了许多疑问,让人没法操作。

当西方存在论进入中国以后,出现了一个新观点,叫"美在超越"。"超越"是一个功能性的名词,不是一个实体性的名词。我开始不明白"超越"什么。后来我结合上下文的语境,发现"超越"是指对肉体欲望的超越。美不完全是感觉肉身的愉快,有形而上的超越追求。然而,由于"超越"是一个功能性的动词转化而来的名词,本身并没有显示"超越欲望"的含义,所以"美在超越"也就不具有对于大众审美的有效指导性,不做专门研究的人绝对不知道"超越"什么、如何"超越"。

当下中国还有一种观点影响比较大,就是"美在意象",指美根源于意象,甚至就是意象。我要说的是,不是所有的"意象"都是美的。夜里做了一场噩梦,吓死我了,你不能说噩梦的意象是美的。部分意象可能是美的,但不是全部。美似乎还有非意象的东西,比如我们现在说的"科学美",用"意象"去解释就很牵强。另外,"意象"存在于审美主体的脑海中,否定了美作为审美对象的客观性,也站不住脚。我们说某个人美,美就美在她的形象本身,而不是在我的"意象"中。"美"是对象本身存在的品质。世界美学大会曾经在北大召开,有外国的学者提问:如果说"美在意象",那么是不是他们就不需要到中国来看故宫、黄山了? 因为"美在意象",大家坐在家里、足不出户就可以了。这个提问够具有讽刺意义的。故宫的美美在何方? 就在它的形象之美、内涵之美,跟主体的观照及其附加的意义没有关系。

综上所述,从客观的角度想概括出一个美的现象的统一性来,是徒劳的、不可能的。对称是美,不对称有时也美;和谐是美,不和谐有时也美;典型是美,不典型有时也美,如此等等。从客观方面去寻找,无论是内涵还是形式方面,都找不到统一性。

## 三、美的现象可以从主体方面找到统一性

美的现象丰富多彩,从客观方面找不到统一性,但从主体方面却可以找到统一性。这就是:无论什么现象,只要我们把它称为美,就会无一例外地

引起审美主体或者说观赏者的愉悦感。人们把"美"这个词加到对象身上，首先源于愉快。对此，中国古代早有先见之明。《淮南子》说："佳人不同体，美人不同面，而皆悦于目；梨橘枣栗不同味，而皆调于口。"《抱朴子》说："五味舛而并甘。""妍姿媚貌，形色不齐，而悦情可钧；丝竹金石，五声诡韵，而快耳不异。"比如美女有高冷型、妖艳型、端庄型等，如果要在五官、形象上概括出统一性来，不可能。但她们都能引起人们的视觉愉快，所以都可以叫"美女"。再比如汤姆·克鲁斯，男性观众都觉得他形象英俊。如果进而要在男人的英俊与女人的美丽之间找到统一性，那就更难了。"不爱红装爱武装"，所以有女孩子取名"赛男"。其实，女孩子真像男孩子，无论身高、长相还是性格，那就糟糕了，因为女人的美与男人的美的标准是不一样的。

要之，当我们心中涌起愉快的时候，我们就把对象称作"美"。"美"这个词很奇妙，它既是形容词，指愉快，又是名词，指引起愉快的对象。前者实际上指主体的美感，后者指对象的美本身。科学的学术研究应当仔细分辨形容词性的"美"与名词性的"美"。我们要探寻统一性的那个"美"，是名词性的"美"。尽管在审美实践当中，美和美感往往融为一体，凝聚在一个"美"字中，但是理论家在做形而上的辨析的时候，必须进行分析考量：主体的感觉叫美感，引起主体愉快感的对象叫美本身。美本身就是我们所寻找统一性的那个对象。我们所要下定义的、所要寻找本质的是名词性的"美"，而不是形容词性的"美"。

那么，这个名词性的"美"是什么呢？

首先它是快感的对象。这个方面有大量的理论证据。理论家本身就是一个审美的感受者。他们的理论表达，也是一份审美经验的证据。古希腊的诗人赫西俄德指出："美的使人感到快感，丑的使人感到不快。"注意一下，这是原来的翻译，不够顺畅。实际上说的是：美的东西能够使人感到愉快，丑的东西使人感到不快。中世纪意大利的神学家托马斯·阿奎那指出："凡是一眼见到就使人愉快的东西才叫作美的。""凡是单靠认识就立刻使人愉快的东西就叫作美。"美有一个特点，就是我们一看到它就会不假思索地做出"美"的判断，没有思考这个中介。一个对象美不美，你不会说："请容许我想一想再回答。"没有这个环节。"不假思索"仿佛是一种本能性的反应，人天生具有这种审美天赋。再看康德："美是不依赖概念，而被当作一种必然愉快或者普遍愉快的对象。"面对美的对象，虽然不经过推理，但却必然使你愉快,同时普遍使人愉快。人同此身,身同此心。只要生理、心理没有毛病,面对同一个美的对象,都会感到愉快。西方现代的一个主流观点是,艺术作品有待于观赏者观赏才成为艺术作品。人没去看的时候,它就不叫艺术作品。这种观点之荒谬,就好比说我坐的这把椅子在我坐上之前,是不能叫"椅子"的,因为它还没有实现供人坐的功能。但我想请问这种学说的理论家:商店里面在卖这些椅子的时候,不叫"椅子"叫什么?所以说,美的存在不需要一定有人欣赏,美只是具有能够必然和普遍让人欣赏、感到愉快的功能,而不问这种功能是否实现。20世纪美国的美学家桑塔亚那写过一本《美感》,书中指出,"如果一件事物不能给人以快感,它决不可能是美的",美虽然是主体之外的对象,其实不过是"客观化的快感",是凝固为物的快感。

快感是美的一个最基本的特质。西方现当代艺术我之所以不愿承认是艺术,是因为它不能给我愉快,我看了以后难受死了。它甚至把垃圾堆在一起,说这就是艺术作品。你可以自娱自乐,但我不答应。美必须有一个基本的功能:给我们愉快感,否则我们要美干什么?

认识这一点并不难。接着我们要注意:美是乐感对象,而非快感对象。这是我们的第二层意思。我们举起的旗帜是"乐感美学",而非"快感美学"。"快感"这个词仿佛跟肉体欲望联系很密切,远离理性道德的愉悦。为了防止人们产生错觉,我们从中国传统美学中挑出一个词"乐感",用于指称肉体、感官的愉快感和精神、道德满足的愉快感。"乐感"首先指"孔颜乐处",包含着理性满足。孔子说:"君子忧道不忧贫。""不义而富且贵,于我如浮云。"他的弟子颜回也是这样:"一箪食、一瓢饮,在陋巷,人不堪其忧,回也不改其乐。"儒家所说的"乐感"并不仅仅指理性欢乐、道德欢乐。先秦儒家是充满人情的,是给人情的满足很大的活动空间的。孔子本人并不像后代的那些儒家很死板、很高冷。孔子是很感性的。所以"乐感"还包括感性欢乐,这就叫"曾点之乐"。《论语》中有一章,叫"子路、曾晳、冉有、公西华侍坐"。孔子让他的四个弟子谈一谈未来的理想。有的人说要成为杰出的政治家,有的人说要做宗教的主祭,有的人说要成为鲁国的军事家。曾点说:"暮春者,春服既成,冠者五六人,童子六七人,浴乎沂,风乎舞雩,咏而归。"没有想到孔子说:"吾与点也!"这说明孔子绝不是一个完全被理性填满的、毫无趣味的人,他是充满感性的欢乐的人。

我们说明美与快乐的联系,这一点不难达成共识。重要的也是容易被人忽略的是,在乐感前面加上一个规定,叫"有价值"。如果不加上这个规定,审美就会误入歧途。我们当下出现的种种审美的迷误就是这样产生的,把美仅仅等同于娱乐对象,甚至喊出"娱乐至死"的口号。我们对"美"的完整表述是"有价值的乐感对象"。

当我对"美"做出这个概括之后,突然发现亚里士多德有一句话:"美是自身就具有价值并同时给人愉快的东西。"在"愉快"与"价值"两点上,我们不谋而合。关于美的价值性,中外历史上有好多表述。比如说1923年吕澂出版中国第一部《美学概论》,提出"美为物象之价值"。四年后范寿康又出版了一本《美学概论》重申:"美是价值,丑是非价值。"那么,"价值"是什么呢?这个词并不是很好把握。"价值"是一个关系概念,它存在于主客体的关系中。马克思曾经指出,价值是从人们对待满足他们需要的外界物的关系中产生的。价值存在于外物当中,但相对于主体而存在。对人有用有益,就叫有价值;对人无用无益,就叫无价值。20世纪美国一位文化学者兰德女士这么对"价值"做过界定:"一个机体的生存就是它的价值标准,有助于机体生存的当然就是有价值,反之就是无价值。"苏联美学家斯托洛维奇指出:"价值是现象对人、对人类社会的积极意义。"价值是客观的东西,又相对于主观而存在,所以就呈现为"意义"。事物所具有的"意义"就是"价值"的表现。说得通俗一点,"价值"就是"正能量"。因为"价值"跟生命的存在紧密相关,是有益于促进生命的健康存在的,所以"价值美学"又是"生命美学"。吕澂说:"于物象之观照当中,所感生之肯定视为美,所感生之否定视为丑。"我们总喜欢生机勃勃的事物,我们总愿意跟年轻人打交道,感受他们生命的活力。美是价值,美在生命。"乐感美学",同时是"生命美学"。

值得注意的是,并非所有的乐感对象都具有价值。世界真奇妙,事情很复杂。一方面,我们承认:人的快感表示机体契合外物、欢迎外物,因而具有价值,痛感警示着生命健康受到威胁,必须加以回避。比如人走路被撞疼了,疼痛是对人发出不利于生命的信号,人就不能再朝前走了,必须转弯以保护人的生命存在。然而大千世界非常复杂,不可一概而论,并不是所有给人带来快感的东西都有价值。鸦片、毒品就是这样。毒品早先的形态叫"鸦片"。鸦片能给人带来快乐,但不是美。德国伦理学家包尔生在《伦理学体系》中指出,"假设我们能蒸馏出一种类似鸦片的药物","假定这种药物能够方便和顺利地在整个民族中引起一种如醉如痴的快乐",这种"药物"就是

"美"吗？不！因为"这种快乐是'不自然的'，一个由这种快乐构成的生命不再是一个'人'的生命。无论它所包容的快乐是多么丰富巨大——都是一种绝对无价值的生命"。

再跟大家分享一个例子。20年前我看过一本小说叫《红处方》，作者毕淑敏是当时中国小说家当中唯一一个获得医学博士学位的作家。《红处方》反映的是戒毒医生与瘾君子之间强制戒毒与抗拒戒毒的斗争。在人物形象描写之余，有一段议论，我宁可把它看作医学博士的科学解释。它说，人类大脑产生疼痛和快乐的感觉中枢叫"蓝斑"，产生快乐的是蓝斑当中的F肽。F肽是"脑黄金"。而毒品就是F肽的天然的模仿者。它能够制造出伪快乐，让人在这种伪快乐面前不能自主，完全被击倒。在毒品制造的伪快乐面前，人体还有一套反馈机制，会停止自身F肽的生产。人如果要再获得快乐，就必须依赖毒品。由于各国都在打击毒品，所以毒品的价格越来越高。吸毒者为了找到毒品维系快乐，就倾家荡产，坑蒙拐骗，铤而走险，最后走上不归路，同时也会被毒品毁掉生命。所以，能够带来快乐的毒品是美吗？当然不是。可见，必须在快感之前加上"价值"限定。美只能是给我们带来有价值的快乐的那种对象。

美这种有价值的乐感对象并不是仅仅相对于人而存在的。动物也有自己有价值的乐感对象，也有自己的美。所以我们不能同意一种传统的说法：美仅为人而存在。关键看怎么界定美。如果说美是"人的本质力量的对象化"，那么美必然只为"人"而存在。既然美实际上是"有价值的乐感对象"，那么只要有感觉功能的生命体都可以有这种美，所以就应破除人类中心主义的审美论。古希腊以来西方美学一直有一种观点，认为美感是视听觉的快感，但又否定动物可以审美。这种不合逻辑的情况早就被达尔文指正："美感——这种感觉曾经被宣传为人类专有的特点，但是，如果我们记得某些鸟类的雄鸟在雌鸟面前有意地展示自己的羽毛，炫耀鲜艳的色彩，而其他没有美丽羽毛的鸟类就不这样卖弄风情，那么当然，我们就不会怀疑雌鸟是欣赏雄鸟的美丽了。"当然，在承认动物有美的同时，千万不要把人类感到愉快的美跟动物感到愉快的美等同起来。不同的物种有不同的生理结构，因而也就有不同的有价值的快感对象。它们之间可能有交叉，但不可能完全等同。庄子早就以寓言的方式指出："毛嫱丽姬，人之所美也，鱼见之深入，鸟见之高飞，麋鹿见之决骤。""《咸池》《九韶》之乐，张之洞庭之野，鸟闻之而飞,兽闻之而走,鱼闻之而下入,人卒闻之,相与还而观之。鱼处水而生,人处水而死。彼必相与异,其好恶故异也。"他还讲了一个故事:"昔者海鸟止于鲁郊,鲁侯御而觞之于庙。奏《九韶》以为乐,具太牢以为膳。鸟乃眩视忧悲,不敢食一脔,不敢饮一杯,三日而死。此以己养养鸟也,非以鸟养养鸟也。"马克思曾经指出,动物只是按照它所属的物种的尺度和需要来进行生产,而人则懂得设身处地按照任何物种的审美尺度进行生产。在这个意义上,人也能够按照"美的规律"来塑造物体。不仅人能审美,动物也有自己的审美。认识到这一点是恰当的。同时也要认识到,人的审美比动物审美更高明,动物只追求自己喜好的对象,人类则能考量自身的长远发展,站在各个不同物种的角度,照顾不同物种的生命需求,然后走向物物有美、美美与共的生态美学,从而达到人与万物的共生共荣。所以"乐感美学"又是破除人类中心论,肯定动物有美、物物有美的"生态美学"。

我要讲解的"美的真谛"差不多结束了。请记住两点。第一,美是给我们带来乐感的对象。美所带来的乐感不仅包括感官快乐,而且包括精神快乐。美所带来的感官快乐并不局限于视听觉,而是包括五官感觉。美从感官快乐的角度来讲,是五觉快乐的对象。西方当代的一些美学家也有同样的观点:美要调动五觉感官,甚至整个身体去拥抱它。第二,美的价值性。"价值"说到底是有益于审美主体生命存在的那种积极意义。审美主体或者说观赏者在欣赏对象、感到快乐的时候,这种快乐对审美主体来说是有益的,而不是有害的,对美的对象本身来说也是如此。

# 四、"美是有价值的乐感对象"的逻辑推衍

为了论证"美是有价值的乐感对象"这句话,我们跋涉得好辛苦。以此为核心,逐一推衍开去。我们延展到"美的范畴":优美与壮美、崇高与滑稽、喜剧与悲剧。它们不过是"有价值的乐感对象"的方式不同的组合形态。我们讲到"美的原因",美的原因就是事物成为有价值的乐感对象的原因。这原因说到底在于客体与主体的契合,而不是处于对立状态。这就叫"适性为美"。然后讨论"美的规律"。给别人送去有价值的快乐,你就创造了美,就是美的创造者。使人感到有价值的快乐的对象在形式和内涵上各有不同的规则,按此践行就能普遍必然地产生有价值的愉快感。"美的特征",不仅包

含愉快性、价值性、形象性,客观性、主观性,还有流动性。我们说美是带来有价值快乐的"对象",而不是纯客观的"事物"。"对象"是一个处于主客体关系中的动态概念,它决定着"美"的流动性。举个例子,你从学校回去了以后,妈妈会烧好多的山珍海味给你吃。它们非常可口,又有家乡的味道,真的感到是很好的美味。但你吃饱、吃撑了以后,妈妈再往你碗里塞,让你多吃点,你就受不了了。你在家里多待几天,妈妈都是这样对待你,你最后再看到这些山珍海味,就害怕了,不觉得是美味了。因为吃饱了以后再多吃,山珍海味就成了"无价值的乐感对象",就不再是"美食"了。各位现在很年轻,食欲旺盛,什么都很想吃,但没钱吃。等你有钱吃的时候,你又年长了,高血脂了,什么大鱼大肉都不能吃了。可见美具有流动性。山珍海味、大鱼大肉不是永恒不变的绝对"美食"。"美的形态",分形式美、内涵美。形式美的代表人物如前面讲的汤姆·克鲁斯,内涵美的代表人物比如抗击疫情的英雄张文宏。形式美的形态当中有视觉美、听觉美、味觉美、嗅觉美、触觉美。"美的疆域":现实美与艺术美。美可以存在于自然、社会的现实当中,也可以存在于艺术创造当中。"美的风格":阳刚美、阴柔美。阳刚美的标志是"铁马秋风塞北",阴柔美的标志是"杏花春雨江南"。接着是"美感活动"分析。因为美是有价值的乐感对象,所以美感实际上就是有价值的愉快感。关于审美反应方式,我这里强调两点:形式美的美感反应方式是"无条件反射",而内涵美的美感反应方式是"条件反射"。婴幼儿的玩具都是色彩艳丽、动听悦耳的,孩子天生就能欣赏,但中国的"万字结""年年有鱼"等符号的祥瑞之美,孩子就感受不了,只有在中国传统文化的长期熏陶之中,才会不假思索地感受到它特殊的美的意蕴。

本讲的内容,详见《乐感美学》,北京大学出版社 2016 年出版。这是一个国家社科基金后期资助项目①。大家如果有兴趣,可以到图书馆借阅。我们今天举行这个专题讲座的目的,在于针对当下"美不可解"、美丑不分的审美乱象,重申亚里士多德"美是具有价值并同时给人愉快的东西",确认"美是有价值的乐感对象",为各位树立健康的审美观,正确辨别美丑义界,从快乐和价值两个维度从事美的欣赏和创造提供有益的参考。

---

① 本书修订版《乐感美学原理体系》增补了第五编"美育与美学史",复旦大学出版社 2023年版。

# 第三讲 "美育"的完整义涵及其实施路径[①]

## 祁志祥

**主持人语:**"美育"的概念最早是由德国美学家席勒提出来的。它在中国的出现,则是"五四"新文化运动的产物,是区别于传统教育的"新式教育"、现代教育的一个组成部分。如今,从上到下,都在谈"美育"。中共中央办公厅、国务院办公厅的文件将"美育"定义为"审美教育"。但何为"审美教育",却需要再定义。实践中常把它与"艺术教育"混为一谈,等同于"艺术教育"。本讲中,演讲人依据自己早先提出的"美是有价值的乐感对象",推导出美育是情感教育、快乐教育、价值教育、形象教育、艺术教育的复合互补。于是,"美育"与"艺术教育"有了种差。在艺术教育之外,人们可以在情感节制、趣味教育、德育智育、形象塑造几方面从事美育实践。

2015年、2020年,国务院办公厅及中共中央办公厅分别发布"加强和改进学校美育工作的意见",愈来愈凸显了"美育"在今天学校教育中的重要地位。然而,究竟何为"美育",却定义含糊,令人难以捉摸。一方面,现有的"美育"定义存在着"美育是审美教育"等同义反复的不足,或"美育是心灵教育"等大而无当的毛病,令人不明白"美育"的确切含义和特殊定性,导致在实施方法上以偏概全,将"美育"等同于"艺术教育"。另一方面,因为"美育"

---

① 本文是祁志祥教授于2021年3—4月期间在上海市美学学会组织的"上海美育大讲堂"中所做讲座的演讲稿。演讲的时间和地点分别是3月23日上海交通大学、24日上海视觉艺术学院、25日建桥学院、26日进才实验小学、30日上海政法学院、31日华东政法大学、4月7日上海师范大学、27日上海商学院。

定义不清,就干脆解构"美育"本质,取消"美育"定义,这在实践上也更为有害。

"美育"的字面意义是"美的教育",即关于"美"的教育。也就是教育人们如何认识美,培养人的审美能力或美感素养。而没有经过这种培训的人,往往不辨美丑、混淆美丑,以丑为美或以美为丑。有什么样的"美"本质观,就有什么样的"美育"观。离开"美"的本质的思考,要去圆满回答"美育"是什么,结果只能缘木求鱼。关于"美"的本质的思考答案是否圆满,直接决定着"美育"定义是否圆满。比如,如果认为美的本质是"和谐",那么"美育"就是"和谐教育";如果认为美的本质是"实践",那么"美育"就是"实践教育";如果认为美的本质是"自由",那么"美育"就是"自由教育";如果认为美的本质是"意象",那么"美育"就是"意象教育"。然而在审美实践中,"美"的含义不是"和谐""实践""自由""意象"等所可概括,因而"美育"也就不是"和谐教育""实践教育""自由教育""意象教育"。

"美"是什么呢?亚里士多德早已深刻指出:"美是自身就具有价值并能同时给人愉快的东西。"他揭示美具有"价值"与"愉快"两重属性,是关于"美"的含义的最精辟、也最宝贵的思想。遗憾的是,这两点思想没有得到后人应有的珍视。后人总是自以为是,试图另辟蹊径,殊不知离真相愈走愈远。2016年,笔者完成、出版了国家社科基金项目《乐感美学》(北京大学出版社出版),用60万字的篇幅,论证了一个核心命题:"美是有价值的乐感对象。"本文以此为据,分析推衍、重新定义"美育"概念,为美育工作提出了不同于"艺术教育"的新路径。希望能够为大家提供有益的参考。

# 一、"美育"概念提出的历史及其在新中国走过的"Z"字历程

理解"美育"的含义,必须联系它在中国发生、发展的历史语境。

"美育"的概念最早是由德国美学家席勒提出来的。它在中国的出现,则是"五四"新文化运动的产物。1840年,伴随着鸦片战争,中国的国门被打开,各种西方的学术纷至沓来,进入中土。"美育"这个概念伴随着西方"美学"学说的译介,1901年首次出现于中国。辛亥革命推翻了几千年的帝制,新式教育取代了四书五经的旧式教育。而"美育"作为与"德育""智育""体育"并列的"四育"之一,受到身为民国教育总长、著名美学家的蔡元培先生

的大力奖倡,成为新式教育的一个重要组成部分。此外,中国现代美育史上第一部美育原理专著也应运而生。在中国现代美育史上,有三位学者值得注意。

一位是蔡元培。他最早将"美育"概念引进到中国,对"美育"的含义做出"情感教育"的界定,并以教育总长的身份大力倡导"美育"、践行"美育",奠定了"美育"在学校教育中不可或缺的地位。1901年,蔡元培在《哲学总论》一文中引入"美育"概念,这是"美育"概念在中国的最早出现。1912年,蔡元培在教育总长任上发表《对于教育方针之意见》,在"军国民教育"(即体育)、"实利教育"、"德育"、"世界观教育"之外,别立"美育",主张以"五育"教化国民。1917年,蔡元培发表《以美育代宗教说》演讲,着眼于"美"的无私的超功利的快感与利他的道德、宗教的联系,提出著名的"以美育代宗教"说。1919年,在"五四"新文化运动的关键之年,蔡元培发表《文化运动不要忘了美育》。1920年12月7日,蔡元培在出国考察途经新加坡南洋华侨中学时,作《普通教育和职业教育》演讲,提出"健全的人格,内分四育",即"体育""智育""德育""美育",这是对王国维1903年提出的"四育"观的吸收与改造。1922年,蔡元培发表《美育实施的方法》,明确指出美育在辛亥革命后新式教育中有一席之地是"五四"新文化运动的成果。他回顾说:"我国初办新式教育的时候,只提出体育、智育、德育三条件,称为三育。十年来,渐渐地提到美育,现在教育界已经公认了。"主张将"美育"不仅开展到"学校教育"中,而且开展到"家庭教育""社会教育"中。1930年,蔡元培为《教育大辞书》撰"美育"词条,完整地表述了对"美育"的看法:"美育者,应用美学之理论于教育,以陶养感情为目的者也。"

第二位是王国维。他是最早提出"体育""智育""德育""美育"四育并举育人方针的学者,也是最早提出"美育即情育"的人,这些都为教育总长蔡元培所继承。1903年,王国维发表《论教育之宗旨》一文,指出"教育的宗旨"是培养"完全之人物"。"完全之人物"包括"身体"和"精神"两部分,所以教育应从"体育""心育"入手。"心育"包括"智育""德育""美育"。所以培养"完全之人物"必须四育并行。在该文中,王国维还指出:"'真'者知力之影响,'美'者感情之理想,'善'者意志之理想也。"所以,"美育"即"情育"。1904年,王国维发表《孔子之美育主义》,指出以"乐""礼"育人的孔子"审美学上之理论虽然不可得而知",然其教人,则"始于美育,终于美育"。

第三位是李石岑。他曾于20世纪20年代初担任商务印书馆《教育杂志》主编。他在美育上的最大贡献是汇聚了当时包括1923年出版中国现代美学史上第一部《美学概论》的作者吕澂在内的几位著名美学家,集体编写、并在1925年出版了第一部《美育之原理》,提出美育是"美的情操的陶冶",不同于"智育"是"智的情操的陶冶",也不同于"德育"是"意的情操的陶冶"。

新中国成立后,中华人民共和国教育部起初吸收、继承了民国学校教育四育并举的做法,提出"德育""智育""体育""美育"四育并行的教育方针。但这种情况在1957年之后发生了改变。改变的起因是1956年,毛泽东发表了《关于正确处理人民内部矛盾的问题》一文。文中提出:"我们的教育方针,应该使受教育者在德育、智育、体育几方面都得到发展,成为有社会主义觉悟的有文化的劳动者。"由于这段话中没有提到"美育",1957年以后,教育部将"美育"从教育学的理论体系中去除了,各种教材、课程中就不见了"美育"的踪影。到了十年"文化大革命"中,更是谈"美"色变,因为"美"关乎花花草草、色彩艳丽的形式,而这在"文化大革命"中被视为"封资修"的思想意识。

1976年10月粉碎"四人帮",宣布"文化大革命"结束。1978年党的十一届三中全会的召开,标志着改革开放新时期的开启。伴随着对"文化大革命"的反思和对极左观念的拨乱反正,"美育"重新回到国家教育体系中,虽然有些姗姗来迟。1995年3月18日,第八届全国人民代表大会第三次会议通过《中华人民共和国教育法》,完整规定了国家的教育方针:"教育必须为社会主义现代化建设服务、为人民服务,必须与生产劳动和社会实践相结合,培养德智体美等方面全面发展的社会主义建设者和接班人。"从此,"德智体美全面发展"这一教育方针被确立下来。1999年,中共中央、国务院颁布《关于深化教育改革全面推进素质教育的决定》,明确提出:"要尽快改变学校美育工作薄弱的状况,将美育融入学校教育全过程。"在"美育"中,"艺术教育"是主流。2002年,教育部专门下达《学校艺术教育工作规程》,要求"各类各级学校应当加强艺术类课程教学,按照国家的规定和要求开齐开足艺术课程"。2015年9月,国务院办公厅印发《关于全面加强和改进学校美育工作的意见》,不仅要求把美育贯穿在学校教育的始终,而且对义务教育阶段、普通高中、职业院校、普通高校的美育课程体系和目标提出了具体要求。2018年8月30日,在中央美术学院百年校庆之际,习近平总书记给学院八位老教授回信,提出了"做好美育工作,要坚持立德树人,扎根时代生活,遵循美育特点,弘扬中华美育精神"的时代课题。2020年10月,中共中央办公厅、国务院办公厅联合下发《关于全面加强和改进新时代学校美育工作的意见》,进一步将"美育"工作摆到了学校教育的重要日程。

不难看出,在新中国的学校教育史上,"美育"上承"五四"新文化运动的成果,走过了一个肯定"美育"、取消"美育"、重回并强调"美育"的"Z"字行程。经过四十多年的改革开放,在人民群众的温饱问题解决之后升起对美好生活的向往之际,"美育"在中小学教育和大学教育中的地位从来没有像今天这样受到高度重视。

## 二、现有"美育"定义存在的缺失

尽管"美育"的地位相当重要,但何为"美育",如何遵循"美育"特点实施"美育",现有的定义并不令人明白,让人在实践上难于操作。

《辞海》(1989 年版)对"美育"的定义是:"美育,亦称'审美教育''美感教育'。通过艺术等审美方式,来达到提高人、教育人的目的,特别是提高对于美的欣赏力与创造力。"这个定义的缺陷是:(1)用"审美教育""美感教育"解释"美育",解释的宾词中包含尚待解释的主词,自我循环,同义反复。人们不免要问:什么是"审美教育"? 什么是"美感教育"? 同理,说"美育"能够"提高对于美的欣赏力与创造力",人们仍然不明白:什么是"美的欣赏力与创造力"? (2)这个定义说"通过艺术等审美方式",这个"等"指什么? 除了"艺术",还有哪些"审美方式"? 没有说清楚,让人感到"美育"的"审美方式"仿佛就是"艺术"方式,"美育"就是"艺术教育"。显然,二者是不能等同的。所以,《辞海》的定义是不能令人满意的。

百度的定义是:"美育,又称美感教育。即通过培养人们认识美、体验美、感受美、欣赏美和创造美的能力,从而使我们具有美的理想、美的情操、美的品格和美的素养。"这个解释的不足与《辞海》大同小异:解释的宾词中包含尚待解释的主词,自我循环。它没有解释"美"是什么,却教人们去"认识美、体验美、感受美、欣赏美和创造美",从而具有"美的理想、美的情操、美的品格和美的素养"。人们仍然不明白:什么样的理想、情操、品格、素养是"美的理想、美的情操、美的品格和美的素养"? 如何"认识美、体验美、感受美、欣赏美和创造美",培养"审美"能力?

那么,高层发布的意见是怎么定义"美育"的呢? 2015 年国务院办公厅印发的《关于全面加强和改进学校美育工作的意见》是这样说的："美育是审美教育，也是情操教育和心灵教育。"其作用，"不仅能提升人的审美素养，还能潜移默化地影响人的情感、趣味、气质、胸襟，激励人的精神，温润人的心灵"。这个定义大概是从字典或美育专家那里参考过来的，因而不免存在着前面所说的缺憾。人们仍然不明白：什么是"审美教育""审美素养"？"美育是心灵教育"，"美育"的特殊性在哪里？难道"德育""智育"不也是"心灵教育"？"美育是情操教育"，什么是"情操"？《意见》在"美育"概念的理论界定上含糊不清，在具体论述实施路径时则将"美育"等同于"艺术教育"："学校美育课程建设要以艺术课程为主体。""学校美育课程主要包括音乐、美术、舞蹈、戏剧、戏曲、影视等。"然而，"美育"并不等同于"艺术教育"，其外延比"艺术教育"大得多。《意见》指出："美育课程目标""以审美和人文素养培养为核心，以创新能力培育为重点"。显然，"人文素养培养"和"创新能力培育"不是艺术课程能够全部承担的使命。毋庸讳言，《意见》在学校美育目标与美育课程设计之间存在着明显脱节。

2020 年 10 月中共中央办公厅、国务院办公厅联合下发的《关于加强和改进新时代学校美育工作的意见》是不是在"美育"概念的界定上更明晰一些呢？情况似乎也没有多大改观。《意见》说："美是纯洁道德、丰富精神的重要源泉。美育是审美教育、情操教育、心灵教育，也是丰富想象力和培养创新意识的教育，能提升审美素养、陶冶情操、温润心灵、激发创新创造活力。"该定义在解释"美育"前先解释了何为"美"，这是进步，但它对"美"的解释是存在着以"善"代"美"的不足，因而"美育"就变成了"情操教育""心灵教育"，实际上就是"德育"。说"美育是审美教育"，"能提升审美素养"，仍留下了何为"审美教育""审美素养"的疑问。又说"美育"能"丰富想象力和培养创新意识"，难道"智育"不也是这样吗？"美育"区别于"智育"的特殊规定性到底在哪里，读者仍然看不明白。

有感于现有的"美育"定义不能令人满意，有专家干脆说："美育"这个概念不可定义。这种明显站不住脚的观点由于受到以存在主义、现象学为基础的解构主义、反本质主义思潮的支撑，却言之凿凿，显得理直气壮。"美"没有本质，"审美活动"也没有本质，甚至"人"也没有自己的本质规定性，"美育"定义的命运自然难逃其外。事实上，人类无论是日常交流还是学术交流，都离不开语词。语词都是有特定所指的。语词所指是关于对象的类的统一性的抽象概括,俗称"本质"。否定这个本质,人们将无法说话。马克思主义哲学的一个基本观点,是承认事物的本质、规律的存在。在以马克思主义为统领,建构中国特色的哲学社会科学话语体系的现实语境下,追问"美"的本质、反思"美育"定义,给人们从事"美育"工作提供有效指导,不仅具有重大的理论意义,更有迫切的现实意义。

## 三、美育是情感教育、快乐教育、价值教育、 形象教育、艺术教育的复合互补

蔡元培曾经指出:"美育者,应用美学之理论于教育。"毫无疑问,"美育"是"美学"理论在社会实践中的应用。"美学"是什么呢? 在德国鲍姆嘉通创立"美学"这门学科及其以后的相当长时期内,"美学"都是指"美之哲学",是思考"美"的本质及其引起的美感反应规律的理论学科。"美育"实际上是把美学理论关于"美"的本质的思考结果应用到社会实践中的产物。正如"美学"是"美之哲学"一样,"美育"是"美之教育"。"美育"的使命,是告知人们如何认识美、欣赏美,进而引导人们去创造美。认识美、欣赏美有个专门化的说法,叫"审美"。在此意义上,"美育"被表述为"审美教育",任务是培养人的辨别美丑的"审美能力"。李石岑指出:"美育之解释不一,然不离审美心之养成。"此外,"美育"不能停留于培养人们仅仅成为美的被动接受者、欣赏者,应当鼓励、引导人们成为"美"的积极创造者,所以"美育"还应是"美的创造教育"。

无论说美育是"美的认识教育",或者说美育是辨别美丑的"审美教育",还是认为美育是"美的创造教育",都必须先回答"美"是什么的问题。确定"美"的内涵是准确定义"美育"的前提。关于"美",首先我们必须明确:"美"不同于"美感"。"美感"是主体面对对象中存在的"美"的感受,"美"则是审美主体面对的"对象",所以又称为"审美对象"。这是"美"的对象属性。作为主体面对的审美对象,"美"有两个最基本的规定性,即愉快性和价值性。综合"美"的上述三个特性,所以说:"美是有价值的乐感对象。"由"美"的愉快性、价值性和对象性,我们可以逻辑地推衍出"美育"的含义是情感教育、快乐教育、价值教育、形象教育、艺术教育复合互补的完整认识。

首先,"美"的认知关涉主体情感反应,所以美育是"情感教育"。"美"这

个词,虽然呈现为审美对象的一种属性,但却是审美主体快感的客观化、对象化。正如桑塔亚那揭示的那样:"美是因快感的客观化而成立的。美是客观化的快感。"就是说,当客观对象在主体感受中引起愉快情感的时候,你就判断该物为"美"。表面上看,"美"属于客观的物质属性,实际上是主体的情感反应在对象身上的表现。鲍姆嘉通指出,"美"是"感性知识的完善"。王国维说,"美"是"感情之理想"。因此,"美"被认为是一种表示情感的语言。英国近代美学家瑞恰兹指出:"美"是一种情感语言,它说明的不是对象的客观属性,而是我们的一种情感态度。英国当代美学家摩尔认为:"美"是主体的一种情感状态,"我们说,'看到一事物的美',一般意指对它的各个美质具有一种情感",而不是指科学事实。维特根斯坦揭示:人们评论"这是美的",只不过表达了一种赞成的态度或一种喝彩、感叹而已,是一种情感的表现。杜威说:"按照美这个词的原文来说,它是一种情感的术语,虽然它指的是一种特殊的情感。"因为"美"表示的是一种"情感",所以美育不是物理教育,而是"情感教育",是陶冶、净化人的情感的。因此,蔡元培下定义说:"美育者……以陶养感情为目的者也。"王国维下定义说:"美育即情育。"李石岑指出:美育是"情操教育",它培养的"审美心"说到底是"美的情操"。正是由于"美"表示的是一种情感或感觉,所以"美学"又叫"情感学""感觉学"。它与"物的学问"如物理、化学之类不同,属于"精神的学",即主体之学,也就是我们今天所说的"人文学科"。

其次,"美"所关涉的情感是一种愉快感,所以美育是"快乐教育"。"美"表示情感,但不是所有情感,而是肯定性的、积极的愉快感。只有当人们感到愉快的时候,才会使用"美"这个判断词。如果不快、难受、厌恶,就会称之为"丑"。所以,"美"与快乐的感觉、情感相连。古希腊诗人赫西俄德指出:"美的使人感到快感,丑的使人感到不快。"中世纪意大利的托马斯·阿奎那对"美"的判断是:"凡是单靠认识就立刻使人愉快的东西就叫作美。"鲍姆嘉通的老师、德国美学家沃尔夫指出:"产生快感的叫作美,产生不快感的叫作丑。"鲍姆嘉通重申:"美本身就使观者喜爱,丑本身就使观者厌恶。"康德给美的事物引起的快感加了许多特殊规定:"美是不依赖概念而被当作一种必然愉快底对象。""美是不依赖概念而被作为一个普遍愉快的对象。"《说文解字》定义说:"美者,甘也。"这个"甘",指像甜一样的快适感。美是一种引起快感的事物。美的事物千差万别,但只要能引起观赏者情感的愉快,就都被称为"美"。"佳人不同体,美人不同面,而皆悦于目;梨橘枣栗不同味,而皆调于口。""妍姿媚貌,形色不齐,而悦情可钧;丝竹金石,五声诡韵,而快耳不异。"梁启超说:"美的作用,不外令自己或别人起快感。"蔡元培指出:"美学观念者,基本于快与不快之感,与科学之属于知见,道德之发于意志者,相为对待。"人性趋乐避苦。快乐,是没有遗憾的、圆满完善的情感,所以沃尔夫、鲍姆嘉通用"感性知识的完善"去界定"美"。这个"感性知识的完善",既指主体感性认识——情感的完美无憾,即愉快感,也指引起这种情感的审美对象的圆满无缺。二者互为因果、融为一体。沃尔夫指出:"美在于一件事物的完善,只要那件事物易于凭它的完善来引起我们的快感。""产生快感的叫作美,产生不快感的叫作丑。""美可以下定义为:一种适宜于产生快感的性质,或是一种显而易见的完善。"鲍姆嘉通补充说:丑是"感性知识的不完善"。如果我们做一个定量统计,就会发现,在古今中外美学家关于"美"的特性的论述中,有关"美"与"快感"的联系是说得最多的。正如尼采指出的那样:"如果试图离开人对人的愉悦去思考美,就会立刻失去根据和立足点。"既然"美"与快乐密切相连,所以,美育毫无疑问是"快乐教育"。

再次,美关涉价值,所以美育是"价值教育"。"美"指涉一种快乐的情感,但不是所有的快感,而是有价值维度的快感。亚里士多德早就揭示过美所引起的快乐的价值维度。在中国出版的最早的一部《美学概论》中,吕澂指出:"美为物象之价值,能生起吾人之快感。"四年后,范寿康在《美学概论》中重申:"美是价值,丑是非价值。"李安宅在《美学》一书中指出:"我们说什么是'美',乃是作了价值判断。这个价值判断的对象,便是'美'。""价值"指什么? 指事物相对于生命主体有益的那种意义。"一个机体的生存就是它的价值标准。"所以"价值美学"说到底是"生命美学":"于物象观照中,所感生之肯定是为美,所感生之否定是为丑。"美不限于生机勃勃的客观生物存在,也存在于审美主体在无机物身上的生命投射:"吾人于物象中发现生命之态度,是曰美的态度。以生命但就人格为言,虽在无生物亦能感得之而判其美的价值。"危害生命的、无价值的快感对象不是美而是丑。因此,美育在从事快乐教育、情感教育时,决不能忘记价值教育。

美的价值维度,在美学学科创立之初,主要指美引起的愉快情感不涉及"利害关系",是"超功利"的快感。如康德说:"美是无一切利害关系的愉快的对象。""美学"引进中国后,早期的中国美学家都这么看。如王国维说:

"美之快乐为不关利害之快乐。"蔡元培指出：美引起的快感具有"全无利益之关系"的"超脱"特征。后来人们称美在"自由"、美在"超越"，都不外是对美的快感具有不同于一般快感的价值特性的不同表述。这种超越"利害关系"的纯粹、自由快感，本指不涉及真、善内涵的事物形式引起的美感，特别是自然美景引起的快感，是形式美、自由美的美感特点。但是在内涵美中，"审美快感的特征不是无利害观念"，"美属于有用、有益、提高生命等生物学价值的一般范畴"。"美的本质就是功利其物。"康德在《判断力批判》中分析"崇高"之美是"道德的象征"，而"道德"恰恰是功利欲望的满足。因此，"美"与利他主义的"善"走向融合，"美育"就与"德育"走到了一起。美是"道德的象征"，"功利的满足"本来与美是"无一切利害关系的愉快对象"相矛盾，但早期中国美学家发现美感的超功利特征是治疗利己性、走向利他之善的良方，所以将矛盾的两者调和到了一起。蔡元培指出：美的快感"全无利益之关系"的"超脱"特征，可消除"利己损人之欲念"，是治"专己性"之"良药"。因而，"纯粹之美育，所以陶养吾人之感情，使有高尚纯洁之习惯"。王国维指出："美之为物，使人忘一己之利害而入高尚纯洁之域，此最纯粹之快乐也。"所以美之快感是超越"卑劣之感"的"高尚之感觉"，是从"物质境界"过渡到"道德境界"之"津梁"。美育教人在追求情感快乐时"守道德之法则"，"美育与德育"不可分离。

美的价值不仅体现为"善"，也体现为"真"。美不仅是道德的象征，也是真理的化身。伽达默尔指出：真理的光照"是我们所有人在自然和艺术中发现的美的东西"。科学以发现真理为使命，是真理的载体，所以有"科学美"的说法。"科学中存在美，所有的科学家都有这种感受。""很早科学家们就懂得科学中蕴含奇妙的美。"波尔的原子理论，在爱因斯坦看来是"思想领域中最高的音乐神韵；爱因斯坦的广义相对论，在科学家眼里是"雅致和美丽"的，是"一个被人远远观赏的伟大艺术品"，"它该作为20世纪数学物理学的一个最优美的纪念碑而永垂不朽"。爱因斯坦说："美照亮我的道路，并且不断给我新的勇气。"狄拉克坦陈："我和薛定谔都极其欣赏数学美，这种对数学美的欣赏曾支配着我们的全部工作。这是我们的一种信条，相信描述自然界基本规律的方程都必定有显著的数学美。"法国数学家、物理学家、天文学家彭加勒如此界定"科学美"："我在这里并不是说那种触动感官的美、那种属性美和外表美。虽然，我绝非轻视这种美，但这种美和科学毫无关系。我所指的是一种内在的(深奥的)美,它来自各部分的和谐秩序,并能为纯粹的理智所领会。"中国科学院院士冼鼎昌也说:承认了科学美的存在,"还需要有能够感知它的东西才能谈美",这"东西"就是灵魂、理智。杨振宁曾应很多大学之邀做"美与物理学"的演讲。他认为理论物理学中存在的科学美表现为三种形态。一是自然中存在的物理现象之美。这种美有的能为一般人所看到,如天上的彩虹之美。另有些则是受过科学训练的人通过一定的科学手段、科学实验才能看到的,如元素周期表之美、原子结构之美、行星轨道之美。二是理论描述之美,指对物理学定律的精确的理论描述,如热力学第一、第二定律对自然界特定性质规律的理论揭示。三是理论构架之美,指物理公式具有数学结构之美。如牛顿的运动方程、爱因斯坦的狭义相对论、广义相对论方程等。研究物理的人在它们面前会感受到如同哥特式教堂般的"崇高美、灵魂美、宗教美、最终极的美"。在全世界被新冠病毒折磨煎熬的今天,谁能早日发现病毒机理,研制出有效良方,谁就是受人爱戴的最美科学家! 美与真理的发现、拥有密切相连。包含真理的知识就是审美的力量、就是具有魅力的美。因此,美育与"智育"密切相关。

"价值"的外延比"善"和"真"还大,它的底线是生命存在。生命的健康不同于我们通常所说的道德之善、科学之真,但却是毋庸置疑的美。《吕氏春秋》告诫人们:"耳虽欲声,目虽欲色,鼻虽欲芬香,口虽欲滋味,害于生则止。""圣人之于声色滋味也,利于性则取之,害于性则舍之,此全性之道也。"左丘明在《国语》中记载:"无害(于性)焉,故曰美。"若"听乐而震,观美而眩",就失其为美。不妨碍生命本性,无害于生命健康,就是最基本的美,也是最不可或缺的美。因此,"美育"与讲究健康的"体育"、呵护生命的"生命教育"建立起不可分割的联系。

第四,美关涉对象的形象,所以美育是"形象教育"。美是"有价值的乐感对象"。对象性的美诉诸人的感官,具备可感的形象性。康德在分析美引起快感的方式时指出:"美是不依赖概念而被当作一种必然愉快的对象。"美凭借什么使人直觉到愉快呢? 这就是形象性。黑格尔指出:"美是理念的感性显现。""感性显现"说得通俗点就是形象显现。黑格尔强调:"美只能在形象中见出。""真正美的东西……就是具有具体形象的心灵性的东西。""概念只有在和它的外在现象处于统一体时,理念就不仅是真的,而且是美的了。"比如说"秋日游子思乡",这个判断只是说明一种人生的经验,并不能打动人的情感,唤起人的美感。但马致远的《天净沙·秋思》把它寄托、融化在一种富有形象性的意境营造中:"枯藤老树昏鸦,小桥流水人家,古道西风瘦马,夕阳西下,断肠人在天涯。"因而使人味之不尽,浮想联翩,感到美不胜收。

第五,美关涉艺术,所以美育是"艺术教育"。艺术是人类创造的审美的精神形态,是以各种艺术媒介创造的有价值的快乐载体。真正的艺术总能屡试不爽地给读者观众送去有价值的快乐,让他们在消愁破闷、心花怒放的同时得到灵魂的洗礼和提升。艺术由其不同的媒介决定,产生了不同的艺术门类,时间艺术有诗歌、小说、散文、音乐,空间艺术有绘画、雕塑、书法、园林,综合艺术有戏剧、舞蹈、影视,等等。它们以形象的手段寓价值于乐感之中,发挥其春风化雨、滋润心田的审美教育功能。

"美育"虽然是"情感教育""快乐教育""价值教育""形象教育""艺术教育"五者的互补共生,最重要的两个核心选项是"快乐教育"与"价值教育"。如果将"艺术教育"当作"美育"的主要方式,就喧宾夺主,忘了重心。"艺术"究其实是艺术家创造的有"价值"的"快乐"的载体。"艺术教育"充其量是"快乐教育"与"价值教育"特殊方式。

由此可见:"美育"是美的认识和创造教育,是高尚优雅的主体情感教育,是以形象教育、艺术教育为手段和载体,陶冶人的健康高尚情感,引导人们追求有价值的快乐,进而创造有价值的乐感对象或载体的教育。

# 四、"美育"的实施路径

确定了"美育"的完整义涵,"美育"工作就有了实施的路径。

美育是陶冶情感的"情感教育",所以美育实践要从情感入手。情感并不都是美的。人的求乐情感有冲破价值规范的自然倾向,中国古代的"情恶"论对此做了一再揭示。"美育"实施"情感教育"的使命,是把人处于原生、自然状态的情感往健康、高尚的方向培育引导。王国维说:"美育者……使人之情感发达,以达完美之域。"蔡元培指出:"激刺感情之弊","陶养吾人之感情,使有高尚纯洁之习惯","莫如舍宗教而易之以纯粹之美育"。李石岑指出:美育为"美的情操的陶冶"。可见,美育所实施的"情感教育"是渗透着价值取向的,与"价值教育"是融为一体的。或者说,美育的"价值教育"不是孤立存在的,而是依托在"情感教育"之中的。如果说情感本身有善有恶、不一定都美,但在学校教育中如果带有情感、充满激情,就会有起伏节奏、抑扬顿挫,产生感染人、打动人的美。狄德罗说:"凡有情感的地方就有美。"车尔尼雪夫斯基说:情感会使在它影响下产生的事物具有特殊的美。英国近代美学家卡里特指出:美就是感情的表现,凡是这样的表现没有例外都是美的。从肯定的方面看,"辩丽本于情性","情至之语,自能感人"。从反面看,"言寡情而鲜爱","情不深则无以惊心动魄"。不只学校美育中饱蘸情感会产生美,人的举手投足充满情感也会产生富有生命力的美。情感干瘪的人是索然无味的。从心所欲不逾矩,在理性的规范内充满丰富多彩的情感,是审美活力的突出表征。

美育是"快乐教育",所以美育工作要寓教于乐、充满趣味。趣味教育的方法多种多样,形象的方法、艺术的方法是两个主要的方法。美育应是"形象教育",所以美育工作要避免抽象枯燥的说教,尽量运用生动可感的形象手段。美育应是"艺术教育",所以美育工作要注重艺术教育,善于调动一切艺术手段为美育的情感教育、价值教育服务。这一点毋庸赘言。

美育是"价值教育",价值教育不仅应渗透在情感教育中,还应与德育、智育、体育相结合,反对堕入娱乐至死的误区。价值的常见形态是善与真。善良是天下通行的最美的语言。布瓦洛告诫人们:"只有真才美,只有真可爱。"美国好莱坞影星赫本说得好:"美丽的眼睛,在于能发现他人身上的美德;美丽的嘴唇,在于只会说出善言;美丽的姿态,在于能与知识、真理并行。"因此,要善于挖掘德育、智育中美的元素。在善与真的教育中融入合适的形象或艺术媒介,德育、智育就变成了美育。在生动可感的形象、艺术中注入善或真的内涵,美育就变成了德育、智育。生命健康是价值的底线。增进生命健康的体育不仅与美育有着密不可分的联系,而且是美育的最后守护。在美育所坚持的"价值教育"中,尤其要防止将美等同于娱乐对象的迷失。美丑混淆甚至颠倒,已成为一种突出的社会乱象。而导致这种社会现象的思想根源,在于抛弃了美的价值底线。美只是娱乐对象中有价值的那部分,决不能为了娱乐而不择手段,放弃价值原则,把美育褪化为娱乐教育。娱乐对象不等于美,纵情声色、娱乐至死不是审美而是嗜丑。强调美育是价值教育,坚持美育的价值原则,具有极大的现实意义。

# 第四讲　现代美育的精神涵养功能①

## 王德胜

　　主持人语：美学研究是为美育服务的。对于"美育"内涵及功能，当代美学工作者做出了许多探寻。王德胜教授作为首都师范大学美育研究中心主任，一直在思考着"现代美育的精神涵养功能"问题。美是有价值底线的。美育不仅是快乐教育，而且是价值教育。美育的功能不仅怡情悦性，而且净化灵魂、提升精神。本讲中，我们来倾听王德胜教授对这个观点的分享。

　　审美功能论突出现实审美实践与人的精神修复相一体的建构本质，而"以文化人"功能实践形态则在涵养精神的可能性方面，体现了特定的"去知识化"立场与取向。它在本体层面趋近人的存在完整性，在功能层面向人提示精神发展的宏大旨趣，并在历史与现实相关联的过程中具体丰富了人生现世的精神层次，内在地实现着"以心立身"的意义收获，从而为现代美育的功能具体化提供了基本前景。可以说，"以文化人"是现代美育在方法论上的特定化和具体化，实现着现代美育以精神修复为旨归的涵养功能。

## 一、精神恢复性的功能实践

　　在中西方历史上，传统美育观念在突出"本于自心"的个体追求的同时，

---

　　① 本文是王德胜教授在多地所做讲座的底稿。王德胜，首都师范大学艺术与美育研究院院长、中华美学学会副会长。

大多重点指向对人的终极性完善要求。《礼记》说："凡三王教世子,必以礼乐。乐所以修内也,礼所以修外也。""修内"虽然也要求有外显的"礼"的形式,但其基本前提则是人自身的内在确定,因而最终归于人的存在本体。即如王充所强调的"情性者,人治之本,礼乐所由生也。故原情性之极,礼为之防,乐为之节","礼所以制,乐所为作者,情与性也"。一切都是因"本"而生、缘"本"而行的人的自心行为。由此,传统美育在观念层面坚守着终极性的意义本体,在实践中则具体体现为指向意义本体的修身活动。换句话说,传统美育在观念和实践上着重强调了人的"本体呈现"。

现代美育的兴起,无疑直接针对了现代社会消费性文化生产语境中人的内在精神流散、缺失或不断弱化——由于技术发展本身毫无顾忌的扩张性和现实操纵力,物质的高度丰裕不断遮蔽乃至消解着人在现实生活中的精神目标及其内在发展维度。对此,马尔库塞从其总体性观念出发,曾有过很好的揭示,"那些在工业社会初始和早期阶段作为生死攸关的因素和根源的权利和自由,屈从于这个社会的更高阶:它们正在丧失它们传统的存在理由和内容","发达工业社会的显著特点是,它有效地窒息了那些要求解放的需求——也是从可容忍的、报偿性的和舒适的东西中解放出来——同时它维护和开脱富裕社会的破坏力和压制性功能。这里,社会控制急需的压倒一切的需求是:浪费的生产和消费;不再具有真正必要性的麻木般的劳动;缓和和延长这种麻木状况的娱乐方式;维持一些骗人的自由"。人的内在精神动机逐渐被外部活动的麻木性满足所吞噬。而在更早以前,面对现代文明所造成的人的精神迷失流离,席勒也曾一针见血地指出:"那种远非能使我们获得自由的文化,随着它在我们身上所形成的每一种力量,只是产生出一种新的欲求。自然的镣铐越来越可怕地收紧,以致失败的恐惧窒息了要求改良的炽烈本能,使被动地顺从的准则成了生活的最高智慧。"显然,有关现代社会文明发展及其生活语境对人的自然生命结构的破坏,以及对生活欲望与意义体验,物质需要的日常满足与精神感受的自由发展之间意义制衡关系的撕裂,成为思想家们集中关注的问题。

在美育层面上考察这些现实中被撕裂的关系及其问题,可以认为,其中的关键点已经从人的"本体呈现"维度,实际地转向了如何在现实生活中选择审美教育的特定路径,以审美的方式重新整合业已分裂的人的精神存在,在现实的精神恢复性活动中重新回返人的精神完整性,进而重新建构起人的精神发展力量。这也正是席勒在《美育书简》第六封信中所说的："为了培养个别能力而必须牺牲它的整体，这样做肯定是错误的。抑或当自然规律还力图这样做时，我们有责任通过更高的教养来恢复被教养破坏了的我们的自然（本性）的这种完整性。"

从这一点出发，在我们看来，有别于传统美育在观念层面及其实践中对"本体呈现"的终极关注，现代美育首先不是一种指向本体建构的观念形态，而是一种致力于实现精神的现实目标、体现人的内在恢复性要求的功能存在形态。换个方式来说，传统美育作为一种本体性思维，其基本对象是人之为人的意义本身；现代美育则主要落脚于精神恢复性的审美实践，要求在审美的具体展开方式中实现现实精神的"祛蔽"、重建人的整体性精神结构，进而在现实文化语境中不断展开人对于精神自我的内在审视——它一方面指向人生现世的价值判断，另一方面指向了人本身的精神流散、缺失和弱化。所以，对于现代美育来说，它的关注重点便不在于如何去揭示精神自觉的终极可能性、人的完善的终极性价值，而是现实地修复人生实际的各种精神困境。也因此，审美功能论的确立便成为现代美育的一项基本理论设计，功能目标的确定、功能方式的完善构成为现代美育的价值核心。质言之，现代美育有着十分明确而具体的功能指向性，要求通过审美活动的必要规划，凸显审美的具体作用方式，不断致力于克服或化解人在现代消费性文化生产语境中的精神缺失危机，在审美意义的发生中形成一种引导精神恢复的实际力量，从心灵意识的内部唤起人在现实中的生活自觉并不断走向生命意义的深度体验与现实提升。这样，现代美育功能便实际地体现出现实审美实践与人的精神修复相一体的建构本质——一种在现代文化语境中获得展开并不断显现自身功能指向性与实践合理性的精神追求。

## 二、从精神缺失之处再度出发

强调审美功能论对于现代美育的建构性意义，强调现代美育指向以审美方式不断修复现实中人的精神缺失和精神困境，凸显了现代美育的特定追求：随着文化语境的现实改变，人的具体生存同样面临着巨大的改变。正是在这种改变了的现实中，人的内在精神自觉性不复成为人生现世的引导性力量。经历了工业文明带来的感性与理性分裂、生活功能与存在意义分裂、生活满足与生命感动分裂，内在精神的方向感和意义感的逐渐失落与极度缺失，成为人所面临的主要问题。或者，就像马尔库塞所说的："发达工业社会引人注目的可能性是：大规模地发展生产力，扩大对自然的征服，不断满足数目不断增多的人民的需要，创造新的需求和才能。但这些可能性的逐渐实现，靠的是那些取消这些可能性的解放潜力的手段和制度，而且这一过程不仅影响了手段，而且也影响了目的。"人的精神无从在现实生活的极大丰裕及其占有满足中真正找到它自己的"所出"和"所往"，这才是现代美育所要面对的真正现实。基于此，在理论思考的范围内，现代美育所要解决的，主要不是其自身的本体根据问题——尽管这一问题在自由精神的自我发展层面也规定了我们对于现代美育价值的更深入思考。应该说，在现代美育中，"美育是什么"的问题总是直接服从于对"为什么要美育"和"美育可以做什么"问题的理解，美育本体的存在规定被置于功能实现的可能性之中。

就此而言，可以看到，当年蔡元培所提倡的"以美育代宗教"，其实也是为了解决现代中国人生活中的基本精神缺失、调和人性的现实分裂、激扬现代中国文化的生命创造热情而找得的一副精神疗治药方。就像蔡元培在《对于教育方针之意见》中所看到的，"人既无一死生破利害之观念，则必无冒险之精神，无远大之计画，见小利，急近功，则又能保其不为失节堕行身败名裂之人乎？……非有出世间之思想者，不能善处世间事，吾人即仅仅以现世幸福为鹄的，犹不可无超轶现世之观念，况鹄的不止于此者乎？""现象世界之事为政治，故以造成现世幸福为鹄的；实体世界之事为宗教，故以摆脱现世幸福为作用。而教育者，则立于现象世界，而有事于实体世界者也。故以实体世界之观念为其究竟之大目的，而以现象世界之幸福为其达于实体观念之作用"。正由于"失"其所失、"缺"其所缺，所以蔡元培竭力要在"代宗教"而作为现代中国人精神信仰体系的美育那里，确立起现代中国人精神补缺、补失的功能维度。这也是他在《美育与人生》中所肯定的："人人都有感情，而并非都有伟大而高尚的行为，这由于感情推动力的薄弱。要转弱而为强，转薄而为厚，有待于陶养。陶养的工具，为美的对象，陶养的作用，叫作美育。"以审美作为现实中人的精神陶养的功能方式，将美育的功能指向与全面修复现代中国人精神弱化的要求——实现精神上的"强"与"厚"放在同一维度上，鲜明地体现了蔡元培在美育问题上的现代意识和立场。关于这一点，我们从丰子恺那里也同样可以看到。在《艺术的效果》一文中，丰子恺就曾经表示:"人生处世,功利原不可不计较,太不计较是不能生存的。但一味计较功利,直到老死,人的生活实在太冷酷而无聊,人的生命实在太廉价而糟蹋了。"面对现代社会中的这种人生处境,美育恰能以艺术审美的方式来"恢复人的天真","在不妨碍现实生活的范围内,能酌取艺术的非功利的心情来对付人世之事,可使人的生活温暖而丰富起来,人的生命高贵而光明起来",其结果则是人"体得了艺术的精神,而表现此精神于一切思想行为之中"。这种精神就是一种美的情怀、审美的感动。由此,丰子恺得以在《艺术必能建国》中热情地相信,美育的力量可以"支配人的全部生活。故直说一句,艺术就是道德,感情的道德"。尽管相比较于蔡元培在艺术之外还十分具体地关注包括家庭和社会在内的其他美育途径,丰子恺主要将现代美育的功能实践安排给了艺术,但如果就艺术作为精神修复的特定承担者而言,丰子恺与蔡元培其实都一样地站在了一种特定的功能论立场上,坚决捍卫和张扬了美育在现代生活中的实践张力。也因此,与其说"艺术就是道德"强调了艺术自身的本体归属,莫不如说它在功能层面现实地展现了艺术的精神感动力量——对人生现世的精神修复最终生成了生命价值的伦理肯定。

对于现代美育来说,内在于美育价值意图、外显于美育操作性活动的功能实现问题,直接联系着对"为什么要美育"和"美育可以做什么"问题的回答,也进一步突出了从功能论立场考察和把握现代美育品格的必然性。它不仅在理论层面把"为什么要美育"与"实现什么"的联结确定为现代美育功能定位与功能指向的一致性关系,从而决定了现代美育理论形态的建构与确立,而且在实践层面将"美育可以做什么"与"如何实现"的功能实现问题推到了现实人生活动的前沿,在直面现代生活中的人生问题之际,进一步具体化了人自身的精神努力方向,凸显着现代美育在具体文化语境中的价值意图——在反思性重建当下的现实努力中,不断展开自我内在的精神修复,不断趋向于人的精神生命的完整体验。

在这个意义上来理解现代美育,它归根结底就是要求能够在功能实践中逐步解决现代生活中人的精神流散、缺失和弱化问题——特别是,在人的欲望实现得以迅速增长和更加便捷的物质丰裕的今天,这种缺失症候由于信息交互叠加、扩张的强大作用和全面助推,已日益具有社会全面性和生活控制力。而精神涵养活动在缺失修复的实践中,完全有可能充分体现现代美育内在的功能满足。它意味着:现代生活如何可能逐步恢复自己的内在气象,并不取决于某种外在于生活现实的"注入性"力量,而要求从生活现实内部发现人的精神成长可能性——明确精神之"所出"及其"所往",从而完成人的精神能力的再一次确立。换句话说,现代美育之于现实生活中人的精神缺失的修复,既具有为现实"补缺"的作用,同时也体现为人以自我实现方式从精神内在层面"再度出发"并向内完成生活意义的表征。

# 三、"立人"和"人立"的统一

以修复人在现实生活中的精神缺失作为特定功能实现,是现代美育之所以成立,也是其为人在现代消费性文化生产语境中的生活活动提供内在意义的根本。而"以文化人"则在精神涵养的特殊性方面,成为现代美育具体展开这一精神修复活动的功能实践形态。

在人的精神成长、现实生活的发展中,"以文化人"作为精神涵养的实践过程,根本地超越了现实的具体处境,向着人和人的活动不断展示着精神完整性的成长维度。在这一功能实践形态内部,"化"不仅具体地向人呈现了生活内在的精神气象,更在实践指向的统一性上,在人生现世的活动中完成着当下意义的揭示和人的精神充实:其一,以"文"——不仅作为知识构造的具体成果,更大程度上体现为包括艺术在内的人的精神创造的价值形态——作为人在现实中进行自我精神修复的参照系,由此凸显出精神涵养的价值立场;其二,经由"化"的充分展开而直接体现精神修复的生动能力,突出精神涵养活动对人的现实缺失的持久性补偿,进而充分满足人的精神修复需要。

在一般意识中,文化之为人的活动和人的创造成果,总是直接维系在人的精神努力之上。就像伊格尔顿在讨论文化概念时曾经指出的,由于"在使我们的实践具有创造性的事物与事件本身的平凡事实之间存在着一种紧张关系","文化同时既是抽象完美的一种理想,又是努力达到这种目的的不完美的历史过程"。就文化本身来看,它所提供的不仅是人与物的对象性关系——而且主要不是这种关系的现实形态,否则也就无所谓"不完美的历史过程"。在最根本的方面,文化提供了一种通过人与物的对象性关系的不断调整而获得展开的人的存在满足。就此而言,"以文化人"作为一种功能实践形态,同时构成了文化对人和人的生活的一种价值表述。它意味着,在现实层面,"以文化人"之"化",就是要在那种"努力达到这种目的的不完美的历史过程"中不断迎接精神理想的洗礼,亦即不断在人生现世中对接"抽象完美"的理想。而在实践层面,"以文化人"重点着眼于人自身精神发展的价值意图,即在"化人"的具体精神修复活动中,以人生现世作为功能实践范围,不断使"抽象完美"的精神理想现实地成为生活活动的内在方向,在人的现实需要与人的持久满足之间建立起一种鲜活的功能性关系。

因此,在意义的普遍性上,作为现代美育以精神涵养方式实现人的精神修复的具体功能实践,"以文化人"一方面终极性地表达了精神本来具有的创造性意义,另一方面则为现实生活中人的精神成长提供了具体途径。质言之,"以文化人"的功能实践,实际地建构着人的精神发展与现实处境两方面的统一——落实到"以文化人"内部,便体现为以"化"的过程来实践现代美育功能方式与功能价值的统一。可以看出,这种"以文化人"的精神涵养过程,其核心点显然不在于如何"教人",即不是被拿来作为一套价值规范的指令或一种精神规训的工具,而应该被理解为如何在"化"的持续展开中致力于实现内在精神层面的"立人"方向以及"人立"的意义满足。也可以说,"以文化人"这一功能实践形态所指向的,并非一般知识教育体系的建构,即不是如何确立人之为人的知识本体,而是体现为一种功能实践中的"去知识化"立场与取向:为了人生现世的精神安顿与意义满足,也为了人在现实生活中能够不断趋近于自身精神努力的方向,有意识地从人自身的创造方面("文")来强化和优化精神功能的实现——"立人"与"人立"的统一。

这样,在现代美育所欲达成的人的现实精神缺失修复中,"以文化人"通过"以内安外"的渐进性持续,内在地实现着"以心立身"的意义收获——在不间断的精神努力中,自内而外地为人、人生现世提供意义生成的方向。

站在这一点上再来理解席勒所谓"不论世界作为一个整体由这种人的能力的分隔培养中获得多大的好处,但仍然不能否认,接受这种培养的个体在这种以世界为目的的灾难中仍要蒙受痛苦",而"为了培养个别能力而必须牺牲它的整体,这样做肯定是错误的。抑或当自然规律还力图这样做时,我们有责任通过更高的教养来恢复被教养破坏了的我们的自然(本性)的这种完整性",我们就可以体会到,尽管基于细化"世界整体"的认识需要,由"人的能力的分隔培养"所完成的知识教育有其充分的必要性,并且也为人的认识能力的"个别"发展提供了必要的知性材料,但与此同时,它又是以牺牲人的精神完整性为代价——由外在于人的精神整体性发展需要的知识体系建构所带来的现实精神分裂。这种精神遭受的必然分裂唯有通过超越一般知识体系的"更高的教养"——美育，才可能得到真正的弥合，从而恢复人的精神完整性。由此，现代美育通过明确自身精神涵养的内化功能，超越"在外的"知识满足而不断从"在内的"精神创造与人的体验性关系上强化"以文化人"的现实作用，应该说是有其历史根据和现代意义的。

## 四、方法论的特定化与具体化

早在 20 世纪 20 年代，哲学家冯友兰就曾这样指出：

> 假使人之欲望皆能满足而不自相冲突，此人之欲与彼人之欲，也皆能满足而不相冲突，则美满人生，当下即是，更无所人生问题，可以发生。但实际上欲是互相冲突的。不但此人之欲与彼人之欲，常互相冲突，即一人自己之欲，亦常互相冲突。所以如要个人人格，不致分裂，社会统一，能以维持，则必须于互相冲突的欲之内，求一个"和"。"和"之目的，就是要叫可能的最多数之欲，皆得满足。所谓道德及政治上社会上所有的种种制度，皆是求"和"之方法。他们这些特殊的方法，虽未必对，而求"和"之方法，总是不可少的。

由于现世的利益在精神层面必定存在"互相冲突"，所以寻找冲突的克服、分裂的弥合，亦即在冲突中找寻"和"的可能性——一种肯定分裂和冲突的现实存在但又超越其上的新的平衡关系的确立，便实际地指向了现实生活中人的精神需要，希望由此从精神分裂的当下具体出发，为人生现世积极地指引精神前行的方向。这种在现世的肯定中通向现实超越的努力，便构成了人类各种思想活动及其价值实践的存在意义。美育同样是其中一种"特殊的方法"。只是不同于其他各种道德的、政治的和社会的找寻方法，美育关注的不是某种规范性制度设计，而是在人的具体活动中寻求精神的内在自觉，在人生现世的有限性中发展出精神成长的力量、开掘精神超越的前景。这也如同冯友兰所说："问人生是人生，讲人生还是人生，这即是人生之真相。除此之外，更不必找人生之真相，也更无从找人生之真相。"人生现世之有价值，便在于它对人真实，尽管这个真实本身处处存在局限。对于现代美育来说,在现代消费性文化生产语境中修复人的精神缺失,根本上依旧是为了实现人生现世的意义收获。

从这个角度来看,现代美育的具体实践便一定与人在具体生活中的意义建构保持着内在的对应关系——事实上,人在现代消费性文化生产语境中的精神缺失问题,最终便归于意义感的茫然。而"以文化人"作为现代美育实现精神涵养功能的特定形态,正是立足于这种对应关系而又从人自身内部不断强化着这种意义建构的精神维度。也就是说,"以文化人"不是离开人的现实去启示"人生之真相",而是在人生现世当中不断地趋于精神的表现、不断地丰富精神的意图。它一方面在本体层面向着人的存在完整性趋近,体现为人生意义的精神呈现。而另一方面,也是更现实、更核心的,在功能层面上,"以文化人"的实践形态通过直接体会现实中的缺失与有限性,不仅向人提示着精神发展的宏大旨趣,而且在历史与现实相关联的方面具体丰富着人的现实的精神活动。也因此,对于现代美育来说,"以文化人"具有特殊的方法论意义。我们把现代美育定位于以精神涵养方式来为人的现实精神缺失寻求"补缺",实际上就是表明了这种方法论上的特殊性。

质言之,作为人在现代消费性文化生产语境中寻求自我精神"再度出发"、致力于把握人生现世的精神性存在维度的特定功能实践,"以文化人"是现代美育在方法论上的特定化和具体化,实现着现代美育以精神修复为旨归的涵养功能。

第一,在持续的渗透中展开,在潜移默化中释放,这是现代美育超越一般知识教育之"教"的规训、实现"化"的可能性的特殊性所在,也构成了现代美育精神涵养功能的具体意义。所以,对于现代美育来说,便需要特别关注和突出营造"补缺"需要的精神氛围,以便使"化"的活动能够获得积极的助力。实际上,当我们通常强调艺术在现代美育中的特殊地位,期待着艺术能够满足"育人"效应的时候,就是肯定了这种精神氛围的建构性意义。因为很显然,在人的现实生活中,艺术的最大意义就在于"用感性的艺术形象的形式去显现真实","至于其他目的,例如教训、净化、改善、谋利、名位追求之类,对于艺术作品之为艺术作品,是毫不相干的"。艺术可以向人提供精神安顿和精神成长的最适宜环境。如果说,现代美育有必要借助艺术的力量,那么,这并非表示艺术可以用来指称美育或代表美育,而是在功能意义上突出了一点,即精神涵养的过程不能没有实现精神满足的功能实践氛围。宗

白华在《我和诗》一文中回顾自己青年时代创作经历的一段话,便很好地说明了这种精神氛围营造与美育功能实现的内在关系:

> 唐人的绝句,像王、孟、韦、柳等人的,境界闲和静穆,态度天真自然,寓秾丽于冲淡之中,我顶欢喜。后来我爱写小诗、短诗,可以说是承受唐人绝句的影响,和日本的俳句毫不相干,泰戈尔的影响也不大。只是我和一些朋友在那时常常欢喜朗诵黄仲苏译的泰戈尔《园丁集》诗,他那声调的苍凉幽咽,一往情深,引起我一股宇宙的遥远的相思的哀感。

艺术(唐人绝句、泰戈尔的诗)——精神氛围的诞生(闲和静穆、天真自然、苍凉幽咽,一往情深)——自我精神的"再度出发"(引起我一股宇宙的遥远的相思的哀感),艺术的力量在这里已不是凝定于文本之中,而是从人置身其间的境界(氛围)来面向着人的心灵活动,它是一种令人精神感动的力量。

第二,"以文化人"的精神涵养过程,始终指向了人的精神归途,内在地呈现着现代美育的基本价值。如果说,在消费性文化生产语境中,现代美育在"以文化人"的具体实践中内在地展现着人的精神缺失修复的持久性前景,那么,其内在本体的规定显然不能离开具体方法论意义的实现。这就意味着,现代美育归根结底是一种功能主导性的存在,并且在不断确立和完成人的精神涵养这一功能实践的展开中对人生现世发生着意义。这同时就向我们揭示出:作为人和人的具体生活的发展性动力,现代美育开始于一种特定的"人为"努力,最终指向不断寻求"为人"的完善性——"人为"的努力源自人生现世的精神局限,"为人"的完善性则导向了精神的内在重建方向,而现代美育便是这两个方面的现实统一。这一点,应该说也同全部教育的目标是相一致的。"教育应该将我们导向人们称为本性的东西,就是那使得我们从'我'中、从'我们'中摆脱的东西","这种对我们的本性的探寻可以满足知识上的欲望,因为我们的本性是人类世界和文化的起因。它也是存在于我们身上的最美好和最高尚的东西,从这个意义上讲,这种探寻还可以满足我们对美和崇高的追求"。"我""我们"的有限性和孤立性,将人生现世狭窄化了,遮蔽了"我们对美和崇高的追求"。在这个意义上,也可以说,现代美育一定程度地构成了对人的现实的"审美干预"——不断去除这种人生现世的有限性和孤立性。而这种审美干预之所以发生、审美干预的实现之所以可能并最终带来人的精神自觉和丰富，则特定地体现在"以文化人"精神涵养过程的现实取向之中。

第三，"以文化人"作为精神涵养的过程，既高度关注人从现实出发所不断趋向的精神能力建构，同时又不是把这种能力建构直接归为某种制度性的设计，而是以"化"的可能性来强化人自身"习染自得"的精神修复能力养成，亦即在外化于内的过程中触发人的本心感受，把精神的修复满足交还给人自身。因而，现代美育实际上肯定了人生现世本身恰恰可以成为"化人"的起点，精神涵养的不断丰富也不是对现实存在的单一否定，而是在现实之中追求实现的人的精神改善。另一方面，由于强调精神缺失的修复根本上归于人的内在能力建构，强调在现实生活的具体活动中实现精神的内在"补缺"，因此精神的"自得"便也进一步巩固了"习染"的过程——一种精神的持续性交流和进入式的发现。事实上，艺术活动之所以成为现代美育实现精神涵养功能的具体实践，也是在这个意义上来说的，因为艺术最重要的力量，就在于其所生发的巨大感染力能在人的精神感动中为人提供本于自心的颖悟。在这里，我们不妨拿朱光潜曾经讲过的一个例子，来说明现代美育这种"习染自得"的实践特性：

> 阿尔卑斯山谷中有一条大汽车路，两旁景物极美，路上插着一个标语牌劝告游人说："慢慢走，欣赏啊！"许多人在这车如流水马如龙的世界过活，恰如在阿尔卑斯山谷中乘汽车兜风，匆匆忙忙地急驰而过，无暇一回首流连风景，于是这丰富华丽的世界便成为一个了无生趣的囚牢。这是一件多么可惋惜的事啊！

"慢慢走"的过程就是一个精神交流层面的"习染"，"了无生趣"却是因为人受困于具体现实而不能走进这一过程，所以终究不可"自得"，不能引发审美的感动、收获精神的补偿。显然，若不能引发外化于内的精神进入，所谓美育也将无以终其之所终。

# 第五讲　中国古代美学的"乐感" 传统及其现代启示<sup>①</sup>

## 祁志祥

　　**主持人语**：美是带来有价值的愉快感的对象。但我们下定义时，不宜说美是"有价值的快感对象"，而应当说是"有价值的乐感对象"。因为"快感"容易造成与肉体连得很紧的误解。其实美所带来的愉快感不仅与感官相连，而且与精神有关。中国古代美学中的"乐感"概念恰恰积淀着"孔颜乐处"与"曾点之乐"、道德愉悦与感性欢乐。美作为"有价值的愉快感的对象"，得到中国古代美学思想资源的有力支撑。中国古代文化既不同于西方古代的罪感文化，也不同于印度古代的苦行文化，而是乐天知命的"乐感文化"。在甄别中国古代"乐感文化"得失的基础上，诞生了中国古代美学的"乐感"精神。它启示着、印证着"美是有价值的乐感对象"。本讲来听祁志祥教授关于这个话题的演讲。

## 一、中国古代文化的乐感传统

　　首先我要告诉大家，"乐感"是中国古代的一个具有民族特色的文化传统。用李泽厚的概括说，就叫"乐感文化"。"乐感文化"是李泽厚先生于1985 年春在一次题为《中国的智慧》讲演中提出的，后来在《华夏美学》中又有所发挥，指汉民族积淀的一种心理结构，或者说中国传统文化具有的一种

---

①　本文是祁志祥教授 2021 年 4 月 6 日在上海第二工业大学所做演讲的演讲稿。同题讲座 2020 年年中曾在上海图书馆录制发布。

"实用理性"特征。李泽厚指出,中国人很注重世俗的幸福,"从古代到今天,从上层精英到下层百姓,从春宫图到老寿星,从敬酒礼仪到行拳猜令('酒文化'),从促膝谈心到'摆龙门阵'('茶文化'),从衣食住行到性、健、寿、娱,都展示出中国文化在庆生、乐生、肯定生命和日常生存中去追寻幸福的情本体特征。尽管深知人死神灭,犹如烟火,人生短促,人世无常,中国人却仍然不畏空无而艰难生活"。

关于中国传统文化的乐感特征,在李泽厚之前,也有人也论述、揭示过。比如王国维。1904 年,他在《〈红楼梦〉评论》揭示:"吾国人之精神,世间的也,乐天的也。故代表其精神之戏曲、小说,无往而不著此乐天之色彩:始于悲者终于欢,始于离者终于合,始于困者终于亨。非是而非是而欲餍阅者之心,难矣。若《牡丹亭》之返魂,《长生殿》之重圆,其最著名之一例也。"《牡丹亭》,全名《牡丹亭还魂记》,是明代剧作家汤显祖创作的传奇剧本。该剧描写官家千金杜丽娘因情成梦,对梦中书生柳梦梅倾心相爱,竟伤情而死。死后化为魂魄寻找现实中的爱人,人鬼相恋。最后因爱死而复生,终于与柳梦梅永结同心。《长生殿》是清初剧作家洪昇创作的传奇戏剧。前半部分写李、杨定情,长生殿盟誓,安史乱起,马嵬之变,杨玉环命殒黄沙的经过。后半部分写安史乱后玄宗思念贵妃,派人上天入地,到处寻觅她的灵魂;杨玉环也深深想念玄宗,并为自己生前的罪愆忏悔。他们的精诚感动了上天。在织女星等的帮助下,终于在月宫中团圆。

1925 年,鲁迅在《再论雷峰塔的倒掉》一文中指出,"我们中国的许多人……大抵患有一种'十景病'……沉重起来的时候大概在清朝。凡看一部县志,这一县往往有十景……如'远村明月'、'萧寺清钟'、'古池好水'之类","点心有十样锦,菜有十碗,音乐有十番,阎罗有十殿,药有十全大补……连人的劣迹或罪状,宣布起来也大抵是十条,仿佛犯了九条的时候总不肯歇手。现在西湖十景可缺了呵!……所以正是对于十景病的一个针砭"。

中国文化的乐感特征作为民族特征,在与西方文化与印度文化的比较中显得特别明显。

西方文化是基督教文化。基督教文化有原罪说,认为人类是由祖先亚当与夏娃偷食了智慧之果、懂得了男女之事产生的,因而任何人天生都是有罪的。基督教原罪的观点在西方近代宗教改革的新教领袖——路德、加尔文那里更是获得了极端的发挥。他们干脆明指，任何人生来即恶人，只有笃信上帝、天主，才可能获得灵魂的拯救。因此，西方人一直生活在耻感、忏悔中，所以西方文化被说成是"原罪文化""耻感文化""忏悔文化"。西方人一直活得很沉重。我们举个法朗士的小说《泰绮思》来说明这个问题。这部小说描写巴弗奴斯神父对妓女泰绮思的爱及其忏悔自责之情，突出体现了西方基督教文化的罪感特征。

巴弗奴斯神父出身于贵族家庭，有很高的文化素养。当他信仰基督之后，便以惊人的虔诚，变卖全部家产施舍给穷人，开始了最严苛的忏悔修行。为了驱逐自己的肉欲，每天早晚无情地鞭打自己，甚至有时三天不吃饭。

他整整十年远离人群，在尼罗河畔的沙漠中隐居修行。他用基督的理性无情地反省自己的情感，灵魂中经历着惨烈的战争。他想起自己在15岁的时候在亚历山大剧院看戏，见过一个美丽绝伦的女演员泰绮思，深受诱惑。她是妓女，曾使许多青年为之堕落。由于年龄尚小，家教极严，才使他在走近泰绮思的门口停住了脚步。在基督理性的忏悔修行中，想起自己过去的这段经历，深感内心有罪。

他的刻苦修行赢得了宗教界的认可，在20岁左右就担任修道院院长。奇怪的是，巴弗奴斯愈是感到自己有罪，愈是想抹掉泰绮思在自己少年时代留下的形象，这个形象就愈是动人。这种可怕的欲念使他感到颤抖。他感到自己没有足够的力量来战胜这种人性底层的魔鬼。他祈求神的力量不仅帮助他，而且帮助他拯救泰绮思，拯救许许多多因为她而堕落的灵魂。于是，他不顾艰难困苦，忍受沙漠中的饥渴，绕过有女人和孩子的城镇，终于来到亚历山大城的泰绮思面前。他向泰绮思许诺天堂的幸福，用基督的理性感化泰绮思。泰绮思果然听信他的话，烧毁了自己的珍宝衣饰，跟他到了女修道院，孤单地在一间寂静的小房里，过着只有水、面包和一支三孔笛子的极其艰苦寂寞的修道生活。

但巴弗奴斯自己却蠢蠢欲动，不能自拔。他心底潜伏的肉欲再一次向他发起挑战。他不得不回到沙漠中，远远地离开泰绮思。然而那种强大的欲念仍然使他无法平静。无论读书、祈祷还是在睡梦中，他总是见到泰绮思。

有一天他梦中有个声音召唤他，叫他爬到石柱上。他认定这是上帝的启示。梦醒之后，他看到寺庙的废墟上有一根大圆柱，他就按照上帝的启示爬到柱顶上,竟然呆了一年多,靠着民众的施舍度日。一年的日日夜夜,他不顾日晒雨淋、皮肤溃烂,决心要驱逐钻入他内心的那种可怕的肉欲。

但是这样无济于事,泰绮思的形象还是缠绕着他。于是,他从柱顶下来后,又躲进一座蛇蝎出入的坟墓。然而,即使是这种临近死亡的泥坑也无法埋葬他心底的那种爱。就在这时候,他得知泰绮思快死的消息。居然痛苦得几乎发狂。也就是这个时候,他对泰绮思的爱欲战胜了心中的基督。他认识到基督理性是虚伪无理的,人间的情感是合理的。于是向上帝发起挑战:"烧死我吧……可笑的上帝,你知道我是多么蔑视你的地狱:泰绮思快死了,她永远不会属于我了。"他离开修道的墓地,跋山涉水,不顾一切地来到修道院泰绮思的床边,跪在垂死的泰绮思面前,拥抱着她,大声叫道:"我爱你,你不要死呀! 我的泰绮思,听我说。我欺骗了你,我原来不过是一个可怜的傻子。天主,天国,这一切微不足道。只有尘世的生活和众生的爱情才是真的。我爱你,你不要死呀! 这是不可能的事情呵! 你太可贵了。来,到我这里来。我们逃吧。我抱着你到非常遥远的地方。来,我们相爱吧。听我说,我心爱的人,你说:我会活下去,我要活下去! 泰绮思,泰绮思,你站起来。"

结果如何呢? 泰绮思没有听他的话。"她的眼光在无限辽阔的空中移动着。她喃喃地说道:'天堂开了……我看见了天主!'她的头无力地倒在枕头上。"

泰绮思死了。巴弗奴斯绝望地抱着她,用充满欲望、狂想和爱情的眼睛盯住她看着。但一切都无可挽回,泰绮思成为他心中永远无法弥补的痛。

再来看印度的佛教文化。

印度在公元前5世纪创立了佛教,此后一直流行到13世纪。佛教认为"诸法无我""诸行无常""一切皆空",所以导致"一切皆苦"的"焦虑文化"和解脱痛苦、焦虑的"苦行文化"。比如《佛说十二头陀经》中佛告弟子迦叶:"一者在阿兰若处(远离人家的空闲处)、二者常行乞食、三者次第乞食(不断行乞)、四者受一食法、五者节量食、六者中后不得饮浆、七者著弊纳衣、八者但三衣(三种非正色的布缝制的袈裟)、九者冢间住、十者树下止、十一者露地坐、十二者但坐不卧。"佛教僧徒的苦行生活,由此可见一斑。

与西方基督教的"耻感文化"与印度佛教的"苦行文化"形成鲜明对照,中国古代文化堪称"乐天文化"。无论西方基督教的"耻感文化"还是印度佛教的"苦行文化",都把人生解脱、幸福的希望寄托于彼岸天国至上神的拯救。中国人自古没有形成严格意义上的宗教,似乎没有上帝拯救的概念。周代虽然保留着原始思维的"天帝"概念,但认识到上帝不明,"天不可信","吉凶由人""祸福人召",所以主张把人间的幸福放在人自己的努力上,放在对人的"趋乐避苦"天性的尊重与践行上。如管子揭示:"凡人之情,得所欲则乐,逢所恶则忧,此贵贱之所同也。"《乐记》指出:"乐(快乐)也,人情之所不能免也。"康有为在《大同书》中一再揭示:"人之性,适宜者受之,不适宜者拒之。故夫人道只有宜不宜。不宜者,苦也;宜之又宜者,乐也……依人性之道,苦乐而已。""普天之下,有生之徒,皆以求乐免苦而已,无他道矣。""故夫人道者,依人性以为道……为人谋者,去苦求乐而已,无他道矣。""立法创教,令人有乐而无苦,善之善者也。""令人苦多乐少,不善者也。"

严复也发表了同样的看法:"人道以苦乐为究竟。""乐者为善,苦者为恶。""人道所为,皆背苦而趋乐。必有所乐,始名为善。"

在这样一种文化氛围中,就形成了中国古代的求乐传统。《周易·乾卦》教导人们:"乐则行之,忧则违之。"《周易》中有两个卦。否卦不顺利,泰卦顺利。但面对逆境,古人自勉:"否极泰来。"极者,尽头。坏运到头,好运就来了。《易传》(《系辞上》)因而说:"乐天知命,故不忧。"重视现世生活的儒家发展了"乐感"文化。孔子不谈"怪力乱神",只关心人生之道。他说:"未知生,焉知死?"活着有好多事情都来不及考虑,还问什么死后的事情!"学而时习之,不亦悦乎?有朋自远方来,不亦乐乎?人不知而不愠,不亦君子乎?"学习可以获得快乐;交友可以获得快乐;人家不承认你的才华、德行,也不要生气,泰然处之,自得其乐。"知之者不如好之者,好之者不如乐之者。"喜乐,是人生的最高境界。儒家还发明了给人带来快乐的音乐。《荀子·乐论》说:"乐者,乐也,人情之所必不免也。故人不能无乐。"儒家的乐教就是为满足和疏导人的快乐追求设立的。

快乐既然这么重要,那么,如何获得快乐?

1. 超然物外。古人说:"万物静观皆自得,四时佳兴与人同。"苏轼《宝绘堂记》启发人们:"君子可以寓意于物,而不可以留意于物。寓意于物,虽微物足以为乐,虽尤物不足以为病。留意于物,虽微物足以为病,虽尤物不足以为乐。"不把利害得失看得太重,就可保持常乐心态。

2. 生死达观。《鹖冠子》说:人都"恶死乐生"。但《列子》同时告诫:"人胥知生之乐,未知生之苦;知老之惫,未知老之佚;知死之恶,未知死之息也。""可以生而生,天福也;可以死而死,天福也。"庄子开示人们:"夫大块载我以形,劳我以生,佚我以老,息我以死。故善吾生者,乃所以善吾死也。"随顺自然,当生则生,当死则死,生不大喜,死不过伤,活着就少了许多焦虑。

3. 适性为乐。庄子告诉人们,最快乐的生活态度,就是"任其性命之情""不失其性命之情"的态度,或者说是"自适其适""不适人之适"的态度。晋代郭象注《庄子》,提出:"物任其性,事称其能,各当其分,逍遥一也。"小鸟不同于大鹏。物性各别,人性也有差异。人要好好地分析自己的天性和能力,追求力所能及的目标,不做不自量力的事情。只要把自己的能力发挥到最大值,就是无悔的人生、快乐的人生。

4. 懂得相反相成,在受难时不失希望。所谓"苦尽甘来""因祸得福""枯木逢春""时来运转""柳暗花明"等成语,都是说的这个道理。

5. 抓住当下,及时行乐。生命有限,苦多乐少。所以要"今朝有酒今朝醉,莫管他日是与非"。《列子·杨朱篇》记载了公孙朝、公孙穆兄弟的一段话:"凡生之难遇,而死之易及;以难遇之生,俟易及之死,可孰念哉?而欲尊礼义以夸人,矫情性以招名,吾以此为弗若死矣。为欲尽一生之欢,穷当年之乐,唯患腹溢而不得恣口之饮,力惫而不得肆情于色,不遑忧名声之丑,性命之危也。"但不顾一切地追求享乐必然导致适得其反的后果。所以"乐感文化"并不都是值得肯定的。它也有雷区值得防范。而"乐感美学"就是最好的甄别、防范的路径。

# 二、中国古代美学的乐感精神

首先我们要指出乐感文化与乐感美学存在交叉的地方。

美感,是一种乐感。许慎《说文解字》解释:"美者,甘也。"美是一种类似于"甘"的快适的滋味。王弼说:"美者,人心之所进乐也。美恶犹喜怒也。""进"是追求的意思。美是人们追求并以之为乐的对象。明代屠隆说:"适者,美耶!"也是同样的意思。康有为《大同书》举例说明:"人生而有欲,天之性哉……生人之乐趣,人情之愿欲者何?口之欲美饮食也,居之欲美宫室也,身之欲美衣服也,目之欲美色也,鼻之欲美香泽也,耳之欲美音声也。"因此,美学家劳承万在2010年出版的《中国古代美学形态论》中将中国古代美学称为"乐(lè)学"。

其次,我们又得指出"乐感美学"与"乐感文化"不一样。

乐感对象不等于美。美只是乐感对象中的一部分。庄子早就揭示:"天下有至乐无有哉?……奚乐奚恶?""夫天下之所尊者,富贵寿善也;所乐者,身安厚味美服好色音声也;所下者,贫贱夭恶也;所苦者,身不得安逸,口不得厚味,形不得美服,目不得好色,耳不得音声;若不得者,则大忧以惧。其为形也亦愚哉。""吾观夫俗之所乐,举群趣者……如将不得已而皆曰乐者,吾未之乐也……吾以无为诚乐矣,又俗之所大苦也。故曰:至乐无乐。"庄子认为真正的快乐是世人以为苦的得道之乐,真正的美是道德之美。孔子虽然与庄子认可的道德不一样,但也认为最高的美是道德,所谓"君子忧道不忧贫"。所以那种违反道德底线的快乐追求,乐感美学是不以为然、反思批判的。《列子·杨朱篇》说:"人之生也奚为哉?奚乐哉?为美厚尔,为声色尔。……知生之暂来,知死之暂往;故从心而动,不违自然所好;当身之娱,非所去也,故不为名所劝。从性而游,不逆万物所好,死后之名,非所取也,故不为刑所及。名誉先后,年命多少,非所量也。……十年亦死,百年亦死,仁圣亦死,凶愚亦死。……腐骨一矣,孰知其异?且趣当生,奚遑死后?"这段话,历来是作为反面教材对待的。中国古代的乐感美学认为:"淫声""淫观"不是美,纵情声色也不是审美。奢乐不乐,玩物丧志,饮鸩止渴,都是对这个道理的说明和强调。

再次,美学的乐感精神是渗透着理性、合符规范的乐感精神。

儒家认为:合道为美。孔子对"美"的实质的看法,按朱熹的解释,是以"善"为"美之实也"。所以他赞美"安贫乐道"。孟子说:"(道德之)充实之谓美。"荀子说:"(道德之)不全不粹","不足以为美","君子乐得其道,小人乐得其欲"。《说文解字》说"玉者,石之美,有五德",即仁、义、智、勇、洁的象征。儒家的音乐就是符合礼教规范的快乐的化身。如《荀子·乐论》所说:"人不能不乐,乐则不能无形,形而不为道,则不能无乱。先王恶其乱也,故制《雅》《颂》之声以道之……使夫邪污之气无由得接焉。是先王立乐之方也。"

道家认为:自然适性为美、失去本性为丑。"素朴而天下莫能与之争美。"庄子说:"夫失性有五:一曰五色乱目,使目不明;二曰五声乱耳,使耳不聪;三曰五臭熏鼻,使额头堵塞;四曰五味浊口,使口厉爽;五曰取舍乱心,使性飞扬。此五者，皆生之害也。"《吕氏春秋》告诫人们："耳虽欲声,目虽欲色,鼻虽欲芬香,口虽欲滋味,害于生则止。""是故圣人之于声色滋味也,利于性则取之,害于性则舍之,此全性之道也。"左丘明《国语》指出："无害（于性）焉,故曰美。"若"听乐而震,观美而眩",就失其为美。因此,阮籍总结说："恬淡无欲,则泰志适情。"嵇康总结说："心无所欲,乃为绝美。"

佛教也认为：受乐不乐,涅槃极乐。佛教否定世俗人的"觉知乐""受乐""欲乐",认为它是造成人生痛苦的根源;肯定超越感觉快乐的"寂灭乐""涅槃乐""法乐",认为它是"大乐""极乐""上妙乐"。《大般涅槃经》卷二十三："乐有二种,一者凡夫,二者诸佛。凡夫之乐无常、败坏,是故无乐。诸佛常乐,无有变异,故名大乐。"卷二十五："涅槃虽乐,非是受乐,乃是上妙寂灭之乐。"在这个意义上,佛经常言："寂灭为乐。"

# 三、中国古代乐感美学思想的启示：
# 美是有价值的乐感对象

美不仅是乐感对象,而且是有价值的乐感对象。在中国古代乐感传统中,这个乐感对象指五官愉快对象。美感不仅是乐感,而且是渗透着价值理性的乐感。这个价值在儒家那里是仁义礼智的礼教规范,在道家那里是主体清虚无为的生命本性,在佛家那里是寂灭不动的涅槃佛性。美产生的乐感中渗透着价值。价值是什么呢？苏联美学家斯托洛维奇指出："价值是现象对人、对人类社会的积极意义。"换句话说,"价值"是有益于主体生命存在的意义。"美的规律"说到底是创造有价值的快乐的规律。人类按照"美的规律"美化自己,实际上有两大任务：一是在生活中创造出快乐的载体;二是这种载体承载的快乐必须具有价值,富于积极、健康的正能量。

娱乐对象不等于美,纵情声色、娱乐至死不是审美而是嗜丑。必须在娱乐对象前面加上"有价值"的限定,娱乐对象才是美。然而相当一个时期以来,我们在审美问题上陷入了误区。解构主义否认美的统一性和规定性,存在论、阐释学否定了美的客观性。因此,美和审美的价值原则在实践中遭到践踏。从早先电视剧中"过把瘾就死""爱就要爱他个死去活来"的主题歌,到后来相亲节目中"宁可坐在宝马车里哭,也不愿坐在自行车后笑"的爱情宣言,以无厘头搞笑为特征的小品、综艺节目的走红,和插科打诨、生拉硬扯的烂片热卖,让人痛感瓦釜雷鸣、黄钟遇冷。为了投合人们感觉中低俗的喜好,"牛逼""傻逼""屌丝""尼玛""卧槽""闷骚""淫贱"等网络语充斥着人们的日常交流。赞美一个人有成就,本来说"牛"就可以了,但偏要说"牛逼";批评一个人愚蠢,不是说"傻",而流行说"傻逼";自嘲不够高富帅,本来说"小人物"即可,却"屌丝"不离口。于是乎,汉语的典雅生态遭遇严重污染,优雅地说话已经离我们远去。如此等等。

在这种状况下,从中国古代乐感美学中汲取理性规范的力量,坚持美作为快乐对象的价值标准,在古今和世界的普适文明中端正价值观、审美观,合理地辨别美丑,扬善去恶、弘美斥丑,就具有特别强烈的现实意义。

# 第六讲 从《美的历程》到《中国美学全史》①

## 祁志祥

　　**主持人语**：美育包含着美学史书写知识的普及。自 1981 年李泽厚出版《美的历程》以来，中国美学史著述取得了不少成果，出现了不少写法。它们有写神型的，有写骨型的，有写肉型的。如何评价其中的得失，找到合适的写作门径？祁志祥教授结合自己独立著述《中国美学通史》（人民出版社 2008 年）、《中国现当代美学史》（商务印书馆 2018 年）的体会，与大家分享了中国美学史的书写历程及其《中国美学全史》（上海人民出版社 2018 年）的基本框架和主要观点。讲座内容主要包括：与李泽厚《美的历程》和叶朗《中国美学史大纲》相较，《中国美学全史》有什么异同？《中国美学全史》为什么不直接写史，而在第一卷中论述美学、美和中国古代美学精神？如何把握中国古代美学精神的演进历程和时代分期？如何理解中国现当代美学的学科转型及中国现当代美学精神的演变？这些可作为读者了解中国美学史著述现状、评判其中是非得失的一种参考。

　　美学研究既有横向的逻辑研究，又有纵向的历史研究。今天我们就和大家来谈谈中国美学史的研究状况，题目叫"从《美的历程》到《中国美学全史》：中国美学史的书写历程"。《美的历程》是李泽厚 1981 年在文物出版社出版的，一般被视为中国美学史书写的源头。《中国美学全史》是我写的，

---

① 本文是祁志祥教授 2021 年 9 月 30 日下午在中国传媒大学人文学院的演讲整理稿。另曾在首都师范大学、中国艺术研究院、哈尔滨师范大学做过同题讲座。本文另载《艺术广角》2023 年第 2 期。

2018 年由上海人民出版社出版,五卷本,257 万字。曾受到过钱中文、杨春时、毛时安、袁济喜等师长的热情鼓励和高度评价。今天我们就来和大家梳理一下这近 40 年中国美学史的书写历程,并重点介绍一下我的《中国美学全史》是怎么写的,其基本框架和主要观点是怎样的。欢迎大家指正交流。

## 一、中国美学史最早的研究是从什么时候开始的?

中国美学史的研究最早是从什么时候开始的? 20 世纪 60 年代。

20 世纪 60 年代,教育部统编教材,委托朱光潜先生负责编《西方美学史》,委托宗白华先生编《中国美学史》。后来朱光潜先生独立撰写的《西方美学史》完成、出版了,宗白华先生负责的《中国美学史》没有出来。但是,宗先生还是带领团队做了不少事情,为中国美学史的撰写提供了前期的准备。

首先,宗先生带领叶朗、于民在内的一批年轻学者完成了《中国美学史资料选编》,1980 年分上、下卷在中华书局出版。该资料选编既侧重选取了中国历史上关于"美"的理论资料,又兼顾选取了与"美"相关的真、善资料,既有艺术美学资料,又有现实美学、哲学美学资料,为人们从事中国美学史的研究提供了重要的材料依据。

其次,宗白华先生本来对中国美学史就有研究,在对编选材料的进一步潜浸涵濡中又有创获,1979 年在《文艺论丛》第 6 辑上发表《中国美学史中重要问题的初步探索》,为中国美学史的书写提供了最初的思路。

再次,宗白华唯一的研究生弟子林同华试图实现老师的理想,致力于中国美学史研究,写了不少论文,1984 年以《中国美学史论集》为题出版。但《中国美学史》是一个跨学科的大题目,不好写,林同华最终未能系统成书,便转向心理学美学、应用美学等领域的研究中去了。

最后,由于宗白华年事已高,改革开放之初,编写《中国美学史》的任务就交给了中国社科院哲学研究所以研究美学著称的李泽厚。1981 年,为了给集体项目《中国美学史》的编写提供基本的指导线索,李泽厚出版了 10 万字左右的《美的历程》,一时洛阳纸贵,影响很大。如果把《美的历程》视为《中国美学史》的源头,从那至今近 40 年的历程中,已出版了十多种著作。有写神型的,有写骨型的,有写肉型的;有一人独著的,也有集体合作的。其中使用最广、影响最广的当属叶朗 1985 年出版的约 40 万字的《中国美学史大纲》。但是，无论《美的历程》，还是《中国美学史大纲》，实际上都有一些无法回避的缺陷。所以本人写了《中国美学通史》（人民出版社 2008 年）、《中国现当代美学史》（商务印书馆 2018 年）、《中国美学全史》（上海人民出版社 2018 年）。

## 二、与《美的历程》《中国美学史大纲》相较，《中国美学全史》有什么异同？

与《美的历程》《中国美学史大纲》相较，《中国美学全史》既有继承，也有独特的创新。《美的历程》将中国美学史的中心问题聚焦为"美"，认为先秦儒、道互补构成了两千多年来中国美学思想的基本线索，这是《中国美学全史》加以继承的。

不过"美学"的历史并不等于"美"的历史。"美"是具象的，主要指艺术作品。"美学"则是抽象的，主要指关于"美"的理论思考。李泽厚先生后来发现了《美的历程》的这个不足，所以补写了《华夏美学》，于 1987 年出版。实际上李泽厚写的中国美学史著作应该是《华夏美学》，而不是《美的历程》。把《美的历程》当作李泽厚写的中国美学史著作，其实是不准确的。

叶朗认为美学史不是美的历史，应是美的理论史。这是我们所赞同的。他认为写中国美学史并不一定要聚焦"美"字，许多不叫"美"的范畴如"道"等也是美的范畴，拓展了人们的研究思路。他据此揭示了道家之"道"的美学意义，对老庄美学精神做了别开生面的解读。我曾经从中得到不少启发。

但他认为中国古典美学体系的"中心"范畴不是"美"，而是"意象"，将中国美学史写成了一部"意象"范畴史，遗失了中国美学史上许多丰富多彩的美学范畴，这是我们不能同意的。

中国古典美学的"中心"范畴是不是"意象"？未必。这不只是我的看法，也是不少其他学者的看法。比如王文生认为中国古代美学的核心范畴不是"意象"而是"情味"，他的《中国美学史》聚焦"情味"范畴，所以副题即"情味论的历史发展"。

与叶朗一起参加编撰《中国美学史资料选编》的于民，后来出版了一部《中国美学思想史》，也不同意叶朗的观点，而是将中国古代美学的核心范畴概括为"气"与"和"。他的《中国美学思想史》是以"气"与"和"贯穿全篇的美学史。

当然，我们也未必同意王文生、于民的观点。

那么，如何准确把握"美学"的概念内涵，书写名副其实的"美学史"？ 如何准确把握中国古代美学的核心范畴和其他丰富多彩的范畴？ 如何理解儒道佛三教文化对中国古代美学精神和各门艺术门类的影响？ 如何理解中国美学史从古代的有美无学到现代的有美有学的学科转型以及中国现代美学精神的演变？

## 三、《中国美学全史》第一卷论述美学、美和中国古代美学精神，是出于什么考虑？

美学史虽然重在梳理史料，但离不开理论指导。有什么样的美学观，美学史就有什么样的写法。如果认为美学是研究审美关系、审美活动之学，中国美学史就成了审美关系、审美活动的理论史。本人认为美学是美之哲学，所以我的美学史就是关于美的理论的历史。

那么，美的一般含义是什么呢？ 我的思考研究结果是"美是有价值的乐感对象"。这在《乐感美学》一书中有详细的表述。这个定义有三个要点：（1）愉快性。包括感官快乐与精神快乐。（2）价值性。美所带来的快乐是有价值的，也就是积极的、健康的、有益于审美主体生命生存的。（3）对象性。美在审美主体之外的对象，不在审美主体自身，美处在审美主客体特定的关系中，具有流动性，不是绝对不变的实体。这个观点，是我分析中国美学精神，并与评述对象展开对话的理论指导和依据。

以此观照中国古代美学精神，我们就得出了中国古代美论是以"味"为美、以"文"为美、以"道"为美、以"心"为美、"适性"为美的复合互补系统的基本看法。"味""文""道""心""适性"是中国古代美学的五大核心范畴。

### （一）以"味"为美

美是类似于"味"的乐感及其对象。比如《说文解字》解释："美，甘也。""甘，美也。"这个"甘"不只指甜味，而是像甜一样快适的滋味。如段玉裁所说："五味之美皆曰甘。"魏国的饱学之士王弼解释说："美者，喜也，人心之所进乐也。"美是一种喜乐的情感，是人们天然追求、感到快乐的对象。在此基础上，产生了儒家的乐感文化，包括孔颜乐处与曾点之乐。孔颜乐处指道德快乐、精神快乐;曾点之乐则指感性欢乐。总之,美无论指主体感觉还是审美对象,都与"乐感"相连。

## (二) 以"文"为美

"文"指具象的有纹饰性的形式,也就是形式美。《说文解字》说:"文,错画也,象交文。""文"是一种交错的笔画,象征着交错的图纹。古代说"物一无文",就是这个意思。中国古代说的"文章黼黻""炳彰"等,都是形式美的不同表达。中国古代诗学追求"格、律、声、色"之美,追求"假象见义""即景传情"的象美境美,则是形式美的常见表现形态。形式美体现美区别于真、善的独立性。孔子称《韶》乐"尽善尽美",称《武》"尽美矣,未尽善",就体现了对美的独立性,或者说形式美的认识。中国是个喜好形式美、注重纹饰美的民族,素有"好文""修文"的传统。但同时,又把形式美的追求限制在理性法则的范围内,反对超越这个法度的淫声淫观,批评"玩物丧志",指出"奢乐不乐"。

## (三) 以"道"为美

中国古代美学认为,美作为快乐对象不仅在形式,而且在内涵。这种内涵美就是"道"之美。这个"道"可以是道家之道,指自然本体、天道,也就是"真理"的"真"美是真理的化身。如老子说:"心游于物之初,至美至乐也。""物之初"是原初的"道"的状态。庄子说:"素朴而天下莫能与之争美。""素朴"也是指"道"的自然无为的状态。这个"道"也可指儒家之道,即人世间的道德意识。如孔子说:"君子忧道不忧贫。"朱熹解释孔子美学观:"善者,美之实也。"孟子从正面说:道德充实就叫"美"。荀子从反面说:道德之"不全不粹,不足以为美"。又说:"君子乐得其道,小人乐得其欲。"君子以道德满足为最大的快乐、最高的美。中国古代绘画的"四君子图"梅、兰、菊、竹,其之所以美,不是美在形貌,而是美在君子人格的象征。这里,美是道德的象征。

## (四) 以"心"为美

中国古代美学认为美在形象凝聚的道德内涵。道家的道德看似天道,实际是人道的变相表现。儒家之道则是明显的心灵道德意识。《说文解字》

释"玉"之美："玉者，石之美，有五德。"这"五德"即仁义智勇洁。柳宗元说："美不自美，因人而彰。"也揭示了自然对象之美往往源于心灵的物化。邵雍指出："花妙在精神。"赵翼指出："意深则味有余。"所以，中国古代文学理论强调："文以意为主。""文，心学也。""诗文书画，以精神为主。"文学艺术之美，不仅在外表的"象"，而且源于内在的心灵意蕴。这是更深沉、更感人的美。

如果说以"味"为美体现了美的乐感维度，以"道"为美、以"心"为美则体现了美的价值维度。

### （五）"适性"为美

所谓"适性"，指审美对象适合审美主体之性。美作为有价值的乐感对象，是审美主客体关系相互契合的产物。"适性"为美，是中国古代美学对美的对象性特征的揭示。从庄子，到阐释庄子的郭象，再到北朝的刘昼，反复强调美在适性，丑在"失性"。《吕氏春秋》也指出："圣人之于声色滋味也，利于性则取之，害于性则舍之。"《国语》指出："无害焉，故曰美。"若"听乐而震，观美而眩"，就失其为美。总之，大凡美，必须契合审美主体的生理本性和心理需求。中国古代把视觉美叫作"好看"，把听觉美叫作"好听"，把味觉美叫作"好吃"，把嗅觉美叫作"好闻"，都体现了审美对象与审美主体之间的一种和谐、契合关系。

在"味""文""道""心""适性"五大美学范畴的本根之上，又衍生出儒家美论、道家美论、佛家美论、艺术美论中若干丰富多彩的美的子范畴，比如儒家的"比德"为美、"风骨"为美、"中和"为美、"节情"为美、"沉郁"为美、"中的"为美，道家的以"无"为美、以"妙"为美、以"淡"为美、以"柔"为美、以"自然"为美、以"生气"为美，佛家的"色空"为美、"涅槃"为美、"甘露"为美、"醍醐"为美、"光明"为美、"圆"相为美、以"十"为美、"法音"为美、以"香"为美、"莲花"为美、"七宝"为美，文艺美学中的"主体"为美、"意象"为美，等等。

以上所述，都在《中国美学全史》第一卷《论美学、美与中国古代美学精神》中有详细阐述。

## 四、如何把握中国古代美学精神的演进历程？

中国古代美学史是中国古代美学精神的运行史。《中国美学全史》的第二至第四卷，是中国古代美学精神运行史的考察与叙写。中国古代美学的整体特点是"有美无学"，即有关于"美"的含义、真谛、形态的思考，但没有"美学"这门学科。关于"美"的含义、真谛、形态的思考散见于中国古代哲学与文艺理论中。所以，《中国美学全史》打破过去仅从文艺理论入手阐述中国古代美学史的做法，以哲学美学与文艺美学为两个抓手。其中，哲学美学是本，文艺美学是用。先考察、叙写哲学美学，后考察、叙写文艺美学。

中国古代的哲学美学依据不同的世界观，产生不同的美学观，进而形成儒家美学、道家与道教美学、佛教美学、玄学美学等不同的美学形态。佛教美学中又有大乘、小乘、般若学六家七宗以及禅宗、天台宗、华严宗、净土宗、三论宗、法相宗等不同宗派的美学观。

文艺的种类是繁多的，文艺美学也就呈现为文学美学、绘画美学、书法美学、音乐美学、园林美学，文学美学随着时代的发展，又分蘖出散文美学、诗歌美学、词论美学、戏曲美学、小说美学等。

本人为此做了长期、广泛的知识储备和综合统观。在此基础上，《中国美学全史》的二至四卷描画了融儒、道、墨、法、佛、玄等哲学美学与诗、文、书、画、音乐、园林、小说、词曲等文艺美学于一身的多声部、复调式的美学史全景图。围绕着中国古代五大美学范畴，中国古代美学史呈现出不同的分期与特征。

## （一）先秦两汉是中国古代美学精神的奠基期

中国美学的"文美"说、"味美"说、"道美"说、"心美"说、"适性"为美说这些核心思想不只在先秦，而且到两汉才奠定了坚实基础。如秦人以"味"为"美"，东汉《说文解字》中才明确"美""味"互训。先秦人说"物无一文"，东汉《说文解字》则明确界定"错画"为"文"。先秦儒家强调自然美是心灵的道德表现，汉代董仲舒的《春秋繁露》、刘向的《说苑》、许慎的《说文解字》则发展为自然物"比德"为美。先秦《尚书》提出"诗言志"，汉代《毛诗序》加以继承，扬雄《法言》则发展为"心声""心画"说。先秦儒家有《乐记》《乐论》，汉代司马迁《史记》中有《乐书》。先秦道家提出"大音希声"、"大象无形"、至味无味、"至乐无乐"，汉代《淮南子》则阐释为"无声而五音鸣焉""无形而有形生焉""无味而五味形焉""能至于无乐者则无不乐"。主要哲学派别如儒、道、佛的美学观也直至两汉才初步建立。道教以长生成仙为美、佛教以觉悟成佛为美,给中国美学带来了新的特殊的审美观。

### (二)魏晋南北朝是中国古代美学精神的突破期

情感美学与形式美学成为这个时期的两大主潮。在玄学"人性以从欲为欢""越名教而任自然"的"适性"美学思想的推动下,情欲从理性的约束中挣脱出来,形式从道德的附庸中解放出来,出现了以"情"为美的情感美学和以"文"为美的形式美学两大潮流,广涉人生和艺术领域。

在人格美方面,形成了"情之所钟,正在我辈"、放浪形骸、不拘形迹的"魏晋风度"。在艺术美方面,诞生了"缘情"而"绮靡"的山水诗、宫体诗、格律诗及其相应的理论形态。这个时期诞生了中国美学史上第一篇完整而系统的文学理论专文——陆机的《文赋》,诞生了第一部体大思精、系统阐述文学理论的专著——刘勰的《文心雕龙》,诞生了第一部诗歌批评专著——钟嵘的《诗品》。佛家美学与道教美学也在这个时期迎来了第一个高潮,与玄学美学相映生辉,相互融合促进。

### (三)隋唐宋元是中国古代美学精神的复古与发展期

面对六朝情感美学、形式美学带来的情欲横流、醉心事形的社会风潮,隋唐美学家采取了以退为进、以复古为革新的策略,从秦汉散文和汉魏乐府中汲取道德力量,以儒家道德为美,掀起古文运动和新乐府运动,这个好慕古道的古文运动后来又被宋代理学家、散文家所继承,影响所被,覆盖元代。因而,儒家道德美学,成为这个时期的美学主潮。标志性的人物有隋文帝、王通、唐太宗、魏徵、孔颖达、韩愈、柳宗元、元稹、白居易、周敦颐、张载、"二程"、朱熹、欧阳修、王安石、"三苏"。与此同时,应和这个时期整顿情欲失范的社会问题的需要,主张克制情欲的佛教和道教在这个时期受到统治者的崇奉和兼融,佛教美学与道教美学再度繁荣。隋唐是中国佛教宗派的创立时期,各宗各派为佛教美学贡献了新的品种。宋元禅宗一枝独大,禅宗美学取得重要突破。

### (四)明清是中国古代美学精神的综合期

经过历史的否定之否定,这个时期以"道"为美与以"心"为美、以"情"为美、以"文"为美的思想多元交汇,矫正了隋唐宋元时期道德美学及六朝情感美学、形式美学各自的偏颇，呈现出一种公允、持平和集大成的态势。小说美学、词曲美学、戏剧美学、书法美学、绘画美学、园林美学、音乐美学诞生了许多综合性的集大成论著和代表性的人物，将中国古代文艺美学的成就推向了高峰。

# 五、如何理解现当代美学的学科转型及中国现当代美学精神的演变？

如果说中国古代美学的整体特点是"有美无学"，那么中国现代美学的整体特点则是"有美有学"。就是说，什么是"美"的问题交给了"美学"这门学科去完成，美学史不再需要像叙写中国古代美学那样在哲学论著与文艺批评理论中去梳理关于美的思想，直接聚焦"美学"原理、概论一类的著作即可。

## （一）"五四"前后是中国现代美学学科宣告诞生的时期

"美学"作为有美有学的"美及艺术之哲学"，经过蔡元培、萧公弼、吕澂、陈望道等人的译介和建设，在中国学界落地生根。不仅诞生了萧公弼、吕澂、范寿康、陈望道的多种《美学概论》，而且诞生了徐庆誉、黄忏华、徐蔚南的多种《艺术哲学》专著和潘梓年、马宗霍、田汉等人的多种《文学概论》。

这个时期的中国美学精神表现为"美是价值"。吕澂 1923 年出版《美学概论》、范寿康 1927 年出版《美学概论》，都坚持"美是价值""美学是关于价值的学问"。这种价值即"五四"的价值：重视人性、个性至上、人道主义、民主自由、高扬主体、艺术自律。这些就是那个时代陈独秀、胡适、周作人、鲁迅等"五四"新文化运动主将宣扬、追求的美。他们一方面推进文学的审美运动，另一方面又继承近代资产阶级革命派、改良派从西方借鉴、倡导的价值取向，通过"美文学"的样式进行"思想革命"和"道德革命"，使文艺的形式美和内涵美都发生了迥异于传统的新变，呈现出崭新的审美气象。

## （二）从 1928 年到 1948 年，是主观论美学让位于客观论美学的时期

1928 年爆发了"无产阶级革命文学"论争，持续了一年半。从此，中国美学精神转向对不同于"五四"价值的唯物主义、阶级性、集体性、工具性等理

念的崇尚。"五四"时期强调的"美是价值"不外是一种强调心力的主观性价值,所以"五四"时期的美学是一种主观论美学。这种美学精神在1928年后的三十年代仍然余波尚存。如李安宅的《美学》对"美是价值"的主观论学说的重申,风靡整个三十年代的朱光潜美学也是主观经验论美学。后来宗白华、傅统先的美学不外是对朱光潜主观经验论的发挥与改造。但从三十年代到四十年代,以胡秋原的《唯物史观艺术论》、金公亮的《美学原论》、毛泽东的《在延安文艺座谈会上的讲话》和蔡仪的《新艺术论》《新美学》为代表,马克思唯物主义的客观论美学原则逐渐崛起,取代了前期的主观论美学。唯物主义、阶级性、集体性、工具性等概念,其实都是马克思主义的美学精神。

### (三) 20世纪五六十年代是中国化美学学派的创立时期

随着新中国的建立和中国共产党执政地位的确立,其信奉的马克思主义唯物论美学精神占据主导地位。围绕着"美"的本质在主观还是在客观,五十年代后期开展了美学大讨论,诞生了公认的"美学四派",即朱光潜的主客观合一派,蔡仪的客观派,吕荧、高尔太的主观派,李泽厚、洪毅然的社会实践派,其实此外还有继先、杨黎夫的价值论派。他们所说的"价值"不同于"五四"时期的主观性价值,而是定位在"社会价值"之上的客观性价值、阶级论价值。其中,李泽厚为代表的美在"社会实践"派逐渐崭露头角,为更多的学者所接受。

### (四) 20世纪八九十年代是中国化美学学科体系的建设与创新时期

李泽厚写了《美学四讲》一书,将其五十年代以来形成的实践美学思想加以系统化,可视为李泽厚的"实践美学原理简论"。王朝闻主编的《美学概论》,杨辛、甘霖合著的《美学原理》,刘叔成等人合著的《美学基本原理》,都不约而同地从实践美学出发,依据马克思的《1844年经济学哲学手稿》,将"美在实践"改造为"美是人的本质力量的感性显现"或"美是人的本质力量的对象化"。山东大学的周来祥建立了"和谐美学",其实不过是实践美学的另一种阐释。复旦大学的蒋孔阳在1999年出版《美学新论》,则是依据马克思主义传统和西方当代关系论美学新成果对实践美学体系的新的建构。这个时期崇尚的美学精神,是改革开放、思想解放的实践精神,是对"五四"美学价值的回归与超越。在美学的近邻文学理论领域,徐中玉先生呼唤创作自由,主张文济世用;王元化先生提出"继承五四""超越五四",艺术形象"美在生命";刘再复重提"五四"时期"人的文学"口号,创构了"人物性格的二重组合原理";钱中文先生、童庆炳先生提出文学是以"审美"为特征的"意识形态";他们都体现了艺术哲学中形式与内涵并进、审美与人道交融的思想解放新思路。胡经之先生在八十年代初提出"文艺美学"的学科概念,在八十年代后期出版《文艺美学》一书,则标志着"文艺美学"学科的诞生。

### (五) 世纪之交以来是美学的解构与重构时期

随着 20 世纪九十年代海德格尔存在论在中国的进入,美学研究的世界观、方法论出现了颠覆性的变化。一方面,美的本质研究受到质疑甚至嘲弄,不仅不能成为美学研究的起点,而且美的规律、特征、根源等也不再被关注和追问,美学不再是"美之学",而变成了描述审美现象、审美感受的"审美之学"。美的本质被取消了,但因为美的语义是有规定性的,美的本质实际上是取消不了的,所以,新的本质概念又改头换面,以本体的名义,作为审美活动的起点被替换进来,如杨春时提出的"超越性存在"、朱立元提出的"实践存在"、曾繁仁的"生态存在"、陈伯海的"生命存在"、叶朗的"意象存在",从而诞生了杨春时的"存在论超越美学"、朱立元的"实践存在论美学"、曾繁仁的"生态存在论美学"、陈伯海的"生命体验论美学"、叶朗的"意象美学"等学说。同时本人则不讳言"本质",明确提出美的语义是"有价值的乐感对象",并由此展开了对美的规律、美的原因、美的特征的本质问题的探讨,建构了"乐感美学"学说。2016 年,60 万字的《乐感美学》作为国家社会科学基金后期资助成果由北京大学出版社出版以后,今年将由复旦大学出版社出版近 70 万字的修订本《乐感美学原理体系》。这个时期的中国美学精神,就聚焦为"超越""存在""生态""生命""意象""乐感"等,呈现出美的本质论或本体论在解构之路行不通的情况下不得不加以重构的多样化探索。

美学是一个开放的体系。中国美学史的古今演变及其认识、梳理和书写也没有完成时。

让我们大家为之共同努力。

中编

艺术美育

# 第七讲　何为美好的艺术①

## 毛时安

　　**主持人语**：艺术是艺术家运用各种艺术媒介创造的美。美作为有价值的乐感对象，既能给人愉快的美感享受，也具有价值含量。前者，日常话语中往往用狭义的"美"指称之。后者，日常话语中就叫"好"。艺术的特征是广义的"美"，或者说是狭义的"美"与"好"。毛时安先生从事艺术评论几十年。他结合自己长期丰富的评论经验对艺术"美好"特征做出了独特体悟。他揭示：艺术是能让冷酷的心变得温暖，浮躁的心变得沉静，脆弱的心变得坚韧，平庸琐碎的心变得诗意盎然，贪婪的心变得节俭，荒芜的心变得丰饶，空虚的心变得充实，阴暗的心变得光明。在信息泛滥的时代，更需要美好的艺术。

　　明代张载讲知识分子有"横渠四句"，云："为天地立心，为生民立命，为往圣继绝学，为万世开太平。""为天地立心"，这是自然科学家、物理学家、天体学家，霍顿、爱因斯坦、牛顿，研究天体宇宙、研究黑洞，解读宇宙的无穷奥秘。"为往圣继绝学"是学问家，很多专家学者教授一辈子青灯黄卷、手不释卷、皓首穷经，"究天人之际，通古今之变，成一家之言"。"为万世开太平"，有大的担当意识，就是那些伟大的政治家，秦皇汉武唐宗宋祖，一代天骄，风流人物！为生民立言，在社会上生活，在这个社会、这个时代当中起落、沉

---

　　① 本文是根据毛时安先生 2021 年 10 月 13 日在上海视觉艺术学院举行讲座的录音整理而成。此外，本讲座分别在上海建桥学院、华东师范大学附属枫泾中学、上海戏剧学院和上海行知实验中学举行。毛时安，中国文艺评论家协会原副主席。本文另载《艺术广角》2022 年第 4 期。

浮,记录苍生的喜怒哀乐。立言有两条:一是巴老说的,"讲真话,把心交给读者";二是真佛只说家常话。一针见血,开门见山,说人人听得懂的话,在人人听得懂的话、人人看得到的东西里面去琢磨。禅宗讲思维方式有两种:一种是渐悟,就是通过学习不断地积累,积累到一定的程度由量变产生质变,认识有一个飞跃;还有就是顿悟,就是突然之间某一个现象、某一个事实触动了自己,猛然感悟出许多平时没有认识到的东西。讲课不仅是传授知识,还牵涉背后潜在的两个东西。一是价值论。一个人来到这世界上,我应该做什么,什么事情是适合我做的,什么事情是能够实现我作为人的价值的。二是方法论。用什么样的方法来和周围的人相处,就是我和同学、和老师、和家人、和领导、和下属、和社会怎么相处,还有就是和大自然、和环境怎么相处,天人合一、天人感应。很重要的、可能会忽视的,就是人怎么和自己的内心相处。我们的内心有各种各样的情绪变化,各种各样情绪的变化引起行动、心态的波动。这些波动都会干扰你,所以你要和自己的内心怎么相处?在你极其兴高采烈、欣喜若狂的时候,怎么样防止意外发生? 在你极其沮丧、极其悲观,甚至痛不欲生的时候,要在人生的困境当中找出一条摆脱困境的道路。要解决一个价值、一个方法,而且这个价值、方法在人年轻的时候往往是很冲动的,但是慢慢你会发现有很多事情光有激情、光有冲动是不够的。

# 一、为什么需要艺术?

艺术,肚子饿了它不能充饥,天寒地冻它不能保暖,实际上是不解决任何实际问题的,它不是一个物质的存在。不能吃、不能喝,管什么用? 很多人拿艺术来"用"和"不用"。艺术不是一个实际生活中操作"用"的工具。提倡文化产业的人觉得艺术是赚钱的。其实绝大部分艺术并不赚钱。艺术可能为政治服务,但它也不是政治的工具。艺术如果从宏观看,是一个民族的重要精神源泉。《美国读本》所选的都是美国的文学作品,因为你要了解美国就要读美国的文学艺术作品。我们从《诗经》《楚辞》、乐府、唐诗、宋词里看到的,是中华民族波浪翻卷的历史长河和精神成长的历程。为什么抗日战争14年,中国在没有坚炮利器的情况下能够战胜当时不可一世的日本军国主义? 就是因为我们有《放下你的鞭子》《义勇军进行曲》《黄河大合唱》《大刀向鬼子们的头上砍去》和许多抗战文学作品鼓舞、激励、凝聚万众一心的士气和斗志,在抗战相持阶段度过了最危难的时候。一个没有文化的民族,是苍白悲哀的民族;一个没有文化的国家,是没有根基、没有力量、没有前途的国家。我们一定要意识到,要有充分的思想准备,在走向未来的过程当中会有千难万险。天灾人祸,内忧外患。需要文学艺术直面现实,鼓舞人心。从微观看,文化艺术也是一个人创造力、想象力的源泉。据不同统计,《天问》里面有116个或150个或170多个问题。两千多年前我们的先人屈原就有一种伟大的想象力,提出那么多关于浩瀚宇宙、关于古往今来的历史自己想不通的问题,而这些问题有不少直到今天仍然是我们自然科学家在苦苦探索的。比方说,宇宙到底有没有边际? 漫天的星斗,为什么那么相安无事、群星璀璨? 学自然科学,也要有人文、有艺术的底座积累。中国的"两弹一星"功臣"三钱"钱学森、钱三强、钱伟长,还有物理学家杨振宁、李政道,数学家丘成桐等都有艺术的爱好。"航天之父"钱学森年轻时喜欢贝多芬,学习钢琴、管弦乐。他说:"我自己搞火箭、搞发明的很多想法就是在和艺术家交谈当中产生的。"钱学森留学时是美国艺术家协会的会员,他写过贝多芬的论文。丘成桐一再主张:"所有的数学家都要有文学艺术的素养。"你们看很多的数学公式都很有艺术感,包括物理公式。李政道就一直提倡:"艺术和科学要结盟,艺术和科学要携手。"文学艺术能够作用于每个人的精神世界,滋养我们的心灵。特别是在这个时代,一方面我们的生活过得很富足,另一方面内心都有不同的焦虑和骚动。我们需要文学艺术来解决我们心灵的问题。

艺术、文化、文学,让那些冷酷的心变得温暖、坚硬如铁的心变得柔软而充满爱意。现在物欲横流,大家被各种各样的利益所吸引、诱惑。人要追求美好的生活,但是美好的生活不仅仅是物质,还有精神。如果把美好的生活完全等同于物质的话,那么就很容易守不住底线。很多年前成都公园里有个孩子掉到湖里,同学们求旁边的成年人:"救救我的同学。"没有一个人下水救人,而是先要钱;学生没钱,结果眼睁睁看着那个孩子淹死。

大家看过《悲惨世界》吗? 犯人冉阿让被监狱释放以后,米利埃主教收留了他。结果他在主教那里吃好、洗好、睡好,临走偷了主教的银器,半途被抓住送到主教家里。冉阿让非常惊恐,以为又要重新入狱。没想到主教说:"这是我送给他的,不是他偷的。"然后,又送了他银烛台。就是主教的这一个行动,改变了冉阿让的一生。在冉阿让的善行面前,一生追捕他的警长沙威对职业的坚守和良知的坚守发生了尖锐的冲突，最后选择了自杀。

艺术让浮躁的心变得沉静。我们平时很心烦意乱，拿到一本好的小说也不想看，那么多字；最好看微信、短视频、哔哩哔哩。但是拿到书你看下去了，慢慢地就会忘记外面的世界，心灵就会变得很宁静。有很多人经常埋怨说："你们戏曲的节奏太慢了。"是不是慢呢？可能慢。但是当你看下去的时候，你就会觉得这些节奏正和你的内心体验、内心的某种需求，有一种心灵上的契合，你就会心静下来。

艺术让脆弱的心变得坚韧。每个人在社会上都会遭遇各种各样的人生艰难和曲折。面对艰难和曲折，必须要有一颗坚韧的心，就是现在讲的"大心脏"。鲁迅先生一直提倡："要有韧的精神，要坚韧不拔，要克服各种各样人生的磨炼。"那些回肠荡气的文艺作品《斯巴达克斯》《牛虻》可以赋予你奔向崇高的意志和力量。

艺术让平庸琐碎的心变得诗意盎然。我们的生活都是很日常、很平常的，起床睡觉、洗脸刷牙、上学上班、恋爱结婚生子……日出日落，周而复始，年复一年，这个星期和下个星期差不多，今年和明年也差不多。生活犹如一本枯燥的流水账。这样生活的意义在什么地方呢？我们要寻找生活的意义，要寻找支撑生活的那种精神的东西。文学艺术就提供了我们发现生活当中美好诗意的一种可能。

很多年前，上海女作家陆星儿，单身带着儿子住在浦东。一次我请她看昆剧《牡丹亭》。散戏那天晚上已经很晚了，在电话里她语气激动："我真的很感谢你。"我说，干什么半夜三更的还要感谢？她说："你请我看昆剧《牡丹亭》，回家走在浦东的路上，觉得生活从来没有像今天这么得美好，月亮居然这么得皎洁、这么得宁静、这么得有诗意，我真是从来没有感觉到生活这么美好。"她这么一说，我也想，怎么回事呢？大家看过《牡丹亭》吗？《牡丹亭》讲的是杜丽娘和柳梦梅两个刚刚成年的年轻人的故事。杜丽娘仅仅做了一个梦，就为这个梦她郁郁而死，然后又因为实现这个梦感动阴曹地府的判官，从地狱里跑出来。汤显祖评《牡丹亭》说："杜丽娘因情而生、因情而死，又为情而生、死而复生。"确实啊！就是《寻梦》这一出，杜丽娘在梦中碰到了自己意想中的书生柳梦梅，柳梦梅潇洒朗俊，两个人就在梦里面谈情说爱。很简单，就是谈情说爱，然后两个人在舞台上比画——这里看过去、这里走过来，那里看过去、那里又走过来。两个人比画来、比画去，演了将近半个小时，成了一个经典折子戏。事实上像柳梦梅、杜丽娘这样热烈的恋爱经历，几乎每个人年轻时都经历过。但是日积月累的日常生活把我们年轻时候经历过的那些所有的美好岁月遗忘殆尽。艺术作品激发了我们对往日美好的那种回忆，我们重新发现了生活中原来有那么多诗、那么多美好的东西。

艺术让贪婪的心变得节俭。现在的人最好什么都要。"什么都要"实际上就忘了你活着的本意所在。我到日本访问，日本人给我介绍当时的日本青年。他说，日本的男孩子天天忙，忙得每天都透不过气，压力很大。你看日本的地铁里面，一到晚上，甚至早晨还有喝得醉醺醺的男孩子躺在地铁站里睡觉。为什么？他们不断更新音响、电视，但没时间听，没时间欣赏音乐。天天忙，忙到两年以后，一看同事买了更新的，他就又去买更新的。过了两三年，又推出更新的，他觉得不行了，又要换更新的。结果所有款式都没有听过，天天为了满足自己的贪欲心理在忙活，忙来忙去。大家想一想，我们有时候的"忙"就是无事忙。手机在不断地更新，很多功能都用不着，结果我们天天在为了这个而"忙"。

看欧也妮·葛朗台、威尼斯商人、阿巴贡、严贡生，所有人类伟大杰出的艺术家们都在批判金钱至上、物欲至上和财富至上。唯独我们的文艺围着金钱团团转。

还有就是让荒芜的心变得丰饶。我这里用"荒芜"和"丰饶"。什么叫丰饶？雨果说："大地是广阔的，比大地广阔的是海洋，比海洋更广阔的是天空，比天空更广阔的是人的心灵。"怎么样使自己的心灵广阔而不拘泥于小事，不为斤斤小事所困扰？就要有文化、有艺术。因为人一旦打开自己的心灵，你的心灵就会像一片大地——有崇山峻岭，有蜿蜒溪流，也有丛生杂草，它是很丰富的。一个心灵丰富的人，就会看到世界的广阔，就不会为很多事情所累。

阅读、欣赏能让空虚的心变得充实，让阴暗的心变得光明，所有美好的文化艺术都是鼓励人走向光明、走向未来，努力实现自己的人生价值和使生命有崇高感。所以在这样一个时代，文化艺术是每个人确立健康积极向上的价值观的良师益友，特别是在我们成长的过程当中，它起着至关重要的导向和定位的作用。

文化是什么？老子讲过一句话："有之以为利。"老子哲学当中有一些核心范畴就是"道"，就是"有"和"无"、"虚"和"实"。"有"是什么呢？"有"在老子哲学当中，就是实在的、看得见的、摸得着的那些物质性的存在。他说"有之以为利",就是说我们看得见、摸得着的物质性的东西,都是和利益相关的。我举个最简单的例子:齐白石的画挂在博物馆里,人人都在欣赏。你看虾画得这么灵动,虽然没有画水,但就像在水里面浮泳那么快乐。吴作人的那几条金鱼,你看多么潇洒、多么自由,红的头、黑的尾巴,那么透明地在水里面漂浮。这张齐白石、这张吴作人的画成为你的藏品——你知道齐白石一张画现在都上亿——会怎么样?把这张画卷起来送到银行的保险箱,绝对不可以让人家碰一碰。为什么啊?"有之以为利",这个东西已经是你的利益了。老子的第二句话:"无之以为用。""无"就是没有,那些看不着、摸不着的东西。它实际上不是"东西",是"看不见、摸不着的精神性的、灵魂性的东西,才是你一生真正用到的东西"。你读的书、你看到的艺术作品、你所受的教育,你的父母、你的老师,他们的某一句话触动了你,然后在你人生的某一个时刻,他们突然像黑夜中的火光一闪照亮了你前面的道路。所谓"无用之用",看起来是没有用的,实际上是有用的。就像我们使用手机的时候,首先要先有关于手机的各种各样的使用知识和操作的方法,我们才会用它。你会使用各种器具,做各种事情,是大脑里的"无"——思想、方法、世界观在起作用。所以"无之以为用"。

## 二、为什么我们需要好的艺术?

现在总体是个过剩的时代。拉动内需,就是生产力太发达。文艺也是。现在每年中国正式出版的实体长篇小说多达 3 000 部。我说的是"实体长篇小说",不包括海量的网络小说。新创作的电影 500 多部,电视连续剧 1.5 万集,舞台剧约 4 000 部。每年每个种类的文艺样式,创作总量都几倍于新中国成立以后到 1966 年 17 年的总和。从 1949 年新中国成立到 1966 年,总和还达不到我们现在一年的数量,而且现在每年还在递增。真是泥沙俱下,良莠不齐。当然不能把事情说得绝对化。因为阅读和欣赏也有各种需求。有时候确确实实是为了放松一下,看一点搞笑视频,咧开嘴笑一笑,是可以理解的。因为人不能永远"绷"着,阅读也是这样。但是你阅读和欣赏的主流必须是上乘的,这就是我们为什么要读经典的原因。歌德对温克尔曼说:"你要读文学作品,要读最好的作品,因为只有读了最好的作品才会培养你第一等的眼光。你一看,这个东西是不行的、这个是中等的、这个是好的,你一下子就清楚，所以你必须读好作品。"南宋严羽《沧浪诗话》说："取法乎上，仅得其中；取法乎中，仅得其下。"也就是说，按照唐诗最高的水准——李白、杜甫、白居易去模仿，因为天赋没有这么好，才情没有这么高，"仅得其中"。艺术确实需要人的天赋。有的人就是才华横溢、倚马可待、出手不凡。有的人冥思苦想还是写不出来，还是画不好。努力勤奋是必需的，天才也是必需的。

钱锺书说，诗人有四类，一类是大诗人，如屈原、陶渊明、李白、杜甫、苏轼、韩愈、柳宗元，都是大诗人，还有大诗人中的小诗人、小诗人中的大诗人，还有就是小诗人。当然，"小诗人"也有小诗人存在的必要性。我们在经典形成的过程中确立了纯正的趣味以后，我们会有眼光。英国的美学家鲍桑葵说："艺术有难美（艰难的美）和易美（浅显的美）。"特别高深的艺术、特别高层次的艺术经典的美通常是"难美"，往往通俗的艺术作品提供的是"易美"，一看就容易接受。我们要不畏艰巨、敢于接受那些有"难美"的作品的挑战。经典是历史的积淀，因为和时代的审美趣味有一定的距离，接受的过程当中会有"难美"。但是你一旦被经典熏陶了基本的审美质地，就会眼界高远。给我一杯好茶，我讲不出它为什么好。但是如果给我一杯劣质的茶，第一口就能判断出它是劣质的茶。为什么？因为我喝的都是好茶，好茶培养了纯正的口感，劣茶就一口能尝出来。茶其实也能"看"，新茶都是嫩头、很小，泡出来在水面上漂浮，很有一种美感。喝茶还可以欣赏热水沿玻璃杯壁冲下去的时候茶叶一点点旋转，舒展着沉下去，然后茶尖一点点竖着，这个过程非常地美。这个颜色的油画和国画都蛮难画的。茶叶的绿色很好看、很有美感。生活当中处处有美感，有时候你早上起来，如果注意就能够感受到很多很美好的东西。一定要欣赏好的艺术，希望大家到博物馆去看那些世世代代积累下来的作为人类、作为国家、作为民族的文化的精华，要努力地搞懂它、体会它背后的那些文化。

什么是好的艺术？非常难以说明，就像美学一样。美学讨论美，艺术首先就是要有美。但是美这个东西，本身真讲不清楚。美学在西方的学术界，是哲学系的科目。它在形而上学的层面研究美和美的本质是什么。美是主观的、美是客观的、美是主客观的统一，美在于实践、美在于生命、美在于乐感。因为我存在了，这个美好的东西如果没有我，它的美有什么意思呢？所以美是主观的。美是什么？讨论不清楚的。但是我们可以讨论什么是美。

从具体个别到抽象一般。讨论"美是什么"是一个形而上的问题，"什么是美"是形而下。就艺术而言，通常说，艺术需要追求的最终目的是"真善美"，就是要表现真实的生活，要表现美好、善良的德行，要有一种形式美感。这种美感既是内美，是内容的美，也是外在形式的美。但是"真善美"提出来以后也有问题，艺术当中的"真"，到底是什么"真"？是生活真还是艺术真，是艺术美还是生活美？如果生活的真和美高于艺术的真和美，为什么我们要有艺术家？于是又提出，艺术的美比生活的美更集中、更强烈、更具有典型性、更鲜明，像子弹一样直抵你的心灵，一下子击中。好的作品，要直抵心窝，直抵人心的深处。艺术的"真"和生活的"真"是不同品质的。《三毛流浪记》大家看过吧？《三毛流浪记》中，三毛经过电影院，看见里面放电影，他正好捡垃圾攒了一点钱，然后就买了一张电影票想去看电影，结果电影院门卫说："赤膊，不好进去。"光膀子不能进去，三毛从地上捡起一个煤球，把身上涂黑，然后检票进去看。放映的是《贫儿流浪记》。银幕就是三毛自己的生活，三毛的生活就是《贫儿流浪记》。三毛看电影，坐在位置上旁若无人地嚎啕大哭。左边三滴眼泪，右边三滴眼泪。其中就产生了一个问题：为什么三毛在自己这么苦地讨饭、流浪的过程当中没有哭，看电影却哭了呢？因为电影把他的生活变成了审美的对象。俄国形式主义批评家什克洛夫斯基说："艺术之所以存在，就是为了使人恢复对生活的感觉，就是为了使人感受事物，使石头显出石头的质感。"因为它给你一个感觉的过程，感觉到一个让熟悉的东西产生陌生化的审美效果。电影的内容好像是三毛熟悉的，但作为电影，它以陌生、全新的艺术形式，唤起了他对往事的回忆和思考。什克洛夫斯基说："艺术的技巧就是使对象陌生，使形式变得困难，增加感觉的难度和时间长度。"因为感觉过程本身就是审美，就是我们看见的齐白石画的虾鲜蹦活跳，但是它和我们真的虾实际上不是一件事情，它经过了创造、经过了加工、经过了笔墨的再造。但是一个渔民看见了这个虾，就会说，这个是活虾，比活虾还要有劲儿。

艺术是什么啊？艺术就是一种自由的象征。我们在生活中不能得到、不能满足的，碰不到的各种各样的情境、各种各样的情感体验，我们都能在艺术当中有充分的体验、充分的感受。歌德陷入恋爱的困扰，痛不欲生。最后他写少年维特解脱了自己，在《少年维特的烦恼》之中体验了一遍对心中恋人的那种情感经历，解救了他。

关于"善"也是这样。我们往往理解"善"就是正面的，就是歌颂的，就是肯定的。其实这是对"善"的一种误解。"真善美"的对立面就是"假丑恶"，"真"相对"假"，"善"相对"恶"，所以我们在对"真""善"的肯定和追求过程当中也有对"假""恶"的批判。文学理论当中要解决"歌颂与批判"的问题，艺术创作当中也要解决"歌颂与批判"的问题。"恶"批判得好，也能够起到扬"善"的作用。通过批判我们可以认识到这个世界哪些行为、哪些事情是"恶"的，是不应该做的，无形当中你就向"善"走近了一步。我们讲到悲剧，现在创作当中悲剧比较少、苦戏比较少，我们的悲情剧不够。因为按照美学来讲，通过悲剧的演出、悲剧的阅读、悲剧的欣赏，你会产生怜悯的心情，有一种怜悯感，然后通过怜悯的心理过程净化心灵，所以悲剧有净化心灵的作用。看到人这么痛苦，你自己觉得"人应该怎么做，不应该怎么做"，这是悲剧净化心灵的作用。艺术追求"真善美"，"美"同样有这个问题。美有古典的美、现代的美，有现实主义的美、浪漫主义的美，就绘画来说，还有古典艺术的美、印象派的美，也有现代主义的美，还有装置艺术、行为艺术、影像的美。美也是有各种各样存在形态的，甚至"审丑"如果处理得好，它也会转化为另一种形式的"美"。

我是 20 世纪 70 年代末 80 年代初中国最早接触现代艺术的青年评论家。现代艺术也是经过了一定时间淘洗以后出来的，对现代艺术既不能简单地全盘否定，也不能简单地全盘肯定。那个时候我写的一篇文章，叫《现实主义和现代主义——关于创作方法"百花齐放"的探讨》，发表在《美术》杂志上。大家如果搞美术、做学术的话，也可以找来看一看，在《美术》杂志1981 年或者是 1982 年的第一期上。"真善美"是一个普遍价值评定的体系，一个总的指标。在今天这个时代我们还有一些具体的评判。因为什么呢？因为我们今天确确实实进入了一个新时代，对中国文学艺术发展来说，实际上经过了几个"新"。

第一，1949 年新中国成立。我们叫什么？新中国。新中国的文学艺术有什么特点呢？就像东方地平线上刚刚升起的一轮朝阳，朝气蓬勃，以歌曲为例，如《歌唱祖国》；充满了工农兵当家作主的自豪感、荣誉感，如《咱们工人有力量》；还有作为新中国建设者的自豪，对劳动的高度肯定，如《我为祖国献石油》。第二，粉碎"四人帮"以后有新时期艺术。我们经历了"文革"，先有小说《伤痕》、话剧《于无声处》、文艺评论《重新认识文学的工具论》、痛定思痛的伤痕文学。然后反省"内乱的教训在哪里，我们国家要怎么样走出内乱"，有电影《牧马人》《天云山传奇》《巴山夜雨》《芙蓉镇》等反思文学的艺术。之后是《乔厂长上任记》"改革"。第三，进入新世纪。新世纪文学艺术是一个在摸索、在晃动的文学艺术。为什么呢？我们正在全面确立社会主义市场经济，那个时候经济对文学艺术创作的冲击很大。高校、科研机构、文化单位都"破墙开店"，以商养文、以商养学，学校变成"学店"。现在，整个国民经济好了，新世纪文学艺术在摸索究竟怎样走。第四，新时代。我们豪情满怀地面向未来，为了争取美好的未来，我们要怎样开拓我们的文学艺术空间？新时代又发生了很多新的变化。一个变化就是，我们党非常重视文学艺术。中国共产党历来重视文学艺术的教化作用。中国的文学艺术注重"文以载道"，习近平总书记2014年10月发表了《在文艺工作座谈会上的讲话》（以下简称《讲话》），高度关注文学艺术。总书记自己有很高的文学艺术修养。我们可以看总书记访问法国、访问俄罗斯的讲话当中所引用的文学作品。这些作品我们中文系的有些学生也没有读完。我们现在经常讲的"以人民为中心的创作导向"，作为一个号召大家都理解，但是很多人没有仔细看，《讲话》当中还有一段非常值得注意的，而且我个人认为是非常符合艺术规律的内容。他说："人民不是抽象的符号，而是一个一个具体的人。"所以从人民到人这个当中，文艺创作要关心的是从大的目标——以人民为中心，落实到具体的创作当中，我们面对的是一个具体的人。这个人是什么样的？是"有血有肉"的。从形体上说，他是丰满的，就像我们画一张三维的平面人物画。他像人像圆雕一样讲究身材、比例、尺寸、脸形。这还不够，还要内在"有情感、有爱恨、有梦想"。"有爱恨"就是有自己的情感和表达，"有梦想"就是有对未来的种种美好的遐想和追求。还有一句我认为是特别重要的，就是"也有内心的冲突和挣扎"。现在我们有几个艺术家有多少作品写出了人内心的冲突与挣扎？所以"不能以自己的个人感受代替人民的感受"。也就是说，作为一个艺术家，不能以纯粹的艺术家和作家的感受去替代所描写人物的感受。

举两个简单的例子。一个是托尔斯泰。托尔斯泰写了《安娜·卡列尼娜》，在整个欧洲、整个俄国引起巨大的反响。然后有人就说："你怎么能这么残忍，让安娜最后卧轨自杀？隆隆的列车碾过，让一个美丽的女性变得血肉模糊。"托尔斯泰讲——这不是我要她这样，而是安娜这个人物的逻辑必然是这样。第二个例子,普希金写《欧根·奥涅金》,欧根·奥涅金原来是俄罗斯文学当中"多余的人",他很有才华又很有抱负,但是在那个社会中找寻不到自己的位置,然后他就成为那个时代多余的人。他是风度翩翩的纨绔子弟,纯真乡村少女达吉雅娜第一眼看上欧根·奥涅金,就被他迷住了,她给奥涅金写了情意绵绵的情书。奥涅金玩世不恭,看也不看一眼这个乡村女孩。少女达吉雅娜的第一次恋爱,遭到了残忍的失败。多少年以后,达吉雅娜踏进彼得堡的上流社会,出落成了一个很有气质、极其高雅的贵族沙龙的女主人。历史开了个玩笑,这个时候两个人的位置颠倒了。是神魂颠倒的欧根·奥涅金又去追求达吉雅娜。达吉雅娜斩钉截铁地拒绝了欧根·奥涅金的追求。也有读者说:"他们两个人多么的般配呀,你怎么可以不让他们在一起?"普希金说:"这个结局也是我不想的,但是他们必须这样。"包括鲁迅先生写《阿Q正传》,原来是在当时的报刊上写的连载小说。报纸就需要好玩的,所以《阿Q正传》开始是很搞笑的。阿Q去摸摸小尼姑的脸蛋,看到假洋鬼子搞一搞、弄一弄,到最后阿Q进入悲剧,被送到刑场上,临死的时候画一个圆圈画不圆。所以有很多人就责怪鲁迅先生:"太残忍。"鲁迅也几乎是同样的回答,就是他开始是想写一个喜剧,最后阿Q由喜剧变成悲剧。人物有人物的逻辑,艺术家就是要写出人物的内心。所以我们画一张肖像画,就是能够透过一个肖像,看出这个人的精神气质,他的内在、他的精神世界、他的人生的全部的经历。

新时代观众也发生了变化。你们这代人的见识和我们这代人完全不能比较。因为时代的局限,我们的阅读、掌握的知识很单薄,不像你们今天要看什么有什么。中国上海国际艺术节,全世界所有最顶尖、最优秀的艺术家几乎都到上海亮过相。柏林爱乐乐团、费城交响乐团,我们年轻的时候就听过他们的名字,但从来没有听过他们现场演出的音色。现在他们都是隔三差五地到上海来演出。捷杰耶夫的马林斯基剧院是全世界最著名的大剧院之一,现在就像走亲戚一样,三天两头到上海演出。他是欧美著名的指挥家,欧美叫他"沙皇",我们叫他什么?叫他"姐夫"。很亲切,像我们娘家人一样,经常来演出。网络时代则让观众足不出户地了解世界艺术的最新趋势。对于今天的年轻人来说,我们必须拿出最优秀的作品才能满足他们的需求。

# 三、何为美好的艺术？

从新时代来看，我个人认为所谓"美好的艺术"，有如下几条标准。

第一，当下关怀和人性深度的结合。一件好的艺术作品，必须对现在进行时的生活，对生活中正在发生的重大事件，对当下人们在世界上怎样生活有触动、有关怀、有表现。一部作品如果没有当下关怀，就不会感动当代人。在英年早逝的油画家忻东旺的成名作《诚城》和后来所有描绘社会底层，尤其是进城民工的作品里，我们可以看到中国农民为了改变命运、实现理想所付出的难以想象的努力和牺牲，看到在那些褴褛的衣裳包裹下挣扎、不屈跳动的灵魂，看到中国社会从农耕社会向现代社会转型的艰难过程。还有徐唯辛画布上的那些矿工，他们涂满黑灰的脸庞，告诉每一个观画者，在小煤窑不断倒塌的那些岁月里，中国底层百姓在地层下、在矿井里的劳动和生活。每个中国人都能从中看到，我们熟悉的当下最为生动鲜活的激起我们内心波澜的现实生活情景，当下生活在我们身边的走来走去的活着的"人"。当代中国正在发生的人类历史前所未有的沧桑巨变，为艺术提供了最为新鲜、最具活力的素材。其实，所有伟大的艺术作品都带有它产生的那个时代的"表情"。

但是"好"的艺术只有当下关怀是很不够的。报纸、电视、网络天天都在关怀当下，但是有谁把这些东西像艺术那样小心翼翼地收藏起来？为什么人们会一遍又一遍地在艺术面前驻足留恋，甚至看完还恋恋不舍，出去了还浸没在思考和情感的波涛里？因为艺术有人性的深度，它在表现时代故事表层的同时，深刻地揭示了这个时代人性深处不为人知的很多激动人心的力量。这里我想举个文学的例子。大家看过梅里美，看过小仲马，也看过托尔斯泰，如果把这三位作家的小说放在一起看，最好看的是前面两位。情节精彩，人物生动，引人入胜。但是它们和托尔斯泰的《安娜·卡列尼娜》相比，为什么后者是大师的作品，而前面两位作家的作品虽然很好看但是不能进入伟大作品的行列呢？就是因为它们没有当下关怀和人性深度的结合。《安娜·卡列尼娜》有两块内容。一块是安娜面对渥伦斯基和卡列宁的爱情选择，还有一块就是列文如何搞改革。如果托尔斯泰只写安娜的故事，写安娜的灵魂在情感中的煎熬，从失落一步一步走向绝望，最后卧轨自杀，那么写一个女性对爱情的决裂决绝,写到刻骨铭心,写到凄婉动人、催人泪下,写到极致也就是杜十娘,也就是茶花女、卡门,这样的小说是司空见惯的。托尔斯泰把安娜的悲剧放在列文的改革事件中,于是安娜的悲剧不仅有了人性的意义,而且有了时代的意义。安娜是一个对生活充满了追求的美丽女性,但是那个时代、那个社会不能见容于她,所以,那个时代是一个黑暗的时代,终将被推翻。列宁讲过,托尔斯泰是俄国革命的一面镜子。安娜就是这面镜子,她照出了时代的矛盾和困境,那个时代的矛盾是没有办法摆脱的。但同时,安娜的悲剧又是大大超越了时代的,在她的身上结合了古今中外所有追求爱情、不满足平庸生活的女性的悲剧。这个悲剧是人类性的。在忻东旺的作品中,在那些卑微、疲惫的表情中,我们可以读到画家本人始终燃烧着的人文关怀。这位来自中国河北大地的农家孩子曾说过:"有一天,我在大同车站的广场上看到黑压压的一群似乎是我家乡的农民,大包小包地相簇在一起,我先是一怔,接着心咚咚地急跳起来,这是怎么了? 他们为什么集体出走? 我在心里自问。"这种自问,就是对自己良知和人性的拷问。我非常尊敬的越剧表演艺术家袁雪芬大姐生前多次对我谈起她塑造祥林嫂的心得。在风雪大作的那个除夕夜,她要表现的是祥林嫂在捐了门槛以后,依然得不到鲁四老爷理解的绝望,她呼天抢地地抬头向着苍天,追问的是自己灵魂的归宿在哪里。她最后在风雪弥漫的除夕之夜,死在得不到回答的绝望之中。这个追问是人类性的。这大大超越了一般意义上对中国旧时妇女悲剧命运的描写,也使袁雪芬超越了一个剧种,而成为一个代表着时代的伟大艺术家。忻东旺留给人间的最后一幅画《生命的托举》,画的就是朋友们送来的郁金香。画中绿叶用力簇拥着花朵,他说,就像亲人在护持着他的生命。

海明威说,"一个在岑寂中独立工作的作家,假若他确实不同凡响,就必须天天面对永恒的东西,或者面对缺乏永恒的状况"。第一个是占有了永恒,向着世界倾诉真理、传播真理;第二个是缺乏永恒,就是不知道方向在哪里,焦虑地在茫茫大地上寻找,星光在哪里,家园在哪里;在茫茫雪原中寻找,那间点燃灯火的小屋在哪里,能够给人生命希望的绿洲在哪里。把寻找过程的困惑、焦虑告诉这个世界,召唤大家和他一起去寻找。昆剧《班昭》就是剧作家罗怀臻当时既缺乏永恒又面对永恒时的创作。他写班昭实际就是写他自己。他在那个时代和我们一起经历了很多困惑,当时正处在经济大潮涌动的时期。幸好他顶住了，否则我们会缺少一个优秀的剧作家。

第二，中国特色和人类情怀的结合。有次参加一个版画展开幕式，听有的观众在说，中国的艺术家作品和欧美艺术家还是不太像，和世界的潮流还是不太像。

但是我一直在想，我们为什么要像呢？如果阿根廷的画家和美国的画家一样，欧洲的画家和中国的画家一样，或者说中国的画家和欧洲、美洲画家一样，那么这个艺术还有它存在的价值和必要吗？所以，我想，"不像"才是对的。艺术首先是个性，是殊相，其次才是共性和共相，自己以自己的面貌出现在这个世界上，才是对的。中国画家就是要以中国题材、中国特色取胜。什么是好的艺术？我在那次画展上看到很多画，有一件画让我很感动，就是赵延年先生那件《沧桑》。画不大，20cm×11.5cm，而且是黑白的。这是一张肖像画，被逆光勾勒的一个老人的侧面头像，占了画面三分之一多一点。除了凝视，几乎没有表情。除了唇边和下巴的胡子、额头的皱纹略为精细，连眼睛都只留了几毫米的一点白光，省略了一切可以省略的细节。毫无疑问，那是一个黑头发、黄皮肤的中国老人。但是，我想他能打动各种肤色、各种语言、各个地方的观众。那是真正的沧桑，非语言能描述的充满各种况味的沧桑、百感交集的沧桑。有时，沉默和简单是最丰富的语言。只要有人性的微光就行。我想，好的艺术其实就是有人性的温度，有吸引人心灵的意味。因为现代人都会把自己的心包得紧紧的，裹着一层铠甲，刀枪不入。但是不管怎么样包裹，它总有柔软的东西露出来。艺术就是要打动心灵，把那些最柔软的部分裸露出来，让你去想。这是世世代代艺术家面临的难题，也是值得我们世世代代去努力实践的一个任务。我们讲的是中国故事，但是我们传递的是人类的共同价值观，就是要让外国人听得清、听得懂。

这种中国特色不仅是题材方面的，更是艺术的，它渗透到艺术语言的整体和要素之中。以油画而言，许多画家都在思考油画的"中国风"，使外来的艺术样式具备内在的中国品格。具体就忻东旺而言，在整体上追求汉唐陶俑和寺庙泥塑的造型和气韵，语素上用"笔意"取代"笔触"。还有油画家王克举不仅始终坚持写意油画的艺术实践，充分展现了油画中国化的色彩和用笔的极具视觉冲击力的艺术语言，而且身体力行地连续举办写意精神的油画课程班。

但是另外一方面，我们要看到人类社会几千年能够发展下来，也确实存在一些维系生存的基本标准或者说是价值判断体系,人类还是有共通的东西,或者说,人类共同价值。现在我们有的作品缺少共同性,有些艺术精品确实不能被别人理解。比如人和金钱的关系,几乎所有青史留名的艺术家、哲学家、思想家、戏剧家都对金钱持批判态度。金钱在现实世界中横行无忌。艺术家就是要提醒人们在金钱面前保持清醒的头脑,因为金钱给你带来物质享受的同时也会蒙住你的双眼,戕害你的灵魂,使你的人性异化。我们似乎没有批评过弥漫全社会的,并且事实上从上到下散发着毒害国民灵魂的拜金主义气息。我们文艺作品中的当代英雄,就是一心带领大家发财致富。种茶叶不行就养鱼,鱼死了又去种树,树上果实烂了又去编织手工艺品。每次失败都如丧考妣,痛不欲生。外国人想不通为什么你们歌颂肯定的正面人物天天就想着挣钱。全世界所有伟大的作品都是批判金钱至上和物欲横流的,如《高老头》《威尼斯商人》。你们怎么就是要钱、要钱?其实我们这些作品没讲清楚一条:为什么要扶贫?就是因为我们物质生活的极端贫困,使人过着没有体面、没有尊严的生活。扶贫既解决了物质生活,又恢复了人生存的尊严,你讲到这一点,人家才知道我们为什么这样做,这个才是我们讲的共同价值。

所以,我们必须让外国人明白,我们不是为了钱,而是为了"人",为了人能够像人那样有尊严、有体面地活着,为了实现大家过上幸福美好生活的人类共同理想,让大家理解其中蕴含的人类情怀。艺术家存在的一个很重要的理由,就是当社会在一条轨道上前进的时候,我们要用艺术作品去提醒人们,不要在"前进"这条道上走得太快太猛,如果失控的话会遇到很多预想不到的问题。在人们遭遇困难、情绪沮丧的时候,艺术作品则提供一种精神的力量。鲁迅讲过艺术家与政治家有时是一对矛盾。政治家总是要出于社会现状的考量维护次序,保持平衡;艺术家是凭直觉,是超功利的。二者是一个健康社会的良性互动关系。如果一个艺术家过分考虑功利,就失去艺术家的本色。艺术家要有超越人类的意识,要有预见性;艺术家要有广阔的思维,要有情怀。"君子喻于义,小人喻于利。"这是孔子讲的一个人生规范,追求义是最高的准则。很不幸的是现在社会最大的问题是大家都在追名逐利,忘记了义的存在。道义、良知,既是中国的,也是人类的。

第三,发扬民族优秀文化传统和坚持面向时代的文化创新结合。中国艺术大多有在千百年艺术实践中积累下来的宝贵和丰富的程式。中国画线条的十八描、山水画的皴法十八家、戏曲的表演的程式……这些是国外艺术没有的,也是我们中国民族文化特别值得珍视的宝贵财富。这些财富让毕加索震惊。我们经常讲戏曲的节奏太慢,其实不是戏曲的节奏太慢,而是人们的生活节奏太快了,甚至已经成了病态的快,因为人们的灵魂跟不上肉体的步伐、肉体的需求、肉体暴发型的欲望。

同时,艺术家要意识到时代的变化、审美趣味的变化,要用具有创新性的艺术语言站在时代的制高点迎接伟大时代的到来。因为我们积累了很多东西,这些东西在今天这个时代一方面要把它保存下来,同时又要创新。不创新,观众们就不能接受。比如,红色题材。大家看过《永不消逝的电波》吧? 一票难求。为什么其他红色题材达不到《永不消逝的电波》这样的效果呢? 就是因为它以一种全新的方式呈现。比如,国民党的溃败。来了一群国民党的匪兵,街头上首先是警车、摩托车开过去,然后就看见国民党匪兵到处抢东西。《永不消逝的电波》不是。同样是国民党的溃败,满台的黑衣人穿着黑色的长披风,戴着黑色的帽子,看不见脸上的表情,整个背光是黑的,就看见一道白光穿过舞台,然后就看见密集的人群跑过来、跑过去这样穿插,这个就是现代舞台表现形式。现代舞给我最强烈的印象:一个是满台乱跑,前面跑到后面,左面跑到右面,然后再围着舞台跑,还有一个是满台打滚,前面滚到后面,后面滚到前面,左边滚到右边。它就是借鉴了现代舞奔跑不断的穿插,在这个穿插过程中我们看见穿着八路军军装的一个李侠在黑压压的人群当中出现,然后看见那边一个穿着纱厂女工工装的兰芬出现,随后又出现一个穿着上海长袍的李侠和一个上海市民服装打扮的兰芬。这样一来,就很简洁、很明快地交代了时代背景和主要人物。

湖北画家周韶华先生的大山大水,20 世纪 80 年代初就从创作轰动画坛的组画《大河寻源》开始,深入到人迹罕至的昆仑山下、黄河源头。那些山体、河道,是古人从未看到过的。这就促使画家从形象塑造的要求出发,寻找创新艺术语言。应该承认,吴冠中并不是中国画笔墨传统功夫最扎实的艺术家。但他把国画的线条带到了油画创作中,又把跳跃的点彩式的色彩融入中国画里,使两个传统的画种同时因创新而焕发了时代的光彩。而在田黎明的国画中,我们可以看到中国传统文化中老庄一路的恬淡神韵和全新的抒情化的笔墨形态。

# 第八讲　艺术与美的关系的古今演变①

## 祁志祥

　　**主持人语：**西方传统文艺理论认为，艺术的特征是令人愉快的美。这个美既可以由艺术所摹仿的令人愉快的美的现实题材带来，也可以由对丑的现实题材的惟妙惟肖的逼真摹仿带来。由于现实题材的美丑在不同的艺术媒介中产生的审美反应不同，所以西方传统美学规定：文学、音乐等时间艺术可以比较广泛地反映丑陋的题材，但绘画、雕塑等造型艺术在反映丑陋题材的时候必须有所规避和淡化。现代西方艺术则打破了"美"的束缚，从题材到艺术表现形式方面都大踏步地向令人不快的丑挺进。于是，美的艺术出现死亡现象。如何评价这种现象的得失？艺术是不是应该向缓解人生苦痛、给人愉快之美方向复归？本讲从"艺术是艺术家运用艺术媒介创造的有价值的乐感载体"出发，在历史叙述中表达了自己的忧虑和看法，可供参考。

　　艺术与美有着天然的联系。艺术是人类创造的一种美，它必须具有美，给在功利世界中辛勤奔忙的芸芸众生送去美的享受，缓解他们在现实生活中遭受的苦痛。

　　尽管艺术实践如此，但真正对艺术与美的不解之缘做出理论阐述的大概当推黑格尔。在黑格尔之前，鲍姆嘉通创立了"美学"这门学科。他认为美学是研究美的哲学，美是感性知识的完善，所以，美学即感性学。黑格尔

---

① 本文是祁志祥教授 2021 年 7 月 8 日在上海戏剧学院舞蹈学院为艺术学硕士、博士生做讲座的讲稿。同题讲座也曾在南京大学、上海交通大学等地做过。本文另载《艺术广角》2022年第 6 期。

沿着美学是美之哲学的思路,提出美学是艺术哲学。为什么呢? 因为按照他对"美"是"理念的感性显现"的理解,自然当中不存在"理念的感性显现",也就是美,这种美只能存在于艺术中。所以研究美的美学就只能是艺术哲学。然而,黑格尔关于"美是理念的感性显现"这个说法并不准确,他的美学是艺术哲学的观点并不能成立。事实上,美并不只存在于艺术作品中,自然及社会生活中也存在着大量的美。美学不仅研究艺术美,也研究自然美、现实美。当然,艺术是人类创造出来的最集中、最强烈的美的形态,美学显然应当以艺术美为主要研究对象。正是基于这道理,胡经之在 20 世纪 80 年代创立了文艺美学学科,文艺美学作为研究艺术美的二级学科,一直沿用至今。

# 一、艺术的定义:艺术与美具有天然联系

我们首先来看艺术是什么,它与美到底具有什么联系。

关于艺术是什么,实际上是给艺术下定义,涉及如何界定艺术的本质问题。百年以来,这个问题遭到了非本质主义的否定。美国的韦兹说:"一切理论以为'艺术'能够有一个真正的或任何真实的定义,这是错误的。"英国的瑞恰兹认为:"对艺术的性质几乎不存在达到任何明确结论的可能性。"贡布里希在《艺术的故事》导论中指出:"实际上没有艺术这种东西……艺术所指的事物大不相同。根本没有大写的艺术其物。"如此等等。这种艺术本质否定论,在当下的中国学界是占主导地位的观点。但是,这种甚嚣尘上的观点并不能令人信服。只要肯定"艺术"这个概念的存在,就必须承认它与非艺术的区别。因此,"艺术"是有区别于非艺术的边界的。那么,"艺术"含义的边界是什么呢?

我的思考结果是:艺术是审美的精神形态,是有价值的乐感载体。这个定义有两层含义。

艺术是人类的"精神形态",而不是传统所说的"意识形态"。艺术作品既可以是"意识形态",也可以是"无意识形态"。比如谢灵运"池塘生春草,园柳变鸣禽"等诗句就是"天人凑泊""天机自动""不以思得之"的产物。沈约评论说:"至于高言妙句,音韵天成,皆暗与理合,匪由思至。"当代女作家残雪在谈自己的小说创作经验时指出:她的作品是"不知不觉"地写出来的。"我一般是拿起一支笔把纸铺在桌子上,自己觉得可以就开始写,在那之前

脑子里什么也没有。我平常从不想到创作的事……而且平常我也是早上写了一个钟头，就再也不想，作作其他的事，摸摸弄弄，随处走走看看。"显然，这样的作品归结为"意识形态"是不合适的。如何把"意识形态"与"无意识形态"都包括进来呢？只有用"精神形态"这个概念了。因为"精神"是既包含自觉的意识，也包括不自觉的无意识。

艺术具有审美特征，能够给读者送去有价值的愉快。艺术这种精神形态与其他的精神形态有一个根本的不同，即具有美的特征或审美功能。美的最大特点是令人愉快，这一点为西方美学家一再强调。康德说："不管是自然美或艺术美，美的事物就是那在单纯的评判中而令人愉快满意的。"桑塔亚那揭示："艺术的价值在于使人愉快，最初在艺术实践中，然后在获得艺术的产品时，都是为了使人愉快。"卡希尔指出："无人能否认：艺术作品给予我们最大的愉悦，也许是人类本性能够感受的最为持久的和最为强烈的愉悦。""在我们进行选择时，我们所关心的仅仅是这种快感有多大，持续有多久，是否容易获得和怎样经常重复。""如果我们以这种观点来考虑我们的审美经验，那么，关于美和艺术的特征就不再存在任何的不确定性了。"美的显性特点是愉快，隐性特点是价值。就是说，美给人送去的不只是快乐，而是有价值的快乐，是对审美者的主体生命来说积极的、健康的快乐。艺术的审美特征在于，用特殊的艺术媒介虚构了真实的富有情感、包含价值的艺术形象。它有如下特点：

一是形象性。美是感人的、诉诸感官的，因而是具象的。艺术作为美的形态，它所创造的美必须具有形象性。黑格尔指出，"艺术的使命在于用感性的艺术形象的形式去显现真实"，"以供直接观照"。别林斯基说："诗人用形象来思考，他不论证真理，却显示真理。"普列汉诺夫重申："艺术既表现人们的感情，也表现人们的思想，但是并非抽象的表现，而是用生动的形象来表现。"美国当代艺术理论家帕克强调："在科学中有很多自由的表现，但还没有美。任何抽象的表现，如欧几里得的《几何学原理》……不管多么精确和完备，都不是艺术作品。"仅仅说"秋天游子思乡"是不能感人的，但当马致远把这种情绪形象化为"枯藤老树昏鸦，小桥流水人家，古道西风瘦马，断肠人在天涯"时，就具有了一种感动人的美。

二是情感性。艺术具有形象性，但光有形象并不一定就是艺术。建筑工程图、人体解剖图也有形象，但不是艺术。美的艺术形象与建筑工程图、人体解剖图的区别在哪里呢？在于前者有情感，后者没有情感。所以艺术的美不仅在形象，而且在情感，这情感是包含在形象中的。艺术形象是凝聚着情感的形象。这个情感既包括对象本身的情感，如作为艺术描写对象的人物情感，也包括作家主体的情感，如艺术作品中描写的自然景物所附着的作者情感。只有饱蘸情感的形象才是怡人的形象。近代英国美学家卡里特指出：美就是感情的表现，凡是这样的表现没有例外都是美的。中国古代的陆机也说过："诗缘情而绮靡"，"言寡情而鲜爱"。刘勰在《文心雕龙》中指出，"物以情观，故词必巧丽"，"辩丽本于情性"。明末袁宏道指出："情至之语，自能感人。"这些都是对审美经验中美的艺术形象的情感特征的有力揭示。

三是价值性。艺术形象所包含的情感、所给予人的快乐有有价值与无价值之分。美的艺术形象所包含的情感、所给予人的快乐是有价值的。所谓价值，是客观事物相对于主体生命存在所显示出来的意义。客观事物有利于主体的生命存在，就是有价值的，或者说是积极的、健康的、有正能量的。美的艺术形象所包含的情感就必须具有积极的价值取向，从而给人送去健康的快乐。如果相反，虽然能够给人带来快乐，但品质是无价值、反价值的，手段是恶俗不堪的，那么这样的艺术作品不是美的作品，只能叫"精神鸦片"。

四是媒介性。有情感、有价值的艺术形象是存在于各种特定的艺术媒介中的。艺术家在塑造美的艺术形象时，总是伴随着特定的艺术媒介进行的，所谓"倾群言之沥液，漱六艺之芳润"，因而创造出来的艺术形象就表现为语言形象、书画形象、雕塑形象、音乐形象、舞蹈形象、戏剧形象、影视形象、网络形象。

五是虚构性。这是由艺术形象的媒介性决定的。由于艺术形象存在于特定的艺术媒介中，无论出于想象还是出于写实，都具有虚构性——不同于现实形象——没有实用性，不能当真。影视形象、网络形象再逼真，也属于镜花水月，不能望梅止渴。单身的人可以对艺术中的某个异性人物形象倾注爱恋，一往情深，但最终还是应当回到现实中来，解决个人的婚姻大事。

六是真实性。艺术形象虽然是艺术家通过艺术媒介虚构出来的，但必须符合生活逻辑，具备人情物理，从而达到惟妙惟肖的逼真艺术效果，只有这样才能产生感人的审美效果。这实际上涉及艺术真实问题。贺拉斯早已指出：在艺术中，只有真才可爱。换句话说，在艺术中，美与逼真是统一的。

虚假的形象总是令人不快,真实的形象总是能打动人、感动人。

曾任英国美学学会主席的科林伍德给艺术下过一个定义:"通过……想象性活动以表现自己的情感,这就是我们所说的艺术。"综上所述,我可以在"艺术是审美的精神形态"之外,化用一下科林伍德的定义,将"艺术"具体表述为:通过想象性活动,创造真实的形象,表现自己的情感,寄托价值取向,给人健康的愉快,这就是通常所说的"艺术"。这是我们对"艺术是审美的精神形态"定义更为具体的、具有可操作性的解释。

# 二、西方传统艺术以创造美为追求

基于艺术必须具有美或审美功能,给人超实用的愉快这一基本艺术观,从古希腊到19世纪中叶,西方传统艺术以创造美为追求,作品以美为特征。那么,艺术作品的美从哪里来呢? 主要有两个来源:一是从艺术描写、反映的现实题材那里来;二是从艺术描写的逼真效果那里来。车尔尼雪夫斯基曾经指出:"描绘一副美丽的面孔"与"美丽地描绘一副面孔""是两件完全不同的事"。前者指现实题材给艺术作品带来的美,后者指成功的艺术描写给艺术作品带来的美。

## (一)艺术的题材只能局限于美

艺术所摹仿、反映的现实题材有美也有丑,美的题材会给读者送去愉快,丑的题材则会给读者带来憎恶。为了确保艺术具有给人带来快乐的美的品质,艺术只应描写美的题材,而应避免描写丑的题材。古希腊艺术家就是这么做的。莱辛指出:古希腊艺术只摹仿美的物体,所描绘的对象或现实题材只限于美。在古希腊艺术作品里,引人入胜的东西是题材本身的完美,比如维纳斯的美丽、大卫的英俊。当然,现实中美丽、英俊的人是很少的。如果现实对象不够完美,就用典型的方法,杂取种种合成一个,成就美的描摹原型。从中世纪到文艺复兴时期,西方教堂的壁画中出现了许多天堂题材的绘画。天堂虽然出自画家的想象和虚构,但无论圣母圣子,还是他们生活的环境,都是运用典型的方法,杂取现实中各种美人、美物合作创造而成。到了17世纪,英国诗人弥尔顿既描写过天堂,也描写过地狱。就读者的阅读感受而言,正如艾迪生所指出的:"地狱中硫磺烟熏总不及天堂里遍地花圃和芳馨来得赏心悦目。""大多数读者感到弥尔顿把天堂描写得比地狱更加令人神往。"19世纪欧洲浪漫主义文学潮流中,法国作家雨果大胆向丑陋的题材开掘。描写敲钟人卡西莫多的《巴黎圣母院》是这方面的代表作。但这让歌德在阅读时感到很不舒服。歌德说:"我最近读了他的《巴黎圣母院》,真要有很大的耐心才忍受得住我在阅读中所感到的恐怖。"雨果"完全陷入当时邪恶的浪漫派倾向,因而除美的事物之外,他还描绘了一些最丑恶不堪的事物"。"没有什么书能比这部小说更可恶的了。"与浪漫派的这种创作倾向几乎同时并存的是,批判现实主义小说对资本主义社会这种丑恶现实的真实写照和揭露批判。车尔尼雪夫斯基指出:"一件艺术作品,虽然以它的艺术成就引起美的快感,却可以因为那被描写的事物的本质而唤起痛苦甚至憎恶。"这种表述同样适用于阅读19世纪批判现实主义小说的感受评价。正由于被描写的事物的丑会唤起痛苦甚至憎恶,所以鲁迅认为,并非所有的丑陋事物都可进入艺术题材:"譬如画家,他画蛇,画鳄鱼,画龟,画果子壳,画字纸篓,画垃圾堆,但没有谁画毛毛虫,画癞头疮,画鼻涕,画大便,就是一样的道理。"要之,为了保证艺术作品给读者带去愉快的美的享受,艺术作品只能描写令人愉快的美,不能描写令人痛苦的丑。易言之,艺术的题材只能局限在美的领域范围内。

## (二) 艺术是对现实的摹仿,逼真的摹仿会产生美,美的艺术可以描写一切现实题材,并不局限于美的范围

在西方传统艺术从艺术必须承担的审美功能出发,强调艺术只能描写美的题材的同时,西方的艺术本体论及艺术审美论又从两个方面提出了相反的意见。摹仿论、镜子说是西方经典的艺术本体论。从柏拉图、亚里士多德,到达·芬奇,再到恩格斯、别林斯基,这种艺术本体论一直强调,艺术是对现实的摹仿,是对社会生活的反映或再现。同时,这种艺术本体论与艺术审美论又是高度契合、融为一体的。艺术在承担摹仿现实的天职、使命的同时,还能产生打动人心的美。艺术形象的美产生于对现实题材的忠实摹仿。题材本身的美丑与艺术美无关,艺术家创造艺术美的根本途径是逼真再现。亚里士多德早已揭示:"事物本身看上去尽管引起痛感,但惟妙惟肖的图像看上去却能引起我们的快感,例如尸首或可鄙的动物形象。"无论美的题材还是丑陋的题材,只要艺术描写高度逼真,就可以使作品具有令人愉快的美

的属性。因此,美的艺术作品毋须局限于美的题材,一切题材都可以进入美的艺术的描写范围。车尔尼雪夫斯基告诫人们:不要把"美丽地描绘一副面孔"简单等同于"描绘一副美丽的面孔"。"以为艺术的内容是美","艺术的对象是美",这是"把艺术的范围限制得太狭窄了"。英国绘画史家贡布里希指出:一幅画的美丽与否,并不取决于它所描绘的题材。

由此可见,艺术无论描写什么样的现实题材,只要高度真实,都可以带来令人愉快的美,也就是艺术形象的逼真之美。

### (三) 走向折中与调和:对于丑的题材,语言艺术可以描写,造型艺术必须淡化处理

于是两种意见发生尖锐对立和冲撞:一方面,对于丑陋题材的逼真描写可以产生令人愉快的美,美的艺术不排斥丑的现实题材;另一方面,丑的题材在逼真的艺术摹仿中还产生了令人不快、痛苦、憎恶的效果,减损、抵消着艺术描写的逼真带来的愉快反应。两种观点都得到审美经验的支撑,都有道理,何去何从?

西方古典艺术美学争论的结果,是采取了某种折中的态度,得出了调和的意见。这种意见是:在文学、音乐这样的时间艺术、想象艺术中,由于题材的反映是由文字、音符组成的,必须依赖读者、听众在前后相续的想象中才能转换出来,题材丑的不快反应被冲淡了,小于艺术摹仿的逼真美产生的愉快效应,艺术作品给人的整体效果还是愉快的,具有美的,所以文学、音乐艺术可以对丑的现实题材适度加以表现,当然也不能过分。在绘画、雕塑、戏剧表演这类诉诸直观的空间艺术、造型艺术中,题材的形象以空间并列的形式在某一时间节点同时作用于观众的视觉直观,题材丑的冲击力和不快效应特别强烈,远远大于逼真的艺术摹仿产生的愉快效应,所以这类艺术要尽量避免丑的题材;如果实在回避不了,就应设法加以淡化处理。

对此,公元前 1 世纪古罗马诗人、艺术理论家贺拉斯早已论及。他认为戏剧艺术作为直观的舞台艺术,在表现丑陋、恐怖的题材时,应借助文学的叙述手段加以缓解:"不该在舞台上演出的,就不要在舞台上演出,有许多情节不必呈现在观众眼前,只消让讲得流利的演员在观众面前叙述一遍就够了。例如,不必让美狄亚当着观众屠杀自己的孩子,不必让罪恶的阿特鲁斯公开地煮人肉吃,不必把普洛克涅当众变成一只鸟,也不必把卡德摩斯当众

变成一条蛇。你若把这些都表演给我看，我也不会相信，反而使我厌恶。"稍后的普罗塔克明确指出：画与诗"在题材和摹仿方式上都有区别"。这种区别何在，他没有留下具体的论述。

1766年，德国艺术理论家莱辛以《拉奥孔》雕像为个案，写成《拉奥孔》一书，对普罗塔克提出的"画与诗的界限"做出具体解释。《拉奥孔》是公元前1世纪希腊化时期创作的大理石群雕，1506年在罗马出土，被誉为世上最完美的雕像。该群雕刻画的题材是希腊祭司拉奥孔和他的两个儿子在巨蟒缠身时痛苦万状的情景。古罗马诗人维吉尔曾描写过这个题材。在维吉尔的史诗中，拉奥孔"痛得要发狂"，"放声号哭"，姿态扭曲，形体很丑。但在雕像中，拉奥孔的嘴巴只是微微张开了一点，面部和形体并未严重扭曲变形、显得丑陋。造成这种诗与雕塑在处理同一题材时的差别的原因是什么呢？1755年，德国艺术史家温克尔曼著《关于在绘画和雕刻中模仿希腊作品的一些意见》，认为希腊雕刻家之所以有不同于维吉尔史诗的艺术处理方式，是为了表现拉奥孔与不幸和痛苦做斗争时心灵"高贵的单纯，静穆的伟大"。莱辛则不以为然。他认为造成这种差别的真正原因是雕像与诗歌作为两种不同媒介的艺术形态——空间艺术与时间艺术、直观艺术与想象艺术，在处理丑的题材时有不同的方式。他指出：由于丑的艺术题材会妨碍艺术必须给人的美的享受，所以丑"不能成为诗的题材"。然而，由于诗是诉诸读者想象的时间艺术，会把一切题材分解成一个个时间上前后相承的动态元素，即便描写空间中同时陈列的"物体"，也会把它转化为在时间中流动的语义符号组成的间接的、想象状态的形象。因而，"丑的效果""受到削减"，"就效果来说，丑仿佛已失其为丑了"，因此，"丑才可以成为诗人所利用的题材"。维吉尔描写拉奥孔被巨蟒缠身时"向天空发出可怕的哀号"，"读者谁会想到号哭就要张开大口，而张开大口就会显得丑呢"？所以，维吉尔诗歌对拉奥孔被巨蟒缠身痛苦万状丑陋形容的描写，并未妨碍逼真的艺术描写产生的愉快反应，全诗在整体的审美效果上不失其美。

群雕作为造型艺术则不同。它是空间艺术，会把一切题材处理成空间各部分同时陈列的"物体"，构成诉诸视觉的直观形象，由此引起的"不快感"就非常强烈。由于绘画或雕刻的媒介可以把题材丑"固定下来"，丑所引起的不快感具有"持久性"，即使逼真的艺术摹仿能够产生美的快感，也显得"空洞而冷淡"，难以抵消题材丑产生的经久不息的、强烈的不快感。所以，作为美的艺术,造型艺术只能"把自己局限于能引起快感的那一类可以眼见的事物"。不过,作为"摹仿物体的艺术",绘画和雕刻反映的题材又应当不受限制,"无限宽广",所以造型艺术无法回避丑的题材。既然如此,它就应当避免描绘"激情顶点的顷刻"的那种过分丑陋变形的形象,来"冲淡"丑的不快反应。在《拉奥孔》雕像中,雕刻家选择的不是拉奥孔极度痛苦、放声大哭的"激情顶点"的那个"顷刻"的丑陋形象,而是选择激情趋向平复、哀号走向叹息过程的某一顷刻的形象加以刻画。"这并非因为哀号就显出心灵不高贵,而是因为哀号会使面孔扭曲,令人恶心。""只就张开大口这一点来说,除掉面孔其他部分会因此现出令人不愉快的激烈的扭曲以外,它在画里还会成为一个大黑点,在雕刻里就会成为一个大窟窿,这就会产生最坏的效果。"

莱辛的这种分析别开生面,赢得了许多艺术理论家的认同。比如康德,他也认为:"雕塑艺术……必须把丑恶的对象从它们的表现范围内摒除出去,因而把死亡、战争通过一个寓意或属性来表达,以便使人乐于接受。"再如黑格尔,他指出:"每种艺术须服从它自己的特性。""诗在表现内在情况时可以达到极端绝望的痛苦,在表现外在情况时可以走到单纯的丑,造型艺术却不然。""在绘画雕刻里,如果在丑的东西还没有得到克服时就把它固定下来,那就会是一种错误。"丹纳也要求在舞台上尽量回避表演极度的题材丑:"诗人从来不忘记冲淡事实,因为事实的本质往往不雅;凶杀的事决不搬上舞台,凡是兽性都加以掩饰;强暴、打架、杀戮、号叫、痰厥,一切使耳目难堪的景象一律回避。"

于是,在西方传统艺术中,我们发现这样的有趣对比:从荷马、莎士比亚,到雨果、巴尔扎克、果戈理、契诃夫、托尔斯泰,文学描写题材广泛,美丑并存,甚至出现"滑稽丑怪在文学中比崇高优美更占优势"的情况;而在造型艺术如绘画、雕刻乃至舞台表演中,反映的题材还是以美,尤其是形体美为主导。造成这种差别的原因,说到底是由丑的题材在不同媒介的艺术中产生效果的差别程度所决定、支配的。

**(四)艺术题材的美丑与艺术描写逼真与否的美丑双重组合的四种形态**

由上述分析可知,在诉诸读者的艺术作品的美丑反应中,有来自艺术题材的美丑与来自艺术描写逼真与否的美丑。这双重来源的美丑叠加在同一个艺术作品中,就呈现出四种组合形态。

一是写美成丑。什么意思呢?即艺术描写的对象、题材是美的,但艺术水平低,艺术描写失真,将美的题材写成了丑的艺术形象,令人感到不适。在这种艺术作品中,只有艺术题材的美,而没有艺术创造的美,或者说艺术形象的美。罗丹指出:"在艺术中所谓丑的,就是那些虚假的、做作的东西,不重表现,但求浮华、纤柔的矫饰,无故的笑脸,装模作样,傲慢自负——一切没有灵魂、没有道理,只是为了炫耀的东西。""文化大革命"文艺塑造了许多高、大、全的英雄形象,描写的题材十全十美,无懈可击。不过,这些人物不食人间烟火,违反生活常理,这些形象严重虚假失实,令人不适,艺术塑造上恰恰是丑的、不成功的。

二是化丑为美。这恰与上述的写美成丑形成鲜明的对照。这里的丑指艺术题材,这里的美指艺术描写。题材虽丑,但艺术描写如果惟妙惟肖,不仅反映了外部真实,而且反映了内在真实,就能将丑的题材转化成美的艺术形象。罗丹指出:"自然中认为丑的,往往要比那认为美的更显露出它的'性格',因为内在真实在愁苦的病容上,在皱蹙秽恶的瘦脸上,在各种畸形与残缺上,比在正常健全的相貌上更加明显地呈现出来。""所以常有这样的事:在自然中越是丑的,在艺术中越是美。"伟大的艺术家只要用高度的艺术技巧将丑的对象真实刻画出来,就"能当时为它变形",好比"用魔杖触一下,'丑'就化成美了"。艺术在这里施展了"点金术",这是"仙法"。罗丹的青铜雕塑作品《老妓》就是这样一部化丑为美的代表作。他的秘书葛赛尔在看到这尊雕塑时惊叹:"丑得如此精美!"这尊雕塑因而获得了《丑之美》的别名。卢那察尔斯基在评价契诃夫小说之美时深刻指出:"有个古老的传说,说是一位伟大的美术家得了麻风;他在最初几次病症大发作以后,终于下决心照照镜子,一照,他害怕极了。可是后来他拿起画笔,描下他自己那副患麻风的丑陋的面容。他的技艺十分高超,明暗又配得十分美妙,他原先由于本身有病而撇下的未婚妻一看这幅画像,第一句话便是惊呼:'这多美!'契诃夫也做了类似的事情。他热忱地写出社会的祸害,把它们描叙得非常美妙而真实,在这真实性中显出和谐与美。"

三是美上加美。这是指题材本身是美的,艺术描写也逼真完美。艾迪生指出:"在这种情况下,我们的快感发自一个双重的本源:既由于外界事物的悦目,也由于艺术作品中的事物与其他事物之间的形似。"在这种状态中,艺术作品给人的快感是双重的,最为强烈,所以被视为艺术的"理想美"。席勒指出:"理想美是一个美的事物的美的形象显现或表现。"丹纳指出:古往今来,艺术家总是偏爱"用题材的固有的美加强后天的表情的美"。艾迪生在谈到真实描绘美丽风景的艺术作品的审美反应时说:"艺术作品由于肖似自然而更加美好,因为,不但这种形似予人快感,而且式型(指自然题材的原型——引者注)也较完美。"他还通过与化丑为美的比较,指出美上加美更加可贵:"如果关于渺小、平凡或畸形的事物的描写,能为想象所接受的话,那么,关于伟大、惊人或美丽的事物的描写,就更能为想象所接受了;因为,我们在这里不仅从艺术表现同原物的比较之中得到乐趣,而且对原物本身也极为满意。"

四是平淡见美。与丑的或美的题材相比,现实生活中常见的现象是美、丑特征不那么明显的平淡题材。比如耕种、打猎、捕鱼、畜牧、屠宰、制陶、冶铁、纺织、养蚕、商旅、婚嫁、盖房、推磨、做饭等日常生活场景。由于平淡的生活题材司空见惯,没有什么显著特征,艺术将它们真实地展现出来相当不易,如果真实地表现出来,就会产生令人震撼的愉快效果。

对此,艺术家和理论家屡有感叹。歌德说:"诗人的本领,正在于他有足够的智慧,能从惯见的平凡事物中见出引人入胜的一个侧面。"罗丹说:"所谓大师,就是这样的人,他们用自己的眼睛去看别人见过的东西,在别人司空见惯的东西上能够发现出美来。"克罗齐指出:"画家之所以成为画家,是由于他见到旁人只能隐约感觉或依稀瞥望而不能见到的东西。"17世纪的荷兰绘画之所以受到丹纳的称赞,是因为逼真描绘了"布尔乔亚、农民、牲口、工场、客店、房间、街道、风景"。19世纪法国画家米勒之所以引人注目,是因为他在《拾穗》《晚钟》这类农民的平常生活中"发现了人类的崇高戏剧"。果戈理的杰出,是由于他以"鹰隼一样的眼力",写出了当时俄国生活中"几乎无事的悲剧",从而获得了鲁迅的高度称赞。

## 三、西方现代艺术:与美渐行渐远

19世纪中叶,西方艺术告别传统,走向现代。现代西方艺术的特点是与传统艺术追求的美渐行渐远,而与"丑"结下不解之缘,并以"丑"为突出特征,从而宣布了以"美"为特征的艺术的死刑。

这种反叛是从两方面展开的。

### (一)艺术题材上,取消一切禁忌,大胆向丑挺进,而且走向极端

传统艺术理论认为,造型艺术不适合刻画丑,应当尽量规避丑,或者在表现丑的现实题材时努力加以淡化处理。现代造型艺术则打破了这种禁忌,大胆地向丑的题材挺进,而且走向极端。1885 年,罗丹创作了青铜雕塑《老妓》。这尊雕塑既代表了西方传统写实主义造型艺术成就的高峰,也开辟了西方现代造型艺术表现极丑题材的先河。后印象派画家塞尚有一幅画作,画的题材就是三个骷髅头骨。19 世纪末、20 世纪初,挪威画家蒙克以《尖叫》为题,先后创作了四个版本的画作。画中发出尖叫的人物形象如同蝌蚪、骷髅,第四个版本的人物甚至没有眼珠,脸上空洞而巨大的眼窝形同鬼魅。1917 年,达达派代表杜尚在小便器上签了个字,就作为艺术品送去参展。他还有一件作品,把一本几何教科书用绳子绑到阳台栏杆上,任其在风吹日晒下慢慢腐烂变坏。20 世纪 50 年代流行的波普艺术将生活中被抛弃的物品甚至垃圾重新取用置入艺术园地,破布、破鞋、破包装箱、破汽车、褪色的照片、旧轮胎、旧发动机、竹棍木桶澡盆、废弃的海报漫画易拉罐,都可以作为"现成物"拼贴进入艺术作品。波普艺术理论家奥尔登堡宣言:"我所追求的艺术,要像香烟一样会冒烟,像穿过的鞋子一样会散发气味","像旗子一样追风摆动,像手帕一样可以用来擦鼻子","像裤子一样穿上和脱下","像馅饼一样被吃掉,或像粪便一样被厌恶或抛弃"。

传统艺术理论认为,语言艺术虽然可以描写丑,但也应当有所克制,不能肆无忌惮,更不能只写丑、不写美。但 19 世纪法国诗人波德莱尔的诗集《恶之花》却只聚焦巴黎社会阴暗的丑,成为现代派诗歌的开端。诗集津津乐道的是穷人、盲人、妓女,甚至横陈街头、正在腐烂的尸体。中国现代诗歌史上,闻一多的《死水》是受波德莱尔影响的典型诗作。

波德莱尔在诗中描写的题材的丑陋也扩展、蔓延到西方现代小说、戏剧创作中。在卡夫卡的《变形记》《判决》里,在海勒的《第二十二条军规》里,在尤奈斯库的《秃头歌女》里,在贝克特的《等待戈多》里,天空是尸布(狄兰·托马斯),大地是荒原(艾略特),世界是阴森、黑暗、混乱、畸形、怪诞、肮脏、血腥、空虚、无聊以及无奈。

中国当代不少作家的创作受此影响，其中莫言是典型的代表。莫言的小说也明显带有西方现代主义文学的特征，对丑的描写无所顾忌，尖刻到惨不忍睹、令人毛骨悚然的地步。比如《红高粱》开头："高密东北乡无疑是地球上最美丽最丑陋，最超脱最世俗，最圣洁最龌龊，最英雄好汉最王八蛋，最能喝酒最能爱的地方。"《红高粱》描写"奶奶"的花轿："花轿里破破烂烂，肮脏污浊；它像具棺材，不知装过了多少个必定成为死尸的新娘，轿壁上衬里的黄缎子脏得流油，五只苍蝇有三只在奶奶头上方嗡嗡地飞翔，有两只伏在轿帘上，用棒状的墨腿擦着明亮的眼睛。""奶奶"的父亲贪财而把她嫁给了酿酒的单老板有麻风病的儿子单扁郎。"单扁郎是个流白脓淌黄水的麻风病人，他们说站在单家院子里，就能闻到一股烂肉臭味，飞舞着成群结队的绿头苍蝇。"《道神嫖》描写毒疮："左腿膝盖下三寸处有个铜钱大的毒疮正在化脓，苍蝇在疮上爬，它从毒疮鲜红的底盘爬上毒疮雪白的顶尖，在顶尖上它停顿两秒钟，叮几口，我的毒疮发痒，毒疮很想迸裂，苍蝇从疮尖上又爬到疮底。"《狗道》写人们故地重游时见到当年日本兵杀人留下的千人坑："各种头盖骨都是一个形象，密密地挤在一个坑里，完全平等地被雨水浇泡着……仰着的骷髅都盛满了雨水，清冽、冰冷，像窖藏经年的高粱酒浆。"如此等等。因此有人说：莫言的作品不适合选入中小学课本，怕把孩子吓着。

### （二）艺术反映方式上，逐步告别逼真美，最终抛弃逼真美

传统艺术描写丑的题材，追求艺术形象的逼真，所以整个艺术作品还是有一种令人愉快的艺术美存在的。但现代艺术则逐步告别了逼真美，最终抛弃了逼真美。这大概分为三个阶段。

第一个阶段是19世纪中叶的印象派绘画，代表人物是马奈、莫奈、雷诺阿。他们吸收当时最新的光学理论研究成果，将画面上题材的逼真转化为视觉效果的逼真，一方面保留了传统绘画艺术表现的真实美，另一方面又为了追求视觉效果的逼真而放弃甚至歪曲了原物色彩的逼真。

当时的光学理论成果发现，色彩并不是物体固有的，而是在光的照射下在观赏者的特殊视觉认识中形成的。根据这一发现，印象派画家将色彩分解成七种原色，描绘题材色彩时纯用原色小点排列，称为"点彩"。尽管在观赏者的视觉中仍然可获得艺术表现的逼真美，但画面上描绘物体的点彩本身已迥然不同于物体本身的色彩，传统绘画的逼真美已开始受到冲击。

第二个阶段是后印象派、抽象派、立体派绘画。这时艺术创作的逼真美已经荡然无存，艺术家探寻着一种新的艺术形式的美，如绘画中的几何图形的美、色彩组合的美，在逼真美消失之后寻求另外的艺术形式美以打动、吸引观众。英国绘画理论家罗杰·弗莱将这种区别于艺术形象逼真美的艺术形式美称为"有意味的形式"。

　　先说后印象派。后印象派绘画的代表是塞尚、梵高。塞尚和梵高脱胎于印象派，最终告别了印象派追求的视觉效果的逼真美，而将印象派作品画面色彩与题材本色的不似特点做了进一步发展。其中，塞尚主要颠覆了传统绘画的透视学原理。塞尚认为："画画并不意味着盲目地去复制现实。"他提倡按照画家的思想和精神重新认识外界事物。于是，酷似原物的透视学原理被打破了，绘画从真实地描画自然物象开始转向表现自我的影像甚至幻象，不再受到题材本身的制约。比如作于1904—1906年之间的《圣维克多利山》系列，塞尚曾几十次从各种角度来画这座山和周围的风景。画中，景物的轮廓线被松弛而破碎的块状笔触所取代，色彩飘浮在物体上，似乎游离于对象之外，物象的几何形状和色彩特征得到强调，近景和远景具有同样的清晰程度，其明暗过渡等细节处理被有意淡化，原本自然而杂乱的物象变成了有序的构图和色块的组合。梵高的新变则集中体现在彻底反叛传统绘画的色彩学原理，将绘画的色彩从自然题材的实际色彩中解放出来。梵高的绘画不是对实物的摹仿，而是对心灵的表现。"作画我并不谋求准确，我要更有力地表现我自己。""颜色不是要达到局部的真实，而是要启示某种激情。"过去，传统绘画利用三原色的不同比例，调制出各种各样的中间色和过渡色，以接近现实世界的真实面目。"今天我们所要求的，是一种在色彩上特别有生气、特别强烈和紧张的艺术。"在他的画中，强烈的情感融化在色彩与笔触的旋转、跃动中，浓重强烈的色彩对比往往达到极限，笔下的麦田、柏树、星空等有如火焰般升腾、颤动。《向日葵》系列就是他实践这种新的色彩主张的代表作。

　　抽象派绘画的代表是俄国的康定斯基。康定斯基不仅创作了一系列迥异于写实传统的构图美和色彩美的抽象绘画，而且在理论上做了大量总结，如1911年的《论艺术的精神》，1912年的《关于形式问题》，1913年的《作为纯艺术的绘画》，1923年的《形的基本元素》《色彩课程与研究课》，1926年的《点、线到面》《绘画理论课程的价值》，1928年的《绘画基本元素分析》。这些都是论述抽象艺术的经典著作，是现代抽象艺术的理论展示。其基本主张是：艺术不是客观自然的摹仿，而是内在精神的表现；艺术表现应是抽象的，具象的图像有碍于主观精神的表现；抽象绘画语言的特点是非描述性，画面上没有可辨认的自然物象，如果有，也无须辨认；抽象绘画不借助物象，而是借助图形与色彩来传递作者的思想，这些图形与色彩无需构成某个逼真的生活场景，而仅以其自身形式的特殊组合来传达某种思想情怀。

立体派绘画的代表是西班牙的毕加索。他继承塞尚、康定斯基多视点构图组合的技法并加以发展，1907 年创作出第一幅具有立体主义倾向的画作《亚威农少女》，画中五个裸女和一组静物，组成了富于形式意味的构图。毕加索一生共创作近 37 000 件作品，其中包括油画 1 885 幅、素描 7 089 幅、版画约 20 000 幅、平版画 6 121 幅，代表作有《卖艺人一家》《理头发的妇女》《哭泣的女人》《亚威农少女》《三个乐师》《格尔尼卡》等。他声称："我是依我所想来画对象，而不是依我所见来画的。"作品中，毕加索不再以现实物象为起点，而是将物象分解为许多个小块面作为基本元素，并以此为绘画语言的基本单位，在画中构建物象的新形态和空间的新秩序。由于绘画的基本单位被分解为块面，这就为借助报纸、墙纸、木纹纸以及其他类似材料加以剪裁、拼贴提供了可能。1912 年起，毕加索转向"综合立体主义"风格的绘画实验。他尝试以拼贴的手法进行创作。《瓶子、玻璃杯和小提琴》就是这种实验的代表作。在这幅画上，我们可分辨出几个基于普通现实物象的图形：一个瓶子、一只玻璃杯和一把小提琴。它们都是以剪贴的报纸来表现的。这种拼贴的艺术语言，可谓立体派绘画的主要标志。毕加索曾说："即使从美学角度来说人们也可以偏爱立体主义。但纸粘贴才是我们发现的真正核心。""使用纸粘贴的目的是在于指出，不同的物质都可以引入构图，并且在画面上成为和自然相匹敌的现实。我们试图摆脱透视法，并且找到迷魂术。"毕加索的画作并不关心外在世界，他所致力的是形、色的特殊组合构成的独立世界。

塞尚、梵高、康定斯基、毕加索所代表的后印象派、抽象派、立体派绘画，标志着取消逼真美的现代派绘画的正式诞生，由此带来了整个艺术领域的"历史性转型"。比如雕塑反叛三维立体中的真实物体，戏剧反叛现实生活中的真实时空关系，小说反叛在社会历史领域中存在的人物和故事，音乐反叛符合自然法则的节奏和旋律。要之，反叛艺术对外物的摹仿以及由忠实摹仿产生的逼真美,成为印象派之后现代主义艺术的基本特色。

后印象派、抽象派和立体派绘画尽管尚有"有意味的形式"之美可寻,但同时也埋下了任意涂抹的丑的隐患。他们取消逼真的艺术标准,追求色彩和构图的特殊组合、排列的某种美的"意味",但究竟怎样组合、排列才可以保证艺术获得美的"意味",却无法统一,也没能概括。贝尔尽管将那些"令人心动的种种排列与组合称为'有意味的形式'",但他同时指出:这些形式是艺术家"根据某些未知的、神秘的规律组合起来的",每一个现代派艺术家都有自己的"独特的方式",无法从客观方面加以明确归纳。比如毕加索,他曾经给一个漂亮的美国女人画过几十张肖像画,第一幅画得与周围人看见的还没有什么不同,但是第二幅、第三幅……渐渐不同了,毕加索开始分解她的面部,说是发现了这个女人的一些性格特征,待到第十幅肖像,一位观赏者说:"这是一头立方体的猪。"俄罗斯作家爱伦堡是毕加索的朋友,他毫不掩饰自己的困惑说:"我不能理解他何以竟如此憎恶一个漂亮女人的面孔。"20世纪四五十年代,英国艺术科学院举行过一次便宴。丘吉尔曾与院长调侃说:"要是咱们现在碰见毕加索,您能帮忙朝他的屁股踢一脚吗?"院长回答:"那还用说!"

第三个阶段是现代艺术中的激进派,如象征主义、表现主义、观念艺术、未来主义、达达主义、超现实主义、不定形主义、野兽主义、波普艺术等。它们不仅取消艺术形象的逼真美,而且取消一切艺术表现形式的美,连形式的"审美意味"或"有意味的形式"也置之不顾。于是,艺术彻底告别了"美",而与信手涂鸦结下不解之缘,沦为"什么都行"的反艺术、伪艺术。

比如达达主义宣称:破坏一切就是他们的行动准则。1919年,达达派奠定人杜尚在《蒙娜丽莎》的复制品上用铅笔在蒙娜丽莎嘴唇上方画了小胡子,并加上标题"L.H.O.O.Q",意为"她的屁股热烘烘"。1967年,波普艺术家安迪·沃霍尔创作了《玛丽莲·梦露》,以梦露的头像作为创作的基本素材,将其一排排地重复排列,仅色彩稍有简单变化。20世纪四五十年代,在抽象艺术的中心巴黎,出现了一批随心所欲自由挥洒颜料、勾画图案的画家,人称"不定形主义"。现代派一些号称"艺术作品"的艺术根本就没有艺术构思与创作,它们只是把生活中的日用品直接拿来,起个名字,就叫"艺术作品"。如杜尚拿来一件瓷质小便器,命名为《喷泉》,"创作"就算完成了。1964年,安迪·沃霍尔将布里洛牌的肥皂盒拿到美术馆里展出,命名为《布里洛盒子》。波普艺术直接将现实生活中丢弃的"现成物"拿来当作艺术素材拼贴、组合一下,泼洒一些颜料,创作便算大功告成。1958年,波普艺术家伊夫·克莱因办了一个展览,他把伊丽斯·克莱尔特的画廊展厅中的东西全部腾空,将展厅的墙刷成白色,在门口设了警卫岗,让观众来参观,但展厅里面却空无一物。1952年,美国作曲家兼演奏家约翰·凯奇举行钢琴独奏音乐会。他的作品《4分33秒》是一部为任何乐器、任何演奏员、任何乐团而写的作品。三个乐章,没有一个音符。唯一的标识只有两个字:"沉默"。由于生活中的任何人工制品只要赋予了主题就成了"艺术品",于是,生活用品与艺术品之间的鸿沟被填平了,"观念艺术"概念应运而生。在观念艺术中,一切可以传递观念的东西,从文字、方案、照片,到地图、行为、实物,都可以是艺术。于是"艺术"被理解为一件被人"授予供欣赏的候选者地位"的"人工制品"。

既然艺术创作不需要构思、不需要规则,也就不需要专业训练,因此,艺术与非艺术、艺术家与非艺术家之间的区别也就消失了。当代以色列艺术理论家齐安·亚菲塔对此伤心欲绝,他尖锐地批判说:"不仅是任何东西都被认为是艺术品,而且任何人,不管他才具怎样,训练如何——是人,是兽,包括大象、鸡、猴子,甚至机器——都可以封为艺术家。因此,西方现代艺术成了一个门户大开、四面漏风的领域。"

一方面是艺术刻画的题材丑愈演愈烈,走向极端,另一方面是艺术形象的逼真美逐渐弱化并被最终抛弃,艺术对形式的美不再关心,美荡然无存,于是,从艺术反映的题材到题材的艺术表现,都显示出触目惊心的丑,以"美"为特征的艺术已经"死亡"。对此,尼采早有揭示:"现代艺术乃是制造残暴的艺术——粗糙的和鲜明的勾画逻辑学;动机化为公式,公式乃是折磨人的东西。这些线条出现了漫无秩序的一团,惊心动魄,感官为之迷离;色彩、质料、渴望,都显出凶残之相。"阿诺·里德指出:面对丑陋不堪的现代艺术,寻找"艺术"与"审美"之间的共同点是"错误的",并且会"造成混乱"。英国绘画理论家赫伯特·里德甚至说:"艺术与美之间并无必然的联系。"桑塔亚那的弟子、美国学者杜卡斯指出:当今时代,"我们看到许多名副其实的艺术作品非但不美,而是异常之丑",因此,"艺术是一项旨在创造美的事物的人类活动"这种传统观点并不符合现代艺术的实际,"美并非艺术存在的一个条件"。上述理论家揭示了西方现代艺术的丑学特征,这是正确的、可取的,但他们把西方现代派艺术家恶搞的"非艺术""反艺术""伪艺术"当作"艺术",进而否定传统的艺术以美为特征的经典定义,却是向"非艺术""反艺术""伪艺术"的妥协与投降,而且,将虔诚的"艺术"与恶作剧式的"非艺术""反艺术""伪艺术"合在一起作为"艺术",再试图找寻"艺术"的统一定义,本身就是逻辑混乱、自相矛盾的。因此,我并不认同。在艺术变为生活与生活就是艺术的拆解过程中,不仅传统艺术被否定了,而且艺术本身也被解构了。现代派艺术不仅走到了传统艺术的反面,也走到了艺术的反面。正如美国美学学会主席和哲学学会主席丹托指出的那样:"当任何东西都可以成为艺术品"的时候,当"美的艺术"被现代主义艺术终结的时候,"艺术"也就"终结"了。

如何评价当代西方艺术?

首先有它的社会原因。西方现代艺术诞生在西方民主社会中,在民主社会的政治氛围中,只要不触犯法律,任何个人的怪癖——包括现代派古怪的艺术追求都会作为独特的人权受到政治保护。20世纪末,因为纽约布鲁克林博物馆展出了一幅极为粗鄙的绘画《圣贞女玛丽》,纽约市市长圭里亚尼削减了对该博物馆的财政支持以表明态度,但博物馆却把他告上了法庭。最终的审判结果却是:联邦法院裁判市长对博物馆全额拨款。这则案例说明:"在艺术失去了美学标准却获得了人权价值的情况下,陷入混乱是不可避免的。"

其次是哲学原因。从哲学根源来看,传统艺术的逼真美是建立在唯物论的世界观和反映论的认识论之上的。19世纪以来,随着世界观由唯物论向存在论、认识论从反映论向生成论的转变,艺术反映现实的逼真美逐步解体。齐安·亚菲塔指出:"现代科学发展到19世纪,'进化'这个概念被发现了出来。在所有层面上,从人类命运,一直到整个宇宙,'进化'这个概念建立起了一个动态的变化观和发展观,这与古典的静态观是对立的。不仅如此,从20世纪开始,作为量子力学、相对论、混沌论的一个结果,时间和动态,作为现实所固有的东西,被呈现出来;这些观点剧烈地改变了我们对现实、对有序和无序的想法。""相对论,还有量子力学,特别是它的哥本哈根解释,都在不同程度上设想,观察者参与进了对被观察现象的概括甚至发生之中……从此以后,十分清楚的是,科学家是不'客观的',不在现象之外,而是参与进了现象的产生。""到了这么个地步,要把心灵和现实两相分开就难了。"与原有的世界观和认识论相比,"前者把整个世界看作现成的,后者多少把世界看作心灵的一个构造,因此结论就是:在具有决定意义的程度上,我们所看到的一切,决定于来自我们用来描述世界的那些先天组织模式、理论和符号体系的特点"。因此,西方从19世纪末开始,"艺术不再关心对现象世界的再现",艺术形象的逼真美逐渐被消解。

最后是市场原因。齐安·亚菲塔以其切身的观察体验指出:"由于在西方社会中艺术还是涉及天文数字资金的巨大市场,因此,不难料想,骗子和贼会混进来。现在把持西方现代艺术领域的,就是由跟金钱有关的三股势力形成的一个圆圈儿体系。第一股势力,是艺术经纪人,后面有艺术机构撑腰,把一些古怪玩意儿当艺术品,卖给那些金钱比知识和灵性多的人。第二股是批评家和把同样的古怪玩意儿当艺术品向观众展览的博物馆;观众呢,热爱艺术,但缺乏判断工具,拿不准那些展览着的物件究竟是不是艺术品。第三股是些产品,它们逃过了艺术市场、展览会和批评家组成的粉碎机,给记录在书里,学院里研究这些书,训练那些继续从事这种活动的人,以及这圈子里的所有的人。"因此,"西方现代艺术""不过是一场骗局"。比如蒙克创作于1895年的粉彩画《尖叫》。2012年5月2日,美国纽约苏富比印象派和现代艺术夜场拍卖会上,这幅作品拍出1.2亿美元的天价。不仅所画的题材——发出尖叫的人物形同骷髅,而且在艺术表现上也极为简单粗糙,有关天空的涂鸦令专家怀疑是疯子所作,整个作品给人的感觉是令人恐怖,被称为"现代艺术史上最令人不适的作品"。苏富比专家菲利普·胡克甚至说:"《尖叫》是一幅引发无数人去看心理医生的画。"它之所以以天价落锤,是收藏、拍卖行和参与分肥的绘画鉴赏家、艺术评论家合谋的结果。

西方现代艺术的历史并不长,一切还在探索中。在我看来,其存在的问题远比它的成绩和贡献要大。关于它的存在问题,当代学者王祖哲指出:"在典型的现代艺术作品当中,比方说,一个小便器或者一幅看起来并无多少章法的涂鸦之作究竟是不是一件艺术品,这本身就成了问题。"就是说,那些号称"艺术"的现代派作品是不是名副其实的"艺术",本身就是最值得讨论的问题。它们推翻了以"美"为特征的传统艺术,但并没有拿出一套成熟的令人信服的新的艺术规范供人遵循,于是艺术创作异化成了肆无忌惮、无所不用其极的恶搞。正如齐安·亚菲塔所反思和批判的那样:"从19世纪末开始,艺术家们抛弃了形象范式,而希望建立一种更抽象类型的艺术。这种艺术不再关心对形象世界的再现，而是关心人类思想和经验的深层的、普遍的本体层次。""但是，20世纪现代艺术家们的美好展望仅仅停留在直觉的水平上。艺术家们抛弃了形象范式，但是不曾建立一个可资替代的新范式。""现代主义就成了一连串的解构主义；每一代的解构主义都一如既往地把前面的解构主义还没有来得及肢解的东西拆个七零八碎，直到再也没有可拆了才罢手；到末了，就到了虚无主义，完全闯进了死胡同。""在'现代主义'和'后现代主义'这样的名号之下……艺术已成了'什么都行'的'艺术'，因此我们就看到有人把小便器送到了艺术博物馆，有人把大卸八块的牛泡在福尔马林中，或者把一匹会喘气的活马送到了艺术博物馆，如此等等。既然'什么都行'，那就不需要强调任何想象力和创造力，需要的仅仅是肆无忌惮的破坏。"沃兰德早已指出："随着现代艺术愈来愈激进（其目的就是要推翻艺术家所完成的那些美的作品并且最后要推翻艺术作品本身），它也就变得更加难以理解了……在目前的混乱之中，美学必须确定艺术到底能够是些什么和应该是些什么东西。"诚哉斯言，我对此深表赞同。

如果剔开那些以丑为特征的现代艺术的不成功的尝试和不严肃的恶搞，我仍然愿意重申：艺术是艺术家创造的以美为特征的特殊精神形态，是以特殊的艺术媒介创造的有价值的乐感载体。

# 第九讲　艺术训练的方法与意义①

## 张　晶

　　**主持人语**：艺术的特征是美。各门媒介的艺术，其创造美的规律是不同的。因此，"艺术训练"便有了必要，也有其特殊的方法。张晶教授既是富有成就的艺术理论家，也是造诣很高的辞赋作家。他饱含自己的创作体会，综合古今中外的艺术理论，与我们谈艺术训练的方法与意义，揭示艺术训练的基本要求，在于掌握特殊的艺术媒介和创作法则，完成从初始到谙熟、从必然到自由、从技到道的蜕变。张晶肯定艺术美创造的规律和按照这种审美规律进行艺术训练的必要性，对于人们重新反思美由心生的存在论新潮学说的缺失，具有发人深省的启示意义。

　　作为文学家、艺术家，要获得成功，除了其他条件之外，艺术训练应属最为根本的主体条件，而且，文学家、艺术家的个人道德修养、胸襟格局、身世阅历等固然是非常重要的因素，但是如果没有持之以恒的艺术训练，优秀作品的创造、艺术"高峰"的创造无疑就是一句空话！"审美感兴"也好，"江山之助"也好，对于作家和艺术家而言，都只能是提供一个契机而已。真正能够把这些因素统辖起来，加以艺术表现，并形成现实的艺术作品，必须要进行长期的艺术训练，如果我们没有对于自己所从事的门类艺术语言的高度纯熟的把握，就没办法完成艺术表现，更没办法生成艺术作品。所以，我的演讲就是围绕着"艺术训练"这个中心话题加以展开。

---

① 　本文是张晶教授 2021 年 11 月 8 日在上海第二工业大学举行的上海美育大讲堂讲稿。张晶，中国传媒大学资深教授、中国辽金文学研究会会长。

# 一、什么是"艺术训练"?

说起"训练",大家对它的概念一定不陌生,它的含义相当普通、是人所共知的;然而,作为一个艺术理论的概念,却又有着独特、深刻的内涵。遍览有关艺术学的工具书及其他文献,我还未发现有对"艺术训练"做专门的界定,那么,此次讲座既然是专论这个问题,理应对它有一个概括的说明。在我的理解中,黑格尔的一段论述,恰好是我所认定的"艺术训练"的基本内涵。黑格尔在其《美学》第一卷里,谈到在论述"天才"时专门谈到"训练"的重要性,他认为杰出的艺术家必然表现为某一方面的天才禀赋,同时他们在艺术表现中给人以一种"轻巧灵活",或者说是臻于自由境界的印象。但在实际上,天才作为一种天资禀赋,有待于"从训练得来的熟练",如果没有这种训练,天才还只能是一种潜能,也就无法作为艺术创作的"天才"而存在。经过坚持不懈的努力,经过广泛的学习,艺术家才有了"把自己的情感思想马上表现为艺术形象"的能力。从艺术创作来说,艺术训练的最主要的内容就是不同门类的艺术家,从学习本门类的基本技巧和法度开始,经过长期的训练(主要是自我训练)而达到用本门艺术的媒介语言创造独特艺术形象的过程。黑格尔也指出,艺术家的能力包括了内在和外在的方面,内在方面比如认识性的想象力、幻想力和感觉力;外在的方面比如实践性的感觉力,即实际完成作品的能力。而艺术训练就是使这两个方面完美结合的唯一方法。通过我们对黑格尔论述的理解以及我个人的领会,可以试着对"艺术训练"做出这样的概括:

"艺术训练",就是指艺术家在长期的艺术实践中,为实现自己的艺术理想而进行的专业性训练,包括老师指导和自我训练。从某一门类艺术的初学者,到成熟的乃至杰出的艺术家,这个过程必然伴随着长期的、自觉的艺术训练。艺术训练最主要的内容,就在于艺术家逐渐掌握本门类的艺术媒介语言,从初始到谙熟、从必然到自由、从技到道的过程。从师法前人、掌握本门类艺术的法度规则,到"天机"自得,下笔有神的境界。

艺术训练最主要的功能就是艺术媒介运用能力的培养,帮助艺术家从初步掌握而臻于自由境界。不同的艺术门类,如诗歌、音乐、绘画、雕塑、建筑、书法等,都有属于自己的艺术媒介。我多年前曾在《艺术媒介论》这篇文章中对"艺术媒介"做过界定:"艺术媒介是指艺术家在艺术创作中凭借特定的物质性材料,并将内在的艺术构思外化为具有独创性的艺术品的符号体系。艺术创作远非克罗齐所宣称的'直觉即表现',它实际是有一个由内及外、由观念到物化的过程,任何艺术作品都是物性的存在。艺术家的创作冲动、艺术构思和作品形成这一联结,其主要的依凭就在于媒介。"不同的艺术门类,都有自己的艺术媒介,也就是不同门类的艺术语言。在很大程度上,艺术媒介体现为物性的存在,但并非媒介就等同于物性。这一点,对于绘画、雕塑、书法、建筑等是较为容易理解的,而对于文学的媒介,就需要再进一步加以说明。文学(比如诗歌)的媒介是语言,而语言同样是具有物质属性的。英国著名美学家鲍桑葵在他的美学名著《美学三讲》中指出诗歌的媒介性质时这么认为:"诗歌和其他艺术一样,也有一个物质的或者至少一个感觉的媒介,而这个媒介就是声音。可是这是有意义的声音,它把通过一个直接图案的形式表现的那些因素,和它把通过语言的意义来再现的那些因素,在它里面密切不可分地联合起来,完全就像雕刻和绘画同时并在同一想象境界里处理形式图案和有意义形状一样。语言是一件物质事实,有其自身的性质和质地。"对于媒介的这种说明,尤其是关于文学的媒介的性质,我是非常认可鲍桑葵的观点的。媒介是包含着材料的,但媒介又不能等同于材料。美国著名哲学家奥尔德里奇把材料与媒介做了明确的区分,对大家的理解会有直接的助益,在他看来,即使最基本的艺术材料(器具)也不是艺术的媒介。我个人是很认同他对于媒介的这个观点的。媒介不等同于材料,而是由材料作为要素的符号体系,或者说就是他所说的"调子"。

不同的艺术门类,有它们各自不同的媒介,这是毋庸置疑的。而正是因为媒介的不同,才形成了各门类各自鲜明的特征。艺术媒介因而也就成为艺术分类的内在的依据。所以黑格尔在《美学》中就认为,"艺术作品既然要出现在感性实在里,它就获得了为感觉而存在的定性,所以这些感觉以及艺术作品所借以对象化的而且与这些感觉相对应的物质材料或媒介的定性就必然提供各门艺术分类的标准"。媒介的运用对于艺术品的创作,在某种意义上来说,是成败的关键。艺术训练,首先是艺术家对于媒介运用的训练。它是一个从初始阶段,然后经过长期的、刻苦的训练,再逐渐达到熟练的程度,而最后达到自由的境界。艺术训练在它的初始阶段,侧重于对本门类媒介运用的规则法度的规训与把握。宋代诗论家严羽在《沧浪诗话》中专有

"诗法"一章，讲的就是如何学习、遵循诗歌创作的法度。如说"须是当行，须是本色"，讲的就是诗歌媒介运用的规律。同时，严羽又描述了学诗过程的三个阶段："学诗有三节，其初不识好恶，连篇累牍，肆笔而成；既识羞愧，始生畏缩，成之极难；及其透彻，则七纵八横，信手拈来，头头是道矣。"那么这里"不识好恶"的"其初"，就是说不懂得诗歌媒介的运用规则，写出文章来，虽然是"连篇累牍"，但却根本谈不上是好诗；"既识羞愧"的第二阶段，说的是体会到了诗歌媒介的规则法度，但又畏缩不敢下笔；等到"及其透彻"的第三阶段，就达到了自如地掌握了媒介运用的程度，可以信手拈来了。杜甫有句名言："读书破万卷，下笔如有神。"前半句说的是训练过程，后半句是说基于长期的训练过程，而达到了出神入化的境界。也就是说，没有前者，当然就谈不到后者。魏晋南北朝时期的杰出文艺理论家刘勰在《文心雕龙·神思》里谈道："故思理为妙，神与物游。神居胸臆，而志气统其关键；物沿耳目，而辞令管其枢机。枢机方通，则物无隐貌，关键将塞，则神有遁心。是以陶钧文思，贵在虚静，疏瀹五藏，澡雪精神。积学以储宝，酌理以富才，研阅以穷照，驯致以绎辞，然后使玄解之宰，寻声律而定墨；独照之匠，窥意象而运斤。此盖驭文之首术，谋篇之大端。"这里所说的"酌理以富才"四句，其实正是作家的训练过程。"驯致以绎辞"更是强调文辞的学习训练而臻于畅达纯熟。诗人在创作运思中，就已经是"寻声律而定墨"，也就是在构思的时候就遵循着声韵的规律了，而后在表现内心呈现的审美意象时，就已经是如同"运斤成风"的美妙境界了。刘勰在《神思》篇又说过这样几句，也很值得我们的重视，就是："秉心养术，无务苦虑；含章司契，不必劳情。"刘勰不主张"钻砺过分，神疲气衰"的苦虑忧思，而是认为"率志委和，理融情畅"才是创作的最佳状态，而他所说的"司契"，则不可以轻易放过，它的意思就是文辞和神思需要高度契合。

至于书画艺术的训练，也是基于本门类媒介的规则与法度的学习，这个过程多是表现为对前贤经典的仿效与钻研。唐人裴孝源在其《贞观公私画录序》中说："及吴魏晋宋，世多奇人，皆心目相授，斯道始兴。其于忠臣孝子、贤愚美恶，莫不图之屋壁，以训将来。或想功烈于千年，聆英威于百代。乃心存懿迹，墨匠仪形。其余风化幽微，感而遂至，飞游腾骞，验之目前，皆可图画。且夫艺有精深，学有疏密，前贤品录，益多其流。"他认为这些人物画的经典之作，是供人们欣赏学习的。传为五代著名画家荆浩的《山水节要》中讲山水要用笔墨的要诀,也是供学画山水者为做训练而能用到的。西方大画家达·芬奇有《芬奇论绘画》一书,对于学画者的训练提出这样的要求:"透视、明暗法、比例、解剖、动植物等知识是画家的必修课。理论对实践的意义就像罗盘对航海一样。在技法学习上,少年画家必须先从临摹名家作品入手,而后进行写生。临摹和速描是基本功,着重在掌握物体细部的形态和明暗,必须苦练才熟能生巧。""画家应当通过摹写出自名家手笔的素描训练自己的手,在教师指导下完成这项工作之后,就可以依据往后要谈的关于如何表现凸雕物体的方法,去描绘具有立体感的物体。"作为一名在世界美术史上创造出不朽成就的伟大画家,达·芬奇是以自己的经验来指导学画者的艺术训练的。当然,关于艺术还有其他很多方面的训练,我们在这里所说的主要就是对绘画艺术媒介的运用。

当某人作为艺术家从而特别熟练地掌握了自己所使用的媒介,并且能够达到出神入化的境界的时候,艺术家就会感受到超乎寻常的兴奋,这也就意味着他具有创造出独一无二的艺术品的可能。这种时候,艺术家对于自己运用媒介的能力会感到充分的自信与愉悦。正如鲍桑葵所说的那样:"因为这是一件无比重要的事实。我们刚才看到,任何艺人都对自己的媒介感到特殊的愉快,而且赏识自己媒介的特殊能力。"也就是说,在这种艺术感觉中,艺术家往往超越了规则与法度。苏轼堪称宋代的文化巨人,他评价唐代大画家吴道子的时候说:"知者创物,能者述焉,非一人而成也。君子之于学,百工之于技,自三代历汉至唐而备矣。诗至于杜子美,文至于韩退之,书至于颜鲁公,画至于吴道子,而古今之变,天下之能事毕矣。道子画人物,如以灯取影,逆来顺往,旁见侧出,横斜平直,各相乘除,得自然之数,不差毫末。出新意于法度之中,寄妙理于豪放之外,所谓游刃余地,运斤成风,盖古今一人而已。"从这里我们可以看出,如果没有长期的艺术训练,是不可能达到这种境界的。从必然到自由,达到道的境界,这也就是中国诗学中所说的"妙悟",宋人严羽对它的阐释是很充分的。他讲的"妙悟",正是产生在"熟读""熟参"的训练基础之上的。严羽《沧浪诗话》中有一段著名的话:"大抵禅道惟在妙悟,诗道亦在妙悟。且孟襄阳学力下韩退之远甚,而其诗独出退之之上者,一味妙悟而已。惟悟乃为当行,乃为本色。然悟有浅深,有分限。有透彻之悟,有但得一知半解之悟。汉魏尚矣,不假悟也。谢灵运至盛唐诸公,透彻之悟也;他虽有悟者,皆非第一义也。若以为不然,则是见诗之不广，参诗之不熟耳。试取汉魏之诗而熟参之"，"次取南北朝之诗而熟参之，次取南北朝之诗而熟参之"，"次取李杜二公之诗而熟参之，又取大历十才子之诗而熟参之，又取元和之诗而熟参之，又尽取晚唐诸家之诗而熟参之，又取本朝苏黄以下诸家之诗而熟参之，其真是非自有不能隐者。"也就是说，"透彻之悟"是"妙悟"的至高境界，严羽以此为"第一义"；然而，要达到这样的境界，就要"熟参"，而"熟参"其实就是学诗的训练过程。

## 二、艺术训练与艺术运思

艺术运思过程中的感兴、想象乃至构形，也都在艺术训练的范围之内。对于审美时空的感觉，对于物象的敏感，都是要在训练中不断提高的。比如感兴，从中国美学的角度来看，感兴是创作发生的关键性契机。感兴源于"比兴"之兴，它的功能是对诗人、作家审美情感的兴发与唤起，所以刘勰说："兴者，起也。""起情故兴体以立。"感兴的产生，最重要的是"触物"，换句话说，就是主体与外物（包括自然事物与社会事物）的触遇相接。一般人的"触物"，当然不会产生文学艺术的创作冲动，也就不会有作品的孕育诞生，而对于作家或艺术家来说，"触物"就是创作发生的根本缘由。刘勰《文心雕龙·比兴》的赞语有丰富的理论内涵，他说："诗人比兴，触物圆览。物虽胡越，合则肝胆。拟容取心，断辞必敢。""触物"和"圆览"是因果关系，因为诗人有了触物，才有了圆览的结果。对于圆览的诠释，一般解释为"周密地观察"，我往往把它解释为"完整的意象"。接下来的"物虽胡越，合则肝胆"，其实最为直接地揭示了圆览的真相。外在物象虽然相距甚远，但因为诗人的"神思"，能够合成为一个紧密无间的意象。"触物"对于文学艺术创作来说，并非只是一个机缘，而是直接以具有内在媒介感——或者我们可以称之为"构思的媒介"——的知觉来把握外物，从而形成审美意象的过程。在这个感兴的过程中，已经非常自然地渗透进创作主体经过长期训练而成媒介能力了。这个能力在长期自觉的训练之后，变得自然而微妙，就像是刘勰在《神思》篇里所说的"视布于麻，虽云未费，杼轴献功，焕然乃珍。至于思表纤旨，文外曲致，言所不追，笔固知止。至精而后阐其妙，至变而后通其数，伊挚不能言鼎，轮扁不能语斤，其微矣乎！"这种微妙的创作境界，其实就是长期训练的结果。黄侃先生明确指出了这点，他说："凡言文不加点，文如宿构者，其刊改之功,已用之平日,练术既熟,斯疵累渐除,非生而能然者也。"刘勰在《神思》篇的赞语中所说的"刻镂声律,萌芽比兴",是在与触物而兴同时的;而"声律"与"比兴",都是艺术训练所致。"触物兴情"是感兴的本质,同时,也是艺术思维的开始,并且是一直连通着艺术思维的整体过程的。

接下来,又有另外一个问题,想象作为艺术创作的一种最重要的心理能力,也是需要训练的吗?答案是肯定的。想象的内涵与功能,大家应该是很熟悉的;但对于构形,大家可能不够了解。我认为,构形对于艺术创作来说,是不可缺少的重要环节,也是艺术作品在得到实际表现之前的最后一个环节。想象与构形往往是交织在一起的,或者可以说,构形是想象的定型化。想象与艺术家的禀赋有深刻的联系,同时艺术家的想象又不能脱离媒介。艺术家的天赋资禀是要借助媒介形成的,创造性的想象有赖于记忆、观察,这些并不取决于天生资禀,而是可以纳入训练的范畴。

再谈一下艺术训练中的"构形"问题。我一向主张,在艺术创作的心理要素中,仅有想象是远远不够的。在内在阶段中,有一个必不可少的环节,那就是构形。构形作为艺术家的创造心理机能,训练的因素是非常重要的。很多年前,我在《社会科学战线》上发表过《论审美构形能力》一文,文章中对审美构形做过界定:"审美构形能力指的是什么呢?是指审美主体在进行审美创造时在头脑中将杂多的材料构成一个'完形'的心理能力。"在我看来,构形的作用是想象不能取代的,想象可能是模糊的、变动不居的,甚至是多元的,但对于艺术创作而言,在进行物化表现之前,应该是有一个稳定的、清晰的、"这一个"的内在完形。19世纪德国著名的雕塑家、艺术理论家希尔德勃兰特力主以构形来超越占统治地位的"模仿"说,他的理论名著《造型艺术中的形式问题》,是以"构形"作为首要问题来展开的。他说:"为了获得这种独立性,艺术家必须把他作品的模仿作用提到更高的层面上,他实现这一目的的方法我欲称为'构形方法'(The architectonic method)。"在他眼里,构形又是什么?对此他是非常重视的,他说:"由这种构形的方式产生的形式问题,虽不是由自然直截了当地向我们提出的,但却是真正的艺术问题。构形过程把通过对自然的直接研究获得的素材转变为艺术的统一体。"宋代学者沈括在他的代表性著作《梦溪笔谈》里,讲到了当时画家宋迪对陈用之的指导,这里面所说的正是艺术想象乃至构形方面的训练方法。他说:"度支员外郎宋迪工画,尤善为平远山水。其得意者有《平沙雁落》《远浦帆归》《山市晴岚》《江天暮雪》《洞庭秋月》《潇湘夜雨》《烟寺晚钟》《渔村落照》。谓之'八景',好事者多传之。往岁小窑村陈用之善画,迪见其画山水,谓用之曰:'汝画信工,但少天趣'。用之深伏其言,曰:'常患其不及古人者,正在于此。'迪曰:'此不难耳。汝先当求一败墙,张绢素讫,倚之败墙之上,朝夕观之。观之既久,隔素见败墙之上,高平曲折,皆成山水之象。心存目想,高者为山,下者为水,坎者为谷,缺者为涧,显者为近,晦者为远,神领意造,恍然见其有人禽草木飞动往来之象,了然在目,则随意命笔,默以神会,自然境皆天就,不类人为,是谓"活笔"。'"用之自此画格进。"宋迪教给陈用之的训练方法,就是将绢素覆盖在败墙之上,随后画者早晚来观察,心中就会呈现出山水之象或人禽草木飞动往来之象,画者也就以此为蓝本作画,自然会增添很多"天趣"。这是对于艺术想象能力的训练,看来是卓有成效的。

不仅是想象的训练,更具操作意义的是构形能力的训练。英国著名艺术理论家贡布里希特别强调的是艺术家的内在图式,这种图式最主要的功能就是用于构形。他两次引述心理学家F.C.艾尔的观点:"训练有素的画家学会大量图式,依照这些图式他可以在纸上迅速地画出一只动物、一朵花或一所房屋的图式。这可以用作他的记忆图像的支点,然后他逐渐矫正这个图式,直到符合他要表达的东西为止。"他还举了达·芬奇对于构形的训练方法作为例子。达·芬奇对学画的人们指导时说:"促进思想做出各种发明的方法:我少不了要将一种新发明,一种协助思维的方法包括到以上的办法之中。这法子虽然似乎微不足道甚至可笑,但却具有刺激灵感作出种种发明的大用处。请观察一堵污渍斑斑的墙面或五光十色的石子,倘若你正想构思一幅风景画,你会发现其中似乎真有不少风景:纵横分布着的山岳、河流、岩石、树木、大平原、山谷、丘陵。你还能见到各种战争,见到人物疾速的动作,面部古怪的表情,各种服装,以及无数的都能组成完整形象的事物。墙面与多色石子的此种情景正如在缭绕的钟声里,你能听到可能想出来的一切姓名与字眼。切莫轻视我的意见,我得提醒你们,时时驻足凝视污墙、火焰余烬、云彩、污泥以及诸如此类的事物,于你并不困难,只要思索得当,你确能收获奇妙的思想。思想一被刺激,能有种种新发明:比如人兽战争的场面,各种风景构图,以及妖魔鬼怪之类的骇人事物。这都是因为思想受到朦胧事物的刺激,而能有所发明。"达·芬奇这里所说的,其实就是一种能够刺激画家灵感的方法,而想要达到这样的效果,就需要鲜活的构形。

艺术训练对于艺术家来说，是他们主体修养最根本的条件。成为一个创造出杰出艺术品的艺术家当然需要多种条件，包括思想积累、知识储备等各种因素，而且它们还需要有机地融合在一起。但其他要素也都必须通过艺术训练才能发挥作用。清代著名诗论家叶燮称，诗人的主体条件为"诗之基"。什么是"诗之基"呢？他说："诗之基，其人之胸襟是也。有胸襟，然后能载其性情智慧，聪明才辨以出，随遇发生，随生而盛。"而这种"胸襟"体现出来的境界与力量，是以"诗人"的身份作为前提基础的。如果不是诗人的话，那么作为诗之基的"胸襟"我们也无从谈起。叶燮以"才、识、胆、力"作为诗人的主体条件，才、识、胆、力中的"才"就是运用艺术媒介进行艺术表现的动力与水准，"才"也是诗人凭着长期训练而获得的。虽然诗人有天资禀赋作为底蕴，但如果没有艺术训练，他们的"才"也是不能养成的。于是叶燮又说："在物者前已悉论之，在我者虽有天分之不齐，要无不可以人力充之。其优于天者，四者具足，而才独外见。"这里的"人力充之"，实际上说的就是长期的艺术训练过程。

## 三、"艺术训练"有什么意义？

最后我们再来谈谈，艺术训练的意义究竟是什么？我觉得怎么强调它都不为过。艺术创作中的其他要素都必须通过艺术家的艺术训练而得以实现。创造无愧于时代的艺术"高峰"，如果舍弃艺术训练，那么一切都是空谈。艺术训练也是针对克罗齐所谓的"直觉即表现"的命题提出来的。克罗齐重直觉而轻媒介，如同英国著名美学家鲍桑葵在《美学三讲》中对他的批评所说到的："根据这种唯心主义，'直觉'——艺术家的内心境界——是唯一的真正表现。克罗齐主张，外在的媒介，严格说来，是多余的东西，因此区别这种表现方式和那种表现方式（如绘画、音乐、语言）是没有意义的。有这个缘故，所以艺术分类是不可能的，而且讨论各种艺术的短长也是没有结果的。"这种批评是中肯的、客观的。训练最重要的是艺术家运用媒介的纯熟与创造能力。

杜威揭示了媒介从内而外的审美性质。而这些，并不都是天生禀赋，而是在禀赋的基础上加以长期的艺术训练才能达到的。

所以说，艺术训练的目的，并不止于创作手段的熟练，也不满足于一般性的艺术表现,而是通过训练,使艺术表现达到庄子笔下的"运斤成风""轮扁斫轮"般的极致,进而在偶然的审美感兴中创造出难以重复的审美境界。中国古代的艺术创作论,讲求"自然"的创作风尚,"自然"看似天然平淡,实际上却有着"山高水深"的韵味与内涵。唐代画论家张彦远将画论史上"神、妙、能、逸"的绘画品第,改为以"自然""神""妙""精""谨细"五品作为评画标准,其中,"自然"为最高品第。张彦远认为绘画分为五等,涵盖了谢赫"气韵生动""骨法用笔""应物象形""随类赋彩""经营位置""传移模写"的绘画"六法",而"自然"为其最上,超越于以往的最高品级中的"神品"。在中国艺术创作论中,"自然"其实是经过了作家、艺术家的艺术加工的过程的。"自然"所呈现出来的创作状态,诗论家皎然对"自然"的理解,似乎更能道出"自然"的深层意蕴。在皎然看来,成篇之后"有似等闲"的自然风貌,却深藏着作者的"取境"作用。他说:"不要苦思,苦思则丧自然之质。此亦不然。夫不入虎穴,焉得虎子?取境之时,须至难至险,始见奇句。成篇之后,观其气貌,有似等闲,不思而得,此高手也。有时意静神王,佳句纵横,若不可遏,宛若神助。不然,盖先积精思,因神王而得乎?"皎然在这里其实表达了一种诗歌价值观,也就是在作品的"自然"面貌里,那些蕴含着"奇句"的,才是上乘的。虽然这句话的意思和前面的引文内容比较相近,但这里尤其强调了要以"自然"之貌来创作诗文。皎然所说的"苦思""作用",都是通过训练而致的。他在《诗式》中倡导的"明四声""诗有四不""诗有四深""诗有二要""诗有二废""诗有四离"等要求,也都是诗艺训练的主要内容。宋代诗论家叶梦得从诗学的普遍意义而言,认为恰恰像谢灵运"池塘生春草,园柳变鸣禽"那样的千古佳句,是"猝然与景相遇"的感兴产物,于是"故非常情所能到",产生出难以重复的艺术佳作。但创作这样的佳句的前提在于,诗人本身是"大手笔"才行。"然苟大手笔,亦自不妨削鐻于神志之间,斫轮于甘苦之外也。""大手笔"当然是佳作产生的最根本的主体条件,那么,"大手笔"又是缘何而来的呢?其实,就是从长期的艺术训练中得到的。

艺术训练是一个并不复杂却又缺少系统研究的论题,对于艺术创作论来说,又是一个需要充分关注的问题。艺术家的成长与成熟乃至取得卓越的艺术成就,没有长期的艺术训练,是无法想象的。其他的各种条件,都要通过艺术训练才能发挥作用。这次的讲座可能只是关于这个话题的一个引子,希望能够启发同学们今后更深入的思考和更扎实的训练。

# 第十讲　旧体诗创作的当代际遇与命运①

## 汪涌豪

　　**主持人语**：诗是文学艺术的宠儿。在中国当代学者中，汪涌豪教授既擅长写旧体诗，出版过旧体诗《巢云楼诗抄》，也擅长写现代诗，出版过现代诗集《云谁之诗》，是一位学者型诗人。在旧体诗写作方面，他五古、五绝、五律、七古、七绝、七律各体皆工，言志、抒情、咏物、叙事、咏史无不入诗，用旧体诗写当代事不失古风，以中国诗写外国事不失国风，体现了很高的诗学造诣。他的《旧体诗创作的当代际遇与命运》讲座，是饱含自己创作甘苦的经验之谈。喜欢写旧体诗的朋友，不可错过。

　　所谓旧体诗，有说最早得名于任鸿隽《新青年》5 卷 2 号所刊《新文学问题之讨论》一文，他称"公等做新体诗，一面要诗意好，一面还要诗调好，一人的精神分作两用，恐怕有顾此失彼之虑。若用旧体旧调，便可把全副精神用在诗意一方面，岂不于创造一方面更有希望呢?"可见是相对于新诗而言的，广义地说是"五四"新文化运动的产物。不过，新诗的崛起不等于旧体诗必然消亡，它的生命力依然顽强。因为它毕竟赓续了数千年的传统，代表了中国文化最优雅精粹的部分。

　　所以，尽管受积贫积弱的刺激和西方进化论思想的影响，"五四"时期文学革命蔚成风潮，胡适《文学改良刍议》称古诗"腐败极矣"，"与吾阿谀夸张虚伪迂阔的国民性互为因果"，又推出不少白话诗，诸如"两个黄蝴蝶，双双

---

　　① 本文是汪涌豪教授 2023 年 8 月 22 日在上海图书馆东馆所做讲座演讲录。汪涌豪，复旦大学中文系教授，"长江学者"特聘教授，中国文艺评论家协会副主席，上海市文联副主席、评论家协会主席。本文另载《艺术广角》2024 年第 1 期。

飞上天。不知为什么,一个忽飞还。剩下那一个,孤单怪可怜。也无心上天,天上太孤单",并其后柳亚子《旧诗革命宣言》也断言"旧诗必亡","平仄的消失极迟是五十年以内的事",但这样的结局并未到来。相反,不但保守派如刘师培坚称"俪文律诗为诸夏所独有,今与外域文学竞长,惟资斯体",就是新文化运动中人,有许多如1925年闻一多致梁实秋信中所说,也都"唐贤读破三千纸,勒马回缰作旧诗"了。

郭沫若所作尤多,但声名为其新诗所掩,鲁迅所作则连小学生都能背诵。此外如田汉、郁达夫等人也都有作,后者《钓台题壁》之"曾因酒醉鞭名马,生怕情多累美人",更引得无数人竞相传诵。陈独秀当初与胡适同一阵营,于荡涤旧文学一事持大体相同的立场,但也写了140多首,且古、近体皆中规中矩。如《感怀二十首》中一首"委巷有佳人,颜色艳桃李。珠翠不增妍,所佩兰与芷。相遇非深恩,羞为发皓齿。闭户弄朱弦,江湖万余里",纯然汉魏晋朝人的声口;《游虎跑》之"昔闻祖塔院,幽绝浙江东。山绕寺钟外,人行松涧中。清泉漱石齿,树色暖碧空。莫就枯禅饮,阶前水不穷",用一东韵,间有出律,但大体合式。至于用语之典雅,用事之贴切,可见旧学修养。抗战期间又作《金粉泪》七绝组诗56首,既以明志,更写时事,元气淋漓,风格沉郁,故夏中义《百年旧诗人文血脉》一书将其与吴昌硕、王国维、陈寅恪、聂绀弩、王辛笛、叶元章、张大千等列,推称其为"黑旋风李逵"。

至于学人黄侃、马一浮、俞平伯、陈匪石、吴梅、汪东、冒效鲁、吴宓、胡小石、宛敏灏、徐定戡、刘永济、张伯驹、詹安泰、夏承焘、沈祖棻等,更皆擅诗。其中王国维、陈寅恪和钱钟书的诗,类似"人生过后惟存悔,知识增时只益疑""一生负气成今日,四海无人对夕阳"和"春似醇醪醒不解,身如槁木朽还非"等,近些年经胡文辉、王培军等学者的笺释与考证,更是传颂人口。而钱钟书对《静安诗稿》的论断尤见精彩。并且,一些理科教授如治水名家黄万里,也写了不少旧体诗,其《右冠残草》三十首、《治河咏怀》十五首、《忆旧感怀》二十七首、《漫游闲咏》二十九首,以后集成《治水吟草》出版。

1949年新中国成立,章太炎、叶恭绰、张伯驹等人即提出成立全国性的韵文组织,后因"反右"运动搁置。1976年《诗刊》复刊,每期已辟两页专版刊登旧体诗。1980年,李锐的《龙胆紫集》出版。两年后,聂绀弩《散宜生诗》,包括《北荒草》《赠答草》和《南山草》,简称"三草"出版,社会反响很大。再两年,王以铸、吕剑、宋谋瑒、荒芜、孙玄常、陈次园、陈迩冬、舒芜、聂绀弩等九人合著的《倾盖集》也获好评。同年,经周谷城、王昆仑、赵朴初、俞平伯、唐圭璋再次提议推动,中国韵文学会得以正式成立。3年后中华诗词学会也宣告成立,随后各地方诗词学会渐次成立。1994年《中华诗词》正式创刊,不久发行量超过《诗刊》。2010年,第五届鲁奖首度对旧体诗开放。2011年,中华诗词研究院成立。旧体诗的创作并研究至此获得国家支持,迈上了一个新的台阶。据有关部门最新统计,目前全国诗词刊物已有600余种,各级各类诗词组织已达2 000余个,参加各级诗社活动的诗词爱好者近300万人,而且在不断增加中。近些年,每次全国性诗词赛事都能吸引数以万计乃至数十万计的作者参加,作品的数量更难以计算。其中第一届中华诗词大赛,一次性收到稿件就超过了《全唐诗》和《全宋词》的总和。

与此相应,各类旧体诗选应运而生。类似《三家诗》(含黄苗子《无腔集》、杨宪益《彩虹集》和邵燕祥《小蜂房集》)尚是同人合集性质,但早于此集,1987年,山东教育出版社就已经推出于友先、吴三元合编的《新文学旧体诗选注》。2000后,巴蜀书社和黄山书社更推出了《二十世纪诗词文献汇编》《二十世纪诗词名家别集丛刊》《当代诗词名家别集丛书》。1997年,山东大学出版社并还出版了王小舒、王一民、陈广澧的《中国现当代传统诗词研究》。现代旧体诗创作能否入史,也因王泽龙2007年发表的《关于现代旧体诗词的入史问题》一文,在学界引起广泛的讨论,两种意见相持不下。不过尽管如此,钱理群等人所著修订本《中国现代文学三十年》已一改现代文学须用现代汉语表达现代人精神和心理的认识,加入了鸳鸯蝴蝶派小说和武侠小说等内容,严家炎的《二十世纪中国文学史》也添加了专论旧体诗词的章节。北京大学出版社新近出版的《大学新语文》,则选用了一组当代学人写的旧体诗。若再汇合网络上的盛况,举凡作者之众、作品之丰、大赛之繁、吟诵之盛,高峰论坛之多,以及有关推进"新旧体运动"与建立"当代诗词学"的呼声之强烈,说旧体诗在当下已经复兴,应该不是夸大。

但必须指出,古诗毕竟是依韵用文言写成的。所谓文言,是只见于文的纯书面语,有多重特殊的要求,需要人下足"辨体"的功夫,并由此而"尊体",不随意胡乱"破体",以免堕入"俗体"。此外,又因有许多特别的讲究,需要人明了"法度""法禁"的意义。此所以古人称"诗"从"寺",依《说文》解释,"寺者,廷也,有法者也",也就是说,无论作诗还是论诗,必须切讲切记体式规范,所谓"先体制而后工拙"。作旧体诗因此有一定的准入门槛,不是随便什么分行押韵的文字都可充任的。

若综括这种体式规范之大要，可用"声"与"色"两字概括。先说"声"。所谓"声"指音声，是说诗乃"有声之文"，为"声体"，故欲作旧体诗，不能不知"声"遵"声"。尤其是作近体律诗，在"整"（句字齐整）、"俪"（对偶工稳）、"叶"（奇偶相对）、"韵"（押平声韵）、"谐"（平仄合格）、"度"（篇字划一）等方面必须做到合体合格。不能不讲平仄，不用平水韵。此外，古体与近体在用韵上还有一些不同，如近体偶句用韵，其中五言以首句不入韵为多，七言以首句入韵为多；近体不得转韵，但首句可用邻韵，如一东二冬或二萧三肴四豪，诸如此类。

这里要重点讲一下平水韵。所谓平水韵，是依唐人用韵，把汉字分为106个韵部。古人作诗都严格依此而行。自元人入主中原，南北两大语音发生变化，南方保留大量入声字，北方则多流失。五十年代，拼音化运动兴起，入声字被编派入平上去三声。以后中华诗词学会制定《中华新韵》，将韵部减少至14个，依普通话，只分平仄，不论入声，比平水韵简单多了，也宽泛多了。再往后，由国家语委发起，教育部和中华诗词学会又共同制定了《中华通韵》，虽依然取消入声字，但在《新韵》基础上增加了两个韵部。鉴于古今语音改变，《新韵》《通韵》的修订固然是必要的，以后结合国人实际的用语习惯和知识水平，该会又提出"知古倡今，求正容变"的方针，主张"今不妨古，宽不碍严"，鼓励双轨并行，也颇切合实际，通情达理。只是实际的结果是，平水韵普遍遭人弃用，并入《新韵》《通韵》后，双轨制也就成了单轨制。

有的人还进而提出了一系列激进的主张，譬如"韵不求工"，即如果因为押韵而抑制了诗意的表达，可改采邻韵入诗，押大致相同的韵就行；"声必从意"，即当声与意发生矛盾无法自救相救时，声律必须服从立意；"联可变体"，即写格律诗采用正体不成，可改用变体成篇；"当古则古"，即近体格律束缚过严，当使用变体也难以抒发性灵时，可采古体赋之；"舍筏登岸"，即作者可以自创有利于传达诗境的法则，而不必处处依从古人。甚至有的人力主一种不讲究长短篇幅、不强调粘对规则、不拘泥押平水韵，只求畅口顺耳的"新格诗"，还声称"要永不松懈地与写诗的习性和惯性作斗争"。所谓"习性和惯性"，无非指作诗从来依循的凝神致思方式、意象营建方式及用辞造语方式。更有的旧体诗作者在"创新是诗歌创作生命"的名目下，一笔抹到"旧瓶装新酒"的可能性，认为古典诗歌的发展创新需要更多人的参与。当今诗词发展停滞不前,有一个重要原因就是小部分精于格律的人固步自封、墨守成规,遂使诗歌逐渐远离了大众,成了一种"贵族文学",这种局面必须改变。我们说,"旧瓶装新酒"固然不是一种谨严周全的说法,但其所含指的依循体式、不弃本原的意思,显然有合理性。一概否定有失轻率,实际上也不可行。

眼下层见叠出的那种形似的、浮表的、浅俗的、拗口的甚至粗鄙的作品泛滥,就是有力的反证。其中"老干体"特别典型。这类诗惯写大好河山、莺歌燕舞,立场自然正确,诗意和诗艺却有所欠缺,常被人嘲笑为"大话写作",其实是一种"观念写作"。诸如"红旗万里舞东风,祖国山河一片红。革命人民齐努力,建设四化立奇功",显然很初级,其用一东韵,不仅"红"字重复,"设"应平而仄了;若用《新韵》,"国"应仄;用《通韵》,则不仅多处出韵,且不押韵了。而类似"九月金秋猿猴叫,沙滩之上飞百鸟。落叶纷纷回大地,长江滚滚归海潮。祖国江山九万里,微病登山志气高。两鬓斑白莫心急,发挥余热来赛跑",遣词立意较前一首明显要好些,但用仄声的"鸟"字押韵,实在犯了作近体诗的大忌。且即使用《新韵》和《通韵》,也有 20 多处出韵。

这让我想起叶恭绰的话,"第文艺之有音调节拍者,恒能通乎天籁而持人情性"。叶恭绰是前清举人,京师大学堂化学馆毕业,留日回国后曾任国民政府交通部长、财政部长和国史馆馆长,新中国成立后任中央文史馆馆长,为人才学识兼长、诗书画三绝,所以能深体旧体诗创作的用心,看到平仄的格律背后不单是音声的问题,它关涉多多,甚至可持人性情。再往前,孙中山与胡汉民等人通信时也说"中国诗之美,逾越各国……或以格律为束缚,不知能者以是益见工巧……今倡为至粗率浅俚之诗,不复求二千余年吾国之粹美,或者人人能诗,而中国已无诗矣",点出格律规范虽繁碎苛严,却正是诗人争奇斗巧、显才示能的地方,虽难也不能轻易弃之。以后郁达夫则乐观地相信"中国的旧诗限制虽则繁多,规律虽则谨严,历史是不会中断的","到了将来,只教中国的文字不改变,我想着着洋装、喝着白兰地的摩登少年,也必定要哼哼唧唧地唱些五个字或七个字的诗句来消遣","因为音乐的分子在旧诗里为独厚"。

事实也是如此,由于平仄格律代表了汉语的声音美,以至于新诗也每借鉴之,创为不同于自由体诗、又没有固定格律的"新格律诗"。刘半农首先提出改革旧韵、创造新韵、增多诗体,要之不废格律,相反努力依循格律,在新诗中保留必要的格律。闻一多继而提出了一系列建立"新格律诗"的意见，主张依内容"相体裁衣"，以求得音乐美、绘画美和建筑美这"三美"的实现。1949 年后，何其芳将这种格律更具体化为每行的顿数一致，最后一顿须双音律；押大致相近的韵；每节的行数因此也须有规律。以后臧克家提出须以精炼的、大致整齐的押韵作为此体的基本条件。直到 1993 年，有中国现代格律诗学会成立，公木为名誉会长，艾青、卞之琳等人为顾问。诗歌须重音声，须讲格律之成为诗人的共识，可见一斑。

再说"色"。如果说声律有韵书可查、有软件可检索与核验，因此比较刚性，相对简单且易于遵守的话，那么由字法、句法、章法等构成的文法，由气象、体调、血脉等构成的风格则是软性的，它们相对复杂，许多时候只可意会难以言传，只能神通不可语达，也因此暴露出的问题就更多、更严重。

如前所说，古诗用的是古汉语，它有自己独到的特质，我们称之为"汉语性"。譬如它的单字活力强，组合搭配极其灵活，词性可以活用，成分经常省略，等等，它们构成了古汉语重意合轻形合的特点，进而造成了古诗简省、概括、含蓄、隽永等优长。又由于它要求语有本源、事有出典，能给诗歌带来特别渊雅丰蔚的格调韵味，这也是新诗所不具备的。今人用现代汉语写旧体诗，甚至用大白话直道其事、直抒其情，且主谓宾齐整、定状补不缺，既少比兴，更无寄托，还缺乏象征，欲能举一反三、见迩知远，有浓郁的诗味，几不可得。

以一位力主"不创新无以诗"的作者写的《献给中共十九次代表大会》为例："南湖摇荡小红船，解锁烟波扶舵参。今日列装航母后，如何梦越海深蓝？"不说弃用平水韵，用《新韵》和《通韵》检视，也间有出律的，如其中"扶"应为仄声。这里仅考较其辞色，"小红船"三字明显凑韵外，还显得浅俗，"扶舵参"则不通。更重要的是，全诗句法呆板，过于散文化，直白少回味。传统诗歌讲究意象运用。所谓意象，指一种包含着浓郁的主观情思的形象，它虽不离"象"，但与人熟悉的形象突出在"形"不同，更突出"意"，它的哲学—文化根基是《易经》的俯仰往返与远近取喻，所谓"以类万物之情"，"以通天地之理"。中国诗在近现代得以走向世界，进入外国诗人的视野，很大程度上正赖此天才直觉的意象，它被视作是认识中国诗的生命线。以此来看上面这首诗，不仅疏于语言的淬炼，还全无意象的营建，所以诗的品质就谈不上了。由于根植于传统的哲学与文化，古人的意象营建也就特别讲究远绍前式，有一定之规，绝不以鲁莽灭裂为独创。上述作者还写过《节前回老家看土砖房拆建初成步宋彩霞〈元旦诗〉韵有寄》，将婴儿与月亮联系起来。有同好赞不绝口，以为"古诗中写月者则林林总总，有借月抒情叙理者，有专摹月象者，有关月之譬喻更是姿态各异，不可胜计"。到了此诗，"诗人不依傍前人，不作陈词滥调，不作'如洗''如银''如轮''如盘'之比附，而是以'如婴'二字，摹写一潭月色。圆月与婴孩，二者初似绝无关联，然只作此一喻，而婴儿之稚、幼、小，正与月色之新、柔、净、纯，相映成趣，惹人垂爱。结合诗中暮霭横斜、泉声疏荡之景，复有此如婴之月色，诗人所居之境，真幽邃可想，有山村小隐之味"，正是以鲁莽灭裂为独创，其难为人认可与不可能传之久远，几乎是可以肯定的事。

再看另一位作者写的《开房》诗："心灵锁眼一旋转，记忆房间不断开。物体依稀光下漫，人群迷惘梦中来。永恒家具多沉重，思念射程难返还。虚弱脉搏传裂缝，孤独手势陷尘埃。"题名浅近且易生歧义不说，也可见作者对古诗字法句法的了解是比较欠缺的。古人表达有说"不开"的，但很少说"不断开"；有说"难返"的，但很少说"难返还"。因为汉语本来以单音节为主，以后才渐多双音节字和多音节字。将古今人的表达混为一体，一味以今语入诗，不仅有失古意和典雅，还有凑韵之嫌。至于诗中的对偶也多不工，用"永恒"来限饰"家具"已属不伦，拿来与"思念射程"相对更是勉强。再加上平仄上的瑕疵，修辞上的努力基本没有，诗的品质难免大受影响。

下面这首《丙申仲春气候感怀》，题名要较前两首好许多，诗意也更幽深杳约一些。"天意无端戏弄人，忽逢尧舜忽逢秦。轻纱初展玲珑态，转觉长裘格外亲。簇簇残红伤老大，萋萋新绿忆王孙。晴明时节从来少，珍重心头日一轮。"但用语仍然太现代了，并且由于没能精准把握词义的古今演变，造成了诗的不协。盖古汉语所谓"格外"，指的是格度之外，即人所熟知的常式常套之外，如宋人杨万里《兰花五言》之"花中不儿女，格外更幽芳"，张侃《寄曾兄》之"年来格外添新句，夜静灯前理旧书"，皆在此意义上用之，如此诗中的"格外"指的是分外、特别、更加的意思，这是后起的新意，古人是不怎么用的。此外，诗中对偶也不工稳，颔联勉强可称流水对，但较前人如孟浩然之"忽逢青鸟使，邀入赤松家"，杜甫之"请看石上薜萝月，已映洲前芦荻花"，不但用语俗近，且少对应甚至构不成对应。"老大"是形容词，可对"少壮"，与作为名词的"王孙"相对就说不过去。凡此都说明辞色上的追求是不容忽视的。于此欠着意、欠积累，即使文从字顺、合辙押韵，也不一定能写出好诗。

于此,不由得不让人佩服老辈人物,如张中行在《诗词读写丛话》一书中,就此说过自己有"用旧词语"的喜好。他认为不能简单地用"守旧"两字否定这种喜好,相反,它出于实际的需要,有不得不如此的理由。他的意思是,要找到并写出人人向往的诗境,诗人非得与现实保持一段距离不可。用旧词语就是诗人与当下生活保持距离的方法之一,所谓"金钗诗意多,瑞士手表诗意少;油壁香车诗意多,丰田汽车诗意少"。如果一味用新出的词语甚至时髦的热词入诗,所作就难免会失去含蓄、减了诗意。当然,也不是一概不能用新出的词语,但用的时候须经暗示和转换,以免"迷离渺远"化为"明晰切近"。如果一味"明晰切近"的话,诗意就谈不到了。他的话可谓内行。

当然,并不是说今语一概不能入诗。正如古今语音有变,所以平水韵后有《新韵》和《通韵》,古今时势不同,人们的生活尤其发生了翻天覆地的变化,概括反映它们的语汇也一定会有变化。当初梁启超倡导"诗界革命",提出"新词语""新意境"和"以古人风格入之"三大创作原则,并期待人能立足于当下生活,进而产生足以反映这种生活的诗坛巨匠,他称之为"诗界哥伦布",就基于这样的理由。其时,虽海禁日开,有大量的新物事、新词汇涌了进来,诸如"电话""手表""望远镜"等时髦物事和新鲜的译名开始被人写入诗歌。但并非如有的人所说,它们只适合放到新诗中,并只有在新诗中才有发挥的余地,有的稍嫌突兀,许多不但于拓宽诗的表现内容有功,而且事实证明并无违和感。至于用传统词语和意象写新世相,就更不成问题了。海上名家周炼霞兼擅诗词,才名凌驾老辈耆宿,就常引凡事俗物和新世相入诗词。其词写过滤嘴香烟,如"泥金镶裹,闪烁些儿个,引得神仙心可可,也爱人间烟火。多情香草谁裁,骈将玉指拈来,宠受胭脂一吻,不辞化骨成灰",诗写街头馄饨担如"风寒酒渴人如梦,街静灯疏夜未央。何处柝声敲永巷,一肩烟火踏清霜",高邮咸鸭蛋如"春江水暖未成胎,盐海泥涂去已回。剖出寸心颜色好,满山云为夕阳开",就格调不俗,传神有趣。

今天,拜科技发展和网络所赐,旧体诗似获得了新生,先是门户网站、QQ聊天室、高校BBS,以后是天涯论坛诗词比兴版和菊斋论坛,再后来是微信公众号、今日头条、抖音和知乎,呈现出"全民来对诗"的盛况,其活动规模和活跃程度为许多人所始料不及。尤其菊斋论坛,18年间,共有7 660位作者在那里发表了9万多个诗词帖,其所存文献,无疑构成当代诗词最大的资料库。网上另流传有各种诗歌选本,甚至有《网络诗坛点将录》。中华诗词网上创建的网页更已超过 5 万个,论坛注册会员达 5.4 万人,每天发帖 6 500 多篇,有的质量不俗,并出现了一批高手,像曾峥、段晓松和曾少立等人所作甚多,初步形成风格,有自己稳定的拥趸,所以有人称"当代诗词在网络"。

由于虚拟生活和线上生活的丰富,类如"电脑""屏幕""Email""手机"等物事与名词更大规模地进入到诗歌中,并有愈演愈烈之势。将它们写成诗歌,水平虽参差不齐,有时候难免泥沙俱下,但也有清新可诵者。如杜随的《秋感》其三"旧曲独珍爱,置作手机铃。数夕听风雨,喑喑不一鸣",孤棹摇风的《短信》"短信重翻泪欲潸,只言珍重语何悭。蓝屏遗此相思字,已过三年不忍删",切境切情,绝非无病呻吟。眷之的《捉搦歌》写中学往事"操场天地任横行。此时莫起课钟声。捉住小丫双马尾,作我新娘成不成",稻香老农的《女儿出世》"忽闻咿呀一声啼,天语横空日矬西。窗外新枝万般绿,床头倦屧几人知",《女儿学步》"一顿三颠任摔爬,痛在心头嘴上夸。世上还长崎岖路,孰能为伴到天涯",即目触兴,可谓有感而发。再如杨启宇的《回乡》"好把心期各自装,年终压岁岁康宁。稚子不识阿堵物,红包争要喜羊羊",王恒鼎的《吾妻》"嫁个郎君爱写诗,家贫百事自撑持。忙中哪得临妆镜?瘦到梅花总不知"。李梦唐的《癸未仲春自京回乡》"十年孤旅偶还家,童子窥帘母递茶。却睹棠红心自忱,事亲不及一庭花",持情之稳,用情之深,可称佳作。至若水虎英雄的《电风扇》"形如花瓣却无香,百转千回日夜忙。总念尘寰炎热苦,风生心底为人凉",虽说不上精妙,但状物仍有特点,不失为当代咏物诗中的佳作。这些诗都面向当下生活,有的引入反映当下的新词语,有的则续用传统的方式,表达的却是当下的感受,足证旧体诗是可以用来涵括今人的生活的,它们前途远大,生机无限。

要之,随着国学热的升温和传统文化的回归,包括近几年央视《中国诗词大会》热播带动的新一轮全民诗词狂欢,旧体诗确乎迎来了"五四"后第二个创作高峰。由其笼聚的创作者之众和引起的社会关注度之高,确信其必有光明的未来,应该不是盲目的乐观。而由此延展至于海外,又必将为中华礼乐文明的传播、中华文明与世界先进文明的沟通与交流,起到桥梁作用,也完全可以期待。曾几何时,"百年中文,内忧外患",许多人为汉语的命运与汉诗的前途焦虑,但汉字和汉语终究是这世上独一无二的文字和语言,中国更是有着悠久的诗歌创作历史的诗的国度,这样来看旧体诗的未来,我们是可以有信心乐观其成的。

# 第十一讲　如何品味中国古典诗词之美①

## 方笑一

　　**主持人语**：中国古代是一个诗歌国度。唐诗宋词造就了中国古典诗歌的皇冠明珠。生活不能满足于眼前的物质享受，我们还需要诗与远方。"如何品味中国古典诗词之美？"这是一个解决了温饱问题之后国民面临的一个大问题。中央电视台《中国诗词大会》命题专家方笑一教授对这个问题有独到的研究与解答。他认为，品味中国古典诗词之美可从四个方面着眼，即丰富的情感表达、精致的语言形式、深厚的人文内涵、多样的文人意趣。这样，我们就可发现一个意趣盎然的诗美世界。

　　古典诗词是中华优秀传统文化中非常重要的一部分，在古代属于经、史、子、集四部中的集部，在现代学科分类中，则属于古典文学的一部分，当然，古典文学这个概念也是在现代学科建立之后才出现的。

　　古典诗词在中国传统文化中拥有怎样的定位，我认为从文化属性而言，诗词是中国古代的一种精英文化，这个精英主要是指创作主体而言，当然，它的受众也是以精英阶层为主。诗词的创作主体，主要是中国古代的士大夫。在隋代科举制度产生之后，唐、宋两代科举都非常发达，唐代的时候格律诗也产生了，律诗和绝句有格律上的规定与要求，这个过程总体上和科举制度的发展是同步的。在唐诗繁荣的原因方面，有一些学者认为，唐代科举制度对唐诗的繁荣起到了促进作用，因为唐代的科举进士科要考诗赋，客观

---

　　① 本文是方笑一教授2022年7月12日在香港教育大学"中国语文教育荣誉学士课程内地沉浸计划培训班"上的演讲稿，由茅嘉琪同学根据录音记录整理。方笑一，华东师范大学中文系教授，中央电视台《中国诗词大会》命题专家。本文另载《艺术广角》2023年第1期。

上起了一种推动作用。

在这样一个精英阶层为创作主体的环境下,中国古代产生了大量的诗词,可以说中国古代每一位读书人都是诗人,都要写诗,否则通过不了科举考试。写诗是中国古代文人的一个基本技能。当然,有一些诗人并不擅长填词,词和诗在格律上面有非常大的差异,对作者的要求也不一样。我最近读到晚清著名学者俞樾的文字,说自己不擅长填词:"余素不善倚声,而次女绣孙颇好之,因亦时有所作,积久遂多,但于律未谐,聱牙不免,是所愧耳。"(《洞仙歌》序)这可以作为一个例子。

古典诗词和中国古代其他类型的文本相比,有自己的特点,主要有以下四个方面。第一,古典诗词中有非常丰富的情感表达。我们之所以喜欢一首诗,是因为诗中丰富的情感。比如我们读"海上生明月,天涯共此时。情人怨遥夜,竟夕起相思",感受到的是盼望与情人相会的感情;又比如说"我欲乘风归去,又恐琼楼玉宇,高处不胜寒",隐隐的担心和焦虑这种复杂微妙的感情就蕴含在词里面。这些情感我们很难用其他语言来表达,无论是用古代散文还是今天的白话文,都很难恰当地呈现这种微妙的感情,但诗词的语言就可以很好地表达。第二,诗词具有精致的语言形式。诗词都是押韵的,不仅如此,还有严格的格律规定,在一些位置上字的平仄使用大有讲究,在这个过程中,形成了一整套规范,不符合规定就不是格律诗,填词同理。格律诗的另一个语言形式特点是讲究对仗,律诗中间两联必须对仗,在中国其他的传统文本中没有这么精致的语言形式要求,比如《论语》《孟子》之类,当然也有自己的语言形式,但没有这么严格。第三,古典诗词里面包含着深厚的人文内涵。大多数诗词都比散文来得短小。在这短小的篇幅里,诗词其实不仅仅提供了一种语言形式上的愉悦感,而且它背后有一种丰富的人文内涵,就像一个窗口,以小见大,通向了整个中国传统文化的宏大的殿堂,因此里面涉及各种各样的知识,包括天文地理、典章制度,乃至文人交往的方式,以及文人对于历史事件的看法。通过诗词这把小小的钥匙,可以打开中国传统文化的大门。第四,古典诗词包含着多样的文人意趣,也就是所谓的生活情趣。古典诗词反映了很多文人生活的内容,尤其是宋代及宋以后,通过大量的诗词可以看到文人日常的生活,衣食住行,也包括一些含有文人雅趣的活动,比如弹琴、品茶、下棋,这些都构成了诗词中非常丰富的文人意趣。除了古典诗词之外,很难找到其他古代文本兼具以上四个特点。

接下来我结合具体的诗词作品来讲讲这四个特点。

## （一）丰富的情感表达

诗词中有些情感不是一眼就能看出来的,需要细细品味,甚至是结合前人的鉴赏评论来品味。我们读一首陶渊明的诗:

责　子

白发被两鬓,肌肤不复实。

虽有五男儿,总不好纸笔。

阿舒已二八,懒惰故无匹。

阿宣行志学,而不爱文术。

雍端年十三,不识六与七。

通子垂九龄,但觅梨与栗。

天运苟如此,且进杯中物。

陶渊明的诗大家都很熟悉,大致可以分为两类,一类是他归隐田园,抒发一种归隐情趣的诗,比如《归园田居》《饮酒》,还有一类是带有哲理意味的诗。在陶渊明生活的东晋时期,陶渊明之前的人像王羲之之类,都是非常重要的玄言诗人,从《周易》《老子》《庄子》——所谓"三玄"——中演绎出的玄学思想对当时的诗歌创作有很大的影响。后来就发展成为玄言诗,通过诗歌来讲玄理。在陶渊明的时代,玄言诗的巅峰期已经过去,但仍然有一定的影响,陶渊明自己也写了一些说理的诗,比如《形影神三首》中的《神释》说:"纵浪大化中,不喜亦不惧。应尽便须尽,无复独多虑。"讲人生是有限的,生命到头的时候不需要太过忧虑。这是一种非常豁达的心态,我想这种诗歌也是陶渊明人生体验的表现。回过来看这首《责子》诗,这首诗和他归隐田园或者写哲理的诗都不太一样。

这是一首五言诗,文字非常通俗易懂,是写给他儿子的。从标题来看,应该是责备、训诫自己的儿子。陶渊明说,我已经逐渐老了,两鬓都染上了白霜,皮肤肌肉也变得松弛,虽然我有五个儿子,但都不爱写字和学习,这是非常让人忧虑的事情。接下来陶渊明就讲自己五个儿子的具体情况。他的大儿子叫阿舒,今年16岁,非常懒惰,陶渊明认为这人是这个世界上最懒惰的人,没人能比他更懒。在那个时代,"懒惰"这个词不是一个常用的词,这是一个非常重的词,佛教的典籍里用得比较多,如《大般涅槃经》卷三五云:"有行十恶,悭贪嫉妒,懒惰懈怠,不修诸善。"不像我们今天一般的用法。老二阿宣"行志学",好像是有志于学习,似乎比老大好一点,但实际上是说老二已经快15岁了,孔子说:"吾十有五而志于学。""志学"这里只是一个表示年龄的说法。阿宣快要15岁了,但也"不爱文术"。接下来有两个儿子是同龄的,一个雍儿,一个端儿,都是13岁,"不识六与七",前面两个儿子根据陶渊明的说法是学习态度有严重的问题,这两个儿子看来是智商有一点问题,13岁的孩子还不认识六与七显然是不合理的。最后一个小儿子,按理来说年纪小,可能比较聪明,可是陶渊明的小儿子通儿,9岁了,整天只知道找梨子和板栗吃,也不做其他事情。我们读下来把陶渊明五个儿子的特点都看清楚了,陶渊明的五个儿子共同的特点就是不爱学习,有些是懒,有些是智力有问题,有些是只知道吃。总而言之,五个儿子里面没有一个成器的,也没有一个能够看出来将来能够成器的,都没有潜力成为饱学之士。陶渊明对这个状况是看得很清楚的,也觉得这五个儿子实在不太像话,陶渊明的态度在这首诗的最后两句体现出来了:既然老天爷给我安排的命运就是这样,我也就坦然接受这个命运,每天喝喝酒,没有别的什么办法,这就是陶渊明《责子》诗字面的意思。

那么陶渊明对于儿子的真实态度到底是什么样的? 从他的描述来看,他的儿子也是不成器的,所以后人在评价这首诗的时候,和我们初读的时候感觉差不多。比如杜甫评价这首诗,在《遣兴五首》(其三)中说:

陶潜避俗翁,未必能达道。观其著诗集,颇亦恨枯槁。
达生岂是足,默识盖不早。有子贤与愚,何其挂怀抱。

虽然杜甫没有把诗题点出来,但我们一看就知道说的是这首。杜甫说陶渊明号称是远避世俗的,他未必能够真正达到道家体悟道的境界,因为翻阅陶渊明的诗集,会感觉到他的诗文字枯槁,也就是我们所说的"质木无文",非常枯燥乏味。又评价他"达生岂是足,默识盖不早","达生"是《庄子》里说的道家的一种境界,但是"达生"这种境界比"达道"还要低一点,杜甫认为陶渊明能到"达生"这一层本来就不够,况且他体悟到这一层也没有很早,最后两句就直接点明杜甫为什么认为陶渊明的境界不够。陶渊明写《责子》诗,就说明他对于孩子聪明与否非常挂怀,所以杜甫认为陶渊明根本没有达到真正的道家的境界，也就是忘怀荣辱得失，根本不用挂心儿子的贤愚。陶渊明在杜甫心目中，离道家的境界还差得远。从这首诗来看，杜甫对陶渊明的评价也不算高。我们知道，陶渊明在他生活稍后的时代评价不高，比如钟嵘《诗品》中只是把他列为中品，直到宋代苏轼等人大力提倡，比如苏轼写过很多和陶诗，陶渊明的地位才显著提高。当然，在现代人看来陶渊明很有价值，陶渊明是整个魏晋南北朝时期最伟大的诗人，因为他的诗在现代人读来非常具有"现代性"，这当然是另一个问题了，此处不再赘述。以上是杜甫的评价，杜甫初读这首诗的感受和我们差不多，陶渊明说得潇洒，但是诗中其实非常焦虑。宋人黄庭坚则提出了不同的看法，黄庭坚在一篇短文中说："观渊明此诗，想见其人岂弟、慈祥、戏谑可观也。俗人便谓渊明诸子皆不肖，而渊明愁叹见于诗耳，可谓痴人前不得说梦也。"（《书陶渊明责子诗后》）

　　古代有一种文体叫作"书后"，就是读完一篇文章后写一点读后感，类似于今天的我们在微信朋友圈中发表三言两语的评论。在黄庭坚看来，读陶渊明这首诗就仿佛见到了陶渊明为人"岂弟、慈祥、戏谑"，但是俗人读这首诗说，陶渊明的几个儿子都没出息，陶渊明只能写诗抒发自己的叹息无奈，这种读者其实根本没有读懂陶渊明的深意。杜甫和黄庭坚在面对《责子》这首诗的时候，评价表现出了巨大的分歧，黄庭坚讲"俗人"的时候没有点出名字，我们也不能判断杜甫是不是他眼中的"俗人"之一。将杜甫的诗和黄庭坚的评价结合起来看，"愁叹见于诗耳"其实就是杜甫的观感，黄庭坚认为这是没有看出陶渊明的深意来。表面上看起来，陶渊明对几个儿子是责备，实际上不仅没有责备，反而内心有几分小得意。作为五个儿子的父亲，虽然儿子都没什么出息，但是老天爷将他们赐给我做儿子，也是没办法的事情，我每天喝喝酒也就好了，五个儿子再不济，我这个做父亲的还能给他们托底。这才是陶渊明要表达的真正的想法，他很幽默，采用了正话反说的方法。在黄庭坚看来，这不过是陶渊明的幽默。这种看法不是没有依据的，在陶渊明的集子里面有他认真写给儿子的、讲授做人的道理的文章，如《与子俨等疏》："汝辈稚小家贫，每役柴水之劳，何时可免？念之在心，若何可言！然汝等虽不同生，当思四海皆兄弟之义。"这首诗只是陶渊明开玩笑的作品。在黄庭坚看来，俗人连陶渊明的玩笑话都看不出来，真是太不懂诗了。《责子》这首诗虽然语言简单，但是蕴含的陶渊明为人父的感情是很丰富的，即使是杜甫和黄庭坚之间，也不能达成共识。我个人赞同黄庭坚的观点。这恰恰表明中国古代诗词意蕴的丰富,有可能真实含义和字面意思不一致,我们在阅读的时候,千万要注意这一点。

再看一首词,苏轼的《临江仙·夜归临皋》:

> 夜饮东坡醒复醉,归来仿佛三更。家童鼻息已雷鸣。敲门都不应,倚杖听江声。

> 长恨此身非我有,何时忘却营营？夜阑风静縠纹平。小舟从此逝,江海寄余生。

对大家来说,这首词或许比前两首诗更加熟悉。苏轼被贬黄州时,有一段时间住在临皋,某天晚上心情不好去喝酒,半夜回家发现童子已经反锁了门。苏轼在外面敲门敲不开,童子已经熟睡,苏轼没办法只能去黄州的长江边,江风一吹,似乎酒有点醒了。词的下阕说"长恨此身非我有,何时忘却营营",这是一个非常重要的情感转折和自我反思。苏轼觉得这么多年来,他的身体不受他的心灵的控制,因为他无时无刻不对功名利禄汲汲以求,自己四十年生命就这样耗费,这是很深刻的一种反省。苏轼体会到的是一种人为物役、心为形役的痛苦。苏轼在《超然台记》中有相似的感情和认识:"人之所欲无穷,而物之可以足吾欲者有尽,美恶之辨战乎中,而去取之择交乎前。则可乐者常少,而可悲者常多。"苏轼领悟到这一点后,此时长江风平浪静,苏轼的心也如长江水,他希望后半生乘一叶扁舟,从此随江水远逝,在江海间寄托身心,放弃对外物的汲汲追求。苏轼确实是这样做的。虽然后来他贬谪之地越来越偏远险恶,但是他的内心却越来越旷达。苏轼这首词实际上包含了他对既往人生的反思,他的情感幽深曲折,这也是古诗词中丰富的情感表达的一个方面。诗词中寄寓的丰富情感打动了我们,值得我们反复品味,文本篇幅虽然短小,但是情感浓度极高。

## (二) 精致的语言形式

我再来讲讲古诗词的语言形式。声律方面的具体问题,这里没法详细展开。我举杜甫的《春夜喜雨》,大家都很熟悉。这首诗的语言有很大的特征,保留了很多入声字,今天的吴语、粤语、闽南语等南方方言中还保留了很多入声字,但是普通话中没有入声字,用普通话念杜甫这首诗你无法体验入声字的作用。但即使如此,当我们用普通话念的时候,每一句里有个重点的字："好""春""潜""细""俱""独""湿""重"，念的时候带一点强调意味，重读一下，韵味就出来了，不管它是不是入声字。即使用普通话念，也可以让人感受到作者的用心所在。

下面讲对仗。近体诗（格律诗）包括律诗和绝句，绝句比较复杂，不一定都是近体诗，有古绝句。律诗作为格律诗，中间两联必须对仗，否则就不是律诗，最工整的一种是工对，上下句的词属于哪一类属，都要非常精确地相对。如"梨花院落溶溶月，柳絮池塘淡淡风"，"梨花"对"柳絮"是植物对植物，"院落"对"池塘"是地点对地点，"溶溶"对"淡淡"是状态对状态，"月"对"风"是天象对天象，非常工整，上下句同一个位置不是简单的词性相同就可以，而是词性和类属都相同。

比工对稍宽一种是宽对。杜甫的《登高》是每一联都对仗，其中"万里悲秋常作客，百年多病独登台"一联非常精妙，宋人罗大经说其中有八层意思，从对仗来看，"万里"是空间，"百年"是时间，都是名词，"悲秋"对"多病"是状态对状态，"常"对"独"是副词，"作客"对"登台"是行为对行为，但是词的类属不一样，如时间对空间。这就是宽对。

第三种是流水对。以王维"行到水穷处，坐看云起时"为例，要一联读完才能获得完整的意思，单看上句意思不完整。流水对有时候句子结构不一定完全对称的，比如王勃《送杜少府之任蜀州》第二联"与君离别意，同是宦游人"也是流水对，上下句结构就不对称。流水对是一种比较灵活的对仗。

还有一种是借对。著名的例子是杜甫的《曲江二首》第二首中"酒债寻常行处有，人生七十古来稀"一联，"寻常"和"七十"本不能成对，但是"寻常"的本义是两个长度单位，寻是八尺，常是一丈六，七十是数词，长度单位对数词是可以相对的，所以杜甫借用了两个字的表示长度单位的那个意思，来和"七十"相对，虽然诗中"寻常"作副词用。

关于格律诗的语言特点，前人有很多研究，也有很多普及性的著作可以参考，我这里不展开讲。

## （三）深厚的人文内涵

古典诗词中有丰富的人文内涵，品味诗词，不仅仅要着眼于眼前的这个文本，更要透过它了解背后的人文传统。宋徽宗赵佶有一幅《听琴图》，现在学术界多认为未必是他本人手笔，可能是宫廷画师画的。画的是宋徽宗本人弹琴，两个听者听琴的场景。画上题有一首诗，是蔡京所题：

> 吟徵调商灶下桐，松间疑有入松风。
>
> 仰窥低审含情客，似听无弦一弄中。

"吟徵调商"指宋徽宗弹琴，"灶下桐"指名琴焦尾，典出《后汉书·蔡邕传》："吴人有烧桐以爨者，邕闻火烈之声。知其良木，因请而裁为琴，果有美音，而其尾犹焦，故时人名曰焦尾琴焉。""入松风"指琴声，相传晋代嵇康作琴曲《风入松》，琴音如松涛声，很有气势，指宋徽宗弹琴很有气势，听众就好像听到了松涛的声音。这在古诗的书写中是有传统的，如李白《听蜀僧浚弹琴》："为我一挥手，如听万壑松。"这首诗的第三句"仰窥低审含情客"写两个听者，一个仰头，一个低头，完全陶醉在琴声中。"无弦"最妙，虽然宋徽宗弹的是有弦的琴，但是蔡京偏要说皇帝好像弹的是无弦琴，因为在中国传统文化中，"无"比"有"更高级，有弦的琴不稀奇，无弦的琴才高妙。那么无弦的琴为什么高级呢，它是一个重要人物弹的，就是我们开始讲到的陶渊明。根据南朝梁萧统的《陶渊明传》，说："渊明不解音律，而蓄无弦琴一张，每酒适，辄抚弄以寄其意。"陶渊明其实不懂音乐，而家里藏着一张没有弦的琴。无弦琴是什么东西？它其实就是一块木头。但是如果这块木头放在你家里，它就是一块木头，这块木头放在陶渊明家里，那么它就是一张"无弦琴"。所以虽然陶渊明不懂音乐，不会弹琴，每次酒喝到正好这个份上，非常得意的时候，他就把这个木头，放在面前，两个手作抚琴状，摸摸这个木头，寄托自己的情思。大家说陶渊明摸个木头，这有什么"情思"呢？实际上它不叫摸木头，这就是弹无弦琴。他已经不必用弦，不用真正的音乐本身来彰显他的情怀了。在一抚一弄之间，他的情怀自然就通过这个无弦的琴来传递、表达。皇帝明明弹的是有弦的琴，蔡京在这个题诗里面，偏要把它说成是无弦。这样就更凸显皇帝伟大之处。弹的琴又高级，弹的曲子又高级，《风入松》，使听者如痴如醉，最后呢，已经像陶渊明一样，听起来像是无弦，那境界太高了。所以，这蔡京这四句诗，无一不在说明皇帝弹琴的高明之处。宋徽宗看了以后，肯定很高兴。那么蔡京所有的话都不直说，而是通过典故来彰显。你只有了解了这些典故中丰富的人文内涵，才能明白蔡京这首诗妙在哪里，也体会出蔡京是怎样一个人。

## （四）多样的文人意趣

古典诗词中有很多文人的生活情趣。近年来,古代文人的日常生活特别受关注,但凡诗中描写的琴棋书画,无一不令人神往。我们以白居易和苏轼为例。白居易孤独的时候,等客人不来,他写了这样一首诗:

期宿客不至

风飘雨洒帘帷故,竹映松遮灯火深。

宿客不来嫌冷落,一尊酒对一张琴。

他面对着一樽酒、一张琴,这就是古代文人的标配,他等一个人不来,这一樽酒对一张琴,或许能助他排遣寂寞,享受生活情趣。

苏轼受白居易的影响很深,大家知道苏轼号"东坡居士",在黄州有个地方叫"东坡",但是这个"东坡",最早的出处是在白居易那里。白居易到忠州(今重庆忠县)做刺史,有个地方叫东坡,他写了《步东坡》:"朝上东坡步,夕上东坡步。东坡何所爱,爱此新成树。"苏轼其实是受他的影响,结果苏轼黄州这个东坡的名声反而大了。在文人情趣方面,苏轼在白居易的一樽酒对一张琴基础上,还加上了大自然的美景,看他《行香子·述怀》的下阕:

虽抱文章,开口谁亲。且陶陶、乐尽天真。几时归去,作个闲人。

对一张琴,一壶酒,一溪云。

一张琴,一壶酒之外,加上了一溪云,溪水上面一天的云彩,非常地美。这就是苏轼心中闲人的标配,大家记住,一张琴、一壶酒、一溪云,这就有资格做个宋朝闲人了。

弹琴喝酒之外,下棋也是文人生活的重要部分。白居易《池上二绝》的第一首写道:

山僧对棋坐,局上竹阴清。

映竹无人见,时闻下子声。

虽然看不见下棋的场面,但是听落子之声,就可以知道有人在下棋,这也是文人反映在诗中的情趣,环境的幽静与文人下棋的专注,尽见于此诗。

饮茶也是诗中多见的文人雅趣。白居易的《山泉煎茶有怀》是写给友人的:

坐酌泠泠水，看煎瑟瑟尘。

无由持一碗，寄与爱茶人。

我们读这首诗，虽然才20个字，但知道唐人饮茶有多讲究。水需要山泉水，饮茶的方法是煎茶，和今天泡茶喝是不同的。唐代饮茶的方法，记载在陆羽的《茶经》中。就是将茶饼烘到一定程度，冷却后碾碎，在沸水中投入茶末，等茶汤"势若奔涛"，用先前舀出的水止沸，茶汤能产生"汤华（花）"，叫作"沫饽"。这是极为讲究的。宋人陆游还写过他在临安旅舍中"分茶"的名句"晴窗细乳戏分茶"。其实在陆游之前，北宋诗人韩驹就写过"细乳分茶纹簟冷，明珠擘茨小荷香"的诗句。南宋杨万里也写过："分茶何似煎茶好，煎茶不似分茶巧。"可见宋人对茶道的比较和追求。这种"分茶"也叫"茶百戏"，宋初陶谷的《荈茗录》里就说："近世有下汤运匕，别施妙诀，使汤纹水脉成物象者，禽兽虫鱼花草之属，纤巧如画，但须臾即就散灭，此茶之变也，时人谓'茶百戏'。"有些茶艺师复原宋代的茶道，能够进行精致地操作。

除了常见的这些文人生活细节之外，古典诗词里还呈现了某些诗人的独特爱好。比如，陆游爱猫今天已经不是什么不为人知的话题了。陆游写猫的诗有十多首，他还为没能给猫提供优厚的待遇而深感惭愧："裹盐迎得小狸奴，尽护山房万卷书。惭愧家贫策勋薄，寒无毡坐食无鱼。"甚至在风雨大作的冬夜也深幸有猫的陪伴："溪柴火软蛮毡暖，我与狸奴不出门。"

假如我们要品味中国古典诗词的奥妙，丰富的情感表达、精致的语言形式、深厚的人文内涵和多样的文人意趣，这四个视角是非常重要的，我们需要格外留心这四个方面，才能品出诗词之美，也才能不辜负古人作诗词的良苦用心。

# 第十二讲  中国古代的三大爱情剧①

## 谢柏梁

  **主持人语**：戏剧是一门综合的艺术。中国古代戏剧是"以歌舞演故事"，所以王国维又叫"戏曲"，并说："必合言语、动作、歌唱以演一故事，而后戏剧之义始全。故真戏剧必与戏曲相表里。"爱情是艺术的永恒主题。中国古代戏剧中，《西厢记》《牡丹亭》《长生殿》是三大经典爱情剧，堪称中国人爱情的圣经与教科书。谢柏梁教授长期从事中国古代戏剧研究与教学，本身也是戏剧编剧。他对中国古代三大爱情剧的讲解别具会心，摇曳生姿，饶有趣味。

## 一、中国文学史源流中的三部爱情经典名剧

  今天要跟各位讲述的题目，是中国古代的三大爱情剧《西厢记》《牡丹亭》《长生殿》。这三部爱情经典在中国戏曲史当中的位置无可动摇，堪称中国人爱情的圣经与教科书。

  为什么要有爱情？爱情产生的指向是什么？整个世界的繁衍离不开传宗接代的行为，无论动物还是植物。花朵开得最艳的时候是为了招蜂引蝶，招蜂引蝶的最大好处是借此传播不同的雌雄花粉。传花粉是很艰难的过程，植物之间没有约会的可能，无非是被动地靠风吹雨打、靠蝴蝶的传播、蜜蜂的撷取，因此就形成了不同的花语交流，授粉后结果流传——这是植物界。

---

① 本文根据谢柏梁教授 2018 年 11 月 7 日在中国艺术研究院研究生楼为北京市文化系统所做的演讲整理。谢柏梁，中国戏曲学院戏文系原主任，现为安徽艺术学院戏剧学院院长，上海交通大学人文艺术研究院访问教授，联合国教科文组织国际剧评协会中国分会监事长。

动物界更是有它们的爱情,尽管不同动物的发情期跟求偶期不一样,但是它也适时呈现出了最美好的状态。但跟人类不同的一点是,人类社会当中,一般意义来讲我们认为女性最漂亮,搞绘画雕塑的人往往都把女性作为描摹对象。男性也存在着阳刚之美,雄风凛然,但是相对而言女性更美一些,这是高级动物人类的情况。

可是一般动物的情况完全不一样,请各位观察一下,动物世界当中凡是雄性的就好看,狮子雄性的威武,孔雀是雄性在开屏,母孔雀和母狮子从观赏的程度来看灰头土脸,比较一般。

人类特别的地方非但是以女性的美作为人类社会一个最主要的标志,还在于关于爱情的追求与讴歌。世界发展、生命延续都有一个传宗接代的过程,当中有一个生命如花、璀璨如星的阶段。人类在璀璨青春的阶段,男女之间产生的美好的感情通常叫爱情。

人们对爱情有不同的理解,比如说古希腊柏拉图认为,爱情有几个特点:第一,爱情之花开到极致的时候是一种迷狂、一种沉醉,是一种吃不下饭睡不着觉的极端生命体验。第二,爱情有非传递性,就是爱情对当事者而言有其唯一性。第三,柏拉图认为为了爱情而死的那一批军队可能是最强的军队。柏拉图可能是先哲中最早的对爱情研究比较透彻的人。他认为情人当中产生的视线,究竟是心理的还是物理的,这种极微的分子的流值得研究。我们中国对应的一句话,就是情人眼里出西施,民间说就是谁看谁,看对眼了,当然也有看走眼的时候。总的来讲最理想的爱情是通向婚姻,但是在人世间也好,在戏曲作品中也罢,爱情常常不能够跟婚姻得到最好的一种耦合、延续和推进。未必所有的爱情都通向婚姻,未必婚姻都源自爱情,未必爱情能够磨得过婚姻的现实和骨感。当爱情与婚姻不相关的时候,当爱情与婚姻受到某一种力量阻碍的时候,可能就会产生出戏剧属性的不同走向,有悲剧和苦戏,有喜剧与闹剧,有正剧和历史剧,有着千变万化的不同体现。

中国式的爱情,在国际上有着不同的认定。我因为在北美待过几年,知道好多西方人,都认为中国人是没有爱情的,他们都误解成中国人基本上先结婚,后恋爱。因为中国人过去几千年来,大部分情况下往往是等到掀起你的红盖头来的时候,掀起嫁衣的时候,才知道你是美是丑,是黑是白,过去男人的兴奋点就在这一点,掀起盖头来的这种刺激感或者失望感并生。但是西方爱情更多的是一种相互之间的情感的交流,当事人之间的相互喜欢与产生爱情，才能走向婚姻，所以他们说是中国人没有爱情、缺乏爱情，都是父母之命、媒妁之言。如果说，中国人的爱情肯定是双向的，是坚定的、长久的，西方人就表示莫大的怀疑，他们说中国人几千年来都是父母之命、媒妁之言，不存在作为爱情基础的自主性，连相互之间接触的机会都太少。

可是我们今天讲的三大爱情剧，《西厢记》《牡丹亭》《长生殿》，恰恰从艺术与戏剧方面证明中国人有自己的爱情，中华民族有自己的爱情，中华文化中有自己的爱情史诗。

在《西厢记》之前，中国所有的文艺作品没有以如此大的规模和篇幅来描写爱情的。

我们简要地回顾一下，中国爱情的篇章最早可以从哪里找到。翻开《诗经》，我们从《周南》《召南》《邶》《鄘》《卫》等十五国风中来看从华北到华中一带所产生的民歌民谣，从周初到春秋中叶五百年产生了中国第一部诗歌总集，它由民间集体无意识创作。风、雅、颂中的"风"，即民歌民谣中有好多爱情的诗篇。各位如果有兴趣的话可以看很多版本，一是中国社会科学院文学所余冠英先生的《诗经选译》，第二是华东师范大学程俊英先生的《诗经译注》。余冠英先生翻译得很好，但只是选译；华东师范大学的程俊英教授是把诗经做了一个完整的解释与注解。我在三十年前也做过《诗经·尔雅》的全注全译，在国际文化出版公司出版，感兴趣的各位可以找来翻一翻。中国古代爱情的歌谣发端是在《诗经》，但《诗经》都是短章。

后来到了楚辞的阶段，谈爱情的诗篇明显增长，特别是屈原、宋玉这一批人有一些爱情的篇章，它更多地具备诗情画意：它的浪漫，它的扑朔迷离，它的非结果预期，就是我们讲有因必有果，人家有因未必有果。屈原诗歌中出现过好多爱情的场面，甚至两个人都要结婚了，结果又是一个破碎的梦。当然屈原那么多爱情诗篇，包括《离骚》在内，究竟是对爱情的追求，还是通过香草美人对爱情的追求来写君王之间的关系，这还可以继续讨论。政治家说屈原的追求都是君王和臣子之间的关系，我想这是一个方面，更多的是楚辞当中对爱情具有更诗意的、更虚幻缥缈的人跟神、人跟兽的关系，人和草木之间、人跟动物之间的关系，包括《九歌》中的《湘夫人》谈到"九嶷缤纷并迎，灵之来兮如云"，那些山那些神，都给他做结婚时的傧相。他更加浪漫，更加有楚人、南方人充沛的想象。

汉代的长篇爱情诗值得我们关注，尤其是《孔雀东南飞》，学名叫《焦仲卿妻》，写的是安徽安庆一带焦仲卿和刘兰芝之间的爱情悲剧故事。我记得北京京剧院曾演过京剧《孔雀东南飞》，我在长安大戏院看过，很动人。安徽人演《孔雀东南飞》演得更多，越剧也演得不少。前几天在安徽参加戏剧节时有人说，他们有《孔雀东南飞》，我说这个戏东南、西北都有了，我还写过一个越剧《孔雀西南飞》，真是东南西北都全了。作为一个爱情悲剧题材，被不同剧种反复演绎的就是《孔雀东南飞》。这里面有两个不可忽略的基本情境：

第一，这对夫妻非常相好，即焦仲卿跟刘兰芝。但有这样一个问题，焦仲卿经常要上班工作，和妻子聚少离多。第二，故事中有一个婆婆，她对刘兰芝横挑鼻子竖挑眼。原因是什么呢？爱情、婚姻都是延续种族、发展生命，让世界永远活泼灿烂、开花结果的。刘兰芝为什么被赶出去？不是她不勤劳，她每天都早起；不是她不漂亮，她被婆婆赶出去的那天，就破天荒地画了一个细致的妆容，无论是画眉毛，还是抹胭脂，事事精心，这是中国文学史上第一次描写一个女人严肃、虔诚地认真为自己化妆的过程与行为，这也是《孔雀东南飞》一个十分细致的仪式性层面。化完妆之后她婆婆、小姑子都不认识她了，认为她简直是一个绝世美人。平常人家根本不打扮，一早起来就织布纺纱做饭，但是真正打扮起来如天仙一般。为什么要化妆？刘兰芝之所以被赶出去了还要打扮，是对自尊的维护，是自我安慰，也是一种自信，我要在被赶出去之前以最美好的形象呈现在你们面前。

我们把两个女性化妆的场面，定格为中国文学史上的永恒，一个是《孔雀东南飞》中刘兰芝被赶出去的时候，这位女士的精心装扮：不能灰头土脸被你们赶出去了，我干吗还要自己作践自己？一定要好好打扮自己，满身光鲜地出现、出门、出行。这是自尊的体现，是屈辱中的自我救赎。另一个是《牡丹亭》中的杜丽娘在游园之前的梳妆，对自己春容的装点、打扮和自我发现。

我国叙事长诗中剧本改编较多。比较感人的，还有白居易的《长恨歌》。唐代爱情的小诗很多，无所不有，特别是李商隐，他的那些爱情小诗美艳到极致，扑朔迷离到极致。这些爱情诗究竟写给谁我们不知道，但是他写的那种感觉属于全中国人民的精神财富，这里我们不展开讲了。但就爱情长诗而言，确实为数不多。以严肃认真的态度、史诗般的感觉创作的诗歌，当然还有《琵琶行》，还有吴梅村的《圆圆曲》。明清之间改朝换代跟谁有关系呢？跟陈圆圆、吴三桂有关系。吴三桂守长城，清兵从关外打过来，当时陈圆圆在北京城。有人报告说你老爸都保不住了,吴三桂说打仗时期,兵荒马乱、玉石俱焚也是有的,尽管他很悲痛。但是有人告诉他陈圆圆被李自成下属的将军抢走之后,吴三桂就坚决不干了,冲天一怒为红颜,一定要带着清兵去打北京城,把李自成赶走,把李自成、大明王朝所有的希望都灭绝了,最后带着陈圆圆到南方去做王,那又是一系列的故事了。

我们刚才讲长篇诗歌当中好的爱情诗很少,因为叙事长诗本身就其少。小说当中写爱情的有没有呢?有,像《红楼梦》便是。在《红楼梦》之前有没有认认真真写爱情的小说呢?有,不多,比如爱情的层面有多少、爱情的真挚程度有多深,还得考量。我们有好多狭邪与香艳的小说,写爱情偏少一点,写肉体与生理观感的偏多一点,这些历代都在禁毁,但是始终禁毁不了,于是人们就用《中国历代禁毁小说大全》之类的名义,编纂了一系列大部头的书。在一个看起来比较封闭的国度,我们这方面的遗产倒不少。

相对而言,唐代的传奇也即文言短篇小说,有好多关于真挚爱情的一些故事,特别动人,后来也经常被我们改编成各种戏曲,这里不多展开。建议各位以后有兴趣的话看一看中国文学史。

## 二、第一部爱情史诗与经典名剧《西厢记》

如前所述,在《西厢记》之前,中国人对爱情的吟咏,从诗歌、散文到小说,都有,但是跨度太长,过程充分的长篇巨制还不够,在《西厢记》之前都构不成爱情史诗的场面。

13世纪的时候,《西厢记》经过了元稹《莺莺传》、董解元诸宫调等名家的孕育和累积,终于石破天惊一般地问世了。它要么不出来,出来之后就给人以震撼。这主要体现在几个方面:

首先,元杂剧在体制上不是一本四折吗?我给你写五本二十一折,这是体制巨大的场面铺排。它要写爱情的全过程。《西厢记》之所以伟大,在于张生跟崔莺莺之间,不是一个方面的偶然的好感,而是一个有一定长度和深度的整体的、综合的认识、追求与相互走进,是有一个繁复的情感递进与升华过程的演绎,它把这个过程的前因后果有情、有理、有趣、有起承转合地说出来了。

大家知道张生是赶考的举子,可是他一看到崔莺莺,方向感就马上偏移,立马就放弃复习的大业,迅速坠入爱河了。他有两个举动,一是看到崔莺莺就喜欢,感觉到猛然之间遇到天仙了;莺莺扭头走远之后,他还要思考这天仙临去秋波那一转的万千含义,还要看着人家在沙地上留下的脚印是大是小、是深是浅,为此琢磨了半天,兴味无穷。

一般认为中国男人从后唐起,特别喜欢女人的小脚,这是一种特殊、变态、扭曲的审美文化,就是女人的脚越小越好。当然荷兰汉学家高罗佩认为,小脚可以更突出女人的体态,有点类似于今天的高跟鞋的感觉。其实小脚的女性,行之不远,所以只能成为闺阁的主人,这就是男主外的另外一层反向的规定性。所以张生关于崔莺莺的脚印,就仔细研究了老半天。《上海戏剧学院学报》的主编潘建华教授,曾收集过历朝历代女人的绣鞋、袜子、文胸,花了几十年的工夫,成为中国女性的内衣内饰的著名收藏者。他是从学术的角度来收藏。但是中国古代的许多男人以收集女人的小红绣鞋的数量多为荣,甚至还有人以绣鞋当酒杯,这就是宋元明清以来的恶趣。

其次,张生一看到小丫头红娘之后,就跟她讲,小生姓张名珙,字君瑞,年方二十七,要点在后面一句话,未曾娶亲。这句话很前卫,在座的我们都做不到,见到一个女孩子喜欢也就好了,有的放在心上,有的放在瞳孔的放大上,都很含蓄。但是张生不一般,他一定要放在焦点上,看人家脚印大小,还要放在嘴上,非常准确地把信息传递出来,"未曾娶亲",就是让红娘把单身汉具备求亲的条件这一信息,马上传到崔莺莺的耳边。崔莺莺听完以后,当然心知肚明,这就为后来的戏,做好了铺垫。

爱情史诗中,一定要有一个非常主动的人,张生就是一个非常主动、非常直接、非常古典而现代的人。王实甫了不起,他是北京人。大家都说"十部传奇九相思",南方人最会写爱情;实际上不然,第一部爱情史诗《西厢记》恰恰是北京人王实甫写的,他最大的长处是把张生的形象刻画得活灵活现,看上就爱上,爱上就第一时间准确无误传递出自己单身的信号。任何爱情戏必然有一个人无怨无悔地追求,刚才我给大家谈到柏拉图的话,爱情是一种迷狂的状态,艺术家要创作大作出来,也是这样一个状态,叫"灵感冲动之迷狂",这就是堪比恋爱的状态与感觉,或者是像牙长不出来痒痒的那种呼之欲出而出不来的状态。有一个人无怨无悔地飞蛾扑火般追求,张生就是这样一个人。

崔莺莺是什么情况呢?她的爸爸是前朝的相国。这种人家为什么到普救寺？因为他们家对普救寺有过恩惠和捐助。当把老爸的棺木扶回老家安葬时，经过普救寺，到这里做做法事，略作休息。前朝相国的遗孀和女儿就住在普救寺，就有了崔、张这对人的相遇，然后张生准确无误发出信息，这是第一。第二，张生非常聪明，你做法事我也借你们这个道场，我也为我们家的长辈做做法事，实际上这些都不重要，他之所以来此，为了第二次再来看看崔莺莺。我们说张生第一次见面很喜欢崔莺莺，因为她长得好看，那可能是"情人眼里出西施"，到了第二次做法事的时候，王实甫的本事高，他让所有的男人都对现实版的罗敷——崔莺莺产生了极大的审美震撼，这些和尚在敲木鱼，有的人敲来敲去，敲到前面和尚头上去了，因为大家争着看崔莺莺，所以那天很多和尚都被后面和尚打伤了，这就从侧面烘托出崔莺莺的惊世之美。

各位，这是爱情史诗的基本元素，一定要有一个痴狂者，要有一个天仙美人，这是吸引大家不可或缺的基本元素，是爱情史诗的共同之处。但是事情不止于此，为什么《西厢记》伟大？第一层面是外貌，刚才我讲到花朵灿烂、孔雀开屏的美好，但是叫外貌之美，即佛家所谓的皮相之美。但仅仅是外貌之美的欣赏，还是由于第一层面，任何花朵开得最艳丽的时候，离它凋谢就不远了。今天各位从外面走到中国艺术研究院的时候，黄叶随风纷纷落下，它有过最美丽的时候，一定也有随风飘逝的时候，所以仅仅靠外表之美还不行，一定要有内在的深刻的美。

接下来《西厢记》的第二个层面开始展示，不仅是对外在之美的一种欣赏和把玩，更多的是内在之美的次第绽放。比方说崔莺莺弹琴、吟诗、烧香，张生也能呼应，这一呼应就了不得了，说明第一我能够知道你弹的什么曲子，第二我知道你写的诗想表达什么，第三你写的诗我知道怎么答对，你有上句我有下句，这是中国才子佳人最基本的传情达意方式。外表之美是短暂的，一定要有较高的艺术感觉、共同的生命追求，是不是知音，可否彼此之间能得到共鸣。在第二层次上张生又近乎打了满分，他知道人家弹什么曲子，完全能够跟吟诗答对，因此双方之间还颇有好感，互为知音。

此后，崔莺莺给了一个明确的信息："明月三五夜，迎风户半开。拂墙花影动，疑是玉人来。"张生就开始解读这是什么意思，月亮到十五的时候，花园那个地方给我留着门，我们将在这里相会。果然，他在十五之夜跑过去敲花园的角门，但是敲门无效。于是张生就来了一个果决的行动，由树爬墙之后,不顾一切地跳下去。但是崔莺莺第一时间加以痛斥:"张生,你是何等之人!我在这里烧香,你无故至此;若夫人闻知,有何理说!"你来这里干什么,你为什么要到这里来,赶紧走,我们家是大户人家,高干子女,容不得你这种情感上鸡鸣狗盗的不良之徒。这是张生第一次的挫折或者是误读,也有可能是崔莺莺本身的矜持和变卦。大家知道男人和女人的约会,通常情况下都是女人要迟到,这才让你有悬念,有悬念才珍贵,没有悬念不值钱。莺莺以前可能就是想约会,后来发现不对,旁边还有一个小间谍。红娘是老夫人派过来看管的,不仅仅是饮食起居,还要报告一切她的动态。于是莺莺她立马就翻脸,让张生非常难受。但是我们看到他们的爱情发展有进步有升华,第一,外表的相悦;第二,内在的文化艺术的志趣相投,这是内心情感的交融;第三,张生有愣头青一般的追求,哪怕失败我也跳墙,说明他有决心、有勇气。荀派的红娘戏演得特别好,但也是一个很奇怪的现象,京剧根本不擅长演张生和崔莺莺,但演红娘小丫鬟特别擅长,她急功近利,等着看好戏,心底无私,乐于帮人。

第三个层面是要有惊天大事件,孙飞虎五千人贼军把普救寺团团围住,因为崔莺莺之美名声在外,贼兵要抢回去作为压寨夫人,三日之内把人交出来,不然烧寺。紧急情况下,老夫人没有任何办法,跟崔莺莺商量,她们贴一个告示,但凡有退得贼兵者,愿把崔莺莺许配给他为妻。告示一贴出来,第一个揭榜的人肯定是张生,这边如获至宝,接着就修书一封给他的朋友白马将军杜确。这也显示出张生人脉多,有文士,还有武官,在关键时刻能够救命。于是普救寺之难,很快就解围了。

怎么去履行前面的一个约定呢?前面讲过但凡救得此围者,情愿把崔莺莺许配给他为妻。接下来就是老夫人请客了,老夫人请的是晚宴,于是张生这一天坐立不宁,一会儿看看西,一会儿看看东,一会儿骂这个太阳为什么还不偏西,天为什么还不黑,类似这种独角戏《牡丹亭》做得很好。《西厢记》的演出,要体现这一段还不够精心,还不足以把一个男人今天晚上要见他心上人这种感觉体现出来。

好不容易到了晚宴上,张生想着马上要做新郎了,所有的追求,所有的挚爱,所有的冒险都成功了,这就值得。就在他满怀憧憬的时候,老夫人说了一句话,崔莺莺赶快给你哥哥把酒。这句话不是把她许配给你,而是当面赖账,把预定的夫妻关系置换成兄妹关系。这一下子,让崔莺莺和张生的心都从热气腾腾的火山变成了寒森森的冰窖,人家叫你做兄妹,没人让你做夫妻,再也不谈结婚的事。

由此,在这种情况下,张生回去后就自哀自叹自伤,接下来便气息奄奄,人命危浅,朝不保夕,只剩下一口气了。我一直很佩服这些以死殉情的古人,怎么时代越进步,情感的纯度就愈加稀释了呢?张生回去坐不宁、睡不安,就是这么郁郁寡欢,朝不保夕,人命危浅,西山落日,就是为了爱的失落而要等死。等到红娘来看他的时候,已经发现张生这人不成了,眼见着就要到西天了,于是就急忙回去传递这紧急的信息。

绝境之下,崔莺莺,一个淑女和大家闺秀,一个前朝相国的闺女,一个妈妈严格看管的女子,终于在最后一刻叫红娘抱着被子,走进张生的房,上了张生的床,做了张生的新嫁娘。两个人根本没有结婚,就先有了肉体的结合,就是因为这两个人的结合,有了爱情的滋润,张生才起死回生,重新焕发出生命的光彩和男人的雄厚,最终走向花好月圆。

问题在于老夫人的反应。知女莫如娘,老夫人一看这两天崔莺莺言语体态,跟往常不一样,这其中必定有诈,于是把红娘找过来审问,要动家法打下这小丫头的下截来,这就是京剧里面著名的"拷红"。红娘从被打到后来发展为主动反抗,她说我看都是老夫人您不好,你自己不守诺言,说要把女儿嫁给人家,最后反悔了,都怪你自己。老夫人想想也觉得不对,就把张生叫来,很清醒、很冷静、很老辣地告诉他一句话,赶考去,立马就走,考中状元回来见我们,考不中状元休来见我们。这就是一个老夫人、一个相国夫人对张生的态度,不跟你谈情感,你们确实好了,你们怎么好和我没有关系,我只告诉你一件事情,考不中休回来。

张生赴考离别的时候,《西厢记》营造了一个非常好的画面:秋色当中一家人送张生,马又跑得快,车又慢,让当事人双方的万千烦恼充于胸臆,量这些大小车儿如何装得起。崔莺莺讲的话一往情深,"但得一对并头莲,煞强如状元及第"。这跟她老妈完全不一样,只要我们能够在一起长相守,比那些分离的状元夫妻要美好得多。

这一出戏的基本冲突就是这样,至于后来又有好多情节,原来崔莺莺曾被许配给了老夫人的一个侄儿郑恒,侄儿后来又被气死,那些都不是这个戏的主戏,写得不经心,演起来也不好看。但是这个戏第一是爱情的史诗;第二把爱情写到极致绝美;第三写为了爱情情愿牺牲自己生命;第四写一个大家闺秀自己会主动去找张生,跟他有肌肤之亲;第五,崔莺莺的座右铭是"但得一对并头莲,煞强似状元及第";第六,这个戏结束的时候,王实甫写道"愿普天下有情人的都成了眷属"。这句话就了不起了:我不是仅仅希望崔莺莺跟张生好,王实甫有一种人文的关照,有一种大世界的胸怀,有一种宇宙般的关爱感,希望大家都好,就是愿天下有情的人儿终成眷属。把两个人之爱变成博爱,希望大家都好。这就是杜甫自己在雷雨交加中瑟瑟发抖,还想着应该有房子给天下的寒士住的境界之延伸;窦娥自己都死了,还对父亲说了一句话,"从今后把金牌势剑从头摆,将滥官污吏都杀坏",为百姓申冤,替万民除害。这种人文主义的关怀就体现出《西厢记》的伟大之处。

《西厢记》中又诞生了一个伟大的角色——红娘。红娘是一个小丫鬟,我给你们两个人传简,我不识字,看不懂,但是她却是崔、张之间最好的桥梁。她一次又一次帮助他们,他们两个人在里面卿卿我我,欢爱要好的时候,她在外面看守做哨兵,这一看就是一夜,雨露风霜苍苔都得忍着。中国人做媒,之前讲月老,自从有了13世纪王实甫的《西厢记》之后,男的做媒叫月老,女的做媒叫红娘。各位,这就是《西厢记》给我们留下的文化遗产之一。

由一个人到一对人奋不顾身,从皮相之爱到对文化素质、艺术感觉之爱,文学和人文之爱,最后爱中有波折,波折中有转折,转折中有激荡。尽管所有的爱情都是以死亡作为归结,然该剧则是以死亡作为保证爱情最好的一个临界点。凡此种种,在《西厢记》当中都有深刻的呈现。刚才我们讲到博爱,不是为自己一家的爱,是希望天下有情人皆成眷属,这才是《西厢记》人文主义精神和博爱主义的情操。

《西厢记》这出戏一出,赞美之词很多,但是也有好多不同的反应。比方说我们知道《红楼梦》中贾宝玉和林黛玉在读《西厢记》和《牡丹亭》之前两个人是玩伴,根本没有谈恋爱,结果后来发现两个人都喜欢《西厢记》和《牡丹亭》的时候,两个人的感觉就从一般的"少年不知爱情愁"的玩伴关系,到最后成为真正爱情的关系。所以《西厢记》是一盏明灯,是中国第一部爱情史诗,是最早的爱情启蒙书。《西厢记》给这些人,包括贾宝玉、林黛玉指明了方向。

但是《西厢记》自从诞生之后,元明清以来,一直受到封建卫道士的围攻,他们觉得王实甫、汤显祖这些人都是要进地狱的,他们鼓动青年男女未婚先爱，先享受肌肤之亲，先同居再结婚，违背了父母之命、媒妁之言，所以诲淫诲盗，该受惩罚。

清代有一个戏叫《白头新》，就是写一对人指腹为婚，两个人都各自守洁，等到七老八十的时候，突然在一次偶然的攀谈中，发现你是谁谁谁，我是谁谁谁，当年我们还有婚约，于是两个人无比欢欣，觉得我们迟到的婚期终于到了，于是两个人颤颤巍巍相扶相携，洞房花烛地结婚。这当然也是一种美感，但是一般来讲爱情跟青春有关，爱情的基本元素跟年岁有关，过了花季的爱情是反季节的精神之爱而已。《西厢记》写出了青年人的纯爱、纯情，为了爱情敢于献身，写出了花当摘则摘，莫待花谢空摘枝。印度和古希腊的谈爱情，都是跟美貌有关，跟花前月下有关，才能将好多美好的情境和心境呈现出来。过了这个时段，有爱的心没有爱的力也不成，过早了、推迟了都不行。因此《西厢记》是中国第一部爱情史诗，有一个漫长的过程，有那么多层次，皮相之爱、爱好和文艺、人文之爱，最后以生命来殉爱情的感觉。崔莺莺跟这个男人相会，背叛了多少家庭的祖训，但那就是一种回报，就是你救了我，但我们家忘恩的一种坚定的献身与彻底的补偿。

## 三、承上启下的第二部爱情史诗与经典名剧《牡丹亭》

各位，接下来我们讲《牡丹亭》。

在元代，"关马白郑"、王实甫都很强，基本上都是北京人或者长期在北京生活的人士。在座的大家都是北京文化艺术系统的，好像中国戏剧从金元时期开始，就跟北京城这一方热土有着千丝万缕的联系，中国的戏曲家离不开北京。汤显祖是江西抚州临川人，可是汤显祖也要多次往北京考试述职，与京城息息相关。《长生殿》作者洪昇是浙江余杭人，但是他也在北京国子监待过许久，是一个资深的"老北漂"。中国最好的剧作家、最好的演员好像跟北京都有千丝万缕的联系。北京永远是中国戏剧的福地，从昆曲到京剧，包括北京的小剧场、北京的天桥艺术中心，都在厚积薄发，甚至有后来者居上的感觉。上海和东莞的音乐剧市场都不错，但是音乐剧的中心、舞剧的中心、歌剧的中心、小剧场的中心，还有戏剧戏曲的中心，还是在北京最为发达兴旺。

刚才的《西厢记》开场，为什么要开得大一点？因为我们要讲整个关于爱情剧、爱情文化、爱情文学的基本元素，做艺术的、做戏剧的，不研究爱情不行，表现、表达、研究两性关系的人，这几位成果比较多。比方说中国人民大学的潘绥铭教授，数十年如一日研究两性关系史，从社会学角度研究两性，他带着他的研究生跑到每一个城市，跟每一个"妈妈桑"、每一个"小姐"都有千丝万缕的联系。前几年学校财务不给他报销，说你找一个妓女说话还给他钱，这不可以。潘教授说不对，我占用的是人家的时间，怎么能不给人家采访费？后来学校还是给了一笔钱让他继续其采访与科研。他的一个著名的观察，是从事身体服务行业的人基本不在本地做。他的著名结论是每一位风尘女子都是出于诸多不得已的情形而为之；其次都有向善之心，都希望能够赚到钱之后回到老家过正经的生活，相夫教子，走向光明，转型为美好的未来。另外还有李银河女士，倡导男女之爱、男男之爱、女女之爱，还讲一对多之爱，有次讲学差点直接被人轰下来。上海大学有位刘达临教授，专门写两性关系史，还收集文物成立了一家性博物馆，最初放在上海外滩的过江隧道，后来放在江南一个小城。还有一位河南的李小江教授，对两性关系的分析非常深刻。以上四人，应该是中国研究两性关系特别有建树的"四大天王"。

中国戏曲中有好多书生跟妓女的爱情戏，包括北京人马致远的《青衫泪》，包括明代清代一系列类似《卖油郎独占花魁》的戏等，今天我们不展开讲了。关于这些介绍，可以看成是讲《牡丹亭》之前的开篇插花吧。

诸位，我们现在言归正传，继续讲中国爱情史诗当中的第二大篇章，就是明代的《牡丹亭》，汤显祖的大作。元代的好戏极多，"关马郑白"、王实甫等一大堆人，繁星闪烁。

到了明代，剧坛上不是群山叠嶂，而是出现了两座高山仰止的文化高峰。明代的剧作家最好的、最拔尖的有两位，一位是杂剧的徐渭，他又是画家，又是诗人，又是书法家，当然还是杂剧大家。还有一位是汤显祖。汤显祖的地位是唯一的，他就是一轮明月当空照，从剧作家的层面来看，其他人跟他不构成可比性，不管是文学的可比性、舞台上的可比性、国际传承上的可比性，都没有，汤显祖在明代排名第一。光中国人说中国人好也不成，我们现在看到不同谱系的国外戏剧教材，人家排了世界上多少好的作品，排到中国通常是只有一部：汤显祖的《牡丹亭》。近三四十年以来，在海外热演的，海外最具知名度的一出大戏，还是《牡丹亭》。每一个国际艺术节都有

《牡丹亭》的身影，现在大家都知道所谓的"白牡丹"，就是白先勇先生牵头的。关于苏州昆剧院青春版《牡丹亭》的传播和影响，前年文化部在评对昆曲事业有贡献的人物时，我们也给白先生投票为对昆曲做出了重大贡献的人。但是"白牡丹"不是白先勇先生一个人投资，国家文化部有投资，苏州政府也有投资，苏州昆剧院也有投资，这个要说明一下。大家一说"白牡丹"，包括我们看到的各种硕博论文，可能对这个情况未必有充分的了解，首先是苏州，首先是国家，接下来是白先生，白先生做出的卓越贡献也不可否认。

为什么《牡丹亭》在国际上影响那么大？又回到我们前面的话题，就是中国人有没有爱情史诗，有没有诚挚的爱情，中国的爱情究竟会达到什么程度，外国人不了解。在这种情况之下，美国林肯艺术中心——纽约最好的综合性的演出场馆——认识到这出戏的重要性。正好当年克林顿总统要到中国来访问，林肯艺术中心和上海昆剧团要把《牡丹亭》在林肯艺术中心驻场演出。在任的美国总统看中国的大戏，一向没有过。1930年梅兰芳到美国访问的时候，想请他们胡佛总统来看戏，总统回信说我不在华盛顿，没有办法看你的戏，祝你们演出成功。去年特朗普到北京故宫看的不是大戏，是我们北戏小孩子们翻爬滚打的景观展示。

唯一有可能来看大戏的美国总统就是克林顿。他还希望在沪观看《牡丹亭》。因为导演希望把主演和主笛移民到美国的个人想法，上海昆剧团《牡丹亭》在沪给克林顿演出、履约在林肯艺术中心演出的事，全都黄了。最后陈士争还是把主演、主笛、钱熠等人移民到美国，重新排练演出了林肯版的《牡丹亭》。这一事件成为国际文化交流中的大事件，陈士争也因此博得大名，成为世界一流导演，种种精彩故事，此处按下不表。

上海昆剧团的全本《牡丹亭》流产之后，还造就了另外一个成功者白先勇先生。白先生在香港讲昆曲的时候，请了苏州昆剧院的小青年俞玖林等人做示范，从此便为昆曲当义工，为青春版《牡丹亭》精心打造，所以就有苏州昆剧院的千娇百媚。青春版《牡丹亭》到美国大湾区演出，在洛杉矶高校系列演出，达到了前所未有的传播高度，让好多西方年轻人都喜欢中国昆曲。该剧创造了昆曲在国内外演出的最好成绩，成为目前为止难以逾越的昆曲演出与传播的文化大事件。

为什么《牡丹亭》那么好看？为什么《牡丹亭》在东西方受到那么多人的喜欢？

第一，中国如果说有一个时代几乎就是女子的监狱、女子的噩梦的话，那这个时代就是明代，明代中晚期的皇帝都不大好，酒色、财气无一不全，为了找更多的女性，为了身体好，就得吃药，吃药吃多了又死得更快。王公贵族都是穷奢极欲，对女子的打压也达到极致。举个例子，明代出现了闺楼，什么叫闺楼？女孩长到十三四岁就放到小楼上面去，从此吃饭什么的都通过传递的方式。女孩不能下闺楼，在那里被圈养。刚才讲中国男人有很多恶习，喜欢小脚，喜欢收藏红绣鞋，也有好多男人喜欢原装女子，原装女子从小就被放在闺楼，几年不下来。原装的、原产的、纯情的、纯洁的、没有受过任何男人染指的女人，会让一部分男人超级兴奋。江西、安徽等好多地方都还有这样的闺楼存在，那真的就是女子的监狱。你把一个活蹦乱跳的女子关在阁楼，男人觉得兴奋，女人就觉得很痛苦。

第二，三从四德的实践到了极致，比如说《牡丹亭》当中的杜丽娘见过什么男人？第一是她老爸，第二是她的老师。欢郎等下层人，不在她的视线中。她在那里长了 16 年，家里的大花园没有去过，父母说花园里面山精鬼怪多，就把她关在家里。在家里连午觉也不能睡，他们家的理论是白天睡午觉晚上不睡，晚上不睡就想得多、是非多。杜丽娘心灵手巧，很会绣花绣朵，长辈就开始训斥，怪她衣裙上花鸟绣双双；绣花绣鸟可以，但是得绣一只，你绣成双成对的花干什么，小姑娘容易引起更多的情思。说到底杜丽娘就是一个被圈养在深闺当中的女孩子。

过去一般都认为杜丽娘的父亲杜宝一味做官，片言难入，对女儿不好。现在看起来不够公允。咱们设身处地地想一想，父亲只有这么一个女儿，他又是一个太守，当然宝贝他女儿。但是他不喜欢女儿很早地为情所困，为情所迷。杜宝认为女儿小小年纪，要知书达理，便请了一个老师来教她《诗经》，还得读一点杜诗，知书达理后嫁到门当户对的人家，不会被人家笑话。最关心女儿的是老爸，他总是觉得不放心，总是觉得女儿应该先在家里养着。

可是最大的问题是父亲的想法和女儿的想法，产生了很大的代际之间的不可理解和相互冲突。杜丽娘 16 岁，比较早熟。现在的 16 岁女生都是才读高二，但是过去 16 岁嫁人的女子太多了。严父疼女儿，女儿思春情，两个人之间的代沟不可弥合。

杜丽娘的春情萌动，有几次契机。一次是陈最良老先生教毛诗，说《关雎》是在咏后妃之德。杜丽娘不以为然，她认为春光宜人，鸟都成双入对，何以人而不如鸟乎？她觉得先生按本宣科，教得不对。二是读书时春香外出，发现一个大花园，杜丽娘得知后也要去。隆重外出赏春之前，要有一个化妆的场面。中国戏曲中化妆时间最长，最讨人喜欢的就是杜丽娘，她对着镜子说居然感到自己长得这么漂亮，这是第一层发现。第二层发现，到了外面以后春光遍地，鸟语花香，万事万物各得其所，这个时候杜丽娘心里就醉了。但是最美好的地方，也是最让人伤心的地方，世界上自杀率最高的地方，一定是最好的地方，也是谈情说爱成功率最高的地方。因此杜丽娘到了万紫千红的花园之后，马上想到"良辰美景奈何天，赏心乐事谁家院"。这么美好的春光，人家都在出双入对，只有我那么痛苦。请大家注意，恋爱中的人特别是害单相思的人跟我们正常人不一样，他是放大所有的情感，片面化所有的痛苦，那种感觉就是活不了，今天再不找着人就活不下去。先是发现自己，再是发现大自然，发现自己跟大自然之间完全不对等，是花都开了。她最经典的一句话是如花美眷，即生命当中最美好的东西就像花朵一样，花朵开得美好的时候，有点像"女大十八变"。但是花朵开得最盛的时候，也是要面临凋谢的时候。就像男人跟女人比是没有可比性的，男人从小没有什么太好看的，到老了也没什么很难看的；但是女人不一样，女人花季的时候都好看，但是慢慢她会丧失女性特征，更年期过后便会有没有性别特征的感觉。我们好多著名的女导演，最后连嗓子都喊哑了，她就说她是中性人。

"如花美眷"敌不过"似水流年"。再好的如花美眷，敌不过时间的流逝，所谓"时间是把杀猪刀，一刀一刀往里雕"。再美的人、再好的青春都要游走，谁能够永葆青春。世界上所有的女儿，在她青春懵懂的时候都希望早一点嫁出去；但世界上所有的父亲都不希望女儿早嫁出去，总会为之担心。

《牡丹亭》中的杜丽娘，在根本没有可能看到青年书生的前提下，就在梦中创造一个书生出来。做春梦的小姑娘很多，但是像杜丽娘这样做出美轮美奂大戏的人很少。她在梦中见到这个手持柳枝的书生，马上两个人就卿卿我我，引为知己，是哪处曾相见，对方一声姐姐一叫，她就连魂也没有了。刚才讲到崔莺莺，崔莺莺是那么矜持，那么知书达理，事先约好的见面，居然见面之后要批评，要狠骂；怎么这杜丽娘就不那么矜持，人家一声姐姐一叫，就乖乖跟人走，顷刻之间走到献身的地步去。这是因为莺莺是在现实当中，丽娘是在梦境当中；那个是在元代环境当中，这个是在明代的环境当中。

明史当中烈女传最多。烈女就是一个女的跟一个男的结婚以后，甚至哪怕还没有结婚，哪怕是指腹为婚之后，男的死了以后女的始终不敢嫁，要为之守一辈子节，最后地方官员或者朝廷给她立一个贞节牌坊。明代的贞节牌坊最多，大概有280多个烈女，那是正史中记载的；还有各地的地方史，不知道有多少女性为一辈子没看到过、没有相守过太久的男人守一辈子贞节，因此每一个贞节牌坊下面，都是一个女子一辈子丧失的青春，都是葬送其幸福的斑斑血泪。

明代简直是人类史上女子的一个大监狱。女人不是人，基本上被控制起来，深闺中的杜丽娘就是这种感觉，绣花朵不能绣成双成对，午觉不能睡，花园也不能去，一直被管得死死的。但是世界上的事情恰恰相反，你禁锢越多反抗越大。一块大石头边上，恰恰有一个乃至一片嫩芽勃发出来，就是这个道理。越没有他越想有，这就是事物的两个方面，这就是为什么杜丽娘看到一个男人就跟他结合的原因，因为这次放过了，她今后还有机会吗？她还有任何可能吗？而且男女结合这是在梦中，回来之后还要想这个梦，第二天还要寻梦，寻梦的时候物是人非，花园还在，牡丹亭还在，那个人不在。刚才讲恋爱中的人会把事情放大，于是生无可恋，郁郁寡欢。她有深厚的情感，表达为一个女性扭曲的，但是真实的、纯情的、深刻的生死与共的这种追求，我找不着我也要找，实在找不着我只能生病，在死之前还要自画小像，说自己再这样憔悴下去不行，在还没有完全憔悴下去的时候画一幅真容，然后装在盒子里，放在梅树边。

在八月十五中秋节的时候，杜丽娘把她母亲叫过来，对母亲说：娘，你走远一点；她母亲说干什么，女儿说：娘，你再走远一点。她母亲又说干什么，女儿便开始跪下来，说女儿感谢您的大恩德，但是这一辈子不能服侍你了，希望下一辈子再做你的女儿。月落可以重生，灯灭了之后还能再红吗？"海天悠"那场戏很感人，先是下雨天，希望看到朦胧的月亮，唱词写得很好，意境营造得更好，有生命感乃至宇宙感在。杜丽娘拜别老娘的养育之情之后，即刻归天了，这个悲剧场面是动人的，就是为了一个梦，为了梦中的一个人能够去死。

但杜丽娘的伟大还不仅在于此，这样的伟大在《罗密欧与朱丽叶》中都有。杜丽娘为了一个心中的男人，为了一个偶像而去死，这是不容易的。但问题还在于西方悲剧是以死亡作为结束，而杜丽娘的死亡只是终点之前的一个中间点,她死亡之后还要重新崛起。到阎王那里,她还不罢休,坚决要去申诉。阎王后来一查,阴魂不散,生死簿上有记录,她是与柳梦梅有姻缘之份的。在等待回阳间之前的一段时间,柳梦梅拾画之后每天叫画,杜丽娘便从画里跳出来,每天跟柳梦梅幽会。但是即便两者结合欢爱,依然一个是人一个是鬼,最终杜丽娘叮嘱他,某月某日你得把我从坟墓里挖出来,让我起死回生,还阳相见。在整个世界戏剧史上,起死回生的情节不多,死就是结束,就永远归于沉寂了。但是《牡丹亭》的起死回生太有创意了。

汤显祖说,世界总是为一个情字,但是情要到达什么程度?"生者可以死,死可以生,生而不可与死,死而不可复生者,皆非情之至也",他的人生哲学是,什么都没情感重要,人的一辈子什么都带不走,只有情感是他最后的慰藉,这是一。第二,情感要能够为之死,要能够为之生,死生不能够穿越往复,那就还不是真情。他这个写法从国际上看也是唯一的,外国人一直喜欢,觉得中国的爱情有这种超越生死的情感表达,很高明。

《牡丹亭》的伟大之处,在于把中国人的爱情格局又扩大了,生跟死不是问题,情感的重要性、情感的意蕴性、情感的珍贵性是唯一的,这一点令我们感动。大家知道王实甫愿天下有情人皆成眷属,汤显祖是生而不可与死,死而不可复生者,皆非情之至也,情是第一位的。因此戏演到哪里,哪里的人都会很感动。不管有多少陈士争的正反面作用,不管大陆版还是林肯版、经典版还是青春版,总的来讲它们共同把《牡丹亭》从中国古代名剧层面,推向了全世界影响最大的辉煌篇章的地位。加拿大不列颠哥伦比亚大学(University of British Columbia,UBC),温哥华一所著名的大学,有一名教授的中文名字叫史恺悌。这位女士后来靠一本《牡丹亭演出史》评到教授职称,这也从一个方面说明了汤显祖《牡丹亭》的重要性。

《牡丹亭》就是这么一个很特殊的戏。《西厢记》特别现实,《牡丹亭》特别浪漫。《西厢记》中规中矩,我们看崔莺莺跟张生不得不结合,否则张生就要死。《牡丹亭》特别奇幻,就是生死之爱。当然要说明一点,当杜丽娘回阳之后,柳梦梅想跟她结合,她坚决不同意,她说自己是鬼的时候可以苟且,但变回人身后,必须要结婚之后才能欢爱,她也要回归到明代的现实。《牡丹亭》写得最不高明的地方就是它的结尾,杜宝身为老平章,在金銮殿上根本不认这个,他超现实,超冷静,当柳梦梅再三诉说他考上状元,他如何掘墓开棺救出你女儿……杜宝简直要气死了,他坚决不认这个混账女婿和还阳之后的杜丽娘,三观完全不符,他们完全是两个世界的人,她老爸从地方官员做到现在的平章,皇上第一我第二,你现在给我讲掘墓开棺的鬼故事,我绝对不同意。后来杜丽娘跟皇上讲完以后,皇上相信了,承认了,主婚了,柳梦梅和杜丽娘就花好月圆,皆大欢喜了。当时中西方的很多古典主义戏剧都是这样,以君主承认的方式解决矛盾,这种大团圆的结局并不好看,也没有太大的价值。

当然任何剧种都是有局限性的,《牡丹亭》只有昆曲演才趋向于唯美,京剧不能演,那些男女欢爱的戏京剧没法演,昆曲适合汤显祖那些极为文雅的唱词。即便昆曲在演《西厢记》的时候,用的是王实甫的原词,当时我在长安大戏院看这个戏的时候感到很尴尬,因为《西厢记》当中有很多两性关系的描写太露骨,不像汤显祖写什么都很文雅,很朦胧也很崇高。

要之,《牡丹亭》是目前中国戏曲在全世界最有影响的一出戏;汤显祖和《牡丹亭》已成为中国文化走向海外的第一品牌。

## 四、第三部爱情史诗与经典名剧《长生殿》

现在来说中国第三部爱情史诗《长生殿》。

作者洪昇,出生于南宋以来的大家族。但他从小就命运多舛,他出生的时候正好是清兵打到浙江,他们家在余杭,于是逃到荒山野岭,母亲在恐慌中生下了洪昇。

作为传承江南文脉的家族,老爸对洪昇寄予了极大希望,为此采取了几个举措。第一个举措是向大学士黄机的孙女求亲,朝中有人,让洪昇的前程得到婚姻的保证。婚姻在政治家是政治的联盟,在资本家是资本的联盟,这是社会结构、社会秩序所决定的。第二是将洪昇送到北京的国子监深造。国子监作为官办的大学堂,好多同学都考上功名了,但就是洪昇永不进步。后来他父亲就追踪调查,发现洪昇太喜欢昆曲,一天到晚看戏,就是不好好读书。多少次规劝打骂都无效,他父亲失望之下就来了一个绝招:与他断绝父子关系,停止经济上的供应。因此当他们家很有钱的时候,洪昇没有钱。可是当父亲犯事了,要被抓起来从军,洪昇却一路陪伴,求人帮他父亲开脱了罪名。尽管他父亲跟他恢复父子关系如初,可是他家毕竟被抄了,钱也没有了。所以洪昇一辈子只有一个穷字。

但是洪昇穷也穷得有豪气，他有一次到苏州看戏，看到一个叫雪儿的小姑娘演得很好，洪昇很是喜欢。正好有位朋友就喜欢洪昇这个豪气，送给他一千两白银。洪昇眼睛都不眨，转手就将一千两白银甩给戏班班主，毅然把雪儿带到身边。尽管之后很长一段时间他养不起雪儿，但这也是他一段率性而为、凄美而豪放的美好回忆。

率性而为也得干点事，洪昇便开始为昆曲写剧本。先写《四婵娟》，即四大美人的故事，但知名度不高。后来在非常郁闷的情况下开始写《长生殿》，不写则已，一写便一鸣惊人。自从白居易的《长恨歌》和《长恨歌传》以来，白朴的杂剧《梧桐雨》都写得很好，可是到洪昇这里把"李杨题材"做了一个终结版，到现在为止任何人要写"李杨题材"，都写不过他。中国好多大家都是这样，顺势而为，取得了集大成的成果。莎士比亚也是一样，《王子复仇记》多少人写过？最后他修修补补，踵事增华，弄出来一部作为代表作的终结版。

田汉先生根据昆曲《雷峰塔》改的京剧《白蛇传》，就是这样的终结版。河南有一个非常有名的剧作家，要另起炉灶，给河南省京剧团写一部不一样的《白蛇传》，之后叫我们过去开研讨会。我的意见是，您拿您全部剧作的句子也比不上田汉《白蛇传》里的一句词，他每一句都是诗，您比不过。后来河南省京剧团很感激我们仗义执言，认为创新版《白蛇传》不排也罢。

《长生殿》到了洪昇这里，他做了一个总结版，一时间所有的人包括皇帝都要看这个剧本，所有的人都要看他的戏。所以人生的幸与不幸、倒霉与蛰伏永远是在纠缠和反纠缠，洪昇家里从豪富到败落，他在很痛苦的情况下写了一部《长生殿》，大家都以为他是大剧作家，他自己也非常得意。

结果后来出问题了，当时的佟皇后薨，按照礼制不能演戏。时间一长大家就寂寞了，寂寞难耐，没有昆曲怎么生活，于是就跑一个深宅大院，到一个会所去偷着上演《长生殿》。一众官员包括作者洪昇在内，看完以后大家很开心，是一个美好的享受，越是禁戏看得越激动，好比越是禁书看得越带劲。可是问题在于，中国人也好，西方人也好，人数一多总会走漏风声，出一个叛徒。叛徒告发之后，包括台湾总督在内所有的官员都被革职了，洪昇再也不能科考了。这就是那句著名的诗"可怜一出《长生殿》，断送功名到白头"的由来。不可能再考科举，再大的背景也没有意义了，因为是皇家怪罪下来的。

于是洪昇怀着悲哀和痛苦离开京城，在北京混了那么多年也没有好结果。该戏经过皇上恩准解禁以后，康熙四十三年（1704 年），曹雪芹的祖父、江宁织造曹寅在南京排演全本《长生殿》，洪昇应邀前去看戏，喝酒观花，歌哭呜呜，何等开心。但船行返杭州途中，在乌镇一带的水面上，半夜起来观月，波浪一起，小船一摇，他就拥抱水中的明月去了。等到船上的人觉得这人怎么还不回来，再把他从水中打捞起来的时候，他已经一命归天了。所以有人说洪昇是完整地看完自己的戏之后，最为幸福地离开了人间。

洪昇的《长生殿》塑造了世界戏剧史上最聪明、最智慧、最美丽的一个皇妃。这部剧有几个特点：第一于史有据，第二于诗有咏，第三于剧有唱。我觉得世界戏剧史上写帝王后妃情感写得最好的就是《长生殿》。

《长生殿》当中的李杨之爱为什么伟大，他们的爱情有哪些基础？

第一，杨贵妃天生丽质，一出来就鹤立鸡群，六宫粉黛无颜色，尤其是她把所有生活中的情态做到了极致。大家都知道女人什么时候最美，中国人总结月下美人较美、灯下美人很美、雾中美人尤美、浴后美人更美。《长生殿》当中的杨贵妃出场就常常是浴后，沐浴之后见大家，光彩夺目，惊为天人。中国戏剧史上梳妆戏最好的是《牡丹亭》，洗澡戏最好的就是《长生殿》。《长生殿》不仅有杨贵妃洗澡，还有与皇上洗鸳鸯浴的景观。京剧处理得太简练，昆剧演得美轮美奂。他们鸳鸯浴的时候，还有一些太监宫女在看，越看越欣赏，越看越敬仰。哪怕是洗澡，杨贵妃也把生活中的美表现到了极致。

第二，女人和水果有缘，她们说吃水果对身体有好处，还可以减肥。杨贵妃就一定要吃水果，还一定要吃北方吃不到的水果，尤其是海南等地送来的荔枝这样的水果。另一方面，大家都知道，大凡恋爱的女人，一定要或多或少撒娇发嗲，要"作"。但是撒娇发嗲到什么程度呢？杨贵妃就拿捏得很好。她说我要吃水果，吃水果能使容颜更美丽，而且要长安没有的水果，要海南的荔枝。全国只有一个人能动用送军情系统来送水果，这人就是皇上。一路上换马、换人，赶多少路、踩死多少人都没关系，只要保证送到长安时水果是新鲜的就可以。这就叫"一骑红尘妃子笑，无人知是荔枝来"。杨贵妃跟唐明皇发嗲，只有唐明皇才能满足她的心愿，她将发嗲撒娇之美做到了极致。这个很高明。

第三，杨贵妃深深地知道，皮相之美以外还要有内涵之美，内涵之美就是要有共同的艺术美感。她成功地将唐明皇塑造成了追求新意的资深文艺青年。创造新鲜感很重要，不新鲜就是老公握着老婆的手，好像左手握右手，没有感觉。杨贵妃是最能创作创新的，她跟皇上说，我做了一个梦，嫦娥把我引到天上去了，在天上我学到了一舞一曲，舞蹈和曲子我都记得。唐明皇说真的吗，杨贵妃就开始度曲、记谱，然后唐明皇还要看一看这个谱子哪里写得不对，哪里需要再纠正一下。两人记完谱以后演唱，结果演得意犹未尽，唐明皇说这个舞蹈你能跳吗，杨贵妃说我还记得，然后就与皇上一起记谱，皇上还为之击鼓伴奏，看她从天上学来的翠盘舞。当今上海的黄豆豆怎么出名的？黄豆豆就是在鼓上跳舞出名的，这也借鉴了《长生殿》中的翠盘舞。那么胖的杨贵妃，还要在小小翠盘上跳出万种风情，这就让唐明皇惊艳。两个人在一起，一天到晚说你美我美没有新鲜感，一定还得有一点文艺和清新，一定要有歌舞才能，一定要有艺术感觉，一定要有共同爱好。

第四，撒娇发嗲之后，女人最大的问题就是吃醋，不吃醋是不可能的，这是男女生活中的常态。杨贵妃在剧中为了巩固自己的位置，把自己的哥哥杨国忠变成了丞相，同时把自己的三个姐妹都接到宫中，形成一道温柔的防线，其核心是杨贵妃，三个姐妹围成内圈，被封成了韩国夫人、秦国夫人、虢国夫人。让唐明皇突破这个温柔乡的防线不容易。

但是有一个事件发生了，话说三月三，春天了，阳光明媚，春暖花开，宫廷有游春的习俗，于是唐明皇带着这些后宫的妃子去春游。春游的过程中，唐明皇高兴地钻到虢国夫人的厢车里面，待了半天不出来。然后杨贵妃脸上就挂不住，突然就生气了，我们大家都在外面陪你皇上玩，你什么时候跟我姐姐好不可以，非要这个时候要好，这就是扫我面子，我就要生气，立马便翻脸，你们春游吧，我回去了。

唐明皇高兴了半天，最后终于帘子一挑，从虢国夫人的厢车里面出来了。看见杨贵妃不见了，问她到哪里了，说是回宫去了，皇上就生气了。你跟我抖什么狠？我带你出来玩你还吃醋抖狠？再说了，肥水不流外人田，我去的不是其他女人家，是到你姐妹那里，你跟我发什么脾气？君王一发怒，就把杨贵妃给驱逐出去，也不再宠幸杨贵妃了。但杨贵妃前面的自然之美、撒娇发嗲之美和文艺工作之美做得很好，唐明皇看其他女子包括她的姐妹在内都没有太大的兴趣，想来想去还是只有杨贵妃好。《长生殿》最大的好处就在于把帝妃之爱置换成对偶之情，把一个最没有资格谈情说爱的皇帝变成了对偶之爱的男方。皇上没有资格谈情说爱,是因为他可以选择的女人太多了。但一旦真的陷入爱河,作为对偶挚爱的一方,见不到杨贵妃,皇帝就难受。善于察言观色的高力士看皇上情绪不高了,就说去看看杨贵妃吧,得到了皇上的默许。高力士见到贵妃之后,启发她,问她有什么信物可以送给皇上。杨贵妃说贱妾浑身上下哪一件不是皇上所赐?唯一自带的是瀑布般的一头秀发,于是就把头发剪下来,叫高力士带回去。皇上一看,这是我熟悉的秀发,颜色是我熟悉的颜色,气味还是我熟悉的气味,于是万般柔情涌向心头,赶紧让把杨贵妃给召回来了。

杨贵妃让皇帝从爱多人到爱她一人,爱到极点。比方生活中的喝酒,杨贵妃喝酒喝得跟人家不一样,皇上喝的时候她不喝,皇上逼着她的时候她跟你喝,喝完以后装醉。装醉以后,唐明皇说她要再不喝,就让所有宫女跪下来,看她喝不喝?宫女们一跪,她也只好喝。女人喝醉酒之后,慢慢地一唱一舞,呈现出另外一种醉态,令唐明皇特别欣赏。有花间美人、灯下美人、月下美人,还有醉后美人,美人在醉与不醉之间,酩酊醉态步履不稳之间,让唐明皇得到莫大的享受。所以杨贵妃她把生活中的点点滴滴化成艺术感,让唐明皇心无旁骛、眼无旁观,美色微醺,爱不释手。

《长生殿》为什么写得好?因为反转多,一波刚平,一波另起,新的问题又出现了。话说高力士在福建甄选宫女的时候征选到梅妃江采萍。梅妃以前跟唐明皇好得不得了,但是自从杨贵妃来了以后再也不理她了。男人的问题在于喜新厌旧,皇上每天跟杨贵妃在一起很开心,忽然想到梅妃久未宠幸,心中又有一点遗憾,就拿了一批珍珠送给她。梅妃有诗才,会写诗,"长门自是无梳洗,何必珍珠慰寂寥?"这一写诗,皇上就心动了,再说每天跟杨贵妃在一起,也该换换新鲜的,要再去找自己的旧好。于是皇上跟杨贵妃讲,寡人身体不爽,今天晚上要借住翠华西阁一个偏殿,有可能回来,有可能不回来。京剧的《贵妃醉酒》,演杨贵妃不清楚今天皇上回还是不回,非常痛苦,在情景上与《长生殿》相通。

到了晚上,深更半夜,唐明皇还不回来,这个时候杨贵妃派永新、念奴两个宫女打听唐明皇的行踪。打听完之后,两人说皇上第一确实是住在翠华西阁,第二梅妃确实回来了。杨贵妃受不了,说:走,咱们现在打过去,赶走她。两宫女见得多,说皇上正是开心的时候,现在去不合适。杨贵妃一想人家正开心呢,我这么过去肯定不行,得忍着,于是一宿难眠。今天晚上我且放过你,第二天早晨一定要去。第二天天刚刚亮的时候,她赶过去敲门,闯进去时,在高力士的大声提醒下,人家梅妃老早从侧门逃走了。唐明皇说寡人刚刚睡醒,什么事啊? 杨贵妃就跑进去一边敷衍,一边天上地上到处找,先后找到了女人头发上用的簪子,女人脚下穿的红绣鞋,叫凤舄。皇上还在吹牛,说寡人身子不爽,没有女人陪夜,杨贵妃就当场揭穿他:皇上你没有女人陪夜,但这些女人之物是哪里来的? 男人的特点之一就是捉奸捉双,捉不到就是虚妄,所以皇上马上反问高力士,这些女人之物是哪里来的,高力士说我也不知道这是哪里来的。当时高力士想把这些东西收起来,杨贵妃拿脚去踩,这一踩,高力士很可怜地望了皇上一下,皇上也很威严地让高力士赶快把这两个赃物转移好。

但是杨贵妃手段很高,她说皇上请你上朝去。皇上说我身体不舒服不想上朝,杨贵妃说必须得上朝,文武百官从五更就在这里开始等候,你不上朝是不理政事;再说了,你要不上朝,人家把君王不早朝的恶名都栽到我杨贵妃的身上,平白无故地耽了虚名。实际上她是给唐明皇一点苦头瞧瞧,你以后再去偷欢你得付出代价,再不睡觉,早上也还得上朝。

皇上早朝去后,高力士跟她说了一句话,说这满朝文武谁没有一个三妻四妾,为什么你就饶不过皇上这一遭?

杨贵妃的心理行动线索是:江采萍呀江采萍,非是我容不得你,只怕我容得了你,你就容不得我了。这是宫廷的丛林法则,我们所有的宫斗戏都是从这一点生发开来,就是只能有一个女主,你上去了我就下来了,只能有一个胜者,而且大家必须要有人去求胜并且获胜。

杨贵妃聪明,善于以柔克刚。比如说唐明皇上朝回来,一看杨贵妃还在,就说:妃子我们游玩去吧。一说游玩杨贵妃就哭,皇上一看就生气了,你老是哭,是不是不跟我过了,要不你把我的信物都还回来? 杨贵妃哭得更厉害,但是该还还是得还,你说还我就还给你。皇上说真的给我了,杨贵妃就哭得更厉害了。皇上说我逗你玩呢,再把信物还给你。然后还给她再提我们去游玩,她就继续哭;皇上一发威,她就乖乖跟着皇上走。杨贵妃最大的本事就是哭泣,女人最大的武器就是哭泣,她充分运用了女人跟男人打仗的武器。男人根本不怕女人骂,男人更不怕女人打,但是男人怕看到女人哭泣,很受用,女人的撒娇发嗲。杨贵妃后来征服了唐明皇,后面的吃醋处理得好,有理有利有节。有节是半夜三更你开心我不打扰你,有理是你给我按时上朝,有利是我不会起到反效果。外貌之美从沐浴开始,撒娇发嗲之美从荔枝开始,歌舞之美通过审美开始,前吃醋的撒泼,后吃醋的收敛,那是女人丛林法则当中一定要确保的重要部分。

有了这些还不够,还要赌咒发誓。赌咒发誓的根本点,在于七月七日长生殿的装神弄鬼,要让天地自然做个见证。三星在上,我唐明皇、杨贵妃在下,愿生生世世永为夫妇,重点在如违此盟,天地鉴之。所有的恋人都喜欢赌注发誓,尽管我们都知道赌注发誓都是鬼话,但是女孩子都喜欢听这种鬼话,什么一生只爱你一人、下一辈子还要娶你等甜言蜜语。杨贵妃她通过赌注发誓的方式,把一个"花心大萝卜"一般的皇上,从爱多人变到只爱她一人。

还有,她要让唐明皇有一种审美上至高无上的感觉。她在秋夜唱李白的《清平乐三首》,把唐明皇感动得很受用、很开心。李白的诗最好,杨贵妃的歌唱得最好,二美并,又好似大唐所有的艺术审美和文化高度,都天下唯一地集中在我这里。

万事万物的规律,就是到达极点的时候反转,臻于高峰的时候急转而下地走下坡路。李杨之爱就自身而言合二为一,没有任何误会了,开心美好到了极致的时候,"渔阳鼙鼓动地来",外部的环境又变得如此险恶,关乎社稷安危和国家局势的稳定了。

文艺作品中写一个女人对男人的控制、对男人的垂爱、对男人的教育和引领,没有一出戏像《长生殿》写得那么高明、那么多元、那么整体、那么有层次、那么长久。有一句话说女人是男人最好的教师,他指的不是父母亲,而是指的是夫妻、情人之间的女性的引领。人算不如天算,杨贵妃通过外貌之美、生活之美、艺术之美、吃醋之美、发誓之美臻于极致之后,安史之乱的大祸患陡然间便降临大唐。

杨贵妃的哥哥杨国忠喜欢拿人好处。边关有个安禄山,本来是打了败仗的人,下到死囚牢里,马上要斩首了。结果他买通了狱卒和杨府的管家,叫管家送金银珠宝给杨国忠,而且还从监狱里出来拜谒杨府,对杨国忠说我忠心耿耿,又会几种少数民族语言,能不能刀下留人。杨国忠一想,反正好处也拿了,他说那我相机跟皇上讲一下,按照程序授意军方打一个报告,免得皇上起疑心。

皇上与杨贵妃正在花前月下,压根就没把安禄山的命运看成是多大的事,而且他又可以做翻译官,那就免了死罪。一个死囚犯变成一个平民,一个平民在杨国忠的纵容与栽培下变成了武官。安禄山特别聪明,特别会说话。他肚子大,有一次唐明皇问他肚子里面装的什么,他说没有其他东西,是对陛下的一片赤胆忠心。

死囚犯得到皇上的欢心,逐步成长为最高级别的武将。他一成长,对杨国忠的态度就改变了,一开始学狗爬叫丞相,叫杨老先,后来便不讲礼貌地叫老杨、国忠,两个人就开始死磕斗起来了。前面提到过唐明皇带宫中女眷春游,安禄山就在一旁窥探帝妃的无边春色,这令杨丞相很是恼怒,两人吵得不可开交,再后来一直吵到皇宫去。

然后皇上觉得这只是文武不和的老话题,那就让安禄山到边关去。安禄山在边关犹如蛟龙入海一般大展身手,就厉兵秣马,以"清君侧"为理由,最后打到长安,势不可当。唐明皇正在与杨贵妃缠绵于最高的文艺范式《清平乐》当中,哪里想到如此的事变?大敌当前,无可抵御,那就只能抛弃长安,往成都方向而逃。唐明皇当时还说了一句话:妃子刚刚睡着,等她睡醒我们再走。

月黑风高夜,秋雨连绵天,皇上、大臣、将军、兵士们都在黑夜当中深一脚浅一脚地逃跑。此时此刻,人人都恨杨国忠,设若他当时不贪心,不把这个死囚犯留下来,不养虎遗患,哪有这种祸事的发生?于是大家恨到极致,齐心合力把杨国忠杀了。请各位注意万事万物的连带效应,在这里就是杀了杨国忠以后,一定要杀杨贵妃,不然大家以后都有掉脑袋的危险。

关键时刻的唐明皇,为了江山社稷的平安,为了自己的安全,特别明显地掉链子了。唐明皇、杨贵妃平时恩恩爱爱,要生生世世永成双,可到了国家社稷兴亡危难的时候,关系到自身性命的时候,这个男人却选择了沉默和规避,一扭头走开了。至于唐明皇后来想,要是我当时态度坚定一点,或许杨贵妃不会死,但是这些话都是混账话。这边的皇上一走开,那边兵士将军们不罢休了,从将军到高力士,都说杨贵妃你一定要自裁,于是杨贵妃就在一棵梨花树下,上吊自缢。

杨贵妃到底聪明,她知道自己一定会死,那也自觉地表示决心,望皇上赐死,这是一。第二,死之前把高力士叫过来,说皇上春秋已高,他身边只有两个体己人,我现在不在了,你要多多关心皇上的身体。接下来的嘱托是,你一定要把皇上给我的爱情信物金钗钿盒跟我埋在一起,不管上天入地,生生世世也作为一个见证。这就是为情而亡的最高典范。

杨妃死后化为鬼魂，从此她就开始不停地忏悔，这个人物到了后半部就越来越高大、越来越清白了。有一场戏，写唐明皇的队伍从一边来，杨贵妃从另一边来，两个人迎面相撞，但人和鬼不能相见，唐明皇看不见她，她能看见唐明皇。人和鬼是没法有交集的，只能擦肩而过，那真是海天一般深厚的痛苦，生离死别般的难受。我觉得其他剧种也可以演，但演到这个层面的时候，两个人可以交叉而过，但"盈盈一水间，脉脉不能语"，这是多大的遗憾和永恒的痛苦啊。

这个永恒的遗憾最终通过道士解决了。《长生殿》最大的好处，是戏从开始就有一个焦点，第一句话就是：问今古情场，有几人真心到底？他要拷问人间的爱情，古往今来的情大多是真的，但是真心到底是困难的，如果真能够真心到底，不管是千里万里南北阻隔，不管是生生死死人鬼相隔，都能有相聚的时候，都是盖世的价值。他都要歌颂这一种美好而深厚、深厚而永久的情感，这就是洪昇的聚焦点。

昨天看到一个社会报告，说中国的离婚率又创新高。洪昇当年就认为人心不古，到底有多少人能够真心到底？如果没有人真心到底，我就写一个戏给你们看，什么叫李杨的真心到底。尽管唐明皇当时为了江山社稷，只能迫于无奈舍弃贵妃，躲到一边去，但是唐明皇最后还是想念杨贵妃、忏悔自己。情急之下，唐明皇叫工匠用檀香木雕了一尊杨贵妃的像，将其供起来哭，人生所有的感慨和遗憾都集中在此，退休老皇上带着宫女们下跪、礼拜，而且连檀香木雕成的娘娘像，也热泪潸潸、珠泪滚滚。这就是《迎像哭像》的基本戏情。

《长生殿》前半部是热闹的戏，后半部是思念的戏，一直到两个人到天宫才合而为一，在平静和满足中归于永恒。回到我前面说的于史有据，李杨之爱是真人真事，其他戏大都是假人假事。《梁山伯与祝英台》是传说，牛郎织女也是神话，只有这个剧是于史有据的。我认为这是中国戏剧史上君王后妃感情写得最真挚的一出戏，洪昇的那些唱词每一句都是诗，有的是根据唐诗宋词改编的，有的是根据元曲改编的，但熔铸起来，自成一家。或许因为有家庭之变，因为有跟雪儿之间的情感纠缠，因为功名一直考不上，因为人生的委屈那么多，他才有灵感写出这么好的作品来。

任何写爱情的书，第一句话都是如此，不管是成功的爱情还是失败的爱情，人生倘若没有爱情之光的照耀，没有这种电光石火般的闪烁，都会变得毫无趣味,情感将变得毫无依托,生命将变得毫无意义,回忆起来连痛点都没有,也就找不到遗憾的支点。只有经历了爱情,有的是苦恋,有的是思念,有的是爱情的痛苦,有的是爱情的甜蜜,人生才完整。没有爱情,没有电光石火般的闪烁的人生,可能是平淡无奇的人生,这种平淡和平庸会滋生出巨大的痛苦。

自古以来的皇上不缺女人的资源,所以不可能去真诚地谈恋爱,但是《长生殿》却偏偏跟让李杨谈了一场惊心动魄的恋爱,从生活琐事上升到艺术品格,再到生命境界和情感哲学的深刻恋爱,这就难能可贵。这出戏还让我们看到,人生是会反转的,命运是会改变的,小情感是敌不过大潮流的。所以您到后面不是在看戏,不是看两个人物,看这位皇上威风八面、这位贵妃聪明漂亮,而是在看哲学、看人生,悟透生死,反观沧桑。年岁越大的人,看《长生殿》和《牡丹亭》越有感觉,那就是一种经天纬地的大境界。

《长生殿》可谓是爱情史诗当中的最后一部,它写到哲学层面,让你不仅仅看男女之情、青春肉体之爱,更看到的是人生、社会和历史,看到的是整个人类社会的起承转合,就是大车轮跟小情感之间的此消彼长,根本不因你的意志而转移,不以你的爱情趋向而改变,这就是这出戏的深刻性。但是即便如此,人们还是要追求真正的情感。我们每个人能不能真心到底,能不能珍惜自己的情感,真正过一段坦荡的有生命质感的人生,这是这出戏给我们的深刻启迪。

《西厢记》《牡丹亭》《长生殿》各有门道,样样都精彩,处处皆史诗,这就是中国文化的博大精深,这就是中国文化在爱情史诗上三部无可挑剔的戏、难以媲美的戏,在全世界范围内都是戏剧的经典。

# 第十三讲　恒源祥戏剧文化
## 与奥运国际化推广①

### 陈忠伟

**主持人语**：创立于1927年的恒源祥是近百年的民族品牌，2008年以来成为世界服装纺织行业的奥运赞助商。这个品牌发展到今天，不仅与文化兴企、美学经济战略密切相关，而且与艺术助力、戏剧助力有关。现任掌门人陈忠伟先生深富文化情怀和底蕴。他联系企业发展战略及其走过的历程为上海交大国际化戏剧培训班所做的《恒源祥戏剧文化与奥运国际化推广》讲座，站得高，看得远，接地气，可读性强，堪称是生活美育的一个不可不读的范本。

感谢今天的各位老师朋友莅临恒源祥，共同参与这场讲座活动！

首先请允许我简单向大家介绍一下恒源祥的历史。

恒源祥诞生于1927年的上海法租界。我们第一家门店是在兴盛街，当时这条主要卖手编毛线的街，其成交量却占中国整个毛线交易的90%。从世界品牌发展史上看，1927年还诞生了万豪、沃尔沃、JVC、菲拉格慕（Ferragamo）等一批著名企业。

恒源祥的创始人是沈莱舟先生，苏州东山人，当时在上海洋行里做伙计，赚了点钱以后开始自己创业，创业首选产品是手编毛线。手编毛线当时是什么概念呢？其实在1927年的时候，毛线是一种奢侈品，它是从英国进口

---

① 本文为陈忠伟2023年8月9日下午在国家艺术基金2023年度艺术人才培训项目上海交通大学"国际化戏剧评论高级人才班"上的讲座实录简编。陈忠伟，恒源祥集团董事长兼总经理，上海交通大学"国际化戏剧评论高级人才班"兼职教授。

到中国来的,是一种舶来品。大家知道,工业革命是从英国发端的,而纺织产业则是工业革命的开端。所以纺织是当时技术应用领域中最发达的一个产业。手工编织毛线则是作为整个奢侈品行业、时尚行业的代表和先锋。在19世纪的二三十年代,手编毛线是上海三个收入最高的行业之一。我们当时在恒源祥毛线店工作的店员都可以买汽车,所以社会地位还是很高的。

"恒源祥"三个字是来自清朝书法家赵之谦的一副对联——"恒罗百货,源发千祥",这是在我们历史资料当中找到的,所以你看19世纪20年代,中国已经有百货的概念了。今天我们对恒源祥三个字的解释是什么呢?恒,代表天时;源,代表地利;祥,代表人和,所以这三个字,其实把中国传统文化当中最精华的部分都凝聚在这个字号当中了。所以我们现在回过头来看,19世纪二三十年代,很多的字号是非常具有美学价值的,只是我们今天看了以后,没有去做更多的认识、解释和研究,其实起名字是非常非常重要的。这就是我前面讲到的,19世纪二三十年代的上海,已经成为亚洲的经济中心、时尚中心、文化中心。在上海诞生了多元的文化,所以恒源祥的诞生发展是在这样一个大的背景下的发展,恒源祥是有海派精神的品牌。

所谓"海派精神"是什么呢?她是东方文化和西方文化的融合和创造,既有东方表达,也有西方概念。影星周璇在19世纪30年代穿着恒源祥的手编毛衣亮相荧幕,既表现了东方女性的美感,又体现了现代工业的科技。这在当时无疑是具有引领生活时尚的海派文化的一种生活样式。

历史上恒源祥经历了几个阶段,比如从零售到制造。恒源祥以前是一家绒线商店,它仅仅是销售毛线的一个字号企业。后来沈先生从零售开始向制造转移,恒源祥当时拥有9家工厂,在整个产业当中做上下游的延伸。当时上海的工业占据整个中国的半壁江山,上海的制造业代表中国最先进的制造业,乃至亚洲最先进的制造业。

恒源祥注册商标是在1989年由第二代掌门人刘瑞旗先生注册的。在他的奇思妙想下,恒源祥在1991年有了恒源祥品牌的第一件产品。从1991年到1996年,恒源祥从一家商店成为世界第一,成为全球绒线生产和销售最大的企业,现在我们称为世界的隐形冠军。当时全球100头羊,其中就有一头羊的羊毛是为恒源祥产品生产服务的,到了1997年,我们就开始延展到了服装、家用纺织品、日用化学品……2001年,恒源祥从一家国有的企业转变成为一家真正的市场化的企业,我们完成了企业从策略走向战略的一个转变。

品牌的背后是文化,恒源祥需要建立以文化为核心的品牌发展模式,我们对品牌的定义是什么呢? 我们今天会讲到很多品牌相关的事情,比如品牌是产品质量、品牌是产品设计、品牌是产品广告等。品牌有很多种的定义,但是对于我们恒源祥来说,我们认为,品牌是记忆。如果消费者的记忆当中没有你了,那你的品牌就名存实亡了,所以我们很多老字号的品牌实际上都名存实亡了。中国差不多有 5 000 多个老字号,但真正意义上还在我们的记忆当中的老字号不超过百分之一。从某种意义上来讲,如果品牌在记忆当中不存在,也就意味着品牌已经消失在我们的生活当中。

文化是什么呢? 我们对文化的定义是,文化是习惯。我们这个定义是从"文化从哪里来"开始的。我们当时做了一个国家课题"文化从哪里来",研究从五个子课题展开,包括:天、地、人、信仰、制度。天是纬度,今天比如我们说中国主要的纬度在中纬度,俄罗斯所在的纬度叫高纬度,印度所在的纬度叫低纬度,从纬度上大家直接可以看到,人的习惯有很大的不同,这里我就不细讲。第二是地,就是地上地下的资源,你在什么样的资源环境中生长,有的人在沙漠一带,有的人靠湖边,有的人靠海边,有的人是在内地,有的人是在山区,地理资源的不一样,也造成了人们的习惯有很大的差异。第三是人。今天中国有 56 个民族,这就意味着我们文化的多元性还是很强的。从某种意义上来说,中国人的文化不是一种排外的文化。第四是信仰(宗教),其实我们全世界目前为止,已经确认的有八大宗教团体:基督教、伊斯兰教、印度教、佛教、儒教、道教、犹太教、巴哈伊教。所以我们整个生活方式也受到八大宗教的影响,形成了我们现在的生活模式。第五是制度,制度层面也解决了我们的整个生活模式。所以,天、地、人、宗教、制度决定了我们的文化,文化决定我们的习惯,习惯可以分思维习惯、工作习惯、娱乐习惯、社会习惯、生活习惯。

品牌和文化为什么要做这种研究呢? 对我们做品牌的好处在哪里呢? 比如说我们当时在做国家文化研究的时候,研究美国为什么能成为全球潮流趋势的引领者;为什么英国品牌在经典的概念上做得非常成功;在设计和创新领域,为什么意大利会有这么多的创新设计师诞生;在法国为什么会诞生这么多奢侈品品牌;为什么这么多精益制造是在德国,德国 99% 是小企业,但是德国 99% 的小企业不是靠自己的品牌,而是靠德国国家这个品牌在精密制造领域获得全球最高的标准。其实背后都是文化在支撑,这就是一个国家文化对国家产业行业品牌的支撑。所以我们不了解文化,就很容易进入一个误区,认为我们是万能的。我们这个研究最重要的是找到我们的擅长到底是什么。

2013年,我们成立了恒源祥戏剧发展有限公司,为什么会做这件事情?在对品牌文化做了研究以后,我们觉得品牌不是一个完全的商业行为,它应该融入文化当中去。融入文化的形式是什么?会有很多种。所以当时恒源祥提出来,我们需要有一首歌、有一部戏、有一部电影、有一幅画等。我们策划了"十个一"工程,2000年我们与中央电视台合作,制作了一部电视剧,名字叫《与羊共舞》。这部电视剧我们拍了20集,何赛飞老师是我们的女主角,男主角是王辉,当时我们用电视剧的形式表现恒源祥的历史。这之后公司考虑要筹备一部话剧,所以当时就找到了我们上海戏剧学院导演系出身的徐俊,他被称为"沪剧王子",后来他转型学了导演,我们共写了5年的剧本,但我们自己感觉剧本没有真正意义上达到我们的期望。怎么办呢?写了5年不能停下来,当时徐俊表示他还有几部戏在筹备当中,是非常好的戏,恒源祥是否愿意给予赞助?那时候其实我们公司已经很明确,如果要做的话,恒源祥要参与全过程。怎么参与呢?就要成立公司。所以2013年我们就成立了恒源祥戏剧发展有限公司。

《永远的尹雪艳》和《犹太人在上海》这两部戏是先确认主题的,因为剧本相对比较成熟。《永远的尹雪艳》是白先勇老师在《台北人》里面的一部短篇小说,从来没有做过戏剧,白先勇老师认为这部戏在上海演出还是非常合适的。当时白先勇作为总导演,男演员是胡歌,女演员是我们上海的戏剧演员黄丽娅,是白先勇亲自选的"白女郎"。这部戏全部是用沪语来演出的,这部戏剧的阵容还是很强大的,我们请张叔平做了整体的服装设计。我们的灯光团队由萧丽河负责,她是上海戏剧学院教授、北京奥运会中方灯光设计组组长。戏剧里面的歌词写作找了梁芒,音乐是上海的一位老艺术家金复载老师。整个戏很有上海的海派特点。当时我们在2013年开演的时候,在上海文化广场连演了20场。我们认为整体效果还可以,在上海形成了一个看戏穿旗袍的时尚风潮,轰动一时。这部戏是恒源祥戏剧公司的处女作。

《大商海》是以恒源祥为蓝本创作的创业剧。其实20世纪二三十年代,上海涌现了一大批有影响力的民族企业家。上海当时的文明程度、经济发达程度、文化内涵、包容性在亚洲是独树一帜的。日本专家在70年代研究上海这段历史时认为上海在二三十年代整个思想和整个商业的发展相当于日本70年代,可以看出当时的上海是在整个亚洲乃至在世界上也是独树一帜的存在。这是这部话剧的背景。我们希望能够借助恒源祥这段历史,反映出当时这一批追求现代化的创业者和实践者的精彩人生。让观众感受那个非常特殊的年代,如果要做成经典的话,那就要形成一种人文精神。为什么大家觉得中国的整个商业文化史在上海是最具代表性的,不是我们自己培养出来的,而是我们被教育出来的。当时主要教育我们的是谁呢?其中一部分与犹太人有关系。上海的商业文化中有很多的部分受到了犹太文化的影响,现在已经成为上海的海派文化中不可或缺的一部分。除了商业外,上海音乐学院、上海经典建筑、上海金融系统都有犹太人浓墨重彩的一笔。如果这部剧将犹太人的商业,犹太人的历史和哲学结合中国文化以及上海历史的话,其实会非常好看。犹太人在上海是有几个大佬,他们在上海培育了中国人对商业文化的全新认识。上海是"上善若水,海纳百川","上善若水"是我们整个中国传统文化的根脉,"海纳百川"是我们的胸怀,对世界拥抱的一种胸怀。这两部戏应该说是我们在戏剧领域的初步探索,当然我们的队伍通过这两部戏开始慢慢走向成熟。

　　"犹太人在上海"这个题材在文献和资料中都有记载过,但是还没有音乐剧的呈现方式。我们在2013年就在筹备这部戏,希望这是一部国际化的戏剧,不仅仅在国内演出。所以在这部戏的创作过程中,我们整个班底需要国际化的元素。当时我们的音乐剧的音乐主创是金培达,他在亚洲的音乐剧领域具有很高的声誉。通过我们和以色列已经建立的比较良好的关系,以色列国家大剧院给予了大力支持并推荐了5位以色列演员。男主角是当时以色列号称最帅的男演员,形象非常好,唱功也非常好。他的背景与剧情很相似:父母是突尼斯人,当时逃难逃到以色列。女二号是位有特殊身份的演员,她是基辛格的侄孙女,是以色列专业的戏剧演员,形象、气质、表演的能力都是非常出色的。另外还有老中小三位犹太演员:一位是在百老汇演出的,属于几个人中最有实力的戏剧演员;另一位是演他父亲的男演员,也是比较资深的演员;还有一个小孩也是犹太演员。所以我们找了5位演员来参与《犹太人在上海》的演出。还有一项最重要的准备就是整个故事怎么写,故事还是非常关键,当时我们请到了上海戏剧学院前院长荣广润,因为他做过这方面的深入研究。在这个过程中,我们还找到了中国当时的犹太人研究方面权威专家。当时以色列总领事的夫人是作为我们的文化顾问,也参与了整部戏剧的编撰。整部音乐剧60%—70%的台词都是英语。

2015年9月3日世界反法西斯战争胜利70周年之际,该剧在上海文化广场首演,在当时中国的音乐剧市场上开了一个不错的先河。音乐剧演出后社会反响非常大。我们邀请了在沪的十几个国家的总领事参加首演,大家总体的反应都非常好,认为这是非常有国际水准的一部音乐剧。百老汇的一家百年的财团当时非常希望这部戏能在美国百老汇驻场演出,如果这个能实现的话,那绝对开中国音乐剧的先河。为了这个事情,我去了5次美国百老汇。2016年12月6日晚上,在美国的百老汇爱迪生剧场——这个剧场可以容纳300人——我们邀请了众多百老汇著名的专业导演、制片人以及媒体人,《犹太人在上海》首次进行了内部公演,不过仅仅只是演了一些片段。章启月对这部剧给予高度评价。演出结束后,大使馆紧急召集我们,并转达了国家有关领导人对我们此次成功演出的祝贺。她认为我们剧组给中国做了一次很好的文化传播,希望能够把这件事情继续推动下去。

《犹太人在上海》剧情讲述了一个中国女孩和犹太人的恋爱经历。张叔平、金培达、梁芒、萧丽河等参与制作,差不多是我们国内在这个领域的顶配。但客观上讲,中国的音乐剧演员跟国外的,尤其与美国和英国一流音乐剧演员相比,差距不是短时间可以弥补的。倪德伦公司是百老汇一大财团,《狮子王》和《汉密尔顿》这两部戏是他们制作的,我去英国的西岸和美国的百老汇看过多场,《汉密尔顿》是前几年百老汇最具号召力的一部大戏,一票难求。看了以后,我被演员的专业能力震撼到了。后来在中以建交25周年之际,这部戏在以色列特拉维夫进行了公开演出。整个活动不是官方组织的,而是我们委托一家公关公司在组织。剧场大概可容纳1 200人,当时全场爆满,走道也全部满了。演出期间现场大概有19次掌声,演出结束以后做了5次谢幕,很多犹太人看到我们演这部戏以后,他们很激动,非常激动。当时我们这部戏演完,也考虑了是否在以色列能建立驻场演出,应该来说整部戏在以色列特拉维夫的第一次公演有这样的一种反应是很难得的。这成了一次杰出的对外交流事件。现在这个音乐剧影像资料入藏上海犹太难民纪念馆。

通过这部戏,我们做了一次全方位的实践,从创意、演出、执行、推广、商业等。在这个过程当中,我充分理解了要做文化其实真的不是一件容易的事情,但我们深知文化对整个未来会产生巨大的意义。对于恒源祥来说,我觉得我们还是一个有使命的企业。我们在1999年就开始制订下一个百年蓝图,未来不是靠我们现在卖些羊毛衫、内衣、床上用品可以去维持,这是完全两回事。所以文化品牌不同于商业品牌,文化的记忆是久远的,是具有价值的。这句话说得很容易,但是要下巨大的决心,并有巨大的耐心去做这项事业并不容易。当然戏剧只是其中的一个小插曲、一个小片段,我们还做过一些很有趣的文化项目。

1997年,为庆祝国际奥委会成立100周年,我们赠送了一幅由百位青少年创作的作品,现在被奥林匹克博物馆永久收藏。从2008年开始,恒源祥就进入了奥运时刻:国际奥委会官员的正装、中国代表团的礼服、奥运村里的床品、奥运手工颁奖花束、国际奥委会主席绒绣像都留下了恒源祥品牌的印迹。在2022年以前,冬奥会所有颁奖花束全是鲜花,2022年的颁奖花束第一次用了手工编织的绒线花,为什么呢?是因为恒源祥促成了这件事情,所有的花束都是恒源祥最后完成交付给国际奥委会和北京奥组委的。每束花都有一个非常深的意义,友谊、坚韧、幸福、团结、胜利、收获、和平,都是同奥运会和人类的精神紧密结合。我们把它称为永不凋谢的奥运之花——绒耀之花。所有冠军都会把这束花举起,作为自己人生中的标志性场景。

作为国际武术联合会的全球合作伙伴,今年11月,我们会在美国举办一次全球武术锦标赛。2015年,全球劳伦斯奖第一次到中国来是由恒源祥作为主办方,主席摩西曾经是跨栏王,是刘翔的偶像。这次颁奖典礼成为劳伦斯历史上最成功的一届颁奖盛典。2022年,恒源祥和上海市美学学会合作出版了《中国当代美学文选2022》,这是当代中国在美学、哲学领域的最新研究成果汇编。今年我们还会继续发布《中国当代美学文选2023》。今年恒源祥在中国国家工艺美术馆参与了一次国家级的艺术大展,这个艺术展在国家工艺美术馆大概有4 000平方米的展区,我们的项目"花的三重境"是此次展览的重要组成部分。"镜像"是20世纪最伟大的思想家之一拉康提出来的哲学概念:我们看别人,别人看我们;我们看世界,世界看我们,之间的关系是什么?它是一个哲学话题,所以从"镜像"当中我们才能理解、反思未来会是什么样子。该项目现在已经成为国家工艺美术馆的网红打卡地。

早在20世纪30年代,恒源祥就和中国第一代电影人有了非常紧密的合作。如今我们正和现在最年轻的电影人进行合作。恒源祥与中国电影频道合作的"星辰大海"项目，第一届有易烊千玺、关晓彤、周冬雨，每一届都差不多有40名未来之星。目前已经初具规模，影响力与日俱增。2005年，恒源祥与中国少年儿童基金会开始启动"恒爱行动"，给孤残儿童编织毛衣。那年在中国估计有57.3万孤残儿童。我们当时的心愿是给每人织一件毛衣，赠送给这些孩子。为什么要手工织呢？因为这些孩子缺乏家庭的温暖，手工编织就把爱传递进去，每一件毛衣都是融汇了爱心人士的一片拳拳之心。每一件毛衣都有联系方式，和写给孩子的一些温暖的寄语。到今天我们已经编织了130多万件，远远超过了当时57.3万件的目标。现在每年大概还有7万件编织完的毛衣会赠送给孩子，这些活动还在持续。

2005年，我们开始参与"恒源祥文学之星"中国中学生作文大赛。最高峰的时候一年大约有3 000万中学生参与此项公益大赛，文学与戏剧有很大的关系。很多参与过大赛的孩子未来非常可能成为戏剧界的栋梁之材。2003年，陆川导演拍摄了一部关于可可西里的纪录片，受到当时社会各界广泛关注，同年我们和可可西里建立了战略合作，到今天为止已经完成了六项重大工程，为藏羚羊保护起到了积极的作用。

恒源祥的使命是"如何成为历史的一部分"，价值观是"为社会创造价值"。做任何事能否成为历史的一部分和为社会创造价值是我们的基本判断标准。希望未来我们可以一起同行，共创中国戏剧的美好未来，谢谢！

# 第十四讲　怎样欣赏交响曲①

## 杨燕迪

　　**主持人语**：在现代生活中，音乐是生活美学中一个不可或缺的重要组成部分。在音乐欣赏中，常见的交响曲是器乐音乐中大型作品的最高代表。如何欣赏交响曲之美？杨燕迪教授长期从事西方音乐理论研究与音乐的人文评论。他从美学品格与形式规范等方面对交响乐欣赏做了专业的解读，对大众来说具有启蒙意义，对于交响乐发烧友来说更是不可多得的理论提升。

## 一、"交响乐"与"交响曲"的术语概念

　　首先讲第一个问题，交响乐的术语概念。"交响乐"这个词听上去很有气派，很好听。它的英文是 symphony，交响乐是中译，翻译得很好。这个词最早是从古希腊语衍生过来的，一直用到现在，看词根很清楚，"sym"是共同、一致的意思，而"phone"指的是声音，所以 symphony 的意思就是把不同的声音放在一起，但又协和一致。因此可以说，symphony 就是共响之声、和而不同的意思。

　　这个术语原来是一个很宽泛的概念，是指不同的乐器一起演奏的乐曲。18 世纪后，这个词逐渐演变成现在的意思，专门指"交响音乐"，简称交响乐。

---

　　① 本文根据杨燕迪教授 2021 年 4 月 28 日在上海视觉艺术学院的演讲改订，另于 2021 年 4 月 29 日在上海政法学院、4 月 30 日在上海市宝山区青少年活动中心做过同题讲座。杨燕迪，哈尔滨音乐学院教授、院长，中国音乐家协会副主席，中国西方音乐学会会长。本文另载《艺术广角》2022 年第 2 期。

那么,什么是交响音乐? 可以说现在专门指的就是乐队音乐,由交响乐队演奏的音乐。另外还有一个名称叫"管弦乐",乐队音乐就是管弦乐。专业的音乐学院中都有"管弦系",弦乐加管乐,其中的专业方向就是管弦乐队中的各种乐器。这些乐器放在一起合奏,奏出来的音乐就是管弦乐、交响乐。

但是请注意,交响乐是一个非常大的帽子,它包括了很多的音乐体裁和类型,交响曲、交响序曲、交响诗、交响组曲、交响音画、交响小品,这些都是交响乐。"协奏曲"(一种由独奏乐器主奏、交响乐队协奏的特别体裁)在某种意义上也是交响乐,如我们都很熟悉的《梁山伯与祝英台》就是中国最出名的小提琴协奏曲。而我今天的讲座是以"交响曲"为中心,是交响乐上述这么多体裁类型中最重要的一个品种。在我看来,交响曲是各种交响乐中的皇冠。今天我在这里不做什么是交响序曲、什么是交响诗等的介绍,那需要另外安排时间。我们专门讲交响曲。为什么说交响曲是交响乐中的最高典范,是皇冠呢? 因为交响曲的分量最重,从体量上看最庞大。一般而论,交响曲是多乐章的、套曲结构的交响音乐,特指几个乐章组合在一起的、具有某种形式规范的交响套曲。它像长篇小说一样,内容复杂,篇幅很长,大多有四个乐章,有的有五六个乐章。时间短的交响曲也要半个小时左右,比较多的交响曲长约 40 分钟,而有的交响曲更是长达一个半小时,整场音乐会只能演奏一首交响曲,如马勒的《第三交响曲》、布鲁克纳的《第八交响曲》等。所以它是交响音乐中最能体现"交响性"的一种体裁形式。这样来看,交响乐约等于但是大于交响曲。我们有时也说贝多芬的《第五交响乐》、柴可夫斯基的《第六交响乐》等,但最准确的称呼还是贝多芬的《第五交响曲》、"老柴"的《第六交响曲》等。

交响曲既然是交响乐中的皇冠,那么它在整个音乐中就具有显赫的地位和特殊的意义。如果对音乐进行分类,大致可以分为两个不同的种类:一类是声乐,另一类是器乐。声乐就是为人声、使用人声的音乐;而器乐是用乐器来演奏的音乐。声乐可以有独唱(一个人唱)、齐唱(多人唱同一个声部)、重唱(几个人唱不同的声部)、合唱(众人唱不同声部)等,最大的声乐品种应该就是歌剧,因为歌剧是声乐再加上交响乐(使用交响乐队)。在器乐类型中,最有气势、最庞大、表现力最丰富的品种就是交响乐,尤其是交响曲。因为这种音乐使用的人最多,乐器种类也最多。我们看到,器乐里面有独奏音乐,其中最常见、最有表现力的就是钢琴音乐,由于钢琴这件乐器本身的丰富性，一个人演奏也完全可以独当一面。还有一种器乐品种就是所谓的"室内乐"，顾名思义就是在小型的房屋里演奏的音乐，它是几个人在一起演奏，往往是两件乐器以上，从两个人合奏到三人、四人或五人，最多可以七八个乃至十多个人。室内乐也有它特别的性格，非常雅致精细，每个乐器都是独立的声部。重要的室内乐体裁类型有弦乐四重奏、钢琴三重奏、弦乐五重奏等。比室内乐更宏大、更复杂的器乐作品就是交响乐、交响曲，它是最高端的器乐品种，地位特殊，因为它篇幅更长、内涵更复杂，形式结构也更为精致，要求的资源更多，当然难度也就更高，需要有更多的观众。

## 二、交响曲的美学品格："交响性"

我们从宏观方面对交响乐、交响曲的术语概念进行了大致的界定，这样我们就知道了交响曲在整个音乐中的定位和地位——它处在所有器乐作品中的最高端。提醒一下，这里说的最高端仅仅是从复杂性和困难度的角度来说，就绝对的艺术价值而论，独奏音乐、室内乐、交响乐各有所长，也各具特色，相互不能替代，因而也不分高下。某个具体的作曲家会创作同等重要的独奏音乐、室内乐和交响曲，如贝多芬写作了一流的钢琴奏鸣曲、一流的弦乐四重奏，当然也写作了无与伦比的交响曲。肖邦创作了质量极高的众多钢琴独奏曲，虽然他不太写乐队作品（只有两部钢琴协奏曲），室内乐作品也很少，但肖邦依然是世所公认的一流的大作曲家。

下面我们要从理论上来规定一下，交响曲的美学品格是什么。这里所谓的美学品格，特指某个艺术体裁的美学品质究竟为何。我们要询问：交响曲作为器乐音乐甚至是所有音乐中的顶尖级高端类型，它究竟凭借什么特征、什么品质赢得了这样的地位和定位？我想从"交响性"的角度来予以说明。我以为，交响曲的美学品格即应体现明确的"交响性"。"交响性"这个术语平时使用还是很频繁的——音乐圈中大家似乎都习惯性地提出要求，交响乐作品应该要有"交响性"。但有点奇怪的是，关于什么是"交响性"，好像很少有人认真地予以梳理和界定。笼统地说，交响性指的是音乐要有某些品质来支撑和体现交响曲的恢宏复杂和长篇大论，诸如思想内涵的深刻、主题发展的深入、结构形式的严谨与交响乐队各个乐器的充分使用和开掘，等等。我不揣浅陋，想来仔细分析一下，交响曲到底在哪些方面，相比其他音乐品种有突出的不一样的性格和品质。

依我的概括，所谓的"交响性"涉及五个方面的品格，我们可以从这五个方面所体现的"交响性"来展现交响曲的美学品格。下面我依次予以说明。

"交响性"的第一个方面是公众性、集体性旨趣。交响曲使用交响乐队，动辄百八十人，在大庭广众面前演奏，动用这么多的人力和这么多的资源，它所表达的东西一定是超乎个人的，它必然要求音乐应有足够分量的表现内容，一般是阔大宏伟的、具有史诗性的，或者通俗一点讲，是比较"大块头"的思想情感，从而具备公众性的、集体性的指向和旨趣。它完全不像——比如说我们中国的古琴，主要用来自己修身养性；或者室内乐，原先是几个人一起在贵族圈子沙龙里面自娱自乐。交响曲的音乐场合最好有上千人的观众。交响曲就是为这样的公众性、集体性场合写作、表演和聆听的。进入 20世纪后，音乐厅一般都是一两千人这样的容量。交响曲演出台子很大，表演者众多，观众也多，它的音乐性质也是公众性的。例如奥地利作曲家海顿，他被后人视为交响曲的奠基人，被称为"交响曲之父"，他的音乐就具有很明确的公众性、集体性倾向，尤其是他后期的交响曲，一个很突出的音乐特点是增加了引子。为什么要在正式的第一乐章之前增加引子？就是为了增加分量，加强庄重感和严肃性，像是在人数众多的公众面前叙述一个很重要的事件，预示有很严重的事情马上要发生。到了贝多芬，所有的交响曲都是为公众表达，每首交响曲的首演都能成为一个大事件。如果要来听交响曲，就要有这样的准备。这里不是所谓的"小资情调"，而更多的是庄重、正式、宏大的东西。贝多芬的《第五交响曲》的第四乐章是贝多芬在 1804 年至 1808年创作盛期时所作，贝多芬典型的"通过痛苦走向欢乐"的命题，在这个乐章中得到了完满的实现。该乐章一开始的主题是典型法国大革命时代的进行曲，号角声声，军歌嘹亮，我们感到好像身处在一个巨大的广场，众声鼎沸，众人欢庆，很多人蜂拥而至，在广场上大家群情激昂，铜管的号角声和进行曲的音乐性格得到了完美的展现。毋庸置疑，这是典型意义的交响曲范例，这样的音乐极为突出地体现了交响曲应有的公众性、集体性旨趣。

第二个方面的品质，我称之为深刻性、复杂性品位。交响曲的所有品格都是相互关联的，既然为了公众和集体的表达，而且要有这么大的尺度，那么交响曲就一定要深刻、复杂。过于简单就不会是好的交响曲，所以交响曲对作曲家、演奏家，包括对听众都有比较高的要求。深刻性和复杂性表现在各个方面,包括乐器使用的复杂性、乐思本身和乐思交接的复杂性,等等。一般来说,交响曲不大能唱出来,因为它完全是器乐化的。由于是器乐,它就可以比较复杂。交响曲的音乐一般不用人的嗓音,因此可以做很多的雕琢和运作。它的乐思运作比较复杂,所表现的情绪自然也就比较深刻,常常表达社会和人生的重大命题。特别是到了19世纪,贝多芬把这样的范型确定下来。总的来说,交响曲就是一个很高级的体裁,不能把它当儿戏,它需要花大量时间进行雕琢,需要郑重其事去创作。我们现在来了解一下德国作曲家勃拉姆斯的《第一交响曲》,这首曲子居然写了21年(1855—1876)。作曲家写得多么认真,勃拉姆斯一定在想自己的音乐要能够与贝多芬相提并论,所以写得极端谨慎而艰难。当时作曲家已经40多岁了,他从20多岁就开始构思,写了这么多年,所以他的《第一交响曲》也是交响曲历史上极为重要的一件作品。我稍微形容一下音乐开头引子部分的乐思。听上去我们感觉这里的音乐像是一个巨人在行走,但是走得非常艰难,是很严肃的一种探索。说得具体一点,这里的音乐有三个层次:第一个层次是鼓声的敲击和低音线的行进,尤其是定音鼓上持续而不停顿的"哐哐"敲击声,像沉重的脚步声,也像内心的惴惴不安;第二个层次是弦乐声部,尤其是第一小提琴,不断在爬坡、在高扬,好像是在费力地攀登;第三个层次是管乐声部,刚好和弦乐上行音型相反,是在下行,好像泰山压顶一样,要把弦乐声部压下来。弦乐器与管乐器是两个完全相反的线条。所以整个音乐有三层,要同时听到和把握这三层不同的音乐。因为这三层音乐全部搅在一起,所以这段音乐显得非常黑暗、压抑,但又极其富有张力,好像人在面临一个非常困难的抉择,但同时又不屈服,很有些贝多芬的意思,但是听上去比贝多芬更为愁苦一些……这段音乐像一幅巨大的壁画,又像一场伟大的悲剧刚拉开帷幕,我们听到了奋力的挣扎,然后是喘气和喘息……迷茫中又好像出现一点阳光,在黑暗里透过一点阳光……这才是一个引子,这是这部伟大交响曲中一个非常沉重而深刻的开端,作为引子它似乎预示了第一乐章的抗争性格以及要在黑暗里找到一点出路的感觉。我们看到,这个音乐的构造本身就非常复杂、非常深刻,这就是真正意义上的交响曲,我们一听这种音乐就感到这才具有交响曲的性格,具有"交响性"。

"交响性"的第三个方面,可以归纳为器乐性、结构性要求。刚才已经说过,交响曲是为交响乐队写作,乐队是由各种乐器组成,因而交响曲注重开发各类乐器的丰富表现潜能。和使用人声的声乐相比，器乐总的来说更灵活、更多变，可以进行更具雕琢感、更有专业性和结构性的音乐安排，比如说声部之间的对位、模仿、穿插、呼应等，可以用各种各样的办法。因为乐器在这方面的能力要超过人声，人声是肉长的，不允许做超乎限度的使用和处理，这很容易理解。交响曲主要是一种器乐性的体裁，承载的主体是乐器，而不是人声。我在这里举一个特例，是在交响曲中使用声乐的例子，可以反衬交响曲的器乐性格。说起来交响曲里面用声乐是不多见的，只有少量的交响曲中用到声乐。贝多芬的《第九交响曲"合唱"》(1824)是最出名的运用声乐的交响曲，后来柏辽兹、李斯特，一直到马勒，都尝试在交响曲中用声乐。但是，声乐到了交响曲中性质就发生了改变，作曲家会把人声当乐器。这就造成了特殊的困难。特别是贝多芬的《第九交响曲"合唱"》，唱歌的人都知道，它属于最难的曲目之一。为什么？因为它不适合人嗓去唱，但贝多芬就是这样，他要把人声当乐器用，以此来形成结构性的音乐，更加富有张力。我们听贝多芬《第九交响曲"合唱"》的末乐章，它用了一个庞大的合唱队，而且使用四个独唱演员。它的主题大家都太熟悉了——著名的《欢乐颂》。它的旋律像一首民歌一样简单，很朴素。但是请注意，正是因为它非常简单，所以贝多芬做了极端复杂的、器乐化的处理。

如果我们先听"欢乐颂"主题，随后听这个主题的人声变化，大家大概就能听得出来，那些声乐演员确实非常吃力，唱得有点"声嘶力竭"。贝多芬要的就是这种吃力感、这种困难性。克服了困难，音乐才具有特殊的美感——这就是贝多芬所要的崇高感。从这个例子中可以看出，即便交响曲中用人声，听上去也要像器乐。四个声乐演员唱的是四重唱，每个声部都非常难唱，每个人唱的音乐完全不一样，四个人同时唱出完全不同的音乐，听起来就是充满了不同线条感的复杂音响结构，以此才能达到歌词内容表现所需要的那种升腾感和崇高性。

"交响性"的第四个方面是抽象性、概括性叙事。我们已看到，交响曲主要是纯器乐，没有歌词，很少用人声。按照常规的美学定义，纯器乐无法清晰地阐明概念，也无法明晰地刻画具象。那么，纯器乐的交响曲到底如何来表现它应具有的深刻的思想情感呢？我的回答是，虽然交响曲并不阐明概念，也无法刻画具象，但却可能极为细致和深刻地展现时间性的"过程"——起程、运动、过渡、转折、矛盾、对峙、起伏、高潮、迂回、到达、离开、阻碍、重启……从而体现出某种超越概念而又深具意涵的"叙事"。交响曲一定有重大的命题,它讲述重大的命题,或者一个重大事件的过程,但是这个过程是高度抽象而富有概括力的。可以说,交响曲是没有人物的戏剧、没有情节的故事,听众可以展开无限的联想,并将自己的人生经验投射其中。交响曲的本性不讲具体的故事,但它展现了极为细致和曲折的运动过程,而运动过程直接与人的生命体验有关,所以听者可以用很多想象来填充音乐的这个过程。我们听交响曲的时候脑袋里不停地在想,有的时候有很多的联想,这种联想不一定是具体的画面,也不一定是完整的文学性叙述,但可能多少与画面、叙事都有些关联。好的交响曲都有一个好的叙事,一个完整而有趣的心理过程,虽然这个过程并不具体,你不能说这里一个人物出场了,那里发生了一个什么突变。我这里举一个例子,是芬兰作曲家西贝柳斯的《第五交响曲》(1919)的第三乐章。这个乐章有一个非常卓越的心理动态,开端音乐是一个很典型的西贝柳斯音型,是所谓的"无穷动",在弦乐上,节奏非常紧凑,充满了不安和紧张。你可以想象,好像是在集合一支人数众多的部队,感觉指挥官在调动一支很庞大的军队,要开始登山了。但请注意我说的都是隐喻式的联想和形容,换成另一个人,他的体验和说法很可能是另外一回事,但音乐运动的动态和我们的体验感觉其实是一样的。当音乐经过一段发展,我们感觉音响的体积开始膨胀,好像部队的集合人数越来越多,音乐中加入了其他的弦乐……又加入了其他的管乐……音乐越来越膨胀。到了一个阶段,突然——铜管上跳出一个高亢而洪亮的上下起伏的音型,我们好像登上了一个高台,面前的景象开阔起来……在这之上,我们听到明亮的长笛和丰满的弦乐奏出一个辽阔而大气的旋律,好像在一座高山之顶看到了灿烂的阳光,极为开阔、大气而明亮,真是让人心旷神怡——我个人每次听这段音乐都会联想起登上黄山山顶俯瞰高山美景时的体验,每次听都会起鸡皮疙瘩,真过瘾!这是富有气魄、堪称气势磅礴的交响音乐。西贝柳斯是一位非常重要的交响曲作曲家,他理解交响曲的精髓所在——不讲具体的故事,但展现非常抽象的过程。我们听到了一个完整的过程,这是绝妙的交响曲音乐,但我们一开始听不到如歌的旋律曲调。听交响曲不能仅仅用旋律或者是声乐的方式听,那是不够的,因为交响曲中的主题不一定有明确的旋律感,如音乐开始的音型有一点形状,但这个形状在不断变化,然后逐渐长大,到高潮的时候才出现一个明确的旋律,这是器乐化的音乐运作方式,是一个抽象性、概括性的叙事，以至于可以用自己的各种人生经验去解释它。我们可以说它是爬山，也可以说是穿过一个隧道，"唰"地一下突然见到阳光，这都可以，都是正确的——其实，西贝柳斯当时在创作时脑袋里想到的是在天空中盘旋的天鹅。因而那个铜管上的上下起伏的音型又被称为"天鹅主题"。然而，听众听得出那是天鹅吗？如果不告诉你，恐怕听不出来。但那又有什么关系呢？听众完全可以将自己的人生经验投射其中，所听到的东西和作曲家想的在具体关联上并不一致，也完全没有关系。这恰恰是音乐的独特魅力所在。交响曲的独特魅力正在于用高度抽象和概括的叙事过程来唤起每个聆听者的独特人生经验，正因为它抽象、概括，才与每个人都息息相关。

最后要讲的是"交响性"的第五个方面，即长时间、大尺度的规模。交响曲一定有时间长度，这对听众是考验，因此要做一点准备，要知道音乐里的路数，要知道作曲家在做什么，否则就会坐不住，在音响的汪洋大海中"找不到北"。实际上交响曲的音乐过程中是有规则、有路标的，我们等会儿讲交响曲的形式建构时会专门触及。总的来说，一部交响曲，因为是多乐章（当然也有少量单乐章的），至少要 20 分钟吧。少于 20 分钟，分量和尺度就不太合适了，交响曲一定要多于 20 分钟。从海顿开始即是如此，而贝多芬一下子把这个容量扩大了很多。贝多芬的"第三"（所谓的《"英雄"交响曲》）就已经很长，这部交响曲完整演奏需要 45 至 50 分钟，而他的《第九交响曲"合唱"》则要 1 个小时 10 分钟左右。后人特别是布鲁克纳和马勒，更是将这个时间尺度进一步扩大。交响曲的长时间和大尺度与多乐章又有关联，那么大的尺度，它不能从头到尾一刻不停，得分成不同的篇章，一般分成四个乐章，而每一个乐章也有相应的规范。所以，交响曲有这样一个要求：乐章跟乐章之间必须有联系。这就是为什么在交响曲的乐章之间不能鼓掌的美学原因。因为乐章与乐章之间是一个连续体，是音乐进行和心理过程的双重连续体。有的乐章会把前面几个乐章做一个总结，或者第二乐章会预示第三乐章，或者第二乐章用了第一乐章的主题等，这都要求听众在音乐进行时一刻也不能走神，要集中聆听和感受这个音乐，要在内心和脑海里捕捉这些东西，把它们联系起来，延续下去。所以从 19 世纪中叶开始，交响曲的聆听就形成了一个心照不宣的礼仪，就是乐章之间不能鼓掌，它要求听者一直集中注意力。这是相当困难的一件事情，要集中这长时间听音乐，这对听众——甚至对专业音乐家——真是考验。但是如果你知道这其中的路数，知道作曲家在做什么，你就能跟随音乐，并主动地参与其中，时间就会过得很有内容，很充实，会有精神收获。

通过上述的五个方面，我们可以看出，为何交响曲是器乐音乐中大型作品的最高代表。我所概括的这五个方面，它们互为因果，相互支撑，可以总括称之为所谓的"交响性"。如此这般的美学品格，决定了交响曲在整体音乐文化中的高端地位和标杆品格。我们常听说，交响曲和歌剧代表了音乐文化上的最高水准，从某种意义看这是正确的。这两个体裁，歌剧作为声乐作品的最高代表，交响曲作为器乐作品的最高代表，确乎具有标杆性。一般来说，听懂了交响曲，再听室内乐、独奏音乐就相对容易些，因为交响曲是最难、最大的品种。从"交响性"的这五个方面出发，大家就大致知道了什么是交响曲。你在听交响曲的时候，不妨从这几个方面切入，这是交响曲体裁本身的规定，同时也让听众认识到这是接近交响曲的某些通道和桥梁。从这几个方面出发，你就可以更好地去把握和理解交响曲。

## 三、交响曲的音响载体：交响乐队

我要讲的第三个问题是介绍交响乐的音响载体，即大家在音乐会上常见的交响乐队。刚才的内容比较理论性，现在我们做一点知识的介绍。这很多都是常识，大家如果看看书，或者到网上查查，都可以很方便地得知。交响曲所使用的交响乐队在英文中被称为 orchestra，这个 orchestra 可以说是一个典型的西方式的理性化产物。交响乐队也被称为管弦乐团，看上去井井有条，听起来非常平衡，这是经过了几百年的演化和发展。我们可以看到现在舞台上的交响乐队布阵，它的具体的摆法是这样：指挥者在中间，他的左手边一般是小提琴，因为小提琴的声音容易往前传，小提琴是交响乐队中最重要的核心，所以它要放在前面，让它的声音传出去。弦乐由高至低，分为小提琴、中提琴、大提琴和倍大提琴（也称为低音提琴），围绕在指挥周围，形成交响乐队的核心，整个弦乐是乐队的基础，放在最前端，于是弦乐的音响最容易传给听众。在弦乐后面是木管乐器，也是按照高、中、低来进行布阵。管弦乐团是一个很典型的理性建构，所有的音响都非常平衡，是有机的搭配，木管乐器是长笛、双簧管、单簧管、大管，由高到低，形成木管组。木管组后面就是铜管组,声音更响亮,力度更强大,所以往后放,这样它的声音可以穿透整个弦乐队,传到听众的耳朵里。铜管也是由高至低安排,分别是小号、圆号、长号和大号。最后是打击乐,主要是定音鼓,声音震耳欲聋,所以它要放在最后排。

我们看交响乐队的建制,原来orchestra的意思就是舞台之前"乐池"的意思,最早是从歌剧院的乐池萌芽诞生,乐队的前身就是歌剧伴奏,在刚开始巴洛克早期,大约17世纪初,有什么乐器就用什么乐器,各种乐器都有,搭配也很多样。以后逐渐开始标准化,这是西方文化的一个特点,即理性化,而且讲究标准化,这种倾向就体现在乐队的建制上。到17世纪末至18世纪中叶,开始标准化,形成了目前世界上通行的交响乐队的标准编制。随着宫廷乐队的兴起和音乐厅建制的兴起,至18世纪中后叶基本成熟。所以现代的交响乐团与音乐厅建制是同时兴起并同步成熟的。到19世纪上半叶,达到了现代交响乐队的定型模式。所以我们看,交响乐队基本上是在18世纪启蒙运动、理性主义达到高潮的时候趋于定型的,因而可以说它也和很多现代的学科、大学等一样,都是启蒙运动理性化的产物。它带有很明显的理性思维倾向,交响乐队的音响很平衡,每个乐器组都是从高到低的理性的布局,然后把所有这些乐器合起来,形成浑然一体、协同一致的音响效果。大家会发现,交响乐队把一些音色比较独特的乐器都排除出去了,比如说交响乐队里没有弹拨乐,琉特琴、吉他、曼陀铃等都不进入,为什么?因为这些乐器的音色不太容易与其他乐器融合。还有萨克斯管,它的音色太特别,所以交响乐队就不包括这些乐器。经过长时间的试验,经过标准化以后,整个交响乐队成为一个非常有机、和谐而协调的整体。

从历史的角度看,交响乐队在18世纪末海顿、莫扎特手中定型后,贝多芬就开始扩大,如从贝多芬开始交响曲中用了长号。在整个19世纪,乐队的人数和规模都在不断扩大。在莫扎特时代,一般乐队人数是三四十人,规模较小。浪漫时代是典型的双管制,大约80人。到19世纪末20世纪初,形成了所谓的三管制、四管制乐队,整个人数达到了上百人甚至一百二三十人。这里说的双管、三管等指的是木管。所谓双管制,就是用两个长笛、两个双簧管、两个单簧管和两个大管,这叫双管编制,三管就会达到100人了,四管就是120人。20世纪以来,交响乐队不再进行扩展,而是开始个性化和多样化的发展,加入各类特色乐器,包括一些来自世界各民族的特殊乐器。所以,交响乐队本身有一个非常有趣的发展历史,它与工业化革命、乐器改良、音乐厅的发展等都紧密地结合在一起。

那么,现在来具体地了解一下交响乐队的基本编制。限于时间,具体的单个乐器我就不多做介绍和解释。我们看交响乐队大体上分四个组:弦乐组、木管组、铜管组和打击乐组。首先来看弦乐组,音域最高的是小提琴,随后是中提琴,低音部是大提琴,最低的是倍大提琴。从外观看很容易分清,个头最小的是小提琴。中提琴跟小提琴从远处看有点分不清楚,但其实它比小提琴体积大七分之一,音色就有点暗,带点鼻音效果,很有自己的特点。大提琴体积更大,不能持琴,只能把它放在地上拉琴。倍大提琴就更是"大块头",必须站着或坐在高琴凳上演奏。这四件弦乐器的外观应该说基本一致,"长"的模样基本是如出一辙,无非是个头大小不一样,因而就带来了弦乐组的音色和音响效果的高度统一。一支交响乐队的标准弦乐组编制是:第一小提琴 16 把,第二小提琴 14 把,中提琴 12 把,大提琴 10 把,倍大提琴 8 把,加起来 60 人。这是一个严格的理性安排,按照个头大小和音区高低,依次递减,于是形成弦乐组的各个乐器间在音色和音量上的彼此匹配和高度协同。弦乐组是一支交响乐队中最重要的基础与核心,它是所有乐器组中表现力最丰富的,而且作曲家用它用得最多。交响乐队的各个乐器并不是平均使用,而是根据需要来进行分配使用。弦乐组基本上是从头至尾都要用到的,它是基础,作曲家总是离不开它。木管是色彩的点缀,铜管是在最高潮的时候使用,而打击乐是在最紧张和需要渲染气氛的时候才使用,每个乐器组的用法完全不一样。

弦乐是交响曲的基础。作曲家有的时候专门为弦乐队写作品,门德尔松就专门写过一批弦乐交响曲。柴可夫斯基的《弦乐小夜曲》(1880)实际就是一首专门为弦乐写的小交响曲。弦乐队的声音可以非常温暖,也可以非常有力,充满悲剧性。轻柔的时候像面纱一般,暴力的时候又可以像裂帛一样,因为弓法的多变和奏法的变化(比如说拨弦),其色彩可以达到千变万化的程度。"老柴"的《弦乐小夜曲》的引子实际上是一个主题,但柴可夫斯基写了好几遍,弦乐队可能每次写的织体和编配方式都不一样,效果和性格也就完全不一样。

主题的第一次演奏是全部弦乐队的全奏,小提琴奏主旋律,有力而庄重;第二次则是大提琴奏主旋律,显得深沉而内敛;随后第三次是高弦乐,弦乐的高音区,性格就好像一个少女一样,柔美而纯净……同样的旋律,但弦乐队的不同配置造成不同的性格。一个旋律翻出不同的花样来,同样一个主题,三种完全不同的性格,这就是典型的弦乐队的声音和表现力。它可以非常清新、非常舒服、非常柔和,也可以非常强有力,所以弦乐队具有最丰富的音响资源,是整个交响乐队的基础。

随后我们看木管组。木管组和弦乐组一样,也是一个由高至低的理性安排。最高、最亮的乐器是长笛,我们一般形容它是"银色的长笛"。次高音乐器是双簧管,音译名称为"欧伯"(oboe)。随后是单簧管,也叫黑管。双簧管与单簧管远看有点分不清,但实际上它们的发声原理完全不一样,音色也相差很大。双簧管非常甜美,也可以非常悲戚,有些女性化的感觉;单簧管非常浓厚,但在高音区很华丽和尖锐,表现范围在木管乐器中最广。最后是大管,音色比较老成和沧桑,有"老伯伯"的感觉。木管组很有意思,组合起来听上去可以很柔美甘甜,莫扎特最懂得木管组的这个特质。但它的每个乐器又都有非常明显的个性,作曲家经常用木管的独奏,通过各自乐器的独特个性来表达不同的乐思和感觉,所以木管组也是交响曲中很重要的色彩调配资源,是特别的色彩组合。莫扎特的《管乐小夜曲》(K.361,1782)是专门为木管组写的一个作品,木管组合在一起时的声音效果非常柔美好听,色彩感很强。这部作品用了双簧管、单簧管、低音单簧管、大管、圆号等乐器。木管乐器在合奏的时候往往加入圆号,用来把所有木管捏在一起。圆号既属于铜管乐器,又属于木管乐器,它具有某种黏合的作用,所以它是木管到铜管的一个过渡。《管乐小夜曲》的第三乐章是个慢板,在带有切分节奏的前奏引入之后,飘来一段似从天而降的双簧管的美妙旋律,极具感官性,只有在莫扎特的手下才能流出如此美丽的旋律,由于交给双簧管,这段旋律就极其甘美,令人陶醉……随后是单簧管与双簧管之间的深情对答,美妙无比。这里的音乐是木管组的最佳表现时刻,木管之间既表达了全然不同的个性色彩,又能很好地融合在一起,音乐写得非常柔软,有很长很长的线条,这是典型的莫扎特的特质。这就是木管组,它为音乐点缀重要的色彩。

然后是铜管组,同样依照理性原则,最高是小号,中音是圆号(也称法国号),长号是低音,最低的是大号。数量上,一般小号2个,圆号2—4个,长号2—3个,大号1个。另外还有打击乐组,主要是定音鼓,还有其他的乐器,大鼓、铃鼓、三角铁等,这些都是装饰性的乐器。这就是铜管组与打击乐组。

铜管出来的声音当然是最厉害的,它声音最大,往往具有号召性,或者有军事性的联想,小号就是从军号演化而来,所以小号往往与打仗、战斗有联系,或者是高潮,或者是胜利。因此作曲家用铜管时都是音乐要加强力度和表达强烈情感的时候,上文提到西贝柳斯的《第五交响曲》,在最高潮的时候铜管就出来帮忙和渲染。柴可夫斯基的《第四交响曲》一上来就是一段引子,它是对命运的感喟,表达命运的不可抗拒和威慑性。我们首先听到圆号,随后是小号,再加上长号的低音下行……这是个引子,这部"第四"就笼罩在这个命运主题中,每个乐章中都会出现,就像一个凶兆。这是一种很粗暴的命运征象,这个时候一定要用铜管才有这样的力量。在最强音处,我们听到所有的弦乐、木管组、铜管组,直到打击乐,这么多的乐器整合在一起,形成一个巨大和弦、一个全奏,像锤击一般打击下来。

我们看得出来,交响曲具有非常复杂的空间,因为它是多声部同时运行,这么多的乐器在平行进展,每一个声部的乐器演奏的音乐都不一样,用什么音、用什么节奏都是不一样的,但是相互之间又要协调一致。它是一个多维的空间和时间交织物,这么多的人在一起要各就其位,各司其职,这完全是一个大工业的产物。那么对作曲家而言,就是要充分利用和调配这么丰富的音响资源,用这些资源来表达自己内心所要表达的东西,这当然是高难度的艺术创作。对于指挥家和演奏者,就是要看面对这么大的一个音响资源库,如何依据作曲家的指令,各尽其责,掌握音响平衡和彼此关系。乐队演奏的艺术,就是关系的艺术,这么多人在一起,关系和平衡最重要。优秀的交响乐队往往非常平衡,呈现非常融洽的彼此关系,奏出来的音响浑然一体。而不好的乐队就是七零八落、乱七八糟,这么多人如果调配不好的话,就会平衡不好、关系不好、音不准、奏不齐,这都是大忌。作为听者,要去领会和鉴别,在这些复杂的音响关系中,我们要听作曲家在做什么,表演家如何实现作曲家的意图,这应该是一个充分开动大脑并敞开心扉、捕捉音响信息的动态过程,确乎比较复杂。

应该专门说一下交响乐队中指挥的作用。显而易见,指挥是一支交响乐队中最耀眼的人物。20世纪以来,音乐明星除了钢琴家、歌唱家和小提琴之外,可能最著名的人物应是指挥家,如卡拉扬、伯恩斯坦等都如雷贯耳。听众往往好奇,指挥是干什么的?他的主要任务是打拍子吗?乐队如果没有指挥,那些本身具有很高水平的乐手是否也可以演奏交响曲呢?指挥确乎是一个奇怪的职业,他自己并不摆弄乐器,是间接通过演奏家的手才能将音乐创造出来。总的来说,指挥的任务确乎是控制节拍和节奏(打拍子)——但这仅仅是他的职责中最外在和最粗浅的任务。指挥应该针对所演奏的音乐——如某部交响曲——进行全面而总体意义上的表演诠释,因此他必须对这部作品的背景、内涵和所有细节进行深入的研究和学习,并据此提出他的独特诠释概念(包括速度设定、总体性格和内涵意旨等)。指挥的一个很重要的任务是在排练中将自己的诠释想法通过手势、姿态、眼神等传递给乐队,引导乐队依照自己的想法和听觉感应来进行具体的音乐实施和操作,并要在实际的现场演出时调动场上乐队队员的积极性和情绪。他要站在全局的角度控制和调节声部间的平衡、关系和交接——一句话,他相当于电影中那个占据统帅地位的导演。由此,我们便可以理解,指挥确乎是一个乐队的灵魂和领导,他的水平高低直接决定着乐队演奏的质量高低。贝多芬之前的交响曲作品由于编制较小,音乐织体较为简单,因而没有指挥进行表演也差强人意。自贝多芬以后,由于交响曲作品难度、长度都不断增大,如果没有指挥的协调和训练,就无法进行令人满意的演出。至于马勒、理查·施特劳斯等晚期浪漫派的复杂和大型的乐队作品,没有指挥实际上是不可想象的。

## 四、交响曲的形式建构:为时间塑形

我要讲的第四个问题涉及交响曲的形式结构。既然交响曲是规模庞大的抽象叙事,在尺度很大的时间中展开,我们就需要知道,交响曲的形式架构是什么?它如何在时间中构成自身的形式?这就是我所谓的"为时间塑形"。音乐是一种有点神秘的艺术,或者说它不太好把握,因为它是典型的时间艺术,音乐在时间中展开,而时间是最不可捉摸的。我们用钟点来标刻和控制时间,但是钟点的时间是机械的、物理性的,一分一秒,可以计算,可以控制。与这种机械的、物理的时间不同,在音乐中是心理的时间。什么是心理的时间?举个简单的例子,比如你与心爱的人在一起,就感觉时间很快;如果你很烦躁、很无聊的时候,你会感觉时间很慢,这就是心理时间。人对心理时间的感觉是完全不一样的,它与物理时间的计算完全不同。音乐是心理时间的发展过程,需要用某些办法来予以把握和理解,所以音乐中就出现了一些形式规范来让听众掌握这个时间过程。

音乐历史的发展中逐渐演化出一些模式，或者说叫范型。听众在聆听特别是交响曲这样的大型作品时，最好要知道一些基本的范型或模式，否则就可能不知道这个音乐到底在干什么，音乐在向何处去，于是就不太容易听懂它。我在讲音乐的时候，经常会讲这里是第一主题，那里是第二主题，这些术语就是为时间塑形的术语。我们说，音乐是有笔法的，有点像写文章，要有开头、发展和总结。音乐也有一些基本的美学上的形式原则，比如说音乐中一定要有重复的元素。音乐中如果没有重复的东西就很难理解，很难听懂。因为音乐是一个要靠人的记忆来把握的时间过程。某个旋律出现了，或者它变化了，再次出现、重复、强调等，在这个时间的发展过程中，演化出了一些大家公认的或者很多交响曲都共用的形式结构范型。

这些范型中最重要的形式结构叫"奏鸣曲式"。这个术语听上去有点专业，其中的奥秘确乎也比较复杂，音乐学院里要专门上课进行学习。但我们在此可以用比较简便的方式来进行说明。奏鸣曲式一般来说分三个部分：呈示部、发展部、再现部。音乐像写文章，也像戏剧的展开。交响曲的第一乐章和其他乐章往往用奏鸣曲式。顺便说一下，很多的室内乐作品、协奏曲、奏鸣曲等，都用奏鸣曲式，因为这种呈示、发展和再现的结构布局可以很好地被用来构筑大型的音乐形式。所谓呈示部，顾名思义，就是把音乐中主要的乐思、主题旋律呈现出来。为了求得对比，呈示部常常有两个不同的主题，性格明显不一样，情感色彩也不一样，但都有鲜明的轮廓，以便让听者能够记住。呈示部之后会有一个发展部，这是非常能够体现"交响性"思维的部位，要从音乐的各个角度充分发展呈示部中出现的两个主题，往往选择两个主题中的某个局部和特征，进一步分裂、组合、变化，造成戏剧性冲突，深入开掘两个主题中的不同性格侧面和内涵潜能。最后到再现部，两个主题要再次出现，但都经过了变化，形成内涵和形式上的完整闭合。所以大家看，奏鸣曲式完全像哲学思考中的"正反合"命题，或者是矛盾对立的统一体。这就是交响曲典型的形式章法和结构布局。在交响曲中，不仅要有优秀的、动听的主题旋律，还要有充分的、够格的深刻发展和性格开掘，这才能搭建起巍峨的交响大厦。我们常听说，音乐是流动的建筑（它的反题当然也很正确，建筑是凝固的音乐）——这个说法用来形容交响曲，再合适不过了。

我们听一下贝多芬的《第五交响曲》的第一乐章，就能体会到什么是奏鸣曲式,它是贝多芬最重要的代表作之一。第一乐章的主题非常著名、非常短,性格极端鲜明,能让人一下子就记住,因为它的节奏是"三短一长","哒哒哒哒——",就像猛烈的敲门声,后人形容它是"命运在敲门",这部"第五"也就被称为《"命运"交响曲》,很合适的命名,尽管并不是贝多芬本人的命名。"命运"的敲击处理后,下面的音乐立即开始重复、发展和变化这个音型,请注意音乐中几乎每个细节中都能听到这个"命运"节奏型的回响……它简直是一个核心细胞,无处不在。这是贝多芬音乐的特色,他的音乐总是一块砖一块砖这样砌上去,丝丝入扣,结果就是他的音乐非常紧凑和严谨,听上去每个音都有存在的价值,一个音也不能少。这个音乐非常符合交响曲的器乐性格,它很难唱出来,这个音乐就是为器乐写的,听上去很过瘾。我们听音乐的习惯性概念要扩大,音乐并不一定有好听的旋律才是好的音乐。贝多芬的《第五交响曲》是最优秀的交响曲,但是它并不依靠旋律本身,它的核心就是一个简单的节奏动机,这个节奏型不断在发展,好像一个细胞在不断地衍生和扩大,这就是呈示部的第一主题。随后是呈示部的第二主题,有一个比较抒情的旋律,像是慰藉,舒缓一下刚才紧张的情绪。但仔细听,低音部的倍大提琴依然有"命运"节奏型的"三短一长"……它好像在暗示、在提醒,命运的威慑一直存在。果然,那个"命运"的节奏型和音乐中的抗争气质很快又占据上风。

这就是整个呈示部。它一般要再反复一次,让听众复习一下,这样更记得住一些。古典时期的交响曲,呈示部一般都反复,这样音乐的形式感、建筑比例感就更为清晰。大家听到,这个呈示部不太长,但非常有气势,如火如荼。《第五交响曲》常被称为交响曲的范例,作曲家用这么简洁的核心细胞,写出一个如此蔚为大观的壮丽戏剧,充满斗争和不屈不挠的紧张感。我们再听发展部。发展部完全建筑在"哒哒哒哒——"的核心节奏型上,更加不协和,更加不稳定,更加尖锐而充满不安……不需要多少专门的音乐知识,只要留心和专心,任何听者都能听得出,那个核心的节奏动机是如何变化和发展的。当然,前提是你一定要记住这个"命运"主题在呈示部出现时的模样和性格,以便在想象中做比较——你看,听音乐其实相当有趣而复杂,你不仅在听现在听到的音乐,而且很重要的是,你还要在脑海里回忆刚刚听到过的东西,并且不停地来回比较。甚至你要预期,下面的音乐会如何进行和延续。这样听交响曲实际上要很动脑筋的,它是高度复杂的心智活动。发展部最有意味的地方是后半部分,在抗争最激烈的时刻,音乐开始喘息,好像有些疲劳,音型减缩为两个音,"哒哒""哒哒",高高,低低,像是呼应,也形成对比……再往后,减缩为一个音,"哒""哒",一高,一低……而在似乎要沉沦下去的当口,音乐再次鼓起勇气,冲刺到最高处——乐队全奏,咆哮般地轰鸣,"哒哒哒哒——","命运"动机重又出现,再现部开始。

贝多芬通过纯音乐叙述了一个抽象性的故事,讲述了与命运抗争、百折不挠的抽象故事。贝多芬创作《"命运"交响曲》两百年之后,我们现在聆听它,依然激动人心。这就是交响曲通过形式建构展现的力量和境界。交响曲一般无法脱离奏鸣曲式,应该说奏鸣曲式是一个最核心的思维和建构方式。奏鸣曲式不仅在交响曲中运用,也在协奏曲、四重奏、室内乐以及钢琴奏鸣曲中运用,这种正反合的布局和对立统一的逻辑,可以说是西方古典音乐的一种典型思维方式。

除了奏鸣曲式之外,还有一些其他的音乐布局章法。比如变奏曲体。变奏曲也非常有趣,使用也很多。它的模式是 A、A1、A2、A3、A4,等等。变奏曲会首先让你听到一个主题,随后是这个主题的第一次变化、第二次变化、第三次变化等,它的趣味就是看这个主题能够如何翻花样。所谓"万变不离其宗",变来变去依然还是那个主题,但每次变化(即所谓的变奏),性格、情感、内涵都会大不相同。如贝多芬的《第五交响曲》的第二乐章(慢乐章)就是采用变奏曲式的建构。其他比较重要的还有回旋曲,其基本模式是ABACADA,那个 A 总是重复出现,它是一个核心主题,性格很鲜明,方便让听众记住。它总要回来,但在回来之前音乐要走出去,奏响其他的主题,节奏、织体、调性、色彩等都形成对比。就这样,主要主题回来,随后对比,再回来,再对比,我们就好像经过一次旅行,但总要回家靠岸;或者说像一个大房间,其中有一根根支柱,样子差不多,以便让这个房子有很好的支撑。当然,交响曲中也用一些简单的结构模式,比如说三段体 ABA¹,很容易理解,A 是主要的主题,或是几个主题的复合段落,B 就是对比的主题,速度、情绪都与A 不同,然后 A 段又回来,但有些不同,有些变化,这个 A¹ 就是前面那个 A 的变化重复。所以,在交响曲中用了各式各样的形式架构帮助作曲家,也帮助听众掌握和听懂音乐。音乐是一个复杂的时间过程,你知道了这些结构模式,就知道音乐到哪儿了,就容易理解它,然后再加上很多的人生体悟,这样你就容易走进音乐、走进交响曲。听音乐最好要有一定的理性帮助,知道奏鸣曲式是怎么回事,变奏曲式是怎么回事。在这个基础上听音乐时又加入个人的很多人生体验,这样你就可以步入交响曲的殿堂并从中得到艺术享受。

下面来说说交响曲的乐章布局,也就是交响曲的套曲规范。前面已经提到,交响曲是多乐章的架构,一般有四个乐章。那么,四个乐章的关系是什么?为什么是这样四个乐章?这四个乐章肯定不是随意的拼凑,而是有某种符合音乐内在规律与人的情感逻辑的合理性。一位叫阿兰诺夫斯基的俄罗斯学者提出,交响曲的四个乐章布局实际上是我们人性状态的高度概括。这个理论很有启发,我就借用这位俄罗斯学者的说法来对交响曲四个乐章的布局缘由和音乐性格进行解释。

交响曲的第一乐章表达的是行动的人,或者说人在行动中,人在做什么事情,所以一般这个乐章用快板,快速度,节奏也鲜明有力,充满了动作、事件和戏剧性的冲突,因而结构上也常用奏鸣曲式,因为这种正反合的对立和统一,以及主题的呈示、发展和变化等最适合来表达人的这种行动性的状态。如贝多芬的《第五交响曲》的第一乐章就是如此。它表达"命运在敲门",而人面对命运又无所畏惧,奋力抗争,最后达到胜利。这是典型的第一乐章的性格和气质。所以交响曲的第一乐章,概括地说,它是讲述或者表达行动的人。

第二乐章呢,可以认为它表达的是沉思中的人,徐缓而抒情,所以交响曲的第二乐章的常态规范是慢乐章。速度和节奏慢下来,干什么呢?要你沉静下来,想想问题,或者回到自己的内心。如果说第一乐章是外向的,那么第二乐章就是内向、内省的。比如柴可夫斯基的《第五交响曲》(1888)的第二乐章,我很喜欢这个慢乐章。它一开始是一个雾气蒙蒙的弦乐的引子,好像拉开一个非常沉重的大幕。然后出现一个圆号的独奏,我们留意仔细听……这个圆号独奏非常深沉,感觉它在诉说严重的人生问题,充满了人生的沧桑,是一个非常抒情、非常美丽的旋律,甚至很像一首歌曲,可以填上歌词来唱。它整个就是一个器乐的无词歌,这个圆号吹得棒极了,它非常富有表情。圆号是一个非常有意思的乐器,它的音色令人感到很成熟。考虑到写这首交响曲时作曲家"老柴"四十七八岁,你就会感到这是一个成熟中年男性的声音。而且,圆号总跟森林有联系,听到圆号,总感觉有些悠远和辽阔,非常深沉、深厚。这段音乐真是有很深厚的文化意义,它不仅仅是段很好听的曲调而已,而是充满了对人生的感叹,这是柴可夫斯基写得最美的抒情片段之一,卓越地展现出沉思中的人性状态。慢乐章当然都是抒情的,就看作曲家怎么来抒情,在具体的慢乐章中抒情的性质是什么,抒发什么样的感情。只有最好的作曲家才写得出优秀的慢板乐章,他必须心里确实有很深的感触,同时还必须要有很好的作曲技术,两者完全贴合在一起,才会写出动人的慢板乐章。

然后是第三乐章,可以把它概括为表现游戏中的人。游戏,就是要有趣而令人惊讶。第三乐章往往都是谐谑曲,肯定是快速,它的音乐要点的核心是出人意料、令人吃惊,因此往往要在节奏上做很多文章,故意让听者摸不着头脑,有时是欲擒故纵,有时是脚下踩空。大多数第三乐章都是三拍子,方便进行各类节奏处理和节拍游戏。我下面要举的例子来自捷克作曲家德沃夏克。他喜欢在第三乐章中使用民间的舞曲节奏,非常新鲜而有效。交响曲的宝藏很多,大家一般熟知德沃夏克最出名的作品是《第九交响曲"自新大陆"》,但其实他的《第七交响曲》(1885)质量也非常高。它的第三乐章好听极了,是一个只能诞生于捷克民族的舞曲,你听了以后身体简直不由自主要跳起来,极其富有舞蹈性。这段音乐完全像是民间舞曲,但又做了很高级的艺术处理,尤其是节奏上二拍子和三拍子的对峙与调解。这就是第三乐章——游戏的人,这个时候是人精神最放松、最有趣的时候。

那么最后一个乐章,可以说它表达了处于公众关系中的人。为什么这么说呢?末乐章往往是交响曲中表达集体性、公众性旨趣最突出的一个乐章。这个时候,一部交响曲要进行总结了。我一直在强调,交响曲是一个公众性的体裁。所以在总结的时候,要将个人投入到集体中去,交响曲的末乐章往往是最热闹、最兴奋的,从音乐上也要达到高潮。当然悲剧性的交响曲会有另外的处理,如柴可夫斯基的"第六"和马勒的"第九",都是以慢乐章来结束,那是因为这两部交响曲的主题与死亡相关。但那是个别的例子,一般而言,交响曲的末乐章都是总结性、集体性的。马勒的《第一交响曲》的末乐章,真正是公众和集体的大场面。乐曲一开场有点像是面临最后的审判,芸芸众生,大家集合在一起,各色人等,场面嘈杂。而乐曲的最后是胜利和欢腾,完全是狂欢的场面,音乐非常激昂,最后达到兴奋的高点。如果在音乐厅的现场聆听这样的交响曲,无疑会受到情绪感染,经受精神的洗礼。

最后我们总结一下。我们刚才分析的这些交响曲仅仅是冰山上的一角。交响曲从18世纪中叶开始逐渐发展成熟，到现在也近300年，这其中出现了一些非常卓越、伟大的作品，我们这里稍微列举一些，比如海顿、莫扎特、贝多芬、舒伯特、柏辽兹、勃拉姆斯、布鲁克纳等人的交响曲，特别是19世纪有非常好的发展；还有民族乐派，比如刚刚我们提到柴可夫斯基、德沃夏克等人的交响曲。20世纪有马勒和西贝柳斯，特别是苏联的普罗科菲耶夫、肖斯塔科维奇的交响曲。可能大家会关心，我们中国人是不是也有自己的交响曲？我们可以很自傲地说，我们也有很优秀的交响曲，当然是现代音乐，所以可能听上去悦耳程度不像古典交响曲那么明显。比如朱践耳、王西麟、鲍元恺、叶小钢这几位的交响曲是中国当代交响曲的代表。

总的来说，由于交响曲的高端品格，它确实比较难理解，所以要通过培训、培养、长时间的教育和听者自己不断的熏陶才能够理解这样的音乐。交响曲对听者的接受和鉴赏提出了很高的要求——鉴赏交响曲要求听者具备丰富的人生阅历和心理体验，也要求听者具有多维的文化视野、艺术经验、历史知识和音乐能力，需要大家不断地学习。

祝大家热爱生活、享受音乐，走进交响曲！

# 第十五讲　都市新民谣的听觉审美与文化阐释[①]

## 周志强

　　**主持人语**：当代中国流行音乐正在催生一种声音的乌托邦主义——追求极端完美、纯粹的声音，构造出一种对完美生活和完美城市的诉求。与此同时，当代社会正在进入"独居社会"时期，都市新民谣体现出"孤独美学"诉求。周志强教授的讲座以独特的视角和对文化研究的深层积累，揭示了"都市新民谣"的历史背景、声音特质、文化内涵以及它所隐藏的当代社会文化的内在矛盾。这是一个贴近现实的由浅入深、由外而内、形式与内涵相结合的深度解读。

　　在这里跟大家分享我对"都市新民谣"的听觉审美与文化内涵的理解和分析。

　　今天的陈述主要分成两大板块：第一，跟大家简单地汇报和分享此前我对声音文化批评的想法；第二，简单阐述都市新民谣的历史背景、声音特质、文化内涵，以及它所隐藏着的当代社会文化的内在矛盾。

　　我的主要观点有以下几个方面。我认为，当代中国流行音乐正在催生一种声音的乌托邦主义——追求极端完美、纯粹的声音，构造出一种对完美生活和完美城市的诉求。与此同时，我们正在进入"独居社会"时期，在我看来，都市新民谣体现出"孤独美学"的特异性诉求，而欲望都市的抽象性压抑造就了其中的退行意识、私奔冲动和阴郁气质。我认为，今天的都市新民谣

---

　　① 本文根据周志强教授 2021 年 12 月 23 日在贵州师范大学传播学院做讲座的录音整理。周志强，南开大学文学院教授，天津市美学学会会长、天津市文艺评论协会主席。本文另载《艺术广角》2022 年第 5 期。

正在创造一体化城市社会当中的声音创伤,它跟当代社会中人的"自我存在状态"和"自我认同意识"的内在转变紧密相关。

# 一、声音政治批评

"声音政治"这个概念最早由日本学者提出,原本是指"在战争当中用声音杀人"的一种现象,即把声音用于国家政治活动。我在 2013 年使用这个概念,准确地说,我是从声音文化批评的角度"提出"了这个概念,我认为应该对声音现象本身进行一种社会学的解读和解析。在此处,"声音政治"指的是:声音作为一种文化资源,它是怎样被分配,怎样被使用的,不同的声音角色具有怎样不同的社会内涵,又会产生怎样的社会政治功能。因此,声音政治就延伸出"声音政治批评"的思路。

具体来说,什么叫"声音政治"呢?

"声音政治"跟声音的霸权紧密相关。在视觉研究领域,泰勒提出了一个概念叫作"视觉霸权",视觉霸权的含义非常丰富。

视觉霸权的第一个含义是指它在人体感官中的支配性地位,80%以上的信息都是人靠眼睛获得的,这就奠定了人视觉的霸权。我们常说的"所见即所得"或者"眼见为实",就充分体现了这种视觉霸权。视觉霸权的第二个含义是指它在人的信息交往中的支配性地位,只有看见这个世界,才能够形成对这个世界的基本的空间认知,才能够设定社会的基本秩序。德国学者席美尔认为,传统社会的乡村空间是按照人的居住方式形成的,而现代城市则是按照视觉逻辑来组织和布局的,这也形成了所谓的视觉霸权。视觉霸权的第三个含义是指当代文化日益地视觉化,视觉的艺术和文化成为当代文化,尤其是审美文化的中心,无论是电影还是虚拟现实,眼睛所见都构成了审美的主体。

但是"视觉中心"这样的一个说法,其实无形当中掩盖了声音的主要的、内在的作用。我曾经提到,传统的视觉文化研究是"一种无声的研究",这是一个致命的缺陷,好像所有的画面都是以默片的形式呈现在我们面前的。但事实上,声音始终在视觉文化中扮演着非常重要的角色。

从这个角度,我提出了"声音霸权"的问题,声音霸权也具有复杂的内涵。

声音霸权指耳朵作为声音的载体,作为一个核心的器官,跟眼睛相比其独特性在于，人类的耳朵没有外部保护和遮蔽的系统，也就是说，人的眼睛可以随时合上，但人的耳朵是没法关闭的。比如，看恐怖片两眼一闭，就可以假装恐怖世界不存在，但是耳朵却没法关闭，所以很多恐怖片就是通过耳朵，通过声音来产生震撼力的。现代物理学实验告诉我们，虽然人的耳朵听不到次声频，但人的心脏可以感受到一种振动波，这构成了电影阅读当中非常重要的一种声场现象。耳朵的无法关闭使得声音永远可以围绕着人而存在，有意思的是，一个充满特定声音的空间，也就是一个到处可以占用耳朵进行文化政治活动的空间。

所以，相对于视觉来说，声音是无法被拒绝的。因此，声音霸权也就具有了第二个含义，即在特定的政治时期，不同的政治内涵、不同的文化内涵都可以借助声音来占有人们的注意力。比如在集体主义占上风的时代，高音喇叭就充当了严肃的国家宣判和正义凛然的话语通告的角色，这个喇叭无所不在，成为空间的真正的统治者。

马歇尔·伯曼的著作《一切坚固的东西都烟消云散了》提到一个有趣的研究，他认为很多时候，集权主义比较严重的国家，比如德国，会让领导者不被看见，可是他的声音却可以被听见，也就是控制人们看见领袖的机会，但是让人们无时无刻不听见领袖的声音，这便是保证集权主义诞生的一个重要的技术结构。

我们看见一个人的时候，其实是拉大了和这个人的空间距离，比如人们在拥抱或者接吻的时候眼睛通常是闭上的，视觉是拉开距离的一种方式。而声音恰恰相反，声音是一种弥合、消除距离的方式。一旦你听到某个人的声音，你就感觉到自己和他处在同一个现场。德里达曾经提到所谓的"声音中心主义"或者叫"语音中心主义"，它指的是英语作为一种字母文字，可以记录现场说话的声音，所以当你看到字母文字的同时也会听到现场的声音，这时就会感觉到上帝与你同在。

更有意思的是，我们发现声音的暗示性比视觉更强，它提供在场幻觉的同时，也会让人对于声音的发出者产生一种过于美好的想象。在声音社会学的研究中，有一个很有趣的实验：如果被试者看不见声音的发出者，只能听到他的声音，被试者想象并描绘声音发出者的样子往往比真实的人更漂亮，这就是声音霸权的暗示性。所以声音具有一种趋势，即更好地让人服从声音的发出者。在心理学上，用声音进行催眠会更加有效；在现实生活中，声音则具有更强烈的政治暗示性和启蒙性。因此，我们发现管理声音往往是管理国家的重要手段。

从这个角度来说，声音霸权就是指：声音无处不在，你无法抗拒它；声音总是能够产生更强烈的政治暗示性；声音总是跟一定的社会权力的组织方式紧密勾连在一起。那么，所谓的"声音政治批评"就是要研究在特定文化的、社会的情形里面，声音扮演了什么角色，哪种角色的声音会引发更强烈的、更广泛的认同；哪些声音会被看成是合理的、合法的，甚至英雄的、崇高的；哪些声音会被看成是非法的、非理性的、疯狂的，或者说是低下的、卑劣的。

听觉表面上是一种生理性的存在，但是就它的生理学技术而言，在现代社会当中声音只有经过了听觉之后才能真正地实现或者生成。这就仿佛是孩子由父母生产，却并不由父母来决定他的性格。因此，声音形成于听觉，但是却由人与社会复杂的活动来规定它内在的意义和特征。在这个意义上，声音不仅是物理学现象，也是社会学现象。

从这个角度来说，声音政治批评就是针对这种声音的、社会的、自动运转的现象进行分析和阐释的学科。进而言之，声音是一种预先设定了编码方式的，具有特定频率、振幅、时间长度和特定文化的信息，它们巧妙地组合在一起，形成了特定修辞形态。它创生了一种幻觉，这种幻觉是经由听觉形成的，由耳朵的开放性和特定的接受心态而产生的信息幻觉。这就是声音政治批评的基础。我们所说的"声音文化研究"的命题，是对"声音"进行文化的批评和解析，而不是对"听觉"进行简单的概述。

我和中国人民大学的王敦，曾经就"听觉文化研究"还是"声音文化研究"的问题进行过争论。他主张前者，因为听觉文化是跟视觉文化相对的；而我主张后者，因为声音文化研究可能更符合声音政治批评的要求，声音是独立于听觉的、可以被社会和各种机器编码的社会现象。

既然声音是一种政治形式，那也就存在"声音资本主义"的问题。"声音资本主义"是指：声音也可以成为商品，也可以买卖。大家花钱买演唱会门票或CD，这些都是声音商品。与此同时，声音本身也具有资本主义的理性，符合资本主义对社会理性的诉求，它也是一个在资本主义社会诞生，且发生变化的独特现象。换句话说，声音也有资本主义的时代和非资本主义的时代，不同时代的声音总是与不同时代的社会政治紧紧捆绑在一起。

比如,"半音"的出现、交响乐的发展都是资本主义理性化逻辑的后果。马克斯·韦伯专门探讨了"半音"与资本主义社会之间的关系。德勒兹也曾经提到过,交响乐的一个特点就是各个声音是对位的,即不同的乐部按照统一的理性组织在一起,从而产生和谐之声。实际上,交响乐是资本主义理性化诉求的典型,严格来说,它就是资本主义理性的产物。在资本主义之前,声音从来没有像交响乐这样追求秩序,追求统一的逻辑。一个法国学者曾考据过,在 13 世纪以前,社会上存在很多种声音,包括各种噪音,"呕哑嘲哳难为听"的巫术之音。可是资本主义将这些声音视为"疯狂的声音"并进行驱逐。资本主义更认可弦乐、有节奏感的旋律以及交响乐这样的多声部和谐之声。马克斯·韦伯在《音乐社会学》中论证了资本主义诞生之后是如何整理声音的秩序的,其中典型的体现就是弦乐取代打击乐,成为音乐核心。资本主义之前,打击乐是社会音乐的主流形态;资本主义之后,节奏慢慢地被旋律取代,占据了音乐的中心地位,节奏只是服务于旋律的方式。声音文化占据主流的时代,也就是资本主义的一种极端形式——"集权主义"——盛行的时代。

与之相关,就产生了我所说的"唯美主义的耳朵"。当声音成为一种商品的时候,"好听的声音",也就是所谓的"432 赫兹"的声音,才能卖得好。有物理实验发现,声频固定在 432 赫兹的时候,在震动器上放一把沙子,那么这些沙子就会振动出完美的、和谐的图形。声音资本主义会慢慢地把那些违背唯美感的声音排斥出去,以至于今天,越来越多的流行音乐倾向于 432 赫兹,把我们的耳朵变成"唯美主义的耳朵"。

怎么理解"唯美主义的耳朵"? 我们来看声音政治有趣的变化。

声音资本主义会驱逐和抵抗所谓的"噪音",但与此同时,在音乐上,尤其流行音乐方面也会产生对声音资本主义的对抗,反对这种声音的过度理性化、过度秩序化,比如摇滚乐。

1989 年中国大陆摇滚乐坛"教父"崔健发布了他的专辑《新长征路上的摇滚》,其中的一首歌歌名为《花房姑娘》,在歌曲当中崔健唱道:"你要我留在这地方/你要我和他们一样/我看着你默默地说/哦哦,不能这样。"我们发现崔健在演唱中采取了一种"断点式"的声音处理,每一个音节都仿佛是从胸腔当中挤出来的,短促有力。这个声音和吉他松散的惬意、萨克斯流畅的婉转形成鲜明的对照。崔健用那种粗粝而略带破坏性的嗓音、切分式的发音方式,与歌词中花房姑娘的温情意象形成了一种抵抗的张力,用一种桀骜不驯的姿态挣脱所有温情脉脉的束缚。在崔健这里,《花房姑娘》讲的是"你说我世上最坚强,我说你世上最善良",我知道你爱我,我也爱你,但是我不愿像你所豢养的花朵一样陷入这种日常琐碎的庸俗生活,我不愿意被油盐酱醋茶所围困,我要去追寻我心目当中美好的人生,追寻我心目当中理想的生活。《花房姑娘》代表了 20 世纪 80 年代那些充满激情与理想主义光辉的音乐。那个时代的流行音乐追求对当下社会的否定性,认为最好的人生就在即将创建的未来中。它们不断展望更好的生活,不断想象另一种生活,这就构成了崔健的噪音中抵抗性的魅力。所以他反对声音的秩序,他演唱的方式是粗糙的、沙哑的,他的歌曲内容是"我知道我和你在一起会有浪漫的爱情,可是我更要追求心中所想要的那些生活"。与崔健的追求相似的是顾城、舒婷的诗歌当中反复吟诵的离开当下,追寻更好的创造、更好的未来的冲动,就像舒婷在诗里面所说的,"向我射击吧/我将从容地穿过开阔地/走向你,走向你/风扬起纷飞的长发/我是你骤雨中的百合花"。

可是到了 90 年代,整个中国的社会文化意识发生了重大的改变。2000年,林志炫翻唱了《花房姑娘》,他的声音政治发生了巨大变化。大家发现,高亢明亮的嗓音成了林志炫处理这首歌的亮点,林志炫用自己一贯的、清亮高昂的声线,让崔健原曲中那个"躁动不安和不断离开的主体"悄然消失。无论是专辑封面上情歌王子的形象,还是林志炫招牌式的华丽高音,都让这首歌成为柔情的向往之地。林志炫的尾音用颤音处理,呈现出一种连绵和缱绻的情绪,即使歌手唱着"我就要回到老地方,我就要走在老路上"那种带有反叛色彩的音调,崔健歌曲当中"背离的姿态",也被充满柔软的不舍和幽怨的情调所置换。简单地说,经过林志炫的演绎,《花房姑娘》的内涵被改变了,他的声音政治唱出了另一种内涵:我知道我应该走在老路上,我知道应该追寻我心中的理想的方向,可是你说我世上最坚强,我说你世上最善良,我要像一朵花一样待在你的花房里面,我们一起度过我们浪漫美好的人生,享受爱情的情思缱绻。

从社会性的抵抗到情感化的柔情,一首歌的两种唱法,让我们看到了声音政治的内在转变,而现在这首歌越来越唯美主义。2010 年一位东北歌手赵鹏在其系列专辑《低音炮》中再次翻唱了这首《花房姑娘》,歌手低沉的声线和低音的配器,被不少狂热的音乐爱好者用来测试家庭音响的低音效果。

赵鹏版的《花房姑娘》中，乐器的改变也非常明显，首先取消了吉他，低音贝斯占据了声音中心。低音鼓和直板以及歌手宛如耳边絮语的声音形象，消除了挣扎在柔情围困和出走冲动的声音形象。无论是崔健的"反叛主体"，还是情歌王子林志炫的"情爱主体"，在这里都变得不再重要，重要的是你的设备是否值钱，能不能还原声音本身。在这个版本的《花房姑娘》中，连慵懒的情感指向也找不到了，剩下的只是旋律、低音音效以及人生之间无限的协调。在这里，关键的不是人的声音和人的情感，而是设备和技术声音。听第一首歌可以用收音机，听第二首歌可以用录音机，但如果要听第三首歌，就要拥有十几万元一米的音响铜线，才能够感受到这种声音的美。

《花房姑娘》从崔健的"宁要离开不要爱情"，到林志炫的爱的柔情大于一切的"柔情主义"，再到赵鹏的声音好听是关键，什么情感都不重要，我们发现，声音的文化政治的改变正在悄然发生。按照这个思路，我把流行音乐的声音政治分成四个时代。

第一，以反思国家主义时期的主体幻觉为核心的"私人絮语时代"。它的代表声音是邓丽君，她以唯美的、柔婉的声音唱出了生活在中国台湾和大陆的一代人都具有的一个特点，即告别泛国家主义政治，从表达"我爱国家，我爱人民"转向表达"我爱你"，这是情感启蒙和觉醒时期的声音。

第二，以罗大佑为代表的一代歌手认为，邓丽君的声音过于缠绵悱恻，境界过于狭小，他们认为，流行音乐可以发挥更强的号召力。于是他们改造了流行音乐，使其成为社会精英文化的启蒙话语。

第三，以李宗盛为代表的90年代声音政治，呈现出消费主义社会的症候。罗大佑所代表的那种精英化的、咏叹调的唱法，被李宗盛"边走边唱"的日常俗语所取代。

第四，到了21世纪，以周杰伦为代表的"全球化时代的狂欢"到来，"杂语混搭"成为这个时期流行音乐的声音政治的特性。

## 二、早期中国流行音乐的双重母题

按照这个思路，所谓的"都市新民谣"恰恰就是诞生在一个"全球化时代的狂欢"的背景之下，那么，如何来理解都市新民谣所诞生的声音文化的逻辑呢？

在讨论都市新民谣之前,我先简单地介绍中国流行音乐的母题问题。

中国流行音乐来自中国台湾,它是华语音乐大量借鉴欧美和日本的旋律慢慢地培养起来的本土歌手,以及中国台湾一些对美国轻音乐感到不满的青年歌手,尝试创造出华语本土音乐形式的结果。中国流行音乐在罗大佑这里发生了巨变,以他为代表的一代华语流行音乐歌手改造了流行音乐,罗大佑也因此成为一代音乐"教主"。罗大佑用自己的创作和演唱,为中国流行音乐创造了双重母题——对乡土中国的怀念和对工业化文明的反叛——此后的 30 多年来,中国流行音乐是在这双重母题范围之内进行创作和发展的。

这两个母题以中国华语流行音乐的第一首摇滚乐《鹿港小镇》为代表。在这首歌里,罗大佑将想象中的鹿港与台北进行了鲜明的对照。我去台湾做客座教授的时候,旅游的第一站就是鹿港,到了之后我才知道,我被罗大佑骗了。我一直认为罗大佑是鹿港人,因为他把鹿港写成了一个浪漫美好的家乡。在罗大佑的想象中,鹿港有温暖的亲情,有浪漫的爱情,有耳目一新的风情,有令人沉醉的事情,它是传统乡村伦理道德的集合体。小杂货店,留着长发的初恋女友,温馨的父母以及街头种种有趣的景象。在唱这首《鹿港小镇》的时候,罗大佑唱着唱着,突然把话筒抓了起来,从此以后,他为华语音乐创造了一个词叫"边走边唱"。从中国台湾到大陆,越来越多的歌手手拿话筒,边走边唱,构成了一个有趣的、反叛的风景。在我这一代人心中,"鹿港小镇"代表着一个在工业文明当中被遗忘的,浪漫美好的维多利亚时期,是被忘却的乡土化的中国。与鹿港形成鲜明对比的是台北的工业化社会,罗大佑说,"台北不是我的家,我的家乡没有霓虹灯"。罗大佑创造了"台北"和"鹿港"两个对立的形象:"台北"代表着城市文明和工业文明对人生的侵犯;"鹿港"代表了正在消失的中国,那种乡土的、浪漫的、伴随着童年经验的美好生活。

罗大佑在歌曲《童年》中所追溯的童年,不仅仅是一个时间上的过往,更是空间上的截然不同,那是一个乡土中国的时代,在那里会"等待着下课",会想着"隔壁班的女孩",会感觉"山里面住着神仙"。而在罗大佑的歌词当中,今天的中国是被霓虹灯普照,再也感受不到月光和太阳,到处都是迷乱、急匆匆、"现象七十二变"的时代:人们的衣服越来越薄,脸皮却越来越厚;我们住得越来越近,我们的情感却越来越远。一方面是对工业文明的批判,另一方面是想象原始、自然、淳朴的乡土中国的浪漫，这就是《野百合也有春天》里面唱的，"就算你留恋开放在水中娇艳的水仙/别忘了山谷里寂寞的角落里/野百合也有春天"。

崔健延续了罗大佑的双重母题，一方面是怀念过去的中国，一方面是批判工业文明。崔健在《假行僧》里唱道："我要从南走到北/我还要从白走到黑。"《假行僧》创造出一种我不要留在当下，我永远不断地寻找、不断地做人生的过客的人生状态。崔健在《假行僧》中表达的愤怒是对当下世俗生活日益工业化、功利化、渺小化的不满。而到了20世纪90年代，崔健以"无能的力量"讲出了这种批判性歌曲的命运。《飞了》这首歌告诉我们，人间到处都是"人肉的味儿"，人和人之间的关系，除了性，再也没有肉体的、真实的关系，他觉得这个世界污浊不堪，他觉得自己像一个小鸟一样飞了。《飞了》是崔健用他的声音，对现代城市当中人和人关系的异化的终极批判。崔健的歌曲中有小号、吉他、电贝斯，甚至有的时候出现唢呐、古筝，他把各种声音汇聚在一起，形成音乐的轰炸。尽管崔健和窦唯一样出身于威猛乐队，但是他却沿用了罗大佑的音乐的噪音化，因此，可以说崔健张扬了罗大佑对工业社会批判的这一面。

早期的齐秦也是罗大佑工业社会批判的一个代表。在《北方的狼》里面，齐秦表达了这样一种态度：我宁愿做一匹北方的狼，也不愿意像动物一样在城市当中被你所豢养。但是，90年代齐秦提出了"柔情主义"，他和姐姐齐豫共同用声音来反对市侩主义和世俗主义，他们追求声音极致的唯美。齐秦和齐豫认为，在现代工业城市中，人与人的关系越来越冷漠，齐豫在《答案》这首歌中用一种纯粹的声音让我们和市侩的生活区别开来，对抗世俗的肮脏；齐秦则发着高烧，在拉萨举办他的音乐告别演出，因为在他看来，只有纯净的地方才能够容得下如此纯粹的追求。"柔情主义"越来越体现为对唯美声音的偏执。

按照这样的理解，我们可以找到所谓的"罗大佑模式"所创设的当代中国流行音乐的四大主题：

中国流行音乐的第一个主题：现代城市当中人的迷茫和失落。比如《她来听我的演唱会》这首歌，开头唱着一个年轻女孩即使失恋都那么浪漫，可是歌曲的最后，她终有一天会成为某人的妈妈和某人的老婆。这首歌凄婉惆怅的情感，唱出了现代人的宿命：哪个女子年轻时期不是怀春浪漫，而哪个女子年老之后不是惆怅伤感?

中国流行音乐的第二个主题,承接着第一个主题,它是对这样一个问题的回答:既然现代社会人的生活如此的失落和迷茫,那么我们该怎样活着才有意义呢? 流行音乐所演绎的第二个主题就是我们不得不面临的伦理的困境:既然活着没有意义,一切是宿命,那么就让我们抛弃那些道德和规范好好地爱一场。王菲在《不留》当中唱道:"我把故事给了你/我把结局给了他/我把歌点给你/我把麦克风给了他。"《不留》这首歌讲述了现代社会内在的分裂,一方面是永恒的东西在消散,另一方面是浪漫主题在发展。张宇在《囚鸟》中告诉我们:我知道你谎言无数,可是除了爱你,我真的无处可去,因为只有骗我自己困在你的爱情里面,我才觉得我的人生多多少少地有些意义。《红日》这首歌可能更多地体现了所谓的"情感偏执",管它什么意义和价值,就让我们好好地爱一场。

中国流行音乐的第三个主题,与罗大佑的第一重母题相对应,即在流行音乐当中反复出现的,对乡土中国过度浪漫的想象。张震岳在《我家门前有大海》中说:我家后面是玉山,对面是太平洋。口琴和简单的定音鼓呈现了他的声音中怀念乡土的特点。周杰伦的《简单爱》唱着骑着单车去外婆家,就连隔壁邻居都知道我爱你,这种简单的爱情充满了对过去乡土的感想。汪峰也在《春天里》中唱着"没有 24 小时热水的家"的淳朴和简单,在汪峰的演唱里面仿佛现在有钱、有热水的时光是冰冷的、虚伪的,只有贫困的时光才是美好的、单纯的。

中国流行音乐的第四个主题,与第三个主题紧密相关,就是在现代都市当中,每个人的私奔狂想:我要离开城市,去寻找没有规则、没有规定的地方。资本家为了消灭工人的愤怒而发明了旅游,让旅游者认为自己受剥削的时间都是虚假无聊的日子,只有在旅游的时间里,才能获得人生的真谛。流行音乐同样重复这个主题,他们想象"回到拉萨",想象和一个浪漫的姑娘"一起歌唱,一起流浪,一起两败俱伤"。私奔,就是在明知无处可去的时候,我们充满了逃亡的幻想。

城市中人对生活的迷茫、都市生活里偏执的情感诉求、对乡土中国过度浪漫的想象和内心压抑不住的逃离冲动,这四大主题构成了中国流行音乐的发展背景。在这个基础之上,我们重新反思了当代中国流行音乐从精英时代到 80 年代末的内在的变化。如果说罗大佑的模式创造了 80 年代末 90

年代初的浪漫激情,那么到了消费主义时代,以校园民谣为代表的音乐形式诞生了,声音政治发生了天翻地覆的改变。

## 三、"倾听寂静"的孤独美学

校园民谣跟"日常生活"的崛起紧密相关,在这里,家国情怀、民族情志,以及改造世界的勇气和雄心壮志都已经跌落尘埃,大学生经历了特定的历史变迁,不再是中国社会核心的、关键性的角色。这天翻地覆的改变,孕育了校园民谣的悲伤。这种悲伤和完美城市拥抱绝对性的状况紧密相关。民谣诞生于一种怀旧的、伤情的、告别理想主义的姿态中,与之相伴的就是日常俗语的到来。那么,消费社会日常俗语的产生期间,声音的政治形态是怎样变化的?

在一则抖音广告里,一个玻璃茶杯被放置在一个极度安静的环境中,采用 360 度立体声环绕的录音形式进行拍摄。这则广告非常有趣,它展示的其实是一个非常便宜的玻璃茶杯,但是为了让杯子产生豪奢的感觉,广告的制作者使用了寂静的声音。在这段小小的广告当中,我们发现声音获得了一定的阶级属性,换句话说,收入越高、阶级地位越高的人,他"享受寂静"的可能性就越大。

这个声音段落改写了噪音的范畴。在摇滚的时期,罗大佑和崔健的噪音是对声音资本主义的反抗,在这则广告里,噪音却变成了低俗生活的象征,听到噪音越多,你的生活质量就越差,只有回归小音量的理性化秩序,噪音才自动转变为华美之声。作曲家凯奇曾经反对声音的扮演或者代言,他认为声音应该如其所示。比如说一个歌唱家扮演雨声,这是不对的,下雨的声音就是下雨的声音。但是在这则广告视频中,声音不再是声音本身,杯子的磕碰声不是玻璃杯互相磕碰而产生的声音,而是在扮演中产阶级的宁静的客厅。纯粹的声音在这里扮演新的想象性角色,这是一个有能力排除城市噪音的主体,一个中产阶级化的自我,声音在这里指向的是对寂静的体验。在城市当中,"寂静中的声音"需要房子、地段、环境和心境的养护,这正是高标准、高成本生活的体现。所以,廉价的杯子放在寂静当中,广告纯粹地表达杯子的声音,就是想告诉我们:买了这个杯子,你就是中产阶级。

显然,今天声音和都市乌托邦主义、拥抱绝对性以及完美城市的意识紧密相关。随着都市文化的崛起,精英的、哑语化的流行音乐逐渐告别了历史舞台。都市越来越追求景观化,体现出"都市乌托邦主义",城市当中的街区分类、空间规划和建筑类型,都在假装自己是按照自然规律的要求而建立的。但是,正是这种"冒充",使得都市力求把自身的意义关闭在人们的美学想象之中,即通过引导公众审美地看待都市自然层面的形象,相应地,掩盖其内部权力和资本造就享乐的霸权和纵欲的空间内涵。今天工业化的流行音乐,逐渐成为掩盖都市当中的差别化——如阶级地位差异、经济收入差别以及社会身份的不同——的有效方式。

这种转变使得我们看到一种有趣的东西——随着独居社会的到来,"寂静倾听"和"倾听寂静"成为声音变化的内在主题。

近代以来,音乐中管风琴的主导地位逐渐被钢琴所取代。过去音乐主要出现在乡村广场上搭起的剧场里面,现代都市社会中室内乐普遍崛起。钢琴是室内音乐诞生的标志,室内乐的特点在于钢琴伴奏和独奏,钢琴几乎可以演奏全部的音乐作品,并且88键的钢琴更容易被业余爱好者掌握。因此,艺术音乐的家庭化孕育了中产阶级理性化的音乐文化,"寂静倾听"成为声音的主体层面的表征。

城市的崛起让声音脱离了音源,这使得城市声音更容易扮演自然之声,有效地构造了城市空间闭合化的状态。城市空间的分布依赖视觉而展开,城市中的场所则通过声音来营造其完整空间:每一个商店的空间,每一个宾馆的空间都要由不同的音乐来占据。高档的奢侈品店不可能播放摇滚乐,在这里你只能听到"寂静之声"。都市声音通过生产寂静来实现它空间的独立性,"无声的乡村自然"成为城市声音的有趣的景象。在这里,无论是"寂静倾听"还是"倾听寂静",城市声音都潜藏着对独立而孤独自我的允诺:芸芸众生中,听听你内心的声音。

于是,"孤独美学"成为阐释民谣的本真性幻觉的入口。

什么叫"孤独美学"? 首先,"独居城市"的到来是孤独美学诞生的社会学背景。在现代都市当中,独居生活正在迅速发展。根据相关机构测算,到2050年中国的独居人口将增至1.33亿,每4户当中就会出现1个一人户,一人户将成为中国最普遍的家庭结构的类型之一。2018年天猫榜单报告显示,"一人份"的商品正在迅速蹿红,迷你微波炉销量增加了980%,迷你洗衣机销量增加了630%,100克装的大米、200毫升的红酒在同类单品当中销量增速最快，一人量的商品成为大趋势。就连社交属性最强的火锅也开始流行一个人吃，速食小火锅的购买人数同比增加了 210%。中国民政部的数据显示，2018 年中国的独居人口超过 7 700 万，比 1990 年增加了 6 000 多万，占总人口数的 16.9%。2021 年，中国的独居人口达到 9 200 万人。美国同样如此。2005 年，22% 的美国成年人独居，2012 年这个数字超过了 50%，此外，还有 800 万人选择集体住宿。

"孤独美学"逐渐崛起——都市越大，自我越小，"我"成为一种附着性的盈余物，有效地逃离上一代人所追求的价值和虚无构造的二元焦虑，淡定地漂浮于任何意义之上。社会中无处不是"被淹没"的感觉，只好用一个人的方式来撑满虚空的掌控感：即使有男朋友，也愿意一个人去看电影；即使结了婚，也愿意分房而住，一个人生活。就像鲍德里亚所说，"最好的汉堡包一定是在海报上"，同样，最美的感情一定是在一个人的幻象里面。"孤独美学"让我们的生活日益沉浸化：如果我只是一个追求精致的个体，那么那些粗劣的俗事与我何干？沉浸在自我的幻觉当中，把宰制性的力量转换为拥抱和融入的对象，他者变成了主体。都市里到处都是嘈杂的叫卖声，人潮涌动中令人不安的脚步，拥挤不堪的交通设施和取号排队的网红饭店……都市新民谣就是在这样特定的历史背景下诞生的。

# 四、都市新民谣

要讨论都市新民谣，首先要说明什么叫作民谣。我给民谣下了一个定义：民谣，就是城市的想象性镜像。民谣是城市在声音当中幻想出来的自我镜像，大都市生活的聚集、隔绝和冷漠，赋予了民谣回到黄金时代的冲动。因此，民谣最早的特性就是罗大佑逃离工业化的冲动和对乡土中国过度浪漫化的想象。

华语民谣崛起于中国台湾，虽然上海最早出现了《四季歌》这样的歌曲，但它形式上是民族小调。形式上的小调回环和真嗓，内容上的对生活经验的表达，以及 20 世纪 50 年代中国台湾青年人对欧美轻音乐的拒绝与模仿，形成了早期的民谣热潮。民谣的独立意识发生在 20 世纪 70 年代的中国台湾，70 年代以后，一批受过高等教育的校园民谣歌手大量涌现，比如以李宗盛为代表的木吉他乐队，以及台湾的青年民谣歌手在 1975 年举行的"中国现代民谣之夜"。民谣一改当时流行音乐的媚俗婉约之气,成为城市化和工业化背景当中,表达本真性诉求的艺术形式。罗大佑的《野百合也有春天》,无形当中唱出了城市民谣的内在精神:在城市坚硬的建筑和激越的爱情图景中,不要忘记,寂寞的山谷里才真的会有自然纯真的春天。

在这里,我用的是"都市新民谣",而非民谣。很多人会认为民谣是乡村的,然而,严格地讲,民谣应该是城市的,只是早期的民谣是旧民谣,是反抗、对抗欧美的流行音乐的;而我今天所要讲的都市新民谣则有独特的发生内涵。谈及这个内涵,就不得不提都市新民谣崛起的先兆,即中国大陆的校园民谣。

大陆的校园民谣跟台湾的校园民谣是不同的,台湾的校园民谣很少有悲伤和沮丧,大多是清纯、清新、靓丽的,而大陆的校园民谣却充满了伤感。歌曲《睡在我上铺的兄弟》中,"兄弟"和"你"本来指的是一个人,只不过"兄弟"是当年"分给我烟抽的兄弟",而"你"写的信却"越来越客气"。校园民谣把社会分成了两个意象:纯真的象牙塔和冷漠的丛林社会,这两者构成了校园民谣内在的悲伤。校园民谣的悲伤不仅仅是因为毕业怀念青春。1994年我在山东师范大学的门口,第一次听到《同桌的你》,音像店反复播放这首歌,我听了整整20分钟。我觉得这首歌唱的是我们这一代人的失落,我们曾经是天之骄子,是社会的中心,慢慢地却变成了社会边缘人,毕业即失业,需要不停地找工作。我们这一代人的青春是浪漫主义和理想主义,而一旦进入工作岗位,面对的却是严酷的丛林社会规则,我们曾经拥有充满浪漫的幻想的青春,可是现在却只有一眼看到头、毫无趣味、单调无聊的生活。就像歌里面所唱的:给我烟抽的"兄弟"那样淳朴,连手里的硬币都猜不透,可是现在的"你"写信越来越客气,关于爱情你只字不提。"你"成熟了,也冷漠了,"兄弟"是那样傻,却那样真挚。校园民谣的伤感,就像高晓松在《冬季校园》中所写的那样,"我亲爱的兄弟/陪我逛逛这冬季的校园/给我讲讲/那漂亮的女生/白发的先生",在这里,无论是"白发的先生"还是"漂亮的女生"都是无功利的,而今天,在现实生活当中这一切都是昏暗。

20世纪90年代的校园民谣和21世纪的都市新民谣,在悲伤沮丧的情感上是一脉相承的,但是两者之间也有着很大差异。

20世纪90年代的校园民谣和21世纪的都市新民谣都具有民谣的共性,即非专业人士的原声创作。《同桌的你》是作者在深圳陪女朋友看海,早上起来给女朋友梳头,倏忽之间,内心悲伤,跑到帐篷里面写下的。民谣的创作门槛比较低,它的乐器简单,以吉他为主;采用小调的哼唱、哭腔和喊麦的形式;描写日常生活经验,往往唱的都是生活的感触,而且随写随唱,比如赵雷的《成都》写小酒馆的门口,写玉林路的街头,随写随唱,曲调也非常简单。

校园民谣跟都市新民谣的差别在于,校园民谣是大学生在社会地位丧失的状况下,所创生的强烈怀旧冲动,它是对80年代以罗大佑为代表的浪漫主义激情肆溢的流行音乐形式和理想化时代的告别。在校园民谣中,现实生活和校园的对立,隐含着城市丛林社会和乡村礼俗社会的对立。正如它自己所唱的,歌曲的理想听众是流浪歌手的情人,是望见星斗的眺望者,是白衣飘飘的同桌。

而都市新民谣的创作者,大部分是小市民,在歌曲中经常会听到脏话。都市新民谣依托酒吧等场所生存,跟校园民谣不同,他们不认为自身精神和肉体是干净纯粹的。在都市新民谣中,市井生活的欲望和校园民谣里形而上的冲动并存。所以,"分裂"构成了都市新民谣内在的情感联系。在都市新民谣当中,歌曲的理想听众是酒吧里熏熏欲醉的人、午夜街头的失忆者和抽烟不语的呆坐者。简言之,校园民谣尝试拥抱社会、拥抱世界而不得,所以他怀念兄弟和冬季的爱情;而都市新民谣却遭遇日复一日城市生活的昂贵,懒得寻找的"四块五的妞"和"睡你,却不做爱的董小姐"。

如果理解了这两种民谣的不同,就能理解为什么要将21世纪的都市民谣命名为"都市新民谣"。都市新民谣的代表人物,如毛不易、周云蓬、五条人,他们唱出了怎样的声音政治,或者说他们扮演了怎样的声音形象呢?

都市新民谣是对传统民谣的反叛。民谣所提供的是在城市中对乡土生活的幻想,是从都市的嘈杂里面仰望星空,歌唱"闪亮的日子",而都市新民谣展现的是从夜晚车流的灯线里领悟自己被划伤的悲凉。所以,都市新民谣充满了现代都市生活的累累伤痕,呈现出不同于传统民谣的声音政治。

都市新民谣的第一种声音景观是"虫鸣"。

毛不易的歌曲《像我这样的人》讲出了自我内在的分裂。像我这样的人,本应该不平凡地过一生,没有想到,时至今日,我依然四处流浪颠簸,无所皈依。这首歌的有趣之处在于:一方面,旋律部分唱出了一个伤感的、悲伤的、充满挫败感的自我;另一方面,节奏部分演绎出了一个不甘平凡、不甘堕落、不甘平庸的自我的幻象。值得一提的是毛不易的唱法，这首歌非常容易跟唱，我把这首歌的唱法叫作"虫鸣"，即不扮演任何角色的，完全是虫子的生理机体所发出的一种声音。

都市新民谣的第一种声音景观演绎了"我就是这个样子"的声音角色，这是一种回归家庭伦理和情感意义的意识，我把它称之为"退行意识"。"退行"是一个很有趣的心理学的概念。弗洛伊德认为，一个人在成长的过程中，无论多大年纪，总是会不断地寻找童年的经验。比如一个成年人一旦开始恋爱，他就要被抱抱、亲亲、贴贴，因为这是他童年时期的美好经验。这就叫"退行"——尽管你长大了，可是你却依然愿意不断地退回到童年的情感围抱当中。毛不易在这首歌里唱道："像我这样莫名其妙的人/会不会有人心疼。"他唱出了都市新民谣的绝望感，这种虫鸣的呻吟正是暗中倾诉"谁来抱抱我"，这是都市新民谣非常有趣的退行意识。

都市新民谣的第二种声音景观是"卑笑"。

周云蓬是我最喜欢的歌手之一，他的《不会说话的爱情》讲的是自己和心爱的女友分手的一天，他们虽然相爱，但周云蓬是个盲人，女友的妈妈不同意他们在一起。周云蓬用一种"卑笑"的声音来唱这首歌，卑笑就是"高贵的人在哭，卑贱的人在笑"。高贵的人是可以哭的，因为你有资格哭；而卑贱的人是不能哭的，因为如果一哭，你的生活就完全坍塌了，所以卑贱的人必须要笑，必须要更珍惜欢乐、更珍惜浪漫、更珍惜温情。悲凉的情景中人们不得不笑，也正因为要笑，所以更好地体会到了生活的悲凉。周云蓬说："绣花绣得累了/牛羊也下山了/我们烧自己的房子和身体生起火来。"他描绘最后一夜两个人倾情拥抱，享受着爱情的、身体的坦荡，"解开你红肚带/撒一床雪花白/普天下所有的水都在你眼里荡开"，然而，越是纯洁，越是投入，越是迷醉，他们的分别越是痛苦不堪，越是悲观绝望。

周云蓬在这首歌当中创生了一种私奔的冲动——活于爱情中则卑贱，活于现实生活，你才能够高贵。这就是都市新民谣的第二个主题：逃奔在爱情里的人卑贱不堪，只有躲在高贵的庸俗里，才能够想象爱情的浪漫。这首歌越是展现真切的爱情，越能够感受现实生活的单调、无聊、庸俗。都市新民谣不仅表达出对回归原初伦理情感关系的冲动，也展示了现代生活的情感悖论——你越追求浪漫，你就会越卑贱。

都市新民谣的第三种声音景观是"偷说"。

所谓"偷说",就是"不能说的话""不敢说的话"和"说不出来的话"。这里要提到弗洛姆的"社会过滤器"的概念。通常我们认为,社会是通过警察、保安,以及其他形式来威胁、恐吓以禁止别人说话,但是弗洛姆认为,真正有效的办法,是让社会不再生产诉说这些经验的语言,因此,一个社会的语言中存在着一个社会过滤器,让人们无法言说那些被淹没的经验和不允许被言说的经验,消除这些经验被说出来的可能性。

以五条人为代表的都市新民谣,创设了一种用现代的、合法化的、理性的、成型的语言所不能描绘的"阴郁"气质。五条人的《初恋》具有这样有趣的特点,打击乐把音乐的节奏拉入空间中,乍一听没什么意思,但是它的冲击力却非常强烈。这首歌唱着一个货车司机的车撞到了桥头上,他坐在路边哭泣,怀念起他的初恋,而他的初恋已经成了别人的新娘,歌曲的最后唱道:"嘿/我的朋友/我祝你一切顺利/生活愉快/嘿/我的朋友/明天的太阳依然为你而升起来。"五条人在这首歌里面践踏了一种日常语言——"我祝你永远快乐",他让这种日常语言变得虚伪无力,变得空壳化。《初恋》这首歌告诉我们,"初恋""祝你快乐""明天的太阳会升起来"这些词,与货车司机的痛苦永远是隔阂的。这首《初恋》仿佛在说,我们所有关于情感的语词,都无法言说这个货车司机此时此刻的内心,我们可以发明浪漫的词汇去描绘城市里的爱情,我们可以发明美好的旋律去歌唱我们内心的生活,我们可以歌颂光明,歌颂未来,我们可以想象浪漫的青春。但是我们永远缺乏语言,去言说一个遭遇车祸的货车司机,他蹲在那里,想象他的初恋,而他的初恋已经嫁给了别人。这首歌看似靓丽,却隐藏着一种社会性的阴郁气质。它告诉我们那些被众多歌曲所演唱的日常情感和经验是如此同质化,也向我们呈现了那些永远被遮蔽的、无法言说的绝望和沮丧。假如我们遇到了这样一个司机,我们能对他说出什么? 我们只能拍拍他的肩膀,不痛不痒地像个中产阶级一样说,祝你永远快乐。

五条人以塑料袋作为乐队的标识,塑料袋看似有用,可以装得下一切,甚至能在空中飞翔,但是最终不过是垃圾堆里惹人厌弃的环境污染物。塑料袋象征了一类人,他们沉默着,无法言说自己的生活。我们的歌曲总是唱着另一些人,却唱不了以塑料袋为生和与塑料袋生活在一起的这些人。五条人穿塑料拖鞋,用塑料水桶作为架子鼓,他们的生活是由塑料所构建起来的。老狼悲叹自己的生活像塑料袋一样飞翔,但是在另一些人那里,塑料袋就是他们的生活本身。因此,都市新民谣的第三种声音景观所具有的内涵便是:唱出塑料袋所指向的、所包围的、所形成的、所装置的那些人的生活经验。

在这里,都市新民谣让听歌的人不单是安安静静地用耳塞听歌,而是更讲究器材设备的保真,体验现场歌手的激情,乃至必须辨认每个声音背后所隐含的细微变化。

现代社会中,欲望客体被潜移默化地拔高:抖音里面的女性精致性感,想象中的男朋友帅气宠溺,婚礼上要有兰花绽放和百鸟啼唱……我们生活在一个四处飘散香味的极乐世界当中,它是电视机里的高档社区、广告中的雅致生活、橱窗里的富贵人生,更是你自己的辉煌成就。在高标的欲望客体中,人变得越来越渺小、残弱、卑微无力。抽象性的压抑促生了都市新民谣的情感压抑,它所唱的正是理想和欲望俯视下的低矮现实。因此,所谓的"都市新民谣"正是城市中声音的悖论性创伤。

都市新民谣真正的情感缘起,可以追溯到20世纪90年代中叶消费主义的崛起和大下岗,这一时期,无数人的生活被彻底地改变,所有的情感都留不住了。王菲的《红豆》是这个时期的代表性作品,它看似是一首爱情歌曲,但是却隐含着一个创伤世界:所有的感情都有尽头,没有什么会永垂不朽,但我却"宁愿选择留恋不放手"。王菲的声音是平静的、冷漠的、绝望的,可是歌词是热情的、浪漫的,用绝望的声音唱浪漫的内容,形成了歌曲的悖论:我知道一切都有尽头,可是我多么渴望能够抓住。这就是都市新民谣最早的悖论的情形,一方面人们感受到世界的坍塌,另一方面却希望这个世界能更加有序。如果你去问一个初中毕业的工人,说:"你有没有感受到黑夜笼罩着华北平原?"工人一定嘲笑你说:"不要胡思乱想了,吃饱喝足才是重要的。"90年代大量的普通人就是这样吃饱喝足,过着美好生活,可是大下岗的时代到来了,"突然之间大厦崩塌"。

《四块五的妞》唱出了在社会巨变、改革阵痛的时期,一个普通人的生活发生的巨变。这是一个在黑夜流浪的人,也许是忙完了一天的工作,也许是失去了一直忙碌的工作,天黑了,他在街上行走,觉得自己应该有个"妞",可是简单的要求是难以实现的。因为每一个妞都代表着房、车和彩礼。这首歌用惆怅表达形而上的情感诉求,在歌词里用数字凸显了日常生活的困境。

《成都》这首歌希望把某一种情绪永远地稳定在某个状态里面,但是赵雷却赋予了"成都"一种说不出来的感受：我来和去都不能有明确的意义陈述。如果说，一般的歌曲在这首歌当中应该歌颂我对某个姑娘的眷恋，但是赵雷却告诉我们：我觉得我失去了一切，就像失去了这个城市；我伤感，却并不是因为你，没有一个具体的原因让我的内心充满惆怅。

《董小姐》唱的是一位年轻美丽的文艺女性，我一直深深地爱她，向往着她。可是有一天一个朋友却抽着烟跟我说起和她的床上事，董小姐是他人的床上宠物、我心中的浪漫女神。这首歌唱出了情感和生活的双重尴尬。

如果说，《董小姐》唱的是形而上的浪漫情感跌落尘埃的话，那么《结婚》则唱出了市民生活的实际梦想的跌落尘埃。"你像我见过的那个少年/背着青春走在九月的街头"，这时候的你对即将创造的生活充满想象，但是你终究要用"三万收买这婚姻/和那个陌生的女人虚度这时光"，"往事涌上心头青春就散场"。这首歌唱出了生活本身的无意义。

高保真的音响通过隔绝噪音而实现空间的本真，体现出象征界的有序；一旦戴上耳机，自我就会诞生，体现出想象界的错序。都市新民谣虽然形态多样，良莠不齐，但是总体上对现代都市经验表达的"奥利给化"和情感偏执化——"奥利给化"，就是什么也别管，喊一嗓子，闷头活着，闷头吃烤串，闷头去工作，不再问理想和意义；情感偏执化，就是只要有感情，只要有个人疼你就得了——进行了一种意义的阻断，它是对处在抽象性压抑当中的都市人生活编码的破坏。

都市新民谣体现了现代人的一种"残余"意识。本雅明的"游荡者"、莱蒙托夫的"多余人"、鲁迅笔下的"过客"，都可以看作关于人主体的符号化话语生产力不足的后果，体现出"剩余物"的形态。但是"游荡者""多余人"和"过客"都呈现出强烈的反叛气息，具有不可夺其志的主体精神。然而，在当代，除了这种不足之外，想象力的大爆发还带来了符号界关于人的符号话语生产过剩，这就造就了主体盈余化和剩余化。都市新民谣正是这种"残"和"余"的组合，不是"残余"，而是"残"与"余"。一方面新民谣是盈余的，它是漂浮在本真性话语上的多余物，多一个不多，少一个不少；另一方面新民谣又是剩余的，它言说着在完美城市中丧失了表达空间的生存经验。

# 第十六讲　散文为何写、写什么和如何写①

赵　勇

　　**主持人语**：文学是最常见的艺术样式。散文是人们常用的文学形态。散文为何写、写什么和如何写？赵勇教授结合自己的研究和创作指出：为何写——作者意有郁结，无病呻吟不行；写什么——敢于真实呈现丢自己脸的事情，文过饰非不行；如何写——娴熟掌握某种艺术方式，技艺不造练到一定程度不行。只有非写不可、充满真诚、艺术圆熟，才能创造散文吸引人、打动人的美。

## 一、为何写：此人皆意有所郁结

　　关于这个话题，我想从一个著名的作家高尔泰谈起，我觉得这位作家能够给我们提供一些"为什么写"的情况，或者是呈现给我们一些"为什么写"的道理。

　　高尔泰有一本非常著名的散文集，叫作《寻找家园》。《寻找家园》到目前为止有三个版本，最早的一个版本是广州的花城出版社出版的。这个版本我很早就买到了，但是读了之后觉得很不过瘾，因为它删减的东西太多了。到了 2011 年，北京十月文艺出版社又出了一个版本，这个版本相对来说比较全，虽然也有一些遗憾，但这是目前大陆出版的最全的一个版本。除此

---

　　①　本文根据赵勇教授 2022 年 8 月 12 日在晋城大剧院报告厅所做讲座的录音整理、修订而成。该讲座由晋城市作家协会、晋城市图书馆和晋城市城区文学艺术工作者联合会主办，主持人为山西省作家协会副主席、作家聂尔。赵勇，中国赵树理研究会副会长、北京师范大学文艺学研究中心教授。

之外,《寻找家园》还有一个台湾印刻版。这个版本是足本,可以说是一字未改。这三个版本我都有。为什么我要反反复复地买这本书,当然首先是因为我希望看到最全的版本,这是所有的读书人都怀有的一个心愿。还有一个更重要的原因是,我真的很喜欢高尔泰先生的散文,我认为他已把散文写到了中国当代文学的一个最高度。这是我对他的一个基本评价。

为什么我觉得他的散文写得好?我觉得跟他自己的特殊经历有很大的关系。高尔泰从 20 世纪 50 年代后期开始,一直到他 1992 年出国前这段时间,经历了几次政治风潮,几乎半辈子遇到的都是倒霉事。而且刚刚出国不久,他就得知他的女儿去世了。因为他走的时候没有带走他的女儿,他的女儿在 25 岁时自杀了。

高尔泰后来写散文,写《寻找家园》,在某种程度上可以把它看作他自己的人生自传。《寻找家园》分三编内容,第一编是"梦里家山",第二编是"流沙堕简",第三编是"天地苍茫"。在这三编内容里,他把自己大半辈子的经历,人生的历程呈现出来了,我觉得写得非常好。那么为什么他能够写得好?后来我在他的美学著作当中找到了答案,高尔泰曾经说过:"历史上那些最伟大的艺术家们的命运,例如屈原、司马迁、杜甫、伦勃朗、梵高、米开朗基罗、贝多芬、曹雪芹等人的命运,都是非常之不幸的。正是这种不幸,孕育了他们的艺术。苦难毁灭了李煜的人生生活,但却成全了他千古流传的诗篇;苦难毁灭了陀思妥耶夫斯基的生活,但却成全了它使全人类灵魂为之震动的小说。"当我读到他的这样一段文字时,我立刻也就明白了他的散文为什么写得这么好了。实际上他的《寻找家园》也走进了他所描述的这样一个艺术的谱系当中。也就是说,在他大半辈子的生活当中,他一直是处在一个倒霉或不幸的状态,但是最终他在写作层面获得了成功。为什么一个人在他总是倒霉的时候反而恰恰是能够把自己的文章写好的时候。这里边其实蕴含了一个很深的道理,就是苦难如何能够转换成艺术。

所以当年我读了高尔泰的散文之后很有感慨,于是在 2011 年写了一篇叫《三读〈寻找家园〉》的文章,发表在南方的一家报纸上。但是高尔泰去国已久,他对国内动态可能也不关注,估计他也没见到这篇文章。大概三四年前,一个很偶然的机会,我跟高尔泰先生取得了联系,在通过几次电子邮件之后,我就把我写的这篇文章发给了高先生,请他指正。让我没想到的是高先生为我写了一幅字,这让我非常感动。也就是说,我给他发过去这篇文章之后他读了，估计是他比较认可我的那种感觉或写法，所以他主动就给我写了一幅字。但是这幅字写出来之后高先生对我说，就不给你邮寄了，寄的话害怕出问题，也怕收不到。之后要是有人来美国，我让他们给你捎回去。所以他就先拍了这幅字的一张图片给了我。果然一年之后，有一位中国人民大学的老师正好去美国看望他，高先生就准备让这位老师把那幅字给我带回来。高先生很有意思，他说要把他写给我的这幅字装裱一下，但是没想到美国的装裱技术很差，一装裱把字给弄坏了。弄坏之后，他说干脆我再给你写一幅得了，把原件带回，回到国内你再装裱。书法写的是"草色连云，水光接天"。高尔泰是一个画家，他的书法也很有特点。在他的《寻找家园》里，我印象特别深的一个细节是说当年他画那些宣传画，他觉得自己把笔给画坏了，所以他后来为了恢复自己对艺术的感觉，画出好的东西来，自己就想了好多办法，比如"用左手，用秃笔，倒着画，反着画，书法从纸的末端，从字的最后一笔写起……总之怎么生疏就怎么弄，一发现圆熟的笔迹和甜腻的造型就撕纸"。最终他总算挣脱了那种圆熟甜腻的俗套，画出了一些好东西。

　　我之所以跟大家说高尔泰的这些情况，是因为我觉得高尔泰的散文里贯穿着待会儿我想要谈的一些东西。

　　接下来再说另一个作家——史铁生，刚才我已经提到了，可能在座的诸位朋友对他要更熟悉一些。史铁生是中国当代的一位著名作家，但也算是英年早逝。我记得他是 2010 年的最后一天去世的，那一年他整整 60 岁。他曾经写过一篇散文，叫作《我二十一岁那年》，写的是他当年去治病的时候的情景。因为他是北京人，所以当年就响应毛主席号召，知识青年上山下乡，插队到了陕北。刚去陕北的时候，小伙子没有任何问题，但是在农村待了大概一两年之后，他忽然发现自己腿出了毛病。然后他就回北京看病，一家医院挨着一家医院地看，但每一家医院给的诊断都差不多，都说他的毛病是出在腰椎上。这个病很可怕，得病的人很可能面临终身瘫痪，这让他感到非常绝望。最后，他去了友谊医院神经内科。当时他就有了一个想法，这篇散文的开头部分写道："我下过一个决心，要么好，要么死，一定不再这样走出来了。"他觉得自己这么一个活蹦乱跳的小伙子，突然被判了无期徒刑——可能以后要终身和轮椅相依为命，他就觉得命运给他的打击太大了，自己活不下去了。所以他说，要么就是以前的医院都诊断错了，要么就自我了断。最终的结果是,医院的诊断没有什么问题,当然他也没有自杀,而是被朋友们抬出了医院。所以他在他这篇文章的结尾部分以这样一种笔触写道:"21岁过去,我被朋友们抬着出了医院,这是我走进医院里边怎么也没料到的。我没有死,也再不能走,对未来怀着希望也怀着恐惧。"双腿残疾,坐上轮椅就再也站不起来,这对史铁生来说是一次非常沉重的打击,也是他人生阶段的一个重要的转折点,或者也可以说是让他拥有了一种写作的契机。假如没有这样一次遭遇,没有这样一种疾病的话,他后来是不是会去写作,会不会成为一名既写散文又写小说的作家,会不会终身与轮椅为伍的同时也与笔为伍,都会打上一个问号。在《我与地坛》的散文里,他对自己的这些情况就有一些交代。

后来我也在史铁生的文章里看到了他对自己为什么要写散文的一个说法。史铁生是一名小说家,但是我觉得他在散文写作方面的成就甚至要比他的小说成就更高一些,从这个意义上说,他更是一名散文家。他的说法是这样的:"为什么往事,总在那儿强烈地呼唤着,要我把它写出来呢?"他的答案是这样的:"重现往事,并非只是为了从消失中把它们拯救出来,从而使那部分生命真正地存在。不,这是次要的。因为即便它们真正存在了终归又有什么意义呢?把它们从消失中拯救出来仅仅是一个办法,以便我们能够欣赏,以便它们能够被欣赏。在经历它们的时候,它们只是匆忙,只是焦虑,只是'以物喜,为己悲',它们一旦被重现你就有机会心平气和地欣赏它们了。一切一切不管是什么,都融化为美的流动,都凝聚为美的存在。成为美,进入了欣赏的维度,一切都有了价值和意义。"这是史铁生作为一名散文作家的思考,就是说他去重现往事,他去书写往事,是为了让它进入一个欣赏的维度,然后这些往事就被赋予了价值和意义。

他的思考有没有道理呢?当然有道理,但是我又觉得他的思考还可以再往前推进一步。也就是说,如果让我来思考这个问题的话,我固然也能够认同史铁生的说法,但我觉得这样的思考可能还不算特别到位,还可以往前再走一走。那么,我希望在一个什么样的维度上来谈论"为什么写"的问题呢?简单地说就是"发愤著书"。像我刚才提到的高尔泰、史铁生,还有许多作家,其实都走进了我们古人所说的"发愤著书"的传统当中。关于"发愤著书",我不知道大家是不是知道司马迁曾经有一篇非常著名的书信,其实也是散文,叫《报任安书》。这篇文章里有几句非常有名的话,我给大家背一背:"文王拘而演《周易》;仲尼厄而作《春秋》;屈原放逐,乃赋《离骚》;左丘失明,厥有《国语》;孙子膑脚,《兵法》修列;不韦迁蜀,世传《吕览》;韩非囚秦,《说难》《孤愤》;《诗》三百篇,大抵圣贤发愤之所为作也。"大家注意,"发愤著书"就是从"诗三百篇,大抵圣贤发愤之所为作也"这儿来的。那么为什么这些人要发愤著书呢?紧接着司马迁又进一步说明了原因:"此人皆意有所郁结,不得通其道,故述往事,思来者。"所谓"意有所欲结",就是胸中有块垒,需要把它抚平,需要寻找到一个合适的渠道把它释放出来,于是他们选择了写作。司马迁这段论述其实是他的自况之词,大家都知道他是受了宫刑,也知道他为什么要去写《史记》。也就是说,他在奇耻大辱之下仍然要发愤而作,他举了那么多例子,其实是要表明他是有同道的,他不是一个人在战斗。

而在司马迁"发愤著书"的层面上,我们的古人还有好多类似的说法。比如说"欢愉之辞难工,穷苦之言易好"(韩愈),为什么是"穷苦之言易好","欢愉之辞难工"?实际上这里面蕴含着很深的道理,或者说它其实关联着一个文学的最本质的问题,不仅仅是散文的问题,它还关联着文学究竟是从哪里来的?为什么有文学?为什么有人会用一种特殊的方式去写作,把文学呈现出来?所以我经常想到的一个说法就是:历史往往是胜利者写下来的,对不对?但是文学又是谁写下的?是失败者。他们在生活当中有许许多多不如意的事情、受挫折的事情,有很多磨难,就像高尔泰那样,大半辈子他都在倒霉。但是只有有了这样一种人生的历练,才能写出好的文字。如果你一辈子风调雨顺,是一路凯歌高奏走过来的,你要去写作,你要想写出好的文学,我估计会很难,因为好多东西你没有深刻的体验。而这样一种深刻的体验只有当你罹难的时候,当你经受磨难的时候,当苦难伴随着你的时候,你才能够体验到常人没办法体验到的那个层面。只有具备了这样的深刻体验之后,你才能够把思考推到某一高度。正好你又有写作天赋,具备写作能力,这样你才能把它传达出来。因此要我说的话就是,胜利者书写历史,失败者经营文学。

当然,除此之外,关于"为什么写",我还想到了一个层面,我觉得可以把它叫作"立言的诱惑"。

我们知道,曹丕曾经写过一篇非常著名的《典论·论文》,他谈到写作本身的时候说:"盖文章,经国之大业,不朽之盛事。年寿有时而尽,荣乐止乎其身,二者必至之常期,未若文章之无穷。是以古之作者,寄身于翰墨,见意于篇籍,不假良史之辞,不托飞驰之势,而声名自传于后。"古人有所谓的"三不朽",什么是"三不朽"呢? 就是立德、立功、立言。对于文人墨客来说,他们实现自身价值的方式更多是"立言"而不是"立功",因为"立德"和"立言"基本上是连在一起的,但是要想"立功"或者建功立业的话,可能他就要奔赴疆场了。所以对文人墨客来说,他们能够通过他们的写作立言,这也是不朽之盛事。所以曹丕就说这些人"不假良吏之辞,不托飞驰之势,而声名自传于后",是因为他们可以通过立言,也就是通过著作文章这样使自己不朽。所以我觉得对于每一位从事写作的人来说,可能或多或少都有一种立言的诱惑。这个问题我就谈到这里。

## 二、写什么:要敢于呈现那些丢脸的事情

接下来我想回答一个"写什么"的问题,其实在某种程度上,刚才我所谈的内容已经触及了这个问题。

童庆炳老师是我的博士生导师,已经去世了。我的第一本散文集面世的时候,他曾经为它写过一篇书评,其中有一段话给我的触动还是比较大的,他说:"我一直认为,写散文与写小说是不同的,散文越写越少,而小说则可以越写越多。因为散文写的是你亲身经验过和体验过的人、事、景、物,而小说则可凭着一点想法大肆虚构,像《哈利·波特》那样虚构。因此,散文对于作家而言,就是你自己生命的一部分,写完一篇,那体验的一部分就被输出过了,不能再输出了。"在他说这番话之前,我还真没有考虑过这个问题。所以当我看到"散文越写越少,小说却可以越写越多"的说法时,真有点大吃一惊。

后来我想了一下,还真是这么个道理。因为散文不能够去虚构,不能道听途说,把别人的东西原封不动地拿过来。散文全是你亲身经历和体验过的东西,可不就是写一篇少一篇嘛。你写出一篇,把其中的一块生活或经历呈现出来了,之后就不可能再去写这一块的东西了。比如说在我的散文集里,我写过《我的三次高考》。1979 年第一次参加高考,我当时是在水东中学的土高中刚毕业,没考上,然后就去了当年非常著名的晋城一中的文科复习班,袁东升老师是班主任。但是复习了一年,我还没有考上,于是只好再复

习一年。我写了我的三次高考，就意味着这一块东西我已经输出了，已经把它变成文字了，之后就不可能再去写这个东西了。所以"写什么"的问题，其实对于散文作者来说，是一个不需要进行太多讨论的问题。散文就是要写自己亲身经历的东西，或者用史铁生的话说，是写已经过去了的一些往事。它在经过了一些时间的沉淀之后，会在我们的记忆里面发酵。

我记得在20世纪90年代的时候，当时我对散文比较感兴趣，就曾经写过一篇比较长的文章，叫作《回忆与散文》，琢磨了一下散文究竟是怎么回事。大家知道，孙犁既是小说家，也是著名的散文作家，当时我主要是受到了他的影响。孙犁有一个观点，他认为散文主要是"一种老年人的文体"，这个说法当时给我的触动还是很大的。虽然我当时还是个年轻人，只有30岁出头，但是我仿佛已经体会到了孙犁这句话的一些奥秘。也就是说，当你经历过一些事情，有了一些往事，而这些往事经过时间长河的冲刷之后留存到了你的记忆当中，成了你记忆当中最有价值的东西时，你把它写出来可能才更有价值。而刚刚发生过的事情，它没有经过沉淀，你可能还没办法估量它究竟有没有价值。也就是说，往事经过时间长河的冲刷，经过沉淀，经过你反反复复的咀嚼，然后它需要去获得某种意义的时候，就需要你为他赋形，需要你用文字把它固定下来。这个时候可能散文就出现了。所以我就想，往事啊，回忆啊，最终它们都是和散文捆在一起的。

我可以举我们身边作家的例子。王继红先生是我们阳城县的一位散文作者，也是前几年我刚刚认识的一位新朋友。他去年年底出版了一本名叫《轨迹》的散文集，我是在第一时间读过的，读过之后就很有感触。我认识王继红是聂尔介绍的，他在介绍我认识他之前跟我说，王先生虽然现在已经一大把年纪了，但当年是个文学青年。于是我就知道了他的一些经历，他大我十岁，年轻时做过文学梦，写过小说，差点发表在《山西文学》上，后来弃文从商，主要是开公司，在发展经济。但是当他一大把年纪时，他又想回归文学，所以他写了散文。《轨迹》出来之后，在我们山西的文学圈里，一些朋友也都在议论，也在写书评，大家在某种程度上似乎已达成了一种共识，就是觉得他宝刀不老，散文写得真不错。尤其是其中的一篇很长的散文，叫《粗缯大布裹生涯》。

苏东坡的"腹有诗书气自华"这句诗大家可能都知道，但是这句诗的前一句"粗缯大布裹生涯"，大家就不一定清楚了。王继红使用苏东坡这句诗作为标题,本身就有了一种暗示。那么,这篇文章里写了什么东西呢? 其实他是把自己 30 岁之前的人生经历描摹了一下,是他的心灵的成长史、灵魂的修炼史。这篇散文从他 1966 年进入一所乡下初中写起,一直写到 80 年代初他的"文学嘉年华"。在与"发表"失之交臂之后他改弦更张,在改革开放的春风中弃文经商,开始了他的新的人生之旅。所以我在看他这篇文章的时候,就觉得他那里边融入了好多东西。我后来写文章时也特别指出,说:"这篇文章有故事、有人物、有事件,有贫穷与荒凉,有疼痛与抚慰,有人性的苏醒和心灵的悸动,一唱三叹,荡气回肠,是我喜欢的大散文。"在读王继红先生散文的时候,我一下就想到了孙犁"散文是一种老年人的文体"的说法。就是说,当他到了这样一个年龄,经历过好多事情,当他回过头来重新面对这些经历的时候,就有了一种人生的况味,有了一种特别的感受,有了对这样一种生活的重新理解。这个时候他若有能力把它写出来,那么这个东西就一定是好东西,是真东西。

所以有时候我也常常想到,年轻的时候写不好散文,可能跟你人生的这种历练还没到那个份上有很大的关系。在这个层面上,我想传达我自己关于"写什么"的一个观点。泛泛地说,就是写自己亲身经历过的东西,就是童老师所说的"人、事、情、景";把这些呈现出来,也就是把往事呈现出来。但是如果要让你的东西具有一种非常真实的效果的话,你需要写什么呢? 我想到了休谟的一个说法,他说:"只有写了自己丢脸之处的自传,才可能是真实的自传。"许多人,尤其是名人,到了一定的年龄并且有了名气之后都会写自传,或者是请人捉刀代笔。但是你们去看一看这些传记,往往都是歌功颂德的,所谓老王卖瓜,自卖自夸式的。当然我们也能够理解这是人之常情:一个人总是想把自己一生当中闪光发亮的那些东西呈现出来,是不是? 谁都想说自己如何"过五关斩六将",如何取得了成绩,获得了辉煌,而不愿意写自己的"走麦城",把自己丢脸、丢丑的事情写出来。但是假如你自传的内容是经过了精心的挑选或筛选,把其他不利于你形象的东西都剔除得干干净净的,留下了所谓的精华,留下的全是闪闪发光的东西,那这个东西的真实性就会打上一个大大的问号。所以我觉得休谟的话说得非常到位,而把休谟所说的"自传"换成"散文",成立不成立呢? 我觉得也是可以成立的。就是说,只有写了自己丢脸之处的那种散文,才可能是真实的散文。我觉得这个东西真的是非常重要。

所以在 2015 年，我的导师童庆炳老师去世之后我写怀念文章，我有一个小小的顿悟。这个顿悟是什么呢？是我突然明白了小说是怎么回事、散文是怎么回事了。于是我在文章里写道："小说说复杂很复杂，说简单也简单。实际上，小说是一种无奈的文体、忧伤的文体，是写不成散文之后的变形。"为什么我会有这种顿悟？因为我觉得散文是很真实的东西，你需要直接面对你的心灵世界，直接面对你所经历过的人、事、情、景物等。只有在你觉得那些人与事情没办法把它直接写出来时，你才会为了某种程度的伪装，为了某种程度的偷梁换柱，把它变成了小说。我觉得小说就是这么诞生的。

我这一次刚从北京回来，就跟王继红、张暄等人一块喝酒聊天。我和张暄都生过同一种病，聊到这种病时，我说我们得病的经历完全可以写成散文。张暄的第一反应是说"不行，把它写成小说可能差不多"。为什么他的第一反应是没办法把它写成散文，只能用小说的方式来呈现？我觉得可能这里边有好多东西不太好处理，你没办法或者是你不敢把最真实的情形呈现出来，你只好用小说的方式。所以我说我当时有一个小小的顿悟：小说是一种无奈的文体，就是说你本来是可以把它写成散文的，而且尤其是我们今天的生活有时候远比小说精彩十倍百倍，小说家的想象力在精彩的现实面前已经相形见绌了。但是为什么我们还不敢货真价实地去呈现，还要把它变成小说？就是因为小说可以伪装。

但是，话说回来，假如我们真要把自己的一些经历写成散文而不是小说的话，你该怎样写呢？我觉得需要去掉人格面具，你戴着人格面具去写作是不行的。"人格面具"是著名的心理学家荣格提到的一个理论，说的是我们生活在这个世界上要跟人打交道，都要戴着人格面具。只有戴着人格面具，这个交道才容易打。假如每个人都是以弗洛伊德所谓的赤裸裸的"本我"来亮相，那么良好的社会关系就无法形成。所以在社会上为人处事，你需要一个人格面具。但是这个人格面具戴久了，又很可能会和你的自我融为一体。也就是说，你要去写作的时候，依然戴着人格面具，这个时候你就没办法把你自己的真我呈现到世人面前，你的散文的真实性就会打上许许多多的折扣。所以我觉得我们在"写什么"的时候，这里边还是会有一些讲究的。

说到这里我可以再举一个例子。史铁生有一篇散文叫《我与地坛》，非常有名。我曾经有一个想法，觉得许多年之后，假如史铁生的东西只能留下一篇，那么这一篇一定是《我与地坛》。他的小说可能大家都不看了，但是

《我与地坛》会留下来。为什么会留下来？因为这篇散文写得好。但有意思的是，这篇散文在发表时出现了一个情况。《我与地坛》是史铁生在三十七八岁（大概是在 1989 年）的时候写出来的，其实他也是在回首往事。写出来后他又把它放了将近一年的时间，反反复复地做了一些修改。后来《上海文学》的编辑姚育明去北京组稿，问史铁生最近是否有写什么东西，能不能给他们一篇稿子，史铁生答应得含含糊糊的。但是当姚育明回到上海之后，史铁生终于把《我与地坛》拿出来，寄了过去。因为当时史铁生已经是一名著名作家，在此之前，他的一些小说比如《我的遥远的清平湾》之类已经获过小说奖，他已经很有名气了。编辑部的人看到他的来稿后非常高兴，读了《我与地坛》之后都觉得这篇写得非常好，而且觉得可以把它放到小说栏目中发表。为什么要这样？是因为 1990 年年底他们拿到这个稿子，然后想在 1991 年《上海文学》第一期上把这篇文章推出来。而做刊物的人应该都知道，他们对新年第一期的刊物往往比较重视，觉得要有一些重点的稿子。当时《上海文学》第一期也刚好缺少小说方面的重头稿，他就想把《我与地坛》作为小说发表出来。但是他们又觉得要作为小说来发表的话，得征求一下史铁生的意见，于是就跟史铁生说，我们想把它作为小说推出来行不行？没想到史铁生斩钉截铁地拒绝了，他说自己写的就是散文，不是小说，如果你们要以小说的形式把它推出来的话，他宁愿不在这里发表。《上海文学》的编辑们当然不愿意让这篇稿子花落别处了，于是他们就做了一个比较狡猾的处理：既没说它是小说，也没说它是散文，而是特意开辟了一个栏目叫"史铁生近作"，然后就把它推出来了。

《我与地坛》出来之后，一些人还是把它当成小说来看待，甚至好像他还因为这篇文章获得了一个小说奖。但是过了两年，大家已经能够达成一个共识，就是说《我与地坛》其实就是一篇散文，是一篇非常好的散文，是一篇大散文。因为我们以前看得太多的都是杨朔那样的抒情性散文，是我们读得已经倒了胃口的那种散文，而且那些散文都比较短，大约两三千字。当我们一下看到了这样一篇一万三四千字的长篇散文时，都吃了一惊，一下子都不知道怎么给它定位了。后来我想，史铁生的这样一种坚持很有道理，也能够给我们带来一些启发。他在写作的时候，他的文体意识很强，他知道他是把它当成散文来写的，如果把它作为一篇小说发表，我个人感觉实际上是把这样一篇文章的价值给拉低了。就是说，作为散文，它是非常真实的，它里边所有的东西都是可以对应的。但是你要说它是篇小说，你就可以说这里边有的东西是虚构的，有不实的东西。这在小说里边是允许的，但是散文就不能这么做。所以我觉得史铁生这么做，其实是想维护了一种文体的尊严。他觉得散文就应该这样。

## 三、如何写：用某种方式说出这些事情

现在我来说第三个问题，就是"如何写"的问题。

刚才聂尔说我对萨特有研究，其实也谈不上。但是他有一篇文章，给我带来的启发是非常大的，这就是他在 1947 年左右写的《什么是文学？》。他在这篇长文里曾经说过这样一句话："人们不是因为选择说出某些事情，而是因为选择用某种方式说出这些事情才成为作家的。而散文的价值当然在于他的风格。"萨特在这里所说的散文跟我们今天所说的散文还不太一样，他是在法语的意义上去理解所谓的散文的。但是他前面说的这句话让我很受震动，它实际上涉及一个"怎么说"的问题，就是用何种方式去说、怎样说、怎么把它呈现出来，这里涉及文学形式和文学技巧的问题。

昨天我在琢磨这个问题时，首先想到了我第一次意识到这个问题是什么时候，通过怎样的文章。大概是 1986 年，我读到了孙犁的一篇散文，叫《亡人逸事》。那个时候我正好在山西长治晋东南师专给学生们讲写作课，就把这篇散文带到了课堂上，给学生朗读并给他们讲解。我后来想了想，我当时很痴迷孙犁这篇散文的地方在哪里呢？此文是写他亡故的妻子，在我们今天看来，是一篇篇幅两千多字的怀念性散文。他的妻子亡故不在了，过了十多年之后，他回过头来写一篇纪念性的文章。

这篇文章一开始讲的是生活当中极为平常的几件小事情，讲他与妻子如何经过父母之命、媒妁之言得以相识，后来又怎样度过了战争年代的生活。就这样写了几小节的内容。写到快结尾的时候，突然之间，孙犁的文笔发生了很大的变化：前面都是普通大白话，交代日常生活的琐事，基本上是平铺直叙，但是快结尾处却出现了半文半白的表达。作者写道，一些人跟他说，你是个作家怎么不写写大嫂？然后孙犁就说："这是因为，虽然我们结婚很早，但正像古人常说的：相聚之日少，分离之日多；欢乐之日少，相对愁叹之时多耳。我们的青春，在战争年代中抛掷了。以后，家庭及我，又多遭变

故,直到最后她的死亡。我衰年多病,实在不愿再去回顾这些。但目前也出现一些异象:过去,青春两地,一别数年,求一梦而不可得。今老年孤处,四壁生寒,却几乎每晚梦见她,想摆脱也做不到。按照迷信的说法,这可能是地下相会之期,已经不远了。"而这样一个半文半白的表达,放在这篇散文里边显得很是突兀。当他用这段话表达过之后,就又回到了原来的大白话式的叙述,又开始交代日常琐事。于是我当时就意识到他是在"如何写"上琢磨过、下过工夫的。他通过文笔的转换,使得叙述的节奏发生了一个微妙的变化,让叙述稍稍有了一个短暂的停歇,然后又转换到后边的进一步叙述。在后面的叙述中,他又讲了一件很小的事情之后,文章戛然而止。可以说,这是我第一次非常明确地意识到一个"如何写"的问题。

后来我又意识到这个情况是我刚才提到的《我与地坛》。一方面我对史铁生这篇散文的评价非常高,另一方面我对它也非常熟悉。刚刚提到过,这篇文章是 1991 年面世的,我当时在晋东南师专教书,大概是到 1994 年左右的时候,我就开始在每年的写作课上诵读《我与地坛》了,然后我会告诉大家这是一篇好的散文,它好在哪里,妙在何处。《我与地坛》写了七小节的内容,不说别的,单说它的结构其实也是很讲究的。我在他这篇散文当中读出了一种交响乐的结构。大家应该知道交响乐分四个乐章,那么我也恰恰对他的这篇散文分了四个乐章:第一、二小节是第一乐章,第三、四、五小节可以看作第二乐章,第六小节是第三乐章,第七小节则是第四乐章。那么第一乐章是什么? 是慢板。你们可以看它的第一小节和第二小节,它是以一种非常舒缓的笔调进入他的回忆和怀想当中的。文中讲述了一个废弃的古园,他经常会摇着轮椅进去,在文章一开始他就对地坛做了一个描述,他说地坛仿佛在等着我,等着我活到最狂妄的年纪,忽地残废了双腿,然后我摇着轮椅进去了,这些都是在讲述他如何和地坛相遇的过程。到了第二小节,他写了母亲对他的寻找。母亲看到年龄还那么小的儿子得了这样一种病,自然是非常焦虑,非常痛苦,但也没有任何办法。史铁生当时一度非常狂躁,摇着轮椅跑到园子里面待着,有时候一待就是一整天,在里面想心事、看书。母亲有时候见他一直不回来,就去园子里边找他,这个时候,史铁生就很烦躁,不想见到母亲,他就躲在树丛里,故意不让他母亲看见,而他却能够看见母亲脚步匆匆地从他身边经过。不久他母亲去世,他曾为自己当年的不懂事和太自我感到非常后悔。

所以我们看第一小节第二小节时可以发现,这是一个非常舒缓的节奏,像交响乐中的慢板。但是从第三小节开始发生了变化。按照我的分法,文章进入第二乐章像是行板,或者是如歌的行板。但是在行板之前,他插进来一段小步舞曲。我们读散文的时候,一定要意识到它表面来看好像是闲笔,但是闲笔不闲。用音乐的说法我则把它叫作小步舞曲。它很有意思,很耐人寻味。

如果大家读过《我与地坛》这篇散文的话,就会发现有个小节的内容其实是非常奇妙的。史铁生完全可以不去写它,就是说完全不要这一节,继续往下写,其实也是可以的。而一旦加上了这一小节的内容,立刻就让整体的文章发生了很大的变化。我觉得他就这样用一大段文字,用基本相同的句式,用具象的、可感可触的东西去比喻抽象的、看不见摸不着的时间。他用一天中的时间、乐器、园子中的声响、园子中的景物、心绪、艺术形式、梦去对应这个四季,感觉四季,描摹四季,四季也就有了色彩,有了声音,充满了灵性。所以我说要把这一小节看作小步舞曲,是因为写母亲那一节,也就是第二小节的内容,它的语调非常舒缓,又写得很沉重;而到这一节,它的叙述的节奏变了。虽然它还谈不上欢快,但它确实是快起来了,仿佛作者在叙述完母亲的故事之后也觉得沉重,他要停一停,他要歇一歇,这样的话他才能够找到叙述的调子,所以他即兴演奏了一段音乐小品,来调整自己的心情,来调整叙述的节奏,也让读者从原来那样一种沉重的状态当中走出来,走到接下来的新的叙述情境当中。所以我觉得这一小节内容很奇妙,同时又非常重要。

顺便插一句,我们现在的高中课本好像也选了《我与地坛》,但它只是一个节选,只选了前两节的内容,因为课本有课时的要求,就把后边五个小节全部给砍掉了。而把后边章节全部砍掉之后,中学课本里面任何一个教案去总结中心思想时,都说《我与地坛》是一篇歌颂母爱的作品。说它歌颂母爱有没有道理? 有道理,因为它的第一小节主要是介绍作者和园子的相遇,第二小节则是写生病之后他与母亲的关系。但是如果只把《我与地坛》概括为写母爱的作品,就把这篇散文的主题给固定化、狭窄化了。其实这篇散文涉及的东西很多,其中确实有母爱,但是还有写作,还有命运,还有对命运的思考。它把很多东西糅到一起,所以具有非常特殊的魅力。

由此可以看出,好的散文在形式层面是非常讲究的。

再回到高尔泰,我在以前写文章的时候曾经特别提到,我最开始读高尔泰只是能够感到他用笔非常节省,举重若轻,我能感受到他的冗繁削尽,字字珠玑。所以我说:"他写人,三笔两笔勾勒,人就活了;他写景,三言两语描摹,气象全出;他那种富有诗性的思考又如同散金碎银,遍布于写人记事的空隙,让人感受着生命的呼吸,心灵的颤动。他不抒情,他懂得一切景语皆情语。他也不铺陈,总是点到为止,给人留下了硕大的想象空间。"那么为什么他能够写到这种境界? 这是因为"他是画家,他知道如何使用白描;他还是美学家,他懂得艺术生于节制,死于放纵"。我最开始读他的散文已经意识到,从表面看来,他只是用自传体来写散文,但是其实仔细体味的话,可以发现他是认真琢磨过的,他的文章是很讲究的。那么后来我再进一步读,我就意识到他的散文实际上有雷霆万钧之力,但是这个力又不是那种大喊大叫式的,不是张牙舞爪式的,而是"纯棉裹铁"——这是他自己的一个说法。就是说,它是以一种"纯棉裹铁"的方式,以外柔内刚的方式呈现出来的。高尔泰在他的美学著作说过:"中国艺术所追求表现的力,不是'剑拔弩张'的力,而是'纯棉裹铁'的力。……西方表现忧患与痛苦的作品,音调多急促凄厉,处处使人感到恐怖和绝望。中国表现忧患与痛苦的作品,音调多从容徐缓,处处使人感到沉郁和豁达,感到一种以柔克刚的力量。"我想高尔泰作为一名美学家和理论家,他懂得这方面的东西。然后在这个基础之上,他去写散文的时候,又很能够把这些东西体现在他的笔端,所以使得他的散文作品具有了一种非常特殊的魅力。

我也举一下聂尔作品的例子。聂老师的散文是非常讲究的,我能够看出来他在"如何写"上下了很大功夫。那么"如何写"的讲究可以体现在很多方面,前面我们谈到了结构,但还有一个非常重要的层面是语言。汪曾祺有一个说法叫"写小说就是写语言"。聂尔有一个说法是"写散文就是写句子"。他在他新出版的这本散文集里,特别针对"写散文就是写句子"这一句话进行了解释:"作家的任务就是尽量去除句子和句子之间的垃圾,使得每一个句子都能闪烁出语言的本质性光芒。"

所以大家去读他的散文的时候,可以关注一下他在语言上的讲究,看他是怎么让每一个句子闪光发亮的。他最近在《山西文学》上发表了一篇散文,叫《父亲之路》。其实他去年写出来的时候,我是第一时间就读到的,本来他发过来是让我们提意见的,但我提不出意见。这篇文章写得比较长,是他的写作中比较罕见的一万五六千字的长文。而且我当时也特别在意它使用的这种结构,比如这些小标题:"2003 年,在济南";"1986 年,在四川璧山";"2011 年,在上海";"1981 年,在北京";"2013 年,在杭州"。他写父亲之路是如何写的呢?他是通过他的寻访来写父亲,他到了这上边的这些地方,在这些地方倾听和他父亲有交道、有交往的人讲述他的父亲,也就是说通过他的寻访和别人的眼光,勾勒出了他父亲的形象。

所以我当时读完之后,给他的回复说:"整个读了一遍,非常好!通过别人之眼写父亲之路,就开阔,融入的东西也多。别人的路、父亲的路、自己的路相互碰撞,交错,生发出来的就是一种很复杂的东西。"这是我当时第一感受和第一印象。我说"结构也好,空间和时间看似不经意的组合似乎也藏着深意",他以这种方式的结构,以这种时间、空间的不经意,藏着深意,关于深意,后来我没有去好好琢磨,这是我读完之后的第一感觉,就把这个第一印象写出来了。这其实就是说他在写这篇东西的时候,我觉得是有考虑、有琢磨的,他在"如何写"上,可以说是下过工夫的,以这种方式去呈现父亲形象,就显得更加耐人寻味,也可以融入更多更为复杂的东西。假如说它采取另一种方式、另一种结构形式的话,可能就没办法把这么多东西装进去。

说到这儿我也想举一个我自己的例子。我今天中午去给我的奶奶、爷爷上坟烧纸。《人生的容量》这本散文集里正好有一篇《奶奶的记忆》,这篇文章我在写的时候稍稍动了动脑子。我当时想,要用散文写我奶奶的话,我该怎样去谋篇布局,怎样去叙述事情。虽然事情就是那么一些,但是我怎么把它讲述出来?结果我用了一种退叙的方式,不是倒叙,是退叙。倒叙大家应该都知道,就是说把最后边的事情、把结果放到最前面,这件事情写完之后又从头写起,整体上还是顺叙式的。退叙是从最后边写起,然后一直退着往下写。所以在我的文章中,我一开始写的是 1992 年我奶奶去世,然后我写我奶奶去世之前,正好我儿子也出生了。而且我儿子出生之后,不仅我奶奶去世了,我妻子家的奶奶也去世了。她们当时脑子还很清醒,都听说我儿子出生了却都没见上面,新生与死亡擦肩而过,后来我的岳母还为此专门去算过一卦。我就从这儿写起,然后用的是退叙的方式一件一件往下写,一直退叙到我出生的时候。

我印象最深的是我奶奶给我说的那些顺口溜。刚刚聂尔说我是 70 年代晋城话的保存者,其实和这有关。我小时候大概三四岁刚刚有记忆的时候,我就听到了很多这样的顺口溜。我在这篇文章的结尾部分写道："如今，当我把那些顺口溜转换成文字时，它们的韵味已经流失了许多。大概只有被奶奶的晋城老土话滋润过、儿化过、轻重缓急地调理过之后，它们才会变成原汁原味的晋城童谣。许多年之后回忆，我仿佛还能听到奶奶的声音。在奶奶的嘴里，它们各就各位，妥帖有序，抑扬顿挫，摇曳生姿，乡野之趣与民俗之美就那样活灵活现地丰满起来了。"然后我又说："我现在得承认，那便是我幼年时最早接触到的诗歌，奶奶的念白则为它们谱上了乐音。在奶奶反复的念叨当中，我烂熟于心了，我也开蒙了。"文章退叙到这里，戛然而止。她当时给我念的是怎样的顺口溜呢？我现在就想用晋城话来给大家圪念一下："圪层儿里，圪层儿外，圪层儿里头有根黄丫菜，也能吃，也能卖。——卖成钱了。钱了？割了肉了。肉了？猫吃了。猫了？上了树了。树了？水淹了。水了？牛喝了。牛了？上了山了。山了？哗里哗啦塌了。"又比如："月明光光，里头有个和尚；和尚念经，念到观音；观音打靶，打到蛤蟆；蛤蟆凫水，凫见小鬼；小鬼推车，一步一跌，跌得鼻嘴都是血；跟奶奶要套，没套，捂了顶毡帽就往回跑。"还有："拉大锯，扯大锯，姥姥门口唱大戏。唱的甚？《红灯记》，好不好？也可以。"大家听过后是不是觉得有一种特殊的韵味？而这些顺口溜只有用晋城的老土话去传达，这种味道才能表现出来。

我的散文集里面还有一篇是写我的姑姑的，我姑姑也从我奶奶那里获得了一些真传。我文章写到最后时也写了姑姑给我说的一段顺口溜，她的新式顺口溜配上晋城老土话，也是别有一番风味："董存瑞，十八岁，参加革命游击队；炸碉堡，牺牲了，他的任务完成了。"所以为什么我说它有乡野之趣、民俗之美？可能就是因为它被原汁原味的晋城话圪念时，其行腔运调特别有意思。

我也顺便说一下，前几天我在公众号上推出了一篇年轻学者的文章。他叫肖明华，是江西师范大学的副教授，号称是我的粉丝。他在读了我的书之后，给我写了一个书评，而且还起了一个很吓人的题目，叫《赵勇散文的意义》。他这篇文章写到最后的时候，特别提到了"赵勇体"。他说我有一种文体意识，说我的文章有一种美学风格——幽默、有趣、好玩。他的原话是："读赵勇这两本散文集（指《人生的容量》《刘项原来不读书》），因此一定会笑，甚至偶有解放感从心底涌起。但这种幽默、有趣与好玩不是表层的，也不是做作的，而是自然的，有一定社会意义的，并且有一定的讽刺意味。需要强调的是,赵勇散文的这种社会讽刺却不尖酸刻薄。这可能与其幽默讽刺主要是后现代式的拼贴有关。"

这个"后现代式的拼贴"的评价让我稍稍地有了一点感触。我想了想,也许我散文里边使用了一些后现代的笔法,不仅仅是拼贴,而且还涉及戏仿、挪用、庄词谐用、大词小用。我其实在写东西的时候,有时候喜欢一点正经没有地去写一些正经的事情,有时候又喜欢一本正经地去写一些不正经的事情。而且我记得之前有一个网友曾经跟我说,她觉得我特别喜欢自黑,已经不是自嘲了,而是一种自黑式的写法,我觉得也有一定的道理。我老是这样去写的话,可能不知不觉就有了一些后现代主义的笔法,可能这也是让我写出来的东西比较有趣、比较好读的原因之一。

再一个我想说的是,我书里边的一些梗其实是和学术有一些关联的,可以称为"学术梗"。如果读者有一些理论的功底的话,可能读起来会更有味道。我这里来展示一张照片,这是一位网友在我那本书上做的勾画。他勾画的是这几句:"后来我跟随童老师读书,果然听到了许多八卦掌故:谁谁谁被童老师训斥得涕泗滂沱,某某某被童老师收拾得浑身哆嗦。而我那三年也是'压力山大',眉头紧锁,仿佛过着巴赫金笔下的'第一种生活'。直到后来与他相处的时间长了,才意识到他就是明代画家顾凝远所谓的'深情冷眼':他对学生用情很深,却不一定给你一个好脸。"这么读下来,这几句有那么一点合辙押韵的味道,但更重要的是这里用了个梗。这个梗是什么呢?刚才聂尔说我对巴赫金有研究,其实没有,我只是读过他的一些书。巴赫金谈到过两种生活:第一种生活是眉头紧锁的生活,是在环境非常压抑、氛围非常恐怖之下的生活,因为他身处斯大林时代的那种环境,在高压之下,大家见了面之后都不敢敞开自己的心扉。而第二种生活则是狂欢节式的生活,在这种生活中,大家都放开了,平时不能说的话可以说了,平时不能喝的酒可以喝了。所以巴赫金说,那就是狂欢广场式的生活,有狂欢式的世界感受、狂欢式的话语表达,你会感觉你的整个感觉、整个生活、所有的一切都变了。所以我说那三年压力山大,仿佛过的是巴赫金笔下"第一种生活",指的就是这些东西。这种学术梗需要读者的配合,需要你对巴赫金的东西有所了解,这样读起来才更有意思。

最后我想简单说一下在散文写作方面我这种业余作者与聂尔这类专业作家的不同之处。

首先是真实性,这方面不需要多谈了,因为我一直在追求一种最大限度的真实。所以赵宪章老师在为我这本书写的序言里强调的也是"本真性"的问题。我更想谈的是大众性,就是希望我的散文有更多的受众。这一点,我刚才也特别提到,其实是萨特给我带来的启发。萨特在他的《什么是文学?》里面特别呼吁:"必须学会用形象来说话,学会用这些新的语言表达我们书中的思想。"萨特当年意识到一个很重要的问题,即好多专家学者去写书,写那种大部头的书,而这些书对于普通老百姓来说是没有作用的。因为他们根本不看你的书,他们看你什么东西呢? 看你在报纸上发表的那些文章。所以他才说,我们需要去占领大众媒体这块阵地,我们需要去写那些千字文,我们需要转换我们的语言和表达,我们要换一种方式去说话。他强调的这个问题给我触动很大,因为从 2006 年起,我开始和南方报业集团合作,在《南方都市报》上开专栏,为这家报纸写过三四年的文章。当时我意识到的一个情况是,报纸不会给你更多的篇幅,而是需要你在 1 500 字左右的文章中把道理讲清楚。而且既要讲清楚道理,还要讲得机智一些、巧妙一些、幽默有趣一些,这是我当时主要考虑的问题。

　　所以,在写散文的时候我可能也想到了这一点,就是希望它有大众性,希望它有可读性。至于思想性,聂尔非常讲究这一点,他说过一句话,叫作"我喜欢那种饱含思想之血的文字"。我也希望我能写出这样的文字,但我要表达思想的话,其实还可以借助于论文。我选择去写散文,是想获得另外一种笔法,所以在某种程度上我有意把思想层面的东西淡化了。我的想法是,散文如果有思想性的话当然更好,没有的话就那样了,也没关系。

　　有一次我跟继红先生、聂尔兄等人喝酒,其间有人问起我和聂尔作品的区别。我说,当年三毛给贾平凹写信,信中说,三毛的作品是写给一般人看的,贾平凹的作品则是写给三毛这种用一生的时光来阅读的人看的。我说,我就是三毛,聂尔就是贾平凹。聂尔的东西可能就是写给我这样的人来读的,我的东西则是写给大家伙儿看的,大概这就是我们写作的区别。后来我想了一下,聂尔的散文很讲究,可以说是一种艺术散文。我的散文有时候带着一种学术味道,或许可以叫学术性散文,但有时候又变成了家常散文。英国人有一种说法,叫 family essay,我们翻译成"家常散文"。所以有时候我就索性去写一些很家常的散文,通过很家常的东西去表达和传达我在思考或我想讨论的东西。

当然最后，我还是想讲一讲为什么我后来在写论文之余也去写了一些散文，而且可能以后还会去写。因为在许多年前，我读德国社会学家马克斯·韦伯的文章，其中的一些说法对我刺激很大。他说："在学术园地里，我们每个人都知道，我们所成就的，在十、二十、五十年内就会过时。这是学术研究必须面对的命运，或者说，这正是学术工作的意义。……在学术工作上，每一次'完满'，意思就是新'问题'的提出；学术工作要求被'超越'，要求过时。任何有志献身学术工作的人，都必须接受这项事实。学术研究，若由于本身所带有的艺术性，能够提供人们的'满足'，当然可以流传；或是作为一种训练方法，也可以有持久的重要性。然而就学术本身的观点来说，我再重复一遍，将来总有一天，我们都会被别人超越；这不仅是我们共同的命运，更是我们共同的目标。"韦伯说这就是学术，学术本来就应该是这样的，学术研究就是需要被超越，你也需要接受被超越的这个事实。但艺术不是这样，比如说聂尔非常欣赏两位作家，一位是托尔斯泰，一位是卡夫卡。你不能说后来有了卡夫卡，托尔斯泰就过时了，对不对？也不能说有了现代主义的作品，有了后现代主义的作品，现实主义就过时了。

韦伯的这番话当时给我的冲击力很大。我意识到，很多作家和艺术家，之所以写出了能够传世的作品，就是因为他们的东西不断会有读者去面对，永远不会过时，永远不会落后。而做学术研究的话，它就存在着一个问题，若干年之后，你所写出来的东西就被别人的超越了。虽然这本来就是学术工作的意义，但是一想到你的某篇文章虽然在某个时间段里是重要发现，但它只有三十年、五十年的寿命，你就会想与其这样，与其我去写一篇论文，还不如我写一篇散文更有意思、更有价值一些。所以有一段时间，韦伯的这个说法刺激我产生了许多联想，甚至影响到了我的选择。当然我的主业还是写论文，就只好在写论文之余去写一写散文，所以我经常处于这两种状态当中，不断交错，也不断地转换思路。因为一方面，我需要一种严谨的学术态度，甚至在智性层面上，我处理的是比较高端的文本，比如我最近就一直想把阿多诺的文章翻译成大家都能看得懂的样子，因为阿多诺的文章太难、太高端了。但另一方面，我想去面对那些属于我自己的经历，想用文学的形式去呈现我想呈现的东西。所以我经常在两种思维、两种状态中碰撞和转换。两边都想做，但是两边都没做好，这就是我现在的状态。

# 第十七讲　网络创作能否打造文学经典<sup>①</sup>

## 欧阳友权

　　**主持人语:**随着科技发展和艺术媒介的日新月异,网络文学成为当代文学创作领域的新贵。什么是文学经典? 网络创作能否打造文学经典? 如何打造? 国内研究网络文学的顶级专家欧阳友权教授对这个大众感兴趣的热点问题做出了权威解读。他认为:网络文学虽然目前有渐成主流之势,但数量与质量不匹配、过度商业化以及技术与艺术的不平衡,导致精品力作占比不高,经典难觅。原创性、亘久流传、多向阐释空间和艺术价值的永恒魅力,是文学经典评价的一般标准。网络文学打造经典,一是要树立精品意识和经典观念,倡导创作的"工匠精神";二是要采取"经典化"有效举措,如推精品设置创作标杆,走出媒介歧视、过度商业化和跟风套路误区,对网络文学实施评价分层而不必一刀切;同时要优化创作环境,解决好网络作品盗版侵权问题,建立健全网络文学评价体系,尊重审美规律和网络特点来管理网文行业,并假以时日,把优秀之作置于历史沉淀和口碑传承中。这样,网络传媒方能催生文学经典的"日出"。

　　中国网络文学最早的源头可以追溯到 1991 年的美国华人留学生,那时的华人留学生在网上建立了一个公共空间,可以用汉语表达,是一个电子刊物,叫《华夏文摘》。传到中国是 20 世纪 90 年代中期以后,有人把 1998 年叫

---

　　① 本文系欧阳友权教授 2021 年 4 月 12 日在上海第二工业大学所做讲座的演讲录。欧阳友权,中国文艺理论学会网络文学研究分会会长,中南大学教授。

作"网络文学元年",实际上的诞生时间比这个要早,这个话题最近还有争论。我前不久在《文艺报》发过一篇文章,叫作《哪里才是中国网络文学的起点》。不管怎么说,网络文学在我国实际上最多也就是二三十年时间,但发展特别快。

网络文学的发展速度远远超出我们的意料,这个时候我们就要反省,发展这么快的一种新型文学,它是怎样的规模、怎样的水平?它能不能形成像传统文学那样的,不仅有高原,还有高峰,形成一个又一个能够为文学史传承下来的优秀的文学经典呢,这是我们所追求的目标。今天就这个话题跟大家交流,我想谈三个方面的问题。

首先介绍一下我国网络文学发展的现状,我认为网络文学已成主流,但难觅经典,说它是主流可以,但有没有经典那还要仔细斟酌。然后看看文学经典是有什么标准,有什么要求,什么样的文学才能叫文学经典。最后谈谈网络能不能打造文学经典,该怎样打造。就这么几个方面和大家交流、分享一下。

# 一、网络文学已成主流,但难觅经典

让我们分享这些数据。根据中国互联网互联网络信息统计中心今年2月3日发布的第47次《中国互联网络发展状况统计报告》显示,截至2020年12月,中国的网民规模达9.89亿,较2020年3月增加8540万,互联网普及率70.4%,网络文学用户规模为4.6亿,占网民总数的46.5%,其中手机网络文学用户4.59亿。文学网站日更新总字数超2亿汉字,文学网页平均日浏览量达20亿次,其上下游产业链的年创造产值突破7000亿元,有各层次网络写作者1900万,稳定的签约写手70万人,各网站平台储藏原创作品2590余万种,年原创网络小说233万部。

文学能有这么大的经济体量吗?它现在已经是一个庞大的文化产业了,就是说从上游比如说网络小说,它是一个内容的提供要素;然后把网络小说改编成为电影,改编成电视剧,改编成游戏、动漫、听书,还有舞台演艺、周边产品等,形成一个产业集群、产业链,打造了一个新型的数字化的文化产业、一种新型的文化产业业态。这时的网络文学就不仅仅是一个文学的问题,它已经从文学走向了艺术,走向了娱乐,走向产业,带动着整个社会的文化生产和再生产,影响很大。

各网站平台现在储藏的原创作品超过 2 500 万部,主要是类型化的长篇小说。这么多的作品,不管你喜欢哪一种类型的,只要你会找,就能找到你心仪的作品。你喜欢看言情的吗? 有爱情小说;你喜欢军事的吗? 你可以去看热血军文,看丛林狼,看流浪的军刀;你喜欢看历史题材,你可以去看酒徒、月关的小说。你看玄幻、武侠、盗墓、穿越、后宫,什么题材都有,可以满足万千读者的各种需求。网络上一年生产长篇小说 200 多万部,而且篇幅大多都很长,80 万字只能算中篇,200 万字比比皆是,300 万—500 万字也司空见惯,1 000 多万字、2 000 多万字的也不少。最长的一部网络小说多少字,你充分发挥你的想象力。你想象不到有多长,达 1.7 亿汉字。一部小说 1.7亿汉字,当然那是用 AI 程序创作的,然后由人来加工。小说的名字叫《宇宙巨校闪级生》,这部小说写了 1 万多个人物、几万种动物、几万种植物,那个神奇的想象超出你的想象力。

可以说,今天的网络文学,从数量、阅读的人群到对大众文化的影响力,已经是当代文学的主流了,这是很客观的,一点也不为过,有人评价说,网络文学已经被视为是"世界四大文化现象"之一,即把它与好莱坞大片、日本动漫和韩剧相提并论,成为一种世界级的文化现象。

我们的网络文学有了三家文学上市公司,全世界没有哪个国家有文学上市公司,只有中国有。2015 年中文在线在深交所创业板上市,掌阅科技 2017 年在上交所上市,还有目前最大的阅文集团,2017 年 11 月在港交所上市,挂牌的当天股价暴涨。现在,阅文集团是网络文学平台的龙头老大,文学上市必须有规模化、产业化经营,没有规模、没有水平能上市吗? 不可能的。

今天网络文学发展的总体格局,我们把它形容为"一超多强","一超"就是超级网站平台阅文集团。阅文集团是中国网络文学的领头雁,它占领了中国网络文学市场 80%以上的份额,下设有 9 家文学网站,其中的起点国际是面向海外的文学网站,阅文中的起点网是我们目前最大的文学网站。创世中文网、小说阅读网都很有规模,起点女生网、潇湘书院、红酒添香、云起书院,这些都是女性网站。网络文学里面女性文学比男性文学的读者受众更多,大量的影视作品都是女频小说改编的。阅文集团在内容、渠道、运营资源上有强大的优势。"多强"是说另有几十家文学网站也不甘示弱,中国作协有一个网络文学重点园地联席会议制度,大概有 50 余家文学网站就纳入中国作协管理这个系统里面,它们就属于"多强"。网站之间有激烈的竞争,有竞争就有进步,就有利于发展,让整个行业风生水起。

从作品看,我们的网络文学是以小说特别是类型小说为主。类型小说的种类很多,这里列的 58 个大类,是我的一个博士生做博士论文的时候,走访了 100 家网站统计出来的,这 58 类是读者最喜爱、作品储藏量最大的文学类型。它们分别是:玄幻、奇幻、仙侠、武侠、游戏、竞技、都市、言情、军事、历史、科幻、惊悚、魔幻、修真、黑道、耽美、同人、太空、灵异、推理、悬疑、侦探、探险、盗墓、末世、丧尸、异形、机甲、校园、青春、商场、官场、职场、豪门、乡土、纪实、知青、海外、图文、女尊、女强、百合、美男、宫斗、宅斗、权谋、传奇、动漫、影视、真人、重生、异能、穿越、架空、女生、童话、轻小说、二次元等。

网络类型小说是市场化的一个产物,它是创作者和读者之间相互选择、自然形成的。因为每个人的喜好是不一样的,你喜欢什么你就会总是上网读什么。那么不同的人群喜欢这一类的,他老是读这一类作品,创作方就想办法满足这一类读者的需求,为他提供这一类的小说,那么这个类型就越来越壮大。我们打开大型网站的主页,页面上就有很多划分的类型,每种类型作品的榜单排在最前面的,是今天点击率最高的、这个礼拜打赏数最多的、这个月我们评分最高的,都列在那里,这样有利于读者选择。所以你只要喜欢读,总能在文学网站找到你心仪的作品。类型小说占主流,然后又出现了网络文学 IP 这个概念,IP 就是知识产权,就是说这个作品有版权的,我可以对它进行全版权转让、多媒体经营。

一部小说在网络上可以通过付费阅读,通过打赏,通过月票,让网站和作者同时获得经济收益。然后因为有了 IP 这个概念,特别是超级 IP、大 IP、优质 IP,把版权卖给电影公司,比如电影《少年的你》《致青春》,就是网络小说改编的,还可以改编成电视剧、网剧、大电影,还能改编成游戏、动漫,还能出版畅销书,等等,这个作品就可以叫"一鸡多吃",每转让一次版权,它都会有一笔收入,这就形成一条长长的产业链,形成长尾效应,或者叫"甘蔗效应",这个作品的经济价值就得到进一步的延伸,同时它的传播力也增强了。版权转让能扩大作品受众面。读者读了小说,还想看这部作品改编的电影、电视,形成消费黏性,让作品保值增值,《后宫·甄嬛传》《琅琊榜》《芈月传》《隐秘的角落》《大江大河》《庆余年》《赘婿》等,就是其中的代表,这些作品一般来说都是上座率、收视率比较高的。看了这些电影、电视剧后,有些人还会回到网上找小说来读,甚至到书店去买书,这就带火了大众娱乐市场。有统计表明,由网络小说转化出版的图书达到 6 900 多部,由网络小说改编的电影有 1 100 多部,改编的电视剧有 1 200 多部,改编的游戏 600 多部,改编的动漫 700 多部。这是 2019 年底的数据,现在这个数量会更大。

我们的大众泛娱乐市场看到很多有影响力的作品,它们中有许多都是由网络小说改编的。中国现在不缺好导演、好演员,也不缺制作公司和文化资本,最缺的恰恰是好的剧本、好的故事,而网络小说就是一个故事的海洋,这个汪洋大海里面什么故事都有,对网络小说进行二度创作、进行改编,这就把网络文学与其他大众娱乐结合了起来。

从总体上看,今日的网络文学已经改变了整个中国文学的发展格局,由传统文学独步天下,变成现在的"三分天下,一家独大",即传统的纯文学、图书市场文学、网络文学,这三个板块中,网络文学已经是一家独大。

我在大学中文系课堂讲文学课,如果上课只讲巴尔扎克、托尔斯泰、狄更斯等传统作家作品,那学生可能就会缺少些兴趣,但是你讲到唐家三少、猫腻、辰东、月关这些网络文学大神,他们就会有共鸣,因为很多作品他们都看过,许多同学从中学开始就读网络小说。

中国的网络文学在世界上独树一帜,打造了世界网络文学的"中国时代"。全世界没有哪个国家网络文学能像中国这样发展得这么快、这么繁荣、这么有影响,成为一个产业,构成一个强大的社会文化现象。

我的研究团队做过世界网络文学调研,分别调研了北美、欧盟、南亚和日韩的网络文学发展情况,结果发现,没有任何一个国家的网络文学能像中国这样,形成如此大的规模和水平,欧美的网络文学主要是利用网络超文本和多媒体进行试验性创作。

网络文学作品里已经出现了一些具有经典相、名著范儿的作品,它们是网络文坛出现的慢工细活的"工匠之作",如:萧鼎《诛仙》,今何在《悟空传》,冰临神下《孺子帝》,陈词懒调《回到过去变成猫》,愤怒的香蕉《赘婿》,刘波、郭羽《网络英雄传》(之一、之二、之三、之四),李枭《无缝地带》,骁骑校《匹夫的逆袭》,何常在《浩荡》,爱潜水的乌贼《诡秘之主》……

2021 年 3 月,网络上曾举行网络小说评选,网友从数以千万部作品中,把 9 本书评为五星,它们是:第一名——爱潜水的乌贼的《诡秘之主》;第二名——辰东的《圣墟》;第三名——老鹰吃小鸡的《全球高武》;第四名——老鹰吃小鸡的《万族之劫》;第五名——宅猪的《牧神记》;第六名——会说话的肘子的《大王饶命》;第七名——沧澜止戈的《快穿之我只想种田》;第八名——希行的《大帝姬》;第九名——吱吱的《慕南枝》。

文学阅读因人而异,别人说好是不是真的好,得要你自己去读,读了你很喜欢,很对你的胃口,那就是真的好。不过大家都说好的作品,总是有它的特点,你不要轻易否定它。

网文界有"四大文青"之说,即把烟雨江南、烽火戏诸侯、愤怒的香蕉、猫腻这4名大神作家称之为"四大文青"。文青即有文学情怀、文学才华和文学表达能力的文学青年,他们这几位的作品文学味比较浓,具有较高的文学性,是网络作家的优秀代表。有种说法是"天才在民间,网上有高手",千万不能小瞧网络,网络上有很多作者很了不得,非常有才华。

网络文学毕竟是新生事物,发展时间短,还不够成熟,有着成长的烦恼和发展的局限。它发展迅猛,声威日隆,却大而不强、多而不优,这一点我们都能感觉到。

今日的网络文学存在三大局限。

一是数量与质量的不匹配。网络文学数量很大,但是总体质量不高,量大质不优,星多月不明,灌水式的作品很多,有人形容它是"乱贴大字报",说网络就是马路边的一块木板,谁都能上去信手涂鸦。还有人说,在网络上,经典不敌偶像,传统不敌时尚。韩寒排名在韩愈之前,郭沫若排名在郭敬明之后,这种现象是存在的,是一种社会文化现象。

二是网络文学过度商业化。在传统文学观念看来,文学是写精神、写价值、写意义、写情感的,主要不是赚钱。写作是有为而作的崇高事业。作者是"人类灵魂的工程师"或"社会良知的代言人";作品有宏大叙事和深沉主题,是"国民精神所发出的火光"和"引导国民精神的前途的灯火"。但网络文学创作,有人只为赚钱,成为金钱的奴隶,认为写作是一种悦心快意、自娱娱人的轻松游戏,作者成为网上灌水的"闪客"和"撒欢的顽童",作品成为用过即扔的文化快餐。网络文学是市场化的产物。我们说,网络文学需要创造经济效益,网络作家是体制外的,他们靠创作赚钱,养家糊口,这并没有错。但文学不能唯利是图,不能只为了金钱,市场喜欢什么就写什么,去迎合一些低级趣味。网络文学创作还是要讲品位、讲格调,要讲求经济效益与社会效益的统一,情色、血腥暴力、黑社会这些不能随便写,不能为了钱而放弃一个作家的社会责任。文学是人学,网络文学是写人的,人都有七情六欲,如果是艺术的需要,必要的表达应该是允许存在的,但网络不能随便开情色、暴力这类天窗,为什么?因为网络文学的读者主要是青少年,作品应该对他们的"三观"产生积极影响。前几年曾发布"网络作家富豪榜",排名靠前的如唐家三少(第六届榜单中年收入1.3亿)、天蚕土豆、无罪、天使奥斯卡等,他们的年收入很高,许多人觉得网络创作能挣大钱,来快钱。其实,并非每个网络写手都能赚大钱,那些高收入的大神只是"金字塔"尖上的人,众多写手是赚不到多少钱的,有的甚至是"扑街写手",沦为"蚁工"。有的文学网站实行"作家福利制度",让新手"吃低保",养他们一年半载,每个月给1 000—2 000元生活费,给他们一个成长期,如果到时候你仍然上不了手,那就只能改行,不能老养你。这说明网络创作是一件不容易的工作,如果图发财,就不要搞文学创作。

三是技术和艺术的不平衡。网络文学应该是利用技术的手段,像西方的网络文学那样,利用多媒体和超文本来创作。但我们时下的网络文学主要是把纸质可以承载的作品转移到网上发表,这不是不可以,只是没有很好地利用数字化技术去创作,没有把视频、音频与文字结合起来去表达,现成的技术没有得到运用,也不能把网络文学与传统文学真正区分开,这就是局限。其实,在网络文学早期,网上是有不少多媒体、超文本作品的。如有一部网络小说叫《哈哈,大学!》,作者是李臻,该小说是写大学校园生活的,作品展示了大学生活的方方面面,从进校到毕业,都涉及了,作品里不仅有文字表达,还融合了摄影、摄像、图片、动画、配音等视频和音频的元素,读起来很立体。这样的网络小说与传统小说是大不一样的,这才是真正的网络文学,可后来这样的作品越来越少,因为制作难度较大,也很难商业化,所以就消退了,如《平安夜地铁》《晃动的生活》等都是这类作品的代表。

所以我们说,万山磅礴看主峰,不缺数量缺精品。今天中国的网络文学堪称浩瀚,量大如山,却体犹未健;个头很大,但显得有些虚胖。还有人形容网络文学"量大质不优,星多月不明",有"高原",缺"高峰",精品力作稀缺已是行业之痛。所以我们要倡导网络文学提质转型,实现品质化的创作、高品质的发展。

总之,网络作品已经有海量积累,网络文学的市场占有率和文化影响力,悄然改写了当代文学版图,打造了网络文学的"中国时代"。倡导精品创作,促进其品质的升级换挡或移步换形、提质进阶,既是全社会对网络文学的要求,也是网络文学自身发展的必然。

## 二、什么样的作品才算文学经典

网络的技术特点是"去中心化",文学话语权下移,文学经典往往会被祛魅。互联网会引发话语权的重新分配,即麦克卢汉所说的由"部落化"到"重新部落化"的过程。数字技术让信息由单一中心、层级传递向多中心、无层级、同步传递转变,加速了文学权力的"去中心化",打破了封闭的文学传承体系,让文学话语权向所有人开放。于是,文学经典遭到冷遇,被技术祛魅,经典认同标准发生改变。

在网络上,曾有网民评出"死活读不下去"的十大文学名著,它们是:(1)《红楼梦》(曹雪芹);(2)《百年孤独》(马尔克斯);(3)《三国演义》(罗贯中);(4)《追忆似水年华》(普鲁斯特);(5)《瓦尔登湖》(梭罗);(6)《水浒传》(施耐庵);(7)《不能承受的生命之轻》(昆德拉);(8)《西游记》(吴承恩);(9)《钢铁是怎样炼成的》(奥斯特洛夫斯基);(10)《尤利西斯》(乔伊斯)。

你看这十大作品有中国的,有外国的,这是网友公认的,说这些历史上的文学名著"死活读不下去"。这十部小说,如果说《追忆似水年华》《尤利西斯》或《百年孤独》你读不下去,那还可以理解,其他小说都比较好读,为什么会"读不下去"呢? 其中一个重要原因是媒介因素,数字化媒介更适于浅阅读、碎片化阅读、直观性阅读,即不需要思考,不讲求沉淀,不需要"言有尽而意无穷""余味曲包",而阅读名著是需要慢慢品咂和思考的,你让"网络原居民"去慢阅读、去思考,他们就不习惯、不适应,就会出现读不下去的情形。

文学经典"读不下去",会引导我们走进这些文学经典,看看它有哪些特征、哪些规定。

先看看传统文学经典的标准是怎样的。意大利作家卡尔维诺提出了文学经典的几个标准:(1)经典是"我正在重读"而不是"我正在读"的书;(2)经典对喜爱它的人构成一种宝贵的经验;(3)经典是产生某种特殊影响的书,要么使人终生难忘,要么进入无意识记忆;(4)经典是每次都像初读那样带来新发现的书;(5)经典带着先前揭示的气息走向我们,背后是它经过文化时留下的足迹;(6)经典是我们以为懂了,但越读越觉得它独特、意想不到和新颖。可见经典可以重读,是一种宝贵的人生经验,能使人终生难忘,甚至进入无意识的记忆,经典是文化留下的足迹,对人的文明史、文化史、文学史做出了贡献。

中国作家韩少功对"什么是文学经典"有这样的观点,他说,所谓"经典",只是一个弹性概念,一直缺乏精确的、公认的、恒定的定义尺度。首先,市场空间能成为一个衡量标准吗?不能。民国时期的张恨水,鸳鸯蝴蝶派大师,畅销书第一人,其作品发行量总是百倍甚至千倍地超过鲁迅,但他在文学史上的地位,与鲁迅没法同日而语。接下来,作品长度能成为经典的一个衡量标准吗?也不能。四书五经——五经稍长一点,就说四书吧,还有圣经、唐诗宋词,都篇幅短小,但它们的经典地位无可怀疑。法国的梅里美、俄国的契诃夫、中国的鲁迅、阿根廷的博尔赫斯,都没写过长篇小说,但文学史不可能把他们的名字给漏掉。一时的名声地位和社会影响,似乎也不能成为经典的衡量标准。诗人陶渊明生前名气并不大,钟嵘撰《诗品》,只是把他列为"中品"。他受到推崇是宋代以后的事。孔子似乎比陶渊明更倒霉,生前到处投奔,到处碰壁,有时连饭也混不上,自我描述为"丧家之犬"。他被统治精英集团重新发现,重新加以包装和营销,奉为儒家圣人,是在他逝世几百年后的事。韩少功提出了文学经典的三个标准:

一是创新的难度。前人说过,第一个把女人比作花的是天才,第二个这样做的是庸才,第三个这样做的是蠢才,由此可见创新之可贵。创新是经典作品的首要特征,如《西游记》《尤利西斯》。

二是价值的高度。创新不是猎奇和搞怪。创新贵在思想艺术的内涵,看作者能否回应人类重大的精神问题,东方朔是那个时代的笑星、段子王,如果拿他和另一个笑星卓别林相比,相信大家都会觉得高下立见,如卓别林的《摩登时代》《大独裁者》。

三是共鸣的广度。这里的"广度",不是指曲低和众的那种畅销和流行,而是指作品具有跨越时代和地域的能力,跨越阶级、民族、宗教的能力,具有某种普适性与恒久性,如鲁迅《阿Q正传》、塞万提斯《堂·吉诃德》。

北京大学邵燕君老师提出过网络文学经典的标准,她针对的主要是类型小说,提了四条标准:典范性、传承性、独特性、超越性。其中,典范性表现为传达了本时代最核心的精神焦虑和价值指向,负载了本时代最丰富饱满的现实信息,并将其熔铸进一种最有表现力的网络类型文形式之中;传承性表现为,是该类型文此前写作技巧的集大成者,代表本时代的巅峰水准;独创性表现为,在充分实现该类型文的类型功能的基础上,形成了具有显著作家个性的文学风格;超越性表现为,突破时代、群体、文类的限制,进入更具连通性的文学史脉络,并作为该时代、该群体、该文类的样本,成为某种更具恒长普遍意义的"人类共性"文学表征。

我觉得韩少功、邵燕君说的都很有道理。我在这里要提出文学经典、包括网络文学经典的四条标准:

一是原创性。经典永远以独特的方式拒绝相互重复所带来的审美疲劳,能给人以持久的新鲜感。如卡夫卡《变形记》、屈原《离骚》、马尔克斯《百年孤独》就具有这样的特点。

二是恒久流传。所谓经典不会随着时光的流逝而消退,它的魅力恰恰使它会随着时光的流逝而不断增加它新的魅力,得到新的阐释。经典经久难忘,世代相传,给我们的想象力打下不灭的印记,乃至以集体无意识的形式隐藏在人类的深层记忆中,如中国古代的《诗经》、但丁《神曲》、歌德《浮士德》等。再过100年、200年、300年、500年,它还会被人们提及,还会进大学的课堂,还会让人们去膜拜它,觉得它还值得细读,是吧?这就是恒久流传。

三是经典具有多向的阐释空间,正所谓一千个人就有一千个哈姆雷特,一万个读者就有一万个林妹妹,不同的理解都是针对这个作品的,观点不一样还可能引起争论,比如红学,一本《红楼梦》就能成为一门学问,成为"说不尽的《红楼梦》"。乔伊斯《尤利西斯》、普鲁斯特《追忆似水年华》也是这样,人们可以从不同的角度找出它不同的内涵。

四是艺术价值的永恒魅力。要形成这种魅力,至少具备这样一些条件:(1)人类性、世界性普世价值;(2)对社会正面价值的肯定与弘扬;(3)超我的精神启示;(4)对人性新的发现与探索;(5)对人类命运的揭示、质疑和批判;(6)对生命终极价值的追寻与回答;(7)艺术形式的原创性贡献。如塞万提斯的《堂·吉诃德》、贝克特的《等待戈多》、艾略特的《荒原》、鲁迅的《阿Q正传》等。我国当代文学中,陈忠实的《白鹿原》、张炜的《古船》、古华的《芙蓉镇》等,初步具有这样一些特点,可能是这几条中的某一条或某几条。荒诞剧《等待戈多》中,爱斯特拉冈和弗拉季米尔这两个流浪汉,时而说戈多"可以说是个老相识",时而又说"哪儿说得上,我们简直不认识他","就是见了他的面也不认得他"。两个流浪汉似乎见过他,但又认不准、说不清。但他们认定只要戈多一来,他们便可"得救"。这样看来,戈多起码是能给他们带来希望的救星。如果说两个流浪汉象征着当代西方人的话,那么戈多则象征着他们苦苦等待而又无望实现的希望,喻示人生是一场无尽无望的等待,反映出第二次世界大战后资本主义世界普遍的空虚绝望的精神状态。你仔细想,它真的有很多东西让你去阐释它。

我们可以总结一下为什么网络文学有力作,无经典。其一,网络文学历史短暂,未经过时间考验和实践检验,现在就去谈经典还为时尚早;其二,从网络创作角度说,网络文学更是一种速度创作,缺少积累、打磨和沉淀;其三,从阅读角度看,网络阅读一般是快餐式"扫读",追求"爽感",来不及思考和品味;其四,从社会环境上看,网络文学诞生于消费社会,而消费社会重欲望和物质,可能淡化意义、价值、崇高等人文精神方面的东西;还有,从传媒看,现代数字化媒体重碎片化阅读,重视频直观,而浅表化符号难成经典。于是,文字的诗性、修辞的审美、句式的巧置、蕴藉的意境,被淹没在娱乐化快感中。文学经典中的人文关怀,理性自觉和价值内涵便被"打怪升级换地图、霸道总裁玛丽苏"所替代。

我们看到,网络时代文字媒介出现弱化和式微,经典必然隐退,因为传统的经典都是通过文字传承下来的,今天的网络是视频的天下,是爽文化的天下,新媒体、自媒体是主导,文字日渐被边缘化,报纸已经大范围衰落,书刊还能"活"多久?人们更喜欢抖音、快手、短视频,偏爱"爱、优、腾、微、B、人",影视娱乐、图像文化、游戏动漫,以及博客、短信、微博、微信、手机等自媒体文艺日渐成为主打。占据娱乐市场的是"快乐大本营""中国有嘻哈""奔跑吧,兄弟""乘风破浪的姐姐""元气满满的哥哥",它们成为收视的标高,《王者荣耀》《延禧攻略》《庆余年》赚得盆满钵满,"金手指""玛丽苏""白莲花""穿越架空"的套路文一路高歌……这种大众化的消费品所激发的消费情绪,无不对文学经典形成碾压式遮蔽和难以回头的遗忘。我们对文字的这种凝聚性意境感的追求,这个时候就慢慢被人所忽略。这种情况我们怎么办?

国家广播电影电视总局看到这个问题,从 2015 年开始进行网络小说的推优活动,推优时提出了优秀网络文学作品的四条评价标准:(1)传播时代正能量,要求网络文学作品反映时代精神,为大众所喜闻乐见;反映现实生活,具有深刻思想题旨、浓郁现实关怀、强烈责任感。(2)要有独特的艺术构思,故事要别具一格,情节生动、构思精巧、引人入胜,写作功底扎实,语言文字符合文学审美规范。(3)具有创新精神,在题材、类型、风格上充分体现网络文学的独特性、多样性和丰富性。(4)可读性强,阅读点击率要高,有一定的网民认知度和较大的网络影响力。

我们说,要求网络文学创作精品力作不是要面面俱到,而是选点发力。例如,可以是扎根人民、书写时代,如《复兴之路》《大江东去》《明月度关山》;可以是温润心灵、启迪心智类的,如《繁花》《致青春》《回到过去变成猫》;可以是武侠玄幻、富于想象类的,如《盘龙》《诛仙》《天域苍穹》;可以是以史为鉴、丰富知识类型的,如《明朝那些事儿》《大汉光武》《回到明朝当王爷》等;也可以是励志感人、积极向上类型的,如《橙红年代》《最强特种兵》《择天记》,等等。创作就是要扬长避短,凸显特色,写出自己的血型和密码,而不是面面俱到、平铺直叙,那样是不可能创作出好作品的,更谈不上文学经典了。

## 三、如何用网络打造文学经典

我想说,网络不是经典的"黄昏",而是新经典的"日出"。文学经典在网络时代面临的困境,正意味着它即将迎来重构的机遇。一方面,经典自身"永恒的魅力"能使它会成为一股潜流、一种"龙脉"在民族文化的深处生息长存,终将随着人类社会的发展而代代赓续并不断扩大;另一方面,经典在网络时代面临的挑战,恰是时代变化造成的经典传承方式的改变,它不会是经典的"黄昏",而应该使它成为新经典的"日出"。因此,在网络时代,我们需要重拾对文学经典的信心,寻找创作、阐释和传承经典的有效方法,让经典在与读者的相遇中重新复活,以新的方式呈现经典的魅力,更好地延伸文学经典的生命力。并不是说有了网络以后经典就没有生存空间了,将来永远不会有经典了。从传统的文学经典来说,经典所代表的一个时代文学创作的高峰,它代表着人类文明发展的足迹,它负载的是传统精英文化的内涵,它像一股潜在的血脉,在我们民族文化中长期传承,只要人类的文明不灭,经典就不会消亡。

对于如何用网络打造文学经典,我提几条构想和建议。

第一，倡导"工匠精神"，鼓励网络作家降速、减量、提质。

网络作家应该意识到，好作品在精不在多，只有精品力作才能立得住、传得开、留得下。要做到这一点，一是要慢下来——好作品，慢中求，与其日写万字让人一目十行却速成速朽，不如以"工匠精神"变"速度写作"为慢工细活的"精品创作"；二是沉下来——沉入内心、体察民生，做到持身正、立心诚，在生命的沉淀中，获得思想的源泉、力量的源泉、创作的源泉；三是静下来——拒绝浮躁，抵制诱惑，追求长线效益而不是短期变现，争取大浪淘沙，把你留下。

网络作家需要把创作经典作为自己的毕生追求。新手上路是写故事，知名作家要注重写人物，塑造人物形象，大神作家要注重写情怀，比如说愤怒的香蕉、猫腻，就重视写人物的情怀。大师级作家是要写出传世之作。陈忠实怀着创作"垫棺作枕"之作的动机创作了《白鹿原》，路遥玩命地写出了《平凡的世界》，为当代作家做出了榜样。

作为网络作家，一开始创作你可以为钱写作，后来你可以为爱写作，为出名写作，这都没问题。但最终你还是要为天地良心写作，为社稷苍生写作。若干年后文学史还会提到你的名字，提到你的作品，你能在人类的文学星空留下一个属于你的星座，能在文学流动的河床上有你的一朵"浪花"，或留下你的一块"礁石"，那其实是很不容易的。网络文学每年产生两三百万部小说，你要从这里面显山露水，那不仅是要有雄心，有才华，还要有那种认真创作的态度，这样才行。要为天地立心，为生民立命，为往事继绝学，为万世开太平。不光作家是这样，我们文人都应该这样，这是儒家所追求的一种人生境界。

网络文学创作是一种精神的建构，要有一点高远境界，要有苍生感、沧桑感、忧患感、悲悯感，要对文学有爱好，还要有敬畏之心，不能纯粹是一种好玩，纯粹是为了赚点钱。好玩、赚钱，这也是目的之一，也没有错，但是不能永远只停留在这个目标上，那你这个目标就太低了。还是应该更高远的目标，这样你才能够为历史留下一点什么。文学史上，曹雪芹以《红楼梦》名，屈原以《离骚》名，塞万提斯以《堂·吉诃德》名，卡夫卡以《变形记》名，精品力作一部就够。传统作家我们关注残雪、余华、阎连科、毕飞宇，网络文学关注谁？

第二，经典是经典化的产物。

经典来自经典化，"化"是一个过程，要采取一些措施，促进优秀网络作品的逐步迈向经典化,如评价、评奖、研究、推广、改编,让作品广泛传播,这都是经典化的举措。文学经典有"三不靠",不靠权力,不靠个人意志,不靠作者身份,因为那都没有用,必须靠什么?靠作品本身,这正是它的魅力。你说你爹是当官的,你家很有钱,没有用,读者不认这个。经典还有"三不离",即离不开口碑,离不开岁月,离不开作品品质这个"压舱石",最终还是靠作品品质。无论是"三不靠"还是"三不离",都不排斥经典化,要通过"化"的手段来达到"经典"的目的。

第三,推精品,为网络创作树立标杆。

我国从 2015 年起,陆续发布了多种网络文学排行榜的榜单,主要有:国家广电总局优秀网络文学原创作品推介、中国作协网络文学排行榜、北京市"网络文学+"大会优秀网络文学榜、上海作协网络文学"天马奖"、浙江作协网络文学"双年奖"、江苏作协网络文学"金键盘奖"、成都网络文学"金熊猫奖"、辽宁作协网络作家"金桅杆奖"、中国文学基金会"网络文学新人奖"、速途研究院网络文学影响力 50 强榜单等。例如,中国作协 2019 年的网络小说排行榜的上榜小说是:何常在的《浩荡》、卓牧闲的《朝阳警事》、北倾的《星辉落进风沙里》、陈酿的《传国功匠》、管平潮的《天下网安:缚苍龙》、酒徒的《关河未冷》、横扫天涯的《天道图书馆》、cuslaa 的《宰执天下》、善水的《书灵记》、天瑞说符的《我在火星上》等。通过榜单评选,让优秀作品脱颖而出,使创作有标杆、读者有选择、行业有亮点。

第四,打造经典,需要规避几个误区。

一是媒介歧视误区。即认为"网上无文学",大凡是网上的作品都不会是好作品,站在传统的"道德制高点",视网络文学为"另类"。一些年长的传统学人,相隔"网络鸿沟",不写不读不上网,却自视为"文学精英",对网络文学指手画脚。他们拥有文学话语权,对如何看待和评价网络文学有较大影响。媒介歧视不利于营造精品力作的舆论环境。

二是过度商业化误区。有的作者单纯追求经济效益,过度看重作品续更字数、粉丝量、打赏数、版权转让额等,这就很容易出现内容"灌水",唯利是图,被金钱左右,势必离精品力作越来越远。

三是跟风"套路"误区。网络类型小说的打怪升级、玛丽苏、金手指,以及洪荒流、总裁文、宫斗文等,都有套路。类型作品容易导致作品的雷同化,一些类型小说的故事情节、人物塑造、叙事节奏、语言风格,乃至遣词造句习惯等都大同小异,如武侠小说总是离不开寻宝、复仇,玄幻小说一般都少不了异火、丹药、功法,修真类小说往往都是察灵感气、聚灵成丹、逆天成仙,而宫斗类型小说无非是后宫妃子勾心斗角,或绵里藏针害人于无形,或锋芒毕露手段毒辣,或与世无争清淡如水,却时时惦记天子心在何处。人物脸谱化:男主角总是逆境不屈,能力出众、英俊潇洒、妻妾成群,女主角无不美丽性感、红颜薄命,身边常配一痴情俊男,为她鞍前马后,甘心抛弃三妻四妾,与她共度一生。情节千篇一律,故事雷同撞车,人物跟风模仿,文笔互相抄袭,表现手法单调重复,它们都是创作精品之大忌。经典总是特立独行、独一无二的,套路化创作不利于网络文学打造经典,甚至可能导致离经典越来越远。

第五,实施评价分层,不必一刀切。

网络文学需要有宽容的分类,基于文本品质,可以区分为两类,即资格性评价和选择性评价。资格性评价是一种入门评价、大众评价和文化评价。它的基本要求是(以小说为例):(1)有一个完整的故事;(2)桥段有吸引力;(3)文从字顺,有表现力;(4)人设合理;(5)前后协调有整体感;(6)没有价值观的硬伤。如赵赶驴的《赵赶驴电梯奇遇记》,张小花的《史上第一混乱》(该小说让秦始皇、荆轲、项羽、刘邦、李师师、武松、林冲、鲁智深、岳家军等一起来到现代都市,演绎出一连串啼笑皆非的搞笑故事)就属此类。你说把历史上不同时代的人拢到一块儿,有这种事吗? 肯定没有,作者的目的就是要给你编一个搞笑的故事,这样的故事没有多大的营养,但也没有什么大毛病,价值观上没有什么错乱之处,读得开心就行了,就是叫你开心娱乐,毕竟娱乐无罪嘛。叫老百姓高兴一下,这就是意义,资格性评价的作品,其意义就在这里。选择性评价是精品力作评价、文学审美评价,其基本尺度是思想性、艺术性、可读性、商业性、影响力的统一。这样的作品,在内容上应当有正确的思想价值取向,坚持社会主义核心价值观,如国家层面的富强、民主、文明、和谐,社会层面的自由、平等、公正、法治,个人层面的爱国、敬业、诚信、友善等。纳入选择性评价的作品需要树立以人民为中心的创作导向,思想境界上追求对国家民族的担当,有对真善美的赞颂和对假恶丑的鞭挞,或者有对人生终极意义的不懈追问、对人类精神世界的永恒探寻等。

第六,优化经典创作的环境。一是在舆论环境上,多关爱,少指责;多宽容,少严苛;多一点自由,少一点限制。没有自由的灵魂,哪来的经典创造?

二是解决好网络作品盗版侵权问题。抄袭剽窃,文学无存,哪会有经典？抄袭模仿是经典之大忌。三是建立健全网络文学评价体系,让作品获得读者认可,经得起专家评价和历史检验。还有,政府管理应该尊重文学规律和网络特点,为网络创作松绑减负,创造宽松的环境。

第七,假以时日,将今日的优秀之作置于时光之镜,百年之后再做判断。

经典的打造是一个历史过程,网络文学诞生的时间过于短暂。历史上的文学经典无不是经过时光的打磨才日渐显现其价值,一步步被历史确认、被大众口碑传颂的。两千多年前的《诗经》本是来自民间采诗,有的就是劳动号子,后世却成为经典;《三言》《两拍》乃宋人说书的底本,但它立得住、传得开、留得下,终于成了中短篇小说的经典;文学名著《三国演义》取自说书故事和《三国志平话》,《水浒传》则采自"大宋宣和轶事"民间故事,《红楼梦》"批阅十载,增删五次",作者穷愁潦倒,哪里想到经典！卡夫卡的遗言是"烧掉所有文稿",巴尔扎克、狄更斯、马克·吐温生前穷愁潦倒,都未曾想到过自己的作品能成为经典,但最后却都成了经典。

最后用几句话来感悟经典:

经典是后世评价,不是现世评价;

经典靠口碑,不靠权力;

经典是追求,不是强求;

不急于求成,网文经典从或然走向必然;

经典是无限目标,让目标本身变成无限;

网络是文学经典的"日出",未来的文学天空属于网络！

下编

生活美育

# 第十八讲　中国人的生活美学①

## 刘悦笛

　　**主持人语**：在 21 世纪出现的生活美学潮流中，刘悦笛教授是著述甚力、影响很大的一位学者。他的生活美学讲座，阐释了对"美好生活"涵义的独特理解，揭示了中国古代生活美学的十个基本面向：从"天之美"开始，到"地之美""人之美"，再到"食之美""物之美""居之美""游之美"，最后到"文之美""德之美""情性之美"。这启示我们，"日常生活的审美化"并不是现代才有的现象，中国古代人生活得也很有审美情调。当然，正如童庆炳先生曾经指出的那样，这大概只能是士大夫阶层才能拥有的生活特征。

　　在当今中国，讲到"生活美学"，那就必然会讲到"美好生活"。那么，什么叫"美好生活"呢？

　　我认为，美好生活，就是"美生活"加"好生活"。所谓"美好"的生活起码应包括两个维度：一是好的生活，二是美的生活。好的生活是美的生活的基础，美的生活则是好的生活的升华。好的生活无疑就是有"质量"的生活，而美的生活则有更高的标准，因为它是有"品质"的生活。

　　当今中国社会形成了生活美学的热潮，那么，在民间的生活美学主要有哪些方面呢？我们可以列举一下：茶道、花道、香道、琴道、汉服复兴、中装剪

---

　　① 本文是刘悦笛研究员分别于 2021 年 5 月 10 日在上海行知实验中学、5 月 11 日在上海政法学院、5 月 12 日在上海视觉艺术学院和上海杉达学院嘉兴校区、5 月 13 日在上海建桥学院举行的讲座的演讲录。刘悦笛，中国社会科学院哲学研究所研究员、国际美学协会前总执委，"生活美学"倡导者。本文另载《艺术广角》2022 年第 3 期。

裁、美食美味、古典家具、古今收藏、工艺民艺、旅行民俗、非遗保护、公共艺术、审美教育、艺术授权、创意产业、游戏动漫、室内设计、地产开发、社区规划乃至城市顶层设计，这些都如雨后春笋般持续活跃，并在这些行业里涌现出不少的"生活美学家"。对于中国人自身来说，这也是对华夏生活传统的一种复兴使然，只不过这种复兴是聚焦于美学的。

我认为，如今的中国的确需要整体上的美学规划，既然它曾是礼仪之邦，那将来也要成为美善大国，如此为之才可以使礼乐相济之华夏传统得以返本开新。实际上，中国美学原本就是"生活美学"，因为中国人的生活被古人赋予了审美化的追求，而中国人的审美也在古代被奠定了生活的根基。2001年，我在中国美学界首倡"生活美学"，如今已经在社会上形成一种热潮。

近些年来，我直接参与的就有几个生活美学走向生活的案例。首先就是中国室内装饰协会陈设艺术委员会出品的《设计中国·生活艺术》，这是其所设的晶麒麟奖十周年获奖总辑，该书由我主编，英文版已经在伦敦的设计媒体出版有限公司出版发行。

另一个例证是首届"小镇美学榜样"的评选活动，我担任其中的总评委。首届"小镇美学榜样"获奖的地方有哪些呢？我们来看一下评选结果：湖南的凤凰古城、福建的霞浦县、四川的安仁古镇、内蒙古的阿拉善巴彦浩特美学小镇、广西的龙脊小镇、广东的甘坑客家小镇、江苏的拈花湾禅意小镇、云南的大理古城、河南的莫沟村和新疆的禾木村。这些小镇实际上都是生活和美学结合的小镇，也就是美学的小镇。

这三届美学小镇评选的过程与结果，将会结集出版一本《小镇大美——生活美学的乡村振兴》，著名"三农"问题专家温铁军推介说："所有的美，都生发于这片土地，因而都应该体现最美不过人与自然和谐共生的内涵，体现向着人口基数巨大的共同富裕而奋斗的内涵。"意大利旅游部专家克里斯蒂安诺·比安奇也推介说："中国到处都是浸润在美丽中的乡村与小镇，这些地方既需要恢复又可以推广，在那里可以重新发现艺术与自然之间的美好和谐。"

这些年生活美学还参与到中国城市的规划，2018年开始成都市就提出一个口号"有一种生活美学叫成都"，在成都的城市生活建设方面做出了巨大的努力。广州设计周的"当代生活美学展"也举办好多年了。这股生活潮流,并没有像呼吁重建传统文化、国学、美育那种"自上而下"的政府号令,而恰恰是"自下而上"地自然生长出来的,其国民心理基础,大概就在于"爱美之心人皆有之"吧。自然而然地生长,那是好事,如此才能长久持续。

2021年1月份出版的《审美即生活》这本书的封底,上面写着李泽厚的推介语:"接着我的'实践美学',去做你的'生活美学'。"还有普林斯顿大学哲学教授亚历山大·内哈马斯说:"(读刘悦笛书)之前竟不知晓,原来'生活艺术'的传统在中国!"

实际上,从李泽厚的实践美学到我们的生活美学皆为"有人的美学",前者聚焦在"实践"的根源,后者则侧重在"生活"的本源。无论是实践还是生活的能动者都是人,无论是宏观的人类还是微观的个人。"实践的人"是宏大叙事,书写的乃是大写的人,从而有别于"生活的人"之小写的言说。从实践到生活的美学历史转化,就是向具体的、活着的、小写的人的落实与生成。

其实大家可能不知道,中国生活美学是引领国际美学新潮的。在全球共建的平台上,2014年由我策划在英国剑桥学者出版社出版的《生活美学:东方与西方》就是以国际化的语言向西方告示:生活美学并不只是21世纪以来全球的美学新潮与主潮,而更是东方特别是中国美学的原生形态。这本书被列入斯坦福哲学百科的"日常生活美学"与"环境美学"两个最新词条当中。

"生活美学"成为中国人的生活智慧之精华,如今也具有了全球性的价值。我在美国做富布莱特访问学者期间,结识了当代著名思想家内哈马斯。在彼此的思想交流中,这位曾撰写了名著《生活的艺术》的老教授惊叹道:以中国为代表的亚洲更具有生活美学传统。2013年我赴雅典参加了再度回归希腊的第23届世界哲学大会并参加特约圆桌,这3 000多人参与的哲学界奥林匹克大会的主题便是"哲学作为审问明辨与生活之道"。审思是理性的,只有理性主义者才会说,没有经过反思的生活是不值得过的;但生活却是感性的,人们在生活中所追寻的幸福方式恰恰是"生活之道","生活美学"在此首当其冲,于是,"生活美学"就由此成为一种具有"全球价值"的观念和践行。

中国的生活美学回答了这样一个极其现实的问题,即:我们为什么要美地活?我们如何能美地生?一句话,生活美学的核心诉求,就是让人人都成为生活艺术家。在我说人人都是生活艺术家的时候,就是在把艺术向下拉的同时，要把生活向上拉。

你、我、他，其实都可以成为自己的生活艺术家——所谓"生活艺术家"就是将各自的生活过成艺术，而不是为了艺术而艺术。只有成为所谓"生活的"艺术家，生活才能成为艺术家般的生活；而只有成为生活的所谓"艺术家"，艺术与审美才能回到生活的本真态。我们的生活艺术家们，始终积极地向感性化的生活世界开放，他们善于使用艺术家的技法来应对生活，从而完善自己的生活经验与人生历程。

在我看来，"生活美学"，既是"感觉之学"，更是"践行之道"。但生活美学的知行交合，并不是道德意义上的"知行合一"，如王明阳所强调的大"良知"之实现，它既存有也活动，所以他说"知是行的主意，行是知的工夫"，但我所讲的是审美意义上的"知行交融"：这个"知"就不是道德认知，而是感性智慧，这个"行"就不诉诸一般行为，而是审美创造与审美享受之统一。

首先就要问，到底什么是"生活美学"？这里的"生活"，乃是中国人自己的"生活"；这里的"美学"，也是中国化的本土的"美学"。

第一，何谓"生活"？生活乃是"生"与"活"的合一，"生"是自然的，"活"乃不自然。每个人都要"生"，皆在"活"。在汉语的语境里面，"生"原初指出生、生命以及生生不息，终极则指生命力与生命精神，但根基仍是"生存"。"活"则指生命的状态，原意为活泼地，最终指向了有趣味、有境界的"存在"，大画家石涛"因人操此蒙养生活之权"当中的"生活"，正是此义。中国人所理解与践行之"生活"，竟有如此的鲜活内涵与践履途径。

第二，为何"生活"？人们不仅要"过"生活，要"活着"，而且要"享受"生活，要"生存"。生活也不仅仅是要"存活"，在存活的基础上，我们都要"存在"。在西方世界，"对古人来说，存在指的是'事物'；对现代人来说，存在指的是'最内在的主体性'；对我们来说，存在指的是'生活'，也就是与我们自身的直接私密关系、与事物的直接私密关系"。在这个意义上，中国人其实早就参透了生活的价值，他们由古至今都生活在同一个现世的"生活世界"当中，而不执于此岸与彼岸之分殊，这就是中国人所生活之"一个世界性"之大智慧。

第三，如何"生活"？人们不仅过日子，而且，还在"经验"着他们的生活，绝大多数人的生活始终是不离于感性的。实际上，当代法国哲人列维纳斯就曾说过，所有的享受都是生存的方式，但与此同时，也是一种感性。大家知道，"美学"这个词的来源，原本就是感性的意思，美学作为学科之本意就是"感性学"，但在中国，却将"感"学之维度拓展开来，从而上升到"觉学"之境，而这"感"与"觉"两面恰构成"不即不离"之微妙关联。因此，中国的"美学"，就不仅是西学的"感"学，而且更是本土的"觉"学。

第四，如何幸福"生活"？"生活美学"之所以指向了"幸福"的生活，那是由于从古至今的中国人，皆善于从生活的各个层级当中来发现"生活之美"，去享受"生活之乐"。中国人的生活智慧，就在于将"过生活"过成了"享受生活"。于是乎，中国的美学就在"生活世界"上自本生根，它本然就是一种活生生的"生活美学"。

谈了何为"生活美学"，再回到何为"美学"的问题。Aesthetics 在西方只是"感性学"的意思，但中国生活美学不只是西学的"感"学，而更是本土的"觉"学。美学恰是一种幸福之学，蔡元培先生的"美育代宗教"就是这条路数。从古至今的中国人，皆善于从生理、情感到文化的各个层级上去发现"生活之美"，享受"生活之乐"。中国人的生活智慧，就在将"过生活"过成了"日日皆美日"。Aesthetics 不仅是西方的感性学，而且是中国的觉悟学。

因此，生活美学就是追求美好生活的"幸福之学"。我认为，生活美学就是一种关乎"审美生活"之学，追求"美好生活"的幸福之道。生活美学的理念，就在于以"美生活"提升"好生活"。

中国人讲"天人合一"，中国人发现了审美跟生活不即不离的关联，所以徐渭《坐卧房记》有云："一室之中可以照天下，观万有，通昼夜。"中国人特别讲个体的小宇宙与外面大千世界的万有、大宇宙之间的和谐和共振，这是中国人的一个大的智慧。所以中国人才能感受到"春有百花秋有月，夏有凉风冬有雪，若无闲事挂心头，便是人间好时节"。中国人能感受到这种生活的活生生的美感，这是中国智慧。

如果从中国的传统来看，如何区分生活美学的大传统呢？当然，我今天讲的所有的传统、每一个传统都是活着的传统，不包括死去的传统。中国生活美学到底有什么样的面相？中国生活美学大致可以区分出自然化的、情感化的和文化化的三个方面。

第一，生理的价值。中国人特别强调生理的价值，所谓"食色性也"。中国是一个"舌尖上的中国"这样的国度，是讲求味蕾绽放的国度，而且中国人在吃的"色、香、味"当中，在吃和喝所寻求的"味外之味"中，能够感受到生活的美感。

第二，情感的价值。中国人特别讲究做事要合情合理、情理合一，"情感"在中国人的交流当中也是非常重要的。由情感的滋生，也出现了一系列的美学形态。比如：闲居、郊游、雅集、人物品藻等，这些都和人与人之间的相互情感沟通是直接相关的。

第三，文化的价值。中国文化当中，对"文化"的价值特别推崇。譬如诗、书、画、印、琴、曲，琴棋书画是中国传统文人的一个标配。再比如说已经被"文化化"的居于园林、玩于苗圃、博弈游艺、游山玩水，这些在中国都被纳入了文化审美化与审美文化化的范围之内。

总体来看，中国古典生活美学应该有十个基本面向：从"天之美"开始到"地之美"，到"人之美"，再到"食之美"，然后到"物之美"，到"居之美"，到"游之美"，最后到"文之美"，到"德之美"，到"情性之美"，"性"要回到"天"。

通过这"天""人""地""食""物""居""游""文""德""性"这十个方面，我们来试图深描中国人的"生活美学"智慧。我试图全面深描的这个传统，其实都是"活着的"传统，尽管有些曾经短暂失去，但是如今，我们要把它们找回来。这就是我们将双脚扎根于本土所正在做的工作。因为"生活美学"最终要回归生活当中来"活着"，并要拒绝那种被博物馆化的"死去"。中国文化传统之所以延续至今，仍是由于生活自身的传统从未中断。

"生活美学"就是这未断裂传统中的精髓所在。这是一个倒下来的"8"字结构，这恰恰构成了中国古典生活美学的十个最基本的面相。

首先就是"天之美"。我从四个层面来阐述："一气"充塞天地间，天有"大美"自不言，春秋冬夏"环之循"，生命节奏"律动感"。"天"本身是可以被审美的，而且特别是东亚特别能感受到春夏秋冬四季循环的那种美感，这具有生生不息的律动感。在中国农业文明社会当中，二十四节气的美感非常重要。有惊蛰之美、春分之美、立春之美……这是非常重要的，这与我们中国人的节气感受有关。

"地之美"也有四个层面：地者"万物之本原"，花竹草木"皆缘情"，"四时清供"尚花道，鸟兽虫鱼"别有恋"。"地"可不可以被审美呢？例如我们的地理环境、地上生出的花草树木。"四时清供尚花道"，花道其实来自中国，最早是由供佛而产生的。古代"大丈夫插花"，插花的主体是男性文人。后来在日本产生了花道，插花主体应该是以女性为主。中华花道和中华花艺被延承到现在，这也是非常有意思的现象。在先秦时代，"美人"这个词只能说男性，不能说女性，而且说"美人"只能说写《离骚》的屈原这种人。因为这时候的"美人"并不是指长得好看的人，而是道德高洁的人，后来这个词逐渐转化成纯美学用语。"美人"这个词，也完全被女性所垄断。

再来看"人之美"。对人的审美是我们最直接的一个感受，这个美学角度分为四个层面："以貌取人"之相人，"人物品藻"之审视，"风雅之士"尚优雅，"食色男女"真风情。在中国最开始就有相马术，也出现了相人术，就是所谓的相面术，通过看一个人的面相预测未来。但是到了魏晋时代，到了阮籍、嵇康、刘伶、向秀这些人出现的时候，出现了一批"奇人"。这些人讲魏晋风流，也叫魏晋风度，他们吃药、喝酒，药吃得皮肤非常薄，容易破，只能宽衣博带，他们也化妆，而且那时候一些男性文人通常是女性化的打扮，有一种非常阴柔化的传统。

"食之美"的四个层面是："色香味"俱全之美，"醉乡日月"千壶酒，洗尽尘心事"茶艺"，"三合其美"成茶事。"食之美"当中，茶道位居主流。普洱茶在过去是给西藏上层人喝的茶，经过茶马古道的运输，有了发酵的过程，这个其实在茶文化中是源远流长的，也使得现在普洱茶在中原得以普及。古人曾经做过一个实验，把天下的"好水"都集中到北京。同样体积的"水"称量，看看哪个地方的水最轻。最后发现，京师西山玉泉山泉水最轻，乾隆皇帝定之为"天下第一泉"。

"物之美"我也主要从四个层面加以阐述：明清"趣味"相亲傍，"长物"闲情何处寄，赏玩之"癖"犹不及，"一赏而足"活泼心。对"物之美"的欣赏，从红山时代中国人就有所谓的"唯玉为葬"。葬的时候都会有玉器，中国人对于玉的温润之喜爱，很早就有把玩"物"的传统。特别是到了明清之际，随着物质的极大丰富、情感的极大丰富，出现了各种各样的"赏物美学"，我们称之为"长物美学"。"长"就是多余的意思，就是闲下来的物，多余的、无用的物。可是在一个个小物件中，中国人能够感受到它特殊的美感。"物之美"在东亚得到了非常多的关注。日本有一项很重要的传统叫"民艺学"，就是那些秉承素朴之美的日用物，诸如碗、小茶杯之类，这就形成了一项民艺的传统。这在中国曾经也非常发达，因为中国的"唐物"和很多朝鲜的青瓷，往往成为日本茶道上最喜欢、最贵重的东西。日本人发现了"民艺"这个传统，就是民间手艺的那种东西，现在去日本，到处都是民艺馆，不是大家的、不是精工细造的非遗传承人的作品，可能就是民间的一个很朴实的工人造的木碗。日本美学家柳宗悦是看了朝鲜的青瓷才"发现"了这个领域,或者说命名与提升了这个领域,第一次用了"民艺学"这个词。

朝鲜青瓷有什么特点吗? 中国人做瓷器往往把瓷器做得像玉一样的温润,而且往往都是左右对称、很完美的。朝鲜人做瓷器很有趣,那个碗、那个杯,往往做得歪歪扭扭,根本不正,甚至里面那个"梗"还在就直接烧了,烧出这样的瓷器有一种特别质朴的美感,有一种素朴主义的美学。日本人就特别喜欢韩国的青瓷,这也直接成为他们的茶道上面的座上客。中日韩都有一种不仅追求文人美学,还更关注民间的美学传统,此外还关注宫廷美学传统。

一把小紫砂壶放在手里,首先要养眼吧? 看着很舒服,好的紫砂壶敲一下"叮"的一声,它的声音是很养耳的。你不断地用紫砂壶沏茶,慢慢你和这个"物"之间形成了一种交流,这时候就不仅养眼,还养你的"心"了。紫砂壶一般还有文人篆文篆刻画,你在和朋友、文人墨客交往的时候还会达到更高的境地,这就叫"养神"。中国人在一个小物件当中,可以既养眼,又养心、养神,这恰恰对应了中国人讲审美当中的三重境界,也就是从悦耳悦目、悦心悦意再到悦志悦神。

再说"居之美",居住有没有美感? 我主要从四个方面加以看待:"闲居"可参于天地,苗圃庭园之"闲情","雅集"同流与交流,"园林"当中活故事。中国古代有雅集,西方有沙龙。雅集的主体是文人,还有画家,也有高僧、道士,在一起可以唱和、诗歌、绘画、写字、谈玄论道,基本上形成文人之间审美共振的现象,结成了审美共同体。共趣味的人,可以结成社团,这就是古代文人结社的传统。

再有就是"游之美",主要包括四个方面:"游具"齐备出游来,"游山玩水"真情景,三教眼中"三重山","取境冥心"心冥境。现在我们旅游,去一个旅游用品商店,卖的东西经常是实用旅游用品,比如什么样的鞋才比较适合登山。其实,中国过去也有旅游鞋,古人谢灵运发明了一种鞋叫"谢公屐"。这种"屐"是什么呢? 就是一种鞋,上面有活动的两个木齿,上山去其前齿,下山去其后齿,这就叫"谢公屐"。最早的一种旅游鞋,大概是中国人发明的吧。

"文之美"的四个层面:文人文采与"道根","以诗缘情"重酬答,"飞鸿传书"情意重,"文房四士"独相依。可以特别讲一讲:中国人为什么能够在文学当中感受到美感呢？如果你想考察一个外国人中文是否好，一定要用马致远的《天净沙·秋思》来考他："枯藤老树昏鸦，小桥流水人家，古道西风瘦马。夕阳西下，断肠人在天涯。"他如果能感受到这种意境之美，那么，他的中文就足够好。所以国学家王国维评价说："寥寥数语，深得唐人绝句妙境。"就这几个词、几个意象、几个组合，达到了唐诗的一个极高的境界，这就是中国人讲的"文之美"。当然，文学之美被固化的时候会变成笔墨纸砚的美感，这也是中国人的一个追求，因为中国人从来不把笔墨纸砚仅仅当作物，而把它们当作四个人——"文房四士"，陆游所谓"文房四士独相依"，这是非常有趣的现象，笔墨纸砚都被拟人化了。

最后还有两种美，那就是"德之美"与"情性之美"，前者的四个层面包括："尽善尽美"美善乐，"文质彬彬"后君子，从体到"气"再到神，由"履礼"归于"践仁"；后者的四个层面则是："天地生意"观气象，"喜怒哀乐"未已发，"曾点气象"天理存，"天地境界"归审美。

为什么讲"道德之美"？中国还有一个传统，就是把道德和审美加以合一，美善合一。有一个词叫"尽善尽美"，说这个人做人做事很完美了，所以才是尽善尽美。可是这个成语本意是什么呢？本意是孔子说的。孔子有一天看乐舞，他看了两段乐舞，一段《武》乐，一段《韶》乐。《武》乐讲的是武王征伐天下的故事，孔子看完之后说："尽美矣，未尽善也。"说这个舞很好看、很漂亮，很尽美，但是讲的是武力征伐天下的故事，没有尽善。他又看了一段乐舞，叫《韶》乐。《韶》乐讲的是先王禅让之德的故事，孔子看完以后赞曰："尽美矣，又尽善也。"这是"尽善尽美"这个成语的来历，讲的就是道德之美，道德也是可以被审美的。中国人经常讲"发乎情，而止乎礼仪"，这是符合儒家的礼乐传统。

最后一个就是关于"情性之美"，性情之美和什么有关呢？就是儒家讲的"曾点气象"和"孔颜乐处"。特别是"曾点气象"这个故事大家都知道，孔子和一些弟子在一起，问你们想干什么，你们的志向是什么？有人说，给他千军万马，他要征服天下。有人说，给他一个小地方，可以实施礼乐之治。有人说，要去做礼官，主持宗庙之事。只有曾点说："暮春者，春服既成，冠者五六人，童子六七人，浴乎沂，风乎舞雩，咏而归。"他的志向就是带几个小童子，到沂河边从事古礼的活动，乘兴而来，尽兴而归。

实际上，中国人讲人生境界最高层，就是包含美感，就是一个审美化的人生,这是中国人在起码很优雅的那个时代的一个非常高的境界追求。只可惜这个境界,我们已经失落了太久了。现在,我们又开始找回了中国的这个美学的传统。

最后我来总结两句:中国的生活美学是要做什么呢?其实回答了这样的一个问题,即:我们为什么要"美地活",我们如何能"美地生"?"向美而生"不容易,"向美的人生"很难的。在一个很繁忙的时代,"慢下来"是很难的。生活美学的第一个前提,就是一定要首先追求一个慢生活,最终追求一个"美"的生活。

我们想做的工作,就是为中国人找到美生活的传统。这个传统是中国把生活艺术化,同时把艺术生活化的一个传统。这样做其实为中国人生活立心,但是这个心不是一般的心,不是道德的心,而是一颗"美之心"。

中国古典美学自本生根地就是一种"活生生"的生活美学,在这个根基之上,中国美学可以为当今的全球美学贡献出巨大的力量,因为我们的"美学传统"就是生活的,我们的"生活传统"也是审美的。于是乎,我们当代的"生活美学"建构不能脱离传统而空创,而要形成一种古与今之间的"视界融合"。在我们所做的这种"生活美学"当中,就蕴含着华夏传统的生命意识、生活观念和人生追求的生成、演化与延承的脉络,一方面本然呈现出摇曳生姿的古典生活现场之美,但另一方面又指向了其来路、走向和转化的可能性。这就需要当今中国的美学研究者,一方面积极地参与到与国际美学界的最新交流当中,另一方面又回到本土去挖掘中国古典"生活美学"的资源。

实际上,审美不应该仅仅是一个社会最基本的文明素养的标志,审美应该是人类最基本的人权。每个人都保有进行审美创造的权利,这就是我们讲的:审美即生活,生活即审美。美就是一种生活的方式,反过来说,生活就"应当"审美化。美是生活,但更是"应当如此"的生活。生活的理想是为了理想地生活,审美的状态在生活理想中具有非常高的品质,因为一个社会发展高级的尺度就是审美化的尺度。

回到一个追问:我们讲的中国生活美学需要做什么呢?回到我最开始说的那句话:希望人人都成为自己的生活艺术家,使我们的生活变得更加有品位,使我们的生活变得更加有趣味、更加有境界,这才是我们讲的中国式的"生活艺术化和艺术生活化"。

当代人既需要全球的"生活美学"，又需要审美的"中国生活"。"生活美学"本生根于华夏，由此"审美代宗教"才可能成就理想之路。"审美生活观"一直在中国人的生活世界中成为范导，在历史上没有任何一种宗教成为中国的绝对引导，中国人始终在以"出世的精神"做"入世的事业"。这恰恰源于中国人"一个世界"的世界观，20世纪初蔡元培先生标举"美育代宗教"正建基于此。

　　如今，我们直面的是一个崭新的生活审美化时代，这才真正为"审美代宗教"准备了社会与历史的充分条件。当"生活美学"来回应何种美好生活值得追求的时候，美学无疑就具有了形而上学之价值，这就是我们追寻"审美形而上学"之本真意义所在。

# 第十九讲　从《世说新语》看六朝美育风貌①

## 袁济喜

　　**主持人语**:《世说新语》记载了六朝名士的日常生活方式,其中包含着特殊的审美追求。袁济喜教授长期致力于研究六朝美学,成就斐然。本讲中,他以《世说新语》为据,对六朝美育风貌做出了独特解读。六朝名士在玄学与佛学思想的启发下,采用兼容并包、对话辩论的方式,对人生美学问题进行思考与讨论,形成了玄学的美育观念。当时的言意之辨、有无之辨、才性之辨、性情之辨都是在此基础之上形成的,并且推动了美学智慧的形成与发展。具体说来,作者从九个方面对《世说新语》与美育的联系做了简要的概括,对读者认识六朝美育的风貌很有启发。

　　《世说新语》是南朝刘宋政权临川王刘义庆编著、梁代刘孝标做注的一部笔记小品,主要记载东汉末年至魏晋时期的名士轶事。其中,既有可信的部分,也有一些传说,严格说来,这本书是把当时流传的各种笔记文献集中编撰而成的。里面的一些故事和当时的各种笔记小说有重复,甚至和《三国志》等文献也有一些重复。这个是不足为奇的,因为魏晋人有一个特点——喜欢相互传抄。鲁迅先生早就指出了这一点。

　　《世说新语》按内容可以分为"德行""言语""政事""文学""方正"等三十六类(分上、中、下三卷),每类有若干则故事,全书共有一千二百多则,每则文字长短不一,主要是记载魏晋间一些名士的言行与轶事,彰显其人格精神

---

① 本文根据袁济喜教授 2019 年 5 月 21 日在中国人民大学所做讲座的录音整理。袁济喜,中国人民大学国学院原副院长,著名六朝美学史家。本文另载《艺术广角》2022 年第 6 期。

与风流韵采。从三十六品目的排序我们可以看出编者刘义庆、注者刘孝标的思想导向。"德行""言语""政事""文学"是孔门四科,刘义庆把传统的孔门四科置于《世说新语》三十六品之上首,也就是说他的思想至少从表面来看是遵从儒学的,特别是"方正"这一点,提倡儒学的刚正不阿,提倡那种敢为天下先的儒学精神。"任诞""排调"等,这些魏晋风度实际上也是在孔门四科之下的。现在研究《世说新语》的一些论证,把《世说新语》完全说成是反对儒学、倡导放荡不羁的一部笔记小说,我认为这并不完全符合《世说新语》的主旨。鲁迅先生在《中国小说的历史的变迁》中称《世说新语》为"一部名士的教科书",他在《中国小说史略》里面还特别赞扬《世说新语》的叙事特点:"记言则玄远冷隽,记行则高简瑰奇。下至缪惑,亦资一笑。孝标作注,又征引浩博。或驳或申,映带本文,增其隽永,所用书四百余种,今又多不存,故世人尤珍重之。"所以,它从文献上来说是非常有价值的。冯友兰先生在《论风流》一文中也称这本书为"名士的风流宝鉴"。这本书对"竹林七贤"与王弼、何晏、夏侯玄等"正始名士"的风流放荡、清谈玄思有许多记载,企羡之情溢于言表。因此,谈《世说新语》,先要从玄学思想上做一个简单的梳理,下面我会谈到玄学和《世说新语》的渊源关系。

《世说新语》为什么深得古今读者的喜欢呢?因为它独特的叙事方式、对人生的超逸,还有它那隽永宜人的风格,给我们留下了永恒的阅读魅力。鲁迅先生是 1936 年 10 月在上海去世的,在去世之前他发表了一篇文章《病后杂谈》。我最近从《鲁迅全集》当中专门把它又看了一遍。鲁迅谈到卧病在家半夜读《世说新语》时的感受,他说:"寻到了久不见面的《世说新语》之类一大堆,躺着来看,轻飘飘的毫不费力了,魏晋人的豪放潇洒的风姿,也仿佛在眼前浮动。"这可以说是对《世说新语》阅读体验的生动描写。在这篇文章当中,鲁迅还专门引了几段《世说新语》的名士佳话,我们可想而知,鲁迅先生一直到去世前还把《世说新语》当作他精神的慰藉。

汉末魏晋名士在玄学与佛学思想启发下,对于先秦以来人生问题与美学问题进行思考与讨论,采用兼容并包、对话辩论的方式,彰显出极大的精神智慧,提出了许多命题与思想,对于中国古代美育有着重要的启发。

# 一、清谈对话与名士风度

我认为《世说新语》最大的魅力,就是把名士风度放在一种清谈对话、互相商榷、和而不同中，它是一种气度、一种胸怀，也是一种智慧。这种风度首先是从思想与人格的解放开始的。我们来看《世说新语·轻诋》里面的一个小故事："王中郎与林公绝不相得。王谓林公诡辩，林公道王云：'著腻颜帢，俗布单衣，挟《左传》，逐郑康成车后，问是何物尘垢囊？'""轻诋"是一种无伤大雅的调侃。这段轶事说到"王中郎与林公绝不相得"。东晋有一个叫王坦之的官僚，与当时的僧人支道林势同水火，他指责支道林善于诡辩，不遵儒术。支道林反唇相讥：难道还要戴过去穷儒生的肮脏的帽子，穿着粗布的单衣，夹着一本《左传》跟在郑康成身后亦步亦趋吗？这是什么样的油腻猥琐的人格呢？我们从这段话中可以看出，支道林对东汉末年很多穷儒生对东汉经学家郑玄即郑康成亦步亦趋是十分反感的，这段话表现了魏晋名士对于汉末儒生的这种人格是不屑一顾的。正是这种思想解放与人格自由精神，开启了魏晋玄学的先河。

在《世说新语》当中还有一品叫"任诞"，记载了许多名士，后来这个"诞"成为中国美学的一个范畴。其中记载东晋名士张季鹰纵任不拘，张季鹰就是张翰，有人对他说："你可以放荡一时，怎么不为身后名声着想呢？"他回答道："使我有身后名，不如即时一杯酒。"张翰讨厌当时西晋官场的污秽，在洛阳见秋风起，思念吴中的鲈鱼脍、菰菜羹这两样美食，说人生贵在适意，为什么要留在千里之外的北方做官呢，说完这句话就挂印回江东，不辞而别，命令车夫驾车回到江苏昆山周庄。因为他老家是周庄，周庄现在还有他的纪念碑。还有一个名士毕卓也是狂放不羁。《世说新语》记载："毕茂世云：'一手持蟹螯，一手持酒杯，拍浮酒池中，便足了一生。'"他说一手拿着蟹螯，一手拿着酒杯，在酒池当中沉浮，便足了一生。这些就是"任诞"。表面看上去，有一些现在说的及时行乐的意味，有一些颓废，但这主要是对当时的政治黑暗、国君残暴、礼教虚伪的现实的不满和反抗。自古以来，儒家倡导人生以所谓修身、齐家、治国、平天下为最高目标，而魏晋名士则弃置不顾，高吟以饮酒行乐为人生之目标。所以，《世说新语》这种达生思想彰显了中国自由精神的特点。玄学成为风尚，影响到审美领域。《庄子》当中有一篇叫《达生》，所谓达生就是超越功利，超越生死，超越荣辱，回归大道。所以中国人讲的自由精神实际上是在《庄子》的"达生"和《世说新语》的"任诞"当中得到了真正的彰显和表现。实际上，《世说新语》就是对达生精神的放大和彰显，"达生"这个概念可能比"任诞"更具有人文的蕴意，所以我建议大家研究中国美学和哲学的关系时,可以把它作为一个题目来做。

以前我们总觉得玄学很玄,但是真正把玄学稀释到日常生活,把它放大到社会生活,应当归功于《世说新语》。我1978年在中国人民大学上学,有些老师一讲到魏晋玄学就摇头,说魏晋玄学有两大罪证,第一个是唯心论,第二个是腐朽生活方式。有这两点,玄学就永无翻身之日。现在看来也不尽然。按照中国人的理解,宇宙和人类的根本是比较玄妙的,不会一览无遗。所以老子的《道德经》里面提到"玄之又玄,众妙之门",老子把世界与宇宙之道称之为"众妙之门",《道德经》是玄学的老祖宗。再比如儒道合一的《周易》这本书就很玄,它采用占卜的方式对天道与人类社会的规律进行探索,所以这本书也是很玄的。《庄子》内七篇是很玄奥的,是庄子所作,后面的外篇、杂篇是他的学生和后学所仿造。近代国学大师章太炎著有用佛学来解庄子的《齐物论释》,他的《齐物论释》这本书现在能看懂的没有几个。

西汉的大儒扬雄模仿《周易》写了一本书叫《太玄》,这本书真的是"太玄"了。北宋时期司马光注《太玄》,他在序中感叹,18岁的时候读《太玄》读不懂,到了50岁左右依然感到很难。在魏晋的时候,当时的人就把《周易》《庄子》《老子》称为"三玄"。对三本经典进行解释的学问叫"玄学",顾名思义它是研究讨论哲学问题的。居住在燕南园56号美学中心对面的57号、58号的两位大师冯友兰、汤用彤先生,那是近现代对玄学最有研究的哲学大师。

我1978年上大学看的就是汤用彤先生的《魏晋玄学论稿》。当然,对现在学生来说,这本书也成了玄学,也很难懂。玄学的产生是在魏齐王曹芳正始(240—249)年间,代表人物是何晏(约190—249)、王弼(226—249)。王弼从生平年代可以看出来他没有活到24岁,所以后人把他称为"年少天才"。何晏死于政坛之祸,是被司马懿所杀。《晋书·王衍传》里面说:"魏正始中,何晏、王弼等祖述《老》《庄》,立论以为:天地万物皆以无为本。无也者,开物成务,无往不存者也。阴阳恃以化生,万物恃以成形,贤者恃以成德,不肖恃以免身。故无之为用,无爵而贵矣。"这是理解玄学的一段重要的话,也就是说,玄学把世界的本体、人生的归宿和政治的谋略三者融为一体。所以它说:"阴阳恃以化生,万物恃以成形,贤者恃以成德,不肖恃以免身。故无之为用,无爵而贵矣。"齐王曹芳是魏明帝曹叡的儿子,他这个人很无能,主要是用曹爽秉政,曹爽用了何晏这批人。当时真正掌握军政大权的是司马懿和他的两个儿子司马师、司马昭。在这种政治危机下,曹爽、何晏希望以静制动,通过无为而治来钳制司马氏集团,以取得最终的胜利。实际上这个想法是非常幼稚的。司马懿和他的两个儿子毅然利用"高平陵之变",将曹爽和他的文人集团一网打尽,在血腥中建立了司马氏集团的统治,司马昭的儿子司马炎最后颠覆了曹氏政权,当上了晋武帝,建立了西晋政权。何晏和王弼称为"正始名士",与他们相对应的还有一个叫"竹林名士"的群体。竹林名士是一个边缘化的文人集团,为什么呢?从下面三点可以看出:一是他们不参与政治,主动回避当时的政治斗争,比如说曹爽集团当中的蒋济拉拢过阮籍,阮籍巧妙地躲开了;二是司马昭曾经想和阮籍联姻成为亲家,阮籍大醉60天躲开了;三是他们的活动场所也不在当时的政治中心洛阳,而在现在的河南焦作的修武县,过去叫作山阳。

竹林名士的思想,和王弼、何晏的玄学有一定的联系,但是又有所不同,他们主要是把玄学的理念用在音乐、文学、清谈上面,所以说竹林名士是文艺化的名士集团,而正始名士是玄学化的当政集团。可以把二者做一个简单的区分,因为这两派的关系在学术界一直比较混乱。但是二者又不可切割,比如说,嵇康的音乐美学《声无哀乐论》,思想渊源和王弼的《周易注》《老子注》的玄学有内在的联系,很多思想是从王弼注的老子《道德经》当中延伸而来的,二者不可分离。

玄学在当时和清谈相结合,形成了士族的日常生活方式。《世说新语》中记载了很多玄学与清谈相结合的事例,通过清谈,玄学的宗旨得到发挥,思维得到提升,开启了美学智慧,形成了美育观念。

关于清谈和玄学的关系,陈寅恪先生说得最清晰:"当魏末西晋时代即清谈之前期,其清谈乃当日政治上之实际问题,与其时士大夫之出处进退至有关系,盖藉此以表示本人态度及辩护自身立场者。"我先解释这上半段,陈先生这一段话正好印证了我刚刚说的,魏正始年间,包括西晋的清谈,它和日常政治实际问题,还有士大夫的进退有关系。东晋的时候清谈则成为一种身份标志,更具有一种美学的意味。《世说新语》对魏晋前期和后期的清谈都有记载,从记载当中也可以看出陈寅恪先生的概括有相当的道理。

我们来看前期的清谈,《世说新语·文学》当中谈到"何晏为吏部尚书,有位望",吏部尚书相当于现在的组织部部长,地位是很高的。因为这个地位,何晏经常谈客盈门。王弼来访,当时只有18岁左右,但是名声已经在外,何晏不敢小觑，马上就把刚刚在辩论当中的胜出者介绍给王弼，并对王弼说："刚才他谈的这个理，我以为已经到了极致，你能不能再难倒他？"王弼说这有什么难的，于是即兴发难，瞬间就把一座人驳倒了，更令人叹绝的是，王弼又对他刚刚获胜的辩题进行了反驳，也说得头头是道。可以说确实是巧舌如簧，翻手为云，覆手为雨，辩才确实很好。

《世说新语·文学》还记载："何平叔注《老子》始成，诣王辅嗣，见王注精奇，乃神伏。"何晏见到王弼之后，看到王弼《老子注》的草稿，佩服得五体投地，说："若斯人，可与论天人之际矣！"他说这个人真正可以与他一起讨论"天人之际"，可想而知，玄学的关键就是天人之际，也就是人和天是什么样的关系。何晏打消了注《老子》的主意，把自己的《老子注》变成《道论》《德论》，何晏的这两篇文章现在流传下来。何晏的传世之作是《论语集解》，它是《论语》最早的权威注本，王弼的《老子注》《周易注》是《老子》《周易》的权威注本。为什么何晏没有注《老子》呢？因为他看到王弼注了之后就不再注了，就像李白看到崔颢题黄鹤楼的诗就不再写了，这也表现了古人的一种气度和自知之明。

魏晋玄学讲究互补，讲究"和而不同"。《周易》里面讲到了阴阳发散、变动相合，老子《道德经》也是讲"万物负阴以抱阳，冲气以为和"。我认为这是中国哲学最高的境界。我们来看《世说新语》有这样一段记载："王辅嗣弱冠诣裴徽，徽问曰：'夫无者，诚万物之所资，圣人莫肯致言，而老子申之无已，何邪？'弼曰：'圣人体无，无又不可以训，故言必及有；老、庄未免于有，恒训其所不足。'"王弼20岁的时候去造访裴徽，裴徽也是当时的大名士，裴徽说："天下万物确实有生于无，但是为什么圣人不说而老子喋喋不休呢？你解释解释。"王弼倒也很聪明，他就说孔孟是无的象征，但是无又说不出来，所以为了说明这个无经常就要说一些有，通过有来明无；老、庄标榜自己贵无，实际上是世俗之人，越是世俗之人越要喋喋不休地说无，表示自己是高人一等。王弼的这段话实际上很滑头，表面好像在贬老庄、抬孔孟，但是仔细想想，他实际上是把老、庄和孔、孟调和在一起，既给孔、孟一种本体上的支持，同时又给老、庄贴上圣人的标签，这种智慧不是一般人能够做得到的。有些事在生活当中非要认死理，非要去掰扯，越掰扯越说不清楚，所以有一些东西还是退一步，从更高的层面去看为好。

名士们通过思想对话，拓展思路，打破话语专断，激活了人们的审美心胸,对于美育思想有着重要的影响。当时的言意之辨、有无之辨、才性之辨、性情之辨都是在此基础之上形成的,并且推动了美学智慧的形成与发展。宗白华先生在《论〈世说新语〉和晋人的美》当中感叹,当时人辩论名理,不仅"理致甚微",而且"辞条丰蔚,甚足以动心骇听"。宗先生的这个概括是很精确的,第一个是"理致甚微",就是他探讨到宇宙人生之理的最根本,第二个是"辞条丰蔚",就是辞藻非常的壮丽宏伟。宗先生说可惜当时没有一位文学天才把重要的清谈记录下来,否则中国哲学史里将会有可媲美《柏拉图文艺对话集》的作品。我想当时为什么没有记录的习惯呢? 这可能跟玄学也有关系,玄学认为"道可道非常道,名可名非常名"。所以很多名士不愿意记录清谈与辩论的详情。幸亏《世说新语》把当时的片段记录下来,但是我们能看到的有点像电影当中的蒙太奇,《世说新语》最短的记载就几句话,长的也不过一两百字,无法和《柏拉图文艺对话集》里面洋洋洒洒的长篇大论相比,西方人还是比较讲究思想和语言的记录,而中国人更讲究言不尽意或者以心传心。但是宗先生说的这话是很实在的,如果有现在这样的速记员在场,把这个速记出来,我们中华民族思想文化会有更辉煌灿烂的典籍问世,真正把白话文用在典籍当中,最起码是宋以后的事情,六朝时还没有。

我们从《世说新语》中还能看到,通过对话很多新的学说在六朝得以诞生,和美学比较相关的就是《逍遥论》。一般谈中国美学离不开从《逍遥论》开始谈,《世说新语》里面名士们经常讨论逍遥为何物,其中以魏晋的向秀、郭象的《庄子注》中对于逍遥的看法最有代表性。东晋的高僧支道林在白马寺中与冯太常讨论《逍遥游》这篇文章。虽然郭象是权威,支道林在东晋是一个和尚,但是他敢于向权威挑战,在辩论逍遥的时候"支卓然标新理于二家之表,立异义于众贤之外,皆是诸名贤寻味之所不得",超越了郭象,"后遂用支理"。《世说新语》保留了支道林的《逍遥论》这篇文章,它的创新之处就在于支道林把佛教的时空观念用来解释逍遥,支道林认为逍遥实际上是一种瞬间的永恒,它是一种瞬间的感性,但是通过它却可以体验到人生和宇宙最高的境界,所以它能够定格。后来王羲之的《兰亭集序》实际上思想和《逍遥论》是相通的。当时的人认为逍遥就是任性,支道林不同意,他说如果照这么说,桀、纣残害众生、穷奢极欲岂不也是逍遥吗? 他认为逍遥还是有善的支持,逍遥还是有人性作为底蕴的,后来名士们就用支道林的这个理。支道林也是通过在白马寺的辩论,确立了他的地位。

# 二、思想对话与美育启示

《世说新语》的对话与美育思想有着直接的关系,下面从九个方面来谈。

## (一) 情景范畴的推出

《世说新语》比较早地提出了情景范畴。情景范畴从诗文评的角度来说,是刘勰的《文心雕龙·神思》里面提出的"登山则情满于山,观海则意溢于海,我才之多少,将与风云而并驱矣"。但是实际上在对话中,情景范畴或者情景审美意识是在《世说新语·言语》中提出来的:"桓征西治江陵城甚丽,会宾僚出江津望之,云:'若能目此城者,有赏。'顾长康时为客在坐,目曰:'遥望层城,丹楼如霞。'桓即赏以二婢。"这里说的是桓征西(温),他在江陵造了一个宫阙,大会宾客,站在江边看江陵城非常壮丽,说谁能够用一两句话概括得好,有重赏。顾长康时为客,目曰:"遥望层城,丹楼如霞。"意谓遥望壮丽的宫阙,红色的宫殿就像霞光一样灿烂辉煌,然后桓即赏以二婢。也就是说面对这个景象,顾恺之带着个人的感情去欣赏,描绘为"遥望层城,丹楼如霞"。我认为这是最早在品鉴当中表现出来的情景范畴。

还有一段名人的轶事也是非常有名的。"顾长康从会稽还,人问山川之美,顾云:'千岩竞秀,万壑争流,草木蒙笼其上,若云兴霞蔚。'"顾恺之从浙江绍兴赏完山水之后,回到任职的荆州,人家就说你去玩了一圈之后和我们谈谈感想,顾恺之脱口而出:"千岩竞秀,万壑争流,草木蒙笼其上,若云兴霞蔚。"这一段话已经是诗话的用语,加入了主观的评价,意谓千岩万壑对我展开了秀丽的姿势,若云兴霞蔚,草木朦胧,像霞光一样灿烂,这实际上就是以情绘景。我们到颐和园去玩,特别是到了后山一带,许多题匾用的就是这样一些名句。所以没有山水就没有审美意识的萌发。这些情景意识的产生,在《世说新语·言语》中,许多是现场发挥、即兴而生的,而对话则是产生这种情景感受的契机。

## (二) 言意范畴的审美阐发

当王弼和魏晋名士通过闲谈辩论的时候,言意之辨往往表现为一种玄谈。当时,还有很多名士通过文学创作来解答这个问题。《世说新语·文学》记载:"庾子嵩作《意赋》成。从子文康见,问曰:'若有意邪,非赋之所尽;若无意邪,复何所赋?'答曰:'正在有意无意之间。'"西晋有一个叫庾子嵩的名士作《意赋》,这篇《意赋》是模仿贾谊的《鵩鸟赋》来抒发自己的人生忧患。因为当时的政治环境非常险恶,西晋八王之乱即将爆发,西晋统治集团内部乱成一团,庾子嵩内心非常恐惧担忧,就写了一篇《意赋》。贾谊为长沙王太傅的时候心情很不爽,就写了《鵩鸟赋》,用来表达庄子所说的"达生"的观念,因为贾谊做了长沙王太傅之后总是很郁闷,有一天猫头鹰飞到他的住宅——现在中国有一句话是"夜猫子进宅不是好事"——贾谊就写了一篇《鵩鸟赋》来自我安慰。庾子嵩写《意赋》也是自我安慰。刘孝标注引《晋阳秋》曰:"敳,永嘉中为石勒所害。先是,敳见王室多难,知终婴其祸,乃作《意赋》以寄怀。"庾子嵩写《意赋》预测自己难逃一劫,他的侄子庾文康(庾亮)后来在东晋当了国舅,庾亮问他的叔叔:"如果有意的话,言不尽意,你写了也白写,如果没有意就不要写了,写了也多此一举。"庾子嵩就说,"正在有意无意之间",他说他不是有意,但是也不是无意。所以这个《意赋》就在有意无意之间。我们想这种智慧可能在审美创作中才能诞生,通过抽象的哲学思辨是说不出来的,我们都有这个体会,不管是诗歌、小说、戏曲还是电影,很多的"意",是有意无意的东西,特别是一些造型艺术像绘画、书法,那可能比文学表现得更有意蕴,需要细细品味,才能得其三昧。

南朝梁代钟嵘《诗品序》说:"故诗有三义焉,一曰兴,二曰比,三曰赋。文已尽而意有余,兴也。"传统的兴就是把它和比相连接,认为比和兴是一回事,兴就是比的延伸,但是钟嵘认为文已尽而意有余,他认为有一些优秀的作品就是做到了这一点,比如他说到古诗,古诗十九首"文温以丽,意悲而远,惊心动魄,可谓几乎一字千金"。这个"一字千金"怎么做到的?就是通过"温文以丽,意悲而远"才能产生"惊心动魄"的效应。黑格尔在《美学》第一卷的"总论"中提出:艺术的显现却有这样一个优点,艺术的显现通过它本身而指引到它本身之外(译者朱光潜注,即"意在言外")。宗白华先生说:"一切艺术的境界,可以说不外是写实,传神,造境:从自然的抚摹,生命的传达,到意境的创造。"宗先生说得言简意赅。朱光潜先生则是从翻译的角度来看的,二人殊途同归,对于中国美学的精髓——言意理论,做出了精彩的阐发。

### （三）美育智慧的彰显

现代人喜欢讲美育，美育也需要智慧，古代人是很讲美育智慧的，我们应该向《世说新语》学习。《世说新语》里面就有记载谢安与子弟讨论《诗经》、启发子弟的故事："谢公因子弟集聚，问：'《毛诗》何句最佳?'遏称曰：'昔我往矣，杨柳依依；今我来思，雨雪霏霏。'公曰："'訏谟定命，远猷辰告。'谓此句偏有雅人深致。'"当时的谢玄十七八岁，正是少年不知愁滋味，多愁善感，喜欢风花雪月，对于《诗经》的这些诗句感兴趣。谢安没有正面地批评他，而是用"訏谟定命，远猷辰告"这样的诗句来勉励他。他说《诗经》当中有一篇叫《抑》，"訏谟定命，远猷辰告"，这句说的是像周公这样的政治家制定了谋略，把它正大光明地昭告四方，赞扬"此句偏有雅人深致"。言外之意就是我们谢家要继承这个传统。六朝纨绔子弟很多，但是谢安不希望自己的家族出这样的子弟，所以后来谢玄取得淝水大捷，成为东晋后期有实力的人物，和谢安的教育是有关的。

### （四）个性与原创的张扬

《世说新语》谈文学和审美，最主张的是要有个性，反对模拟。比如孙兴公（绰）作《天台赋》，给好朋友范荣期看，对他说："卿试掷地，要作金石声。"意谓把这些句子扔在地上，可以像金石之声铿锵有力。范荣期回答，恐怕你所说的金石之声不符合雅道。但是每听到这个佳句，不禁赞叹："应是我辈语。"这句话表明六朝名士勇于创新、当仁不让的个性精神。还有人问顾恺之："君《筝赋》何如嵇康《琴赋》？"嵇康的《琴赋》是很有名的，顾恺之回答道，不能欣赏的人，因为我后出来就把它遗漏了，深识者肯定认为它比嵇康的《琴赋》水平要高。顾恺之是画家，他的画没人能比，可他的《筝赋》写得虽然有特点，但是艺术性确实没有办法和嵇康的《琴赋》相比，然则顾恺之的勇气是值得赞扬的。

《世说新语·文学》还记载："庾仲初作《扬都赋》成，以呈庾亮。"庾亮因为亲戚的关系，大肆为之吹嘘，为他的侄子推荐说："可三《二京》、四《三都》。"意谓可以与张衡的《二京赋》、左思的《三都赋》相比美。"于此人人竞写，都下纸为之贵。"谢安看到后则说："不得尔，此是屋下架屋耳，事事拟学，而不免俭狭。"谢安不以为然，他说这是屋下架屋，什么事都要模仿的话就显得狭隘不足以道。这个评价也可以看出魏晋人特别是东晋人是以创新为贵的。

### （五）情文相生

情文相生,在《世说新语》当中也是一个很明显的现象,其中说到一件事:名士孙楚为妻子服丧满一年之后,写了一首悼亡诗给王武子看,王武子阅后对他说:"未知文生于情,情生于文? 览之凄然,增伉俪之重。"这段话的意思是说,王武子看了孙楚的悼亡诗感到情文相深,更加珍惜与现在活着的妻子的感情。这里讲到情文也影响到《文心雕龙·情采》。在中国美学思想中,情文、情景都是重要的范畴。

### （六）以动衬静

《世说新语》中记载:"郭景纯诗云:'林无静树,川无停流。'阮孚云:'泓峥萧瑟,实不可言。每读此文,辄觉神超形越。'"东晋诗人郭璞诗云:"林无静树,川无停流。"这首诗实际上涉及动静结合的诗学技巧,诗人用动来衬静,说林子里没有安静的树不被风吹着,河中没有停止的水流。他用静与动来互衬,所以叫"林无静树,川无停流"。阮孚云:"泓峥萧瑟,实不可言。"为什么神超形越? 因为它以动衬静,反显出静的"泓峥萧瑟"。后来颜之推在《颜氏家训》里面记载:"王籍《入若耶溪》诗云:'蝉噪林逾静,鸟鸣山更幽。'江南以为文外断绝,物无异议。简文吟咏,不能忘之,孝元讽味,以为不可复得。"这种美学趣味其实在《世说新语》中已经萌发了。

### （七）审美与人生

魏晋的时代是文学的自觉时代,审美不再是政教的陪衬,而是人生的写照。这一点在《世说新语》中的记载尤其多。"谢太傅语王右军曰:'中年伤于哀乐,与亲友别,辄作数日恶。'王曰:'年在桑榆,自然至此,正赖丝竹陶写,恒恐儿辈觉,损欣乐之趣。'"谢安曾对王羲之说,人到中年之后情感比较脆弱,多愁善感,有好朋友来拜访,别离之后,好几天心情都非常郁闷和不爽。王羲之安慰他说,人到了晚年,自然趋势是没办法的,音乐可以安慰人的心情。钟嵘《诗品序》也提到"使穷贱易安,幽居靡闷,莫尚于诗矣"。西方人讲艺术是苦闷的象征,魏晋人也认为艺术是苦闷的象征和解脱,这实际上涉及艺术的本体论。艺术为何而存在？是为政教而存在还是为人生而存在？鲁迅说魏晋的时代是为艺术而艺术的时代，是一个为人生的时代，我觉得《世说新语》的这一段记载，彰显出这种观念。

《世说新语》里面还记载："王孝伯在京，行散至其弟王睹户前，问：'古诗中何句为最？'睹思未答。孝伯咏'所遇无故物，焉得不速老'：'此句为佳。'"这段故事说的是王孝伯在京，散步到堂弟王睹户前，问他："古诗中何句为最？"王睹半天没回答，王孝伯自己说："'所遇无故物，焉得不速老'此句为佳。"这首诗说一个人出城所见，碰到的尽是一些不认识的东西，人生易老。我跟学生讲六朝美学的时候，也讲到魏晋人谈人生感慨的是两种，一种是物是人非，另一种是物非人亦非。物是人非，就是指山还是那个山，水还是那个水，但是我们都已经老了，离死亡不远了。《世说新语》有很多这样的引用，古诗当中这种引用的方式很多，比如说西晋大将羊祜，经常和一些文人到岘山去游玩，他说自有宇宙便有此山，古来游览者多也，今多已不在，想起来就令人伤感。还有一种感叹是物非人亦非，比如东晋名将桓温北伐经过十年前任官时的金城衙署时，见前为太守时种下的柳树已经十围，攀执柳枝，不禁流下了眼泪，慨叹："木犹如此，人何以堪？"这个故事后来成为一个有名的典故。汉魏六朝古诗当中经常感叹人生苦短，生命无常，看似消极，实际上反映出人生的觉醒，而文艺与审美成为人生的寄托。

## （八）文艺价值的重构

《世说新语》里面没有直接说到文艺价值应该怎么样，但是透过一些名士对文学艺术家的评价，我们可以看出他们对文艺价值非常重视。在先秦两汉特别是两汉时期，艺术家是被看不起的，被看作倡优。司马迁在《报任安书》中说道："文史星历，近乎卜祝之间，固主上所戏弄，倡优畜之，流俗之所轻也。"司马迁说，文史星祝，包括艺术家在内，是被皇帝当作倡优豢养的，是主上的弄臣。西汉的汉宣帝公开说，辞赋不过是和博弈差不多的雕虫小技。所以两汉时期对文学艺术、对艺人是看不起的，艺人的地位是很低下的。但是到了六朝，对于艺术家是高度重视的，比如说曹丕就提出文章是"经国之大业，不朽之盛事"。《世说新语》里面记载："谢太傅云：'顾长康画，有苍生来所无。'"谢安是政坛领袖，他说顾恺之的画是自有苍生来所未有的。这个评价不可谓不高，等于说自有人类以来，没有人达到顾恺之绘画这么高的地位。《世说新语·识鉴》还记载："戴安道年十余岁,在瓦官寺画。王长史见之,曰:'此童非徒能画,亦终当致名。恨吾老,不见其盛时耳!'"戴安道(逵)才十几岁,就在瓦官寺作画。王长史见之,慨叹自己老了,等到他出名时,已经不在人世了。戴逵在中国美术史上的地位是很高的,《世说新语》里面讲"王子猷雪夜访戴",就是访戴逵。王子猷是非常狂妄的人,但是他非常佩服戴逵。可想而知,魏晋时期的人们已经不再将艺人视为司马迁所说的"倡优畜之",而是推崇他们的艺术成就与独立人格,反映出文艺价值观念的变迁。这些端倪在《世说新语》中表现得最明显。

### (九)诗话批评的发端

《世说新语》对中国诗话批评起到了发端的作用。提起中国的诗话批评,大家一想起来,肯定说是钟嵘的《诗品》。作为对话体的诗话,最早的是北宋欧阳修的《六一诗话》。现在我们可以看到,诗话体最直接的开启应该是《世说新语》,后来有些学者,像四川师范大学的钟仕伦教授,辑录过《南北朝诗话校释》,里面很多内容采自《世说新语》;北京大学编的《中国美学史资料选编》里面也有很多《世说新语》的内容;华东师范大学教授萧华荣先生编的《魏晋南北朝诗话》里面也选了《世说新语》。

我们知道诗话属于诗文评当中的一种,清朝乾隆年间《四库全书》集部诗文评类说到什么是诗文评时,就从两汉谈起,主编纪晓岚说:"文章莫盛于两汉,浑浑灏灏,文成法立,无格律之可拘。"他说两汉的文章虽然很繁盛,但是没有什么法则可以遵循,到了曹丕的建安、黄初,"体裁渐备,故论文之说出焉。《典论》其首也"。到了建安的时候才出现关于文学批评的文章,《典论》开其端,但是"其勒为一书,传于今者,则断自刘勰、钟嵘"。写成专著的是从刘勰、钟嵘开始,刘勰《文心雕龙》探讨文体与创作奥秘,钟嵘《诗品》主要是以品论诗,追溯源流,到了唐代之后就出现了诗话。"皎然《诗式》,备陈法律;孟棨《本事诗》,旁采故实;刘攽《中山诗话》、欧阳修《六一诗话》,又体兼说部。后所论著,不出此五例中矣。"四库馆臣说到孟棨《本事诗》就是谈作诗有哪些规则,"又体兼说部",说部就是小说,《世说新语》本身也称为志人小说,所以通过志人小说这种文体谈诗论文,自然而然就和诗话相近,这也反证"体兼说部"的《世说新语》与后来类似于说部的《六一诗话》相接轨不是偶然的,实际上这个源头是从《世说新语》开始的。但是纪晓岚没有看到这一点,他毕竟是比较正统的学者,他的诗文评的观念在我们今天看来不能够完全接受。

以《世说新语》延及《六一诗话》的中国古代诗话体批评形态,虽然没有《文心雕龙》《诗品》那样正宗与专门,但是它在不经意间发出的批评声音、创变出来的批评形式、迸发出来的批评火花,深藏着的批评精神,往往较之主流文艺批评著论更有价值。当然有一些比较随意的弊病,有一些话还有诗话当中有一些诗不能够完全相信,比如孟棨《本事诗》这样的诗话当中,许多记载并不见得都是真实的,需要我们仔细甄别。但是像《六一诗话》这样的代表性作品,它的批评形态就是对话体的。"圣俞尝语余曰:'诗家虽率意,而造语亦难。若意新语工,得前人所未道者,斯为善也。必能状难写之景,如在目前,含不尽之意,见于言外,然后为至矣。'"这些对话体比较随意,也比较轻松,在诗话当中得到了延伸,成为中国诗话的特有形态。

以上,我们把《世说新语》和美育关系,从九个方面做了一些简要的概括,希望对大家认识这个问题能有所启发。

# 第二十讲　江南文化的审美品格①

## 胡晓明

　　**主持人语**：美既是有历史特征的，又是有地域特色的。胡晓明教授的讲座《江南文化的审美品格》以对江南文化的长期研究，抓住"水"的灵魂，对江南水国的空间诗意之美做出了独特解读。江南是一个空间概念，但谈江南的美却离不开时间的积累。从时间上看，中国历史对江南有三次重大发现，江南文化的发展有三座高峰。第一座高峰是六朝时代，以金陵为中心；第二座高峰是宋元时代，以杭州为中心；第三座高峰是明清及近代，以苏州为中心。江南文化就是由这三座高峰所代表的文化精神、文化成果等构成的。由此孕育的江南文化之美，主要体现为和平农耕之美、生生之美、包容之美。这些江南之美在中国古代诗人笔下得到了美轮美奂的表现。

　　品味江南文化之美，就不得不从美学开始讲起。美学有两种：一种是概念的、推理的、系统的、理论的；还有一种是直观的、整体的、灵性的、生活的。江南美学最重要的亮点——水，恰恰体现东方备受推崇的第二种美学中的一种直观理解力与整体感。

　　为什么要研究江南文化？我们谈其中一个概念就是"地方文化"。地方文化又称"地域文化"，是与特定区域相联系的文化。一般来说，其范围有限，并可能与整个社会的主流文化不同，或者扮演着主流文化分支的角色。

---

① 本文根据胡晓明教授 2021 年 10 月 25 日在上海第二工业大学举行讲座的录音整理而成。其后本讲座在华东师范大学附属枫泾中学举行。胡晓明，华东师范大学中文系江南文化与文学研究中心主任、中国古代文论学会会长。本文另载《艺术广角》2022 年第 4 期。

我们以前提出的"巴蜀文化",现在倡导的"天府文化",其实都是地方文化,与其相联系的特定区域就是广义的四川,前段时间在四川三星堆遗址新发掘的金面具残片等就是这种地方文化的典型代表之一。

为什么现在文化研究者越来越多地回到"地方"这个概念,从地方性的角度来深入展开研究?那是因为在中国,如果不知道地方性,就谈不上真正了解中国。大家可能来自五湖四海,来到上海后有没有去走一走、看一看,来认识脚下的土地?上海的同学们有没有了解上海的文化历史,知不知道江南,有没有去过苏州、杭州?很多人觉得不重要,但这其实是一个根本性的问题。所以我们必须提出一个命题,这应该也是学校教育的一个重要课题——"引导学生认识脚下的土地"。基于此,我们在文化研究过程中应该尽量地逃离中心,走向地方,回归地方文化、民间文化和民族文化。

江南的地域界定,是随时代的变迁而变化的。从时间上来说,江南地域文化源远流长;从空间上来看,江南地域文化是多区域性的,是多元的。常州位于中吴地区,属长三角地区,是典型的江南。前几年,全国着力打造历史文化古城建设,这是国家工程,会对古城进行评级。当时常州市政府花了很大的力气来做一套"齐梁文化丛书"。作为上海古籍出版社邀请的专家学者,我很荣幸去参加"齐梁文化丛书"的新书发布会。现场有很多各地的媒体记者,我们上海这些老师主要发表了关于常州的重要性的看法。虽然我们讲了很多,但是记者却无动于衷。会后所有的记者都围在一位台湾学者陈鸿森教授身边。其实陈教授只讲了一个简单的概念,他说要知道古代的江南,就得了解古代的常州。那么了解古代的常州到哪里去看?现在的长三角城市建设快速发展,原来的那些水乡河道都被填平变成街道,最可惜的是那些古建筑,现在江南城市中老建筑存在得很少。那么我们要到哪里看古代的六朝江南文化呢?他说有一个地方可以看到,那就是日本的京都。

京都有着保存完好的古色古香的建筑和大大小小各具特色的寺院。第二次世界大战中京都之所以没有遭受轰炸,美国最终的选择很大的原因在于它的古建筑历史悠久,所以它作为古城才最终得以幸免。古典园林专家陈方山教授说过:"目前所见江南古典园林的遗构基本上是清代作品,明以前古典园林的面貌只能到绘画与文字里去探寻。"而在京都竟然与江南古典园林有了交错时空的呼应。京都寺院中的园林同江南园林在造园理念和山水排列、布局上,几乎没有太大的差别。京都寺院中的园林也同中国江南园林一样，大多借景，以背后的丘陵远山，掘土为池，施石为基，并以花草树木和石桥为衬，春吟梅花夏观荷，秋赏枫红冬悟雪，借花草树木以反映春夏秋冬四季变化。同时，京都这些寺院园林同中国江南园林一样，更多利用对石头的堆砌来体现对自然美的追求。这些干净的瓦沿着交错、层叠的屋面铺设，建筑贴着山，依山形上升，不同高度的瓦屋顶看上去像吴冠中笔下简练的江南村落局部。

作为城市居民日常生活中最多接触的街道，其最终形象往往受限于过度的人工干扰和偏狭的审美意识。就拿上海来说，这座城市在极度城市化的过程中，除了极具特色的地方外，很多街道变成千城一面，很少具有自己的特色。夜幕降临后，LED灯光秀与城市大楼联手奉献的赛博朋克，让人向霓虹灯屈服，向LED大屏幕臣服。用大型LED屏演出的灯光秀仿佛特别钟爱刺眼的大红大绿，中国城市的夜空好像必须是色彩饱和的舞台。人们总是认为最繁华的、最热闹的就是美，但其实这是现代化、现代性给我们带来的"洗脑"。城市繁荣，却不好看，这已经是一个越来越突出的问题。夜晚五颜六色的人造光更是让人们的眼睛感到眩晕，人们仿佛生活在混凝土丛林而不是森林中，很少置身于自然之中，感受自然磁场、自然优美的声音、清新的空气、清新的水、柔和的月色等。所以对未来新大都市的展望，一定是"返者道之动"，就是返回到自然。中国人讲的这个"自然"，不是那种原生态的自然，而是通过一种现代化的人工回到自然。水乡是江南非常重要的审美遗产。

江南美的核心就是一个"水"字，水就是江南的美。江南是一个空间概念。但谈江南的美却离不开时间的积累。从时间上看，中国历史对江南有三次重大发现。在此之前我们首先要明确中国文化的一个轴线的改变：中国的历史分成两大阶段，东汉以前是东西战争冲突虐杀，但东汉以后渐渐变成"南北之异"。东西翻转为南北，从崇尚武力回到崇尚文明建设，一直到今天，这是非常重要的改写中国历史的大转变。众所周知，中国历史上至少有三次因社会动乱而发生的大规模人口南迁现象。第一次是中国历史以东汉为界，从崇尚武力征伐的东西对峙，翻转为崇尚文明建设、和平发展的南北之异，这是改写国史的大转变。第二次是西晋末天下大乱，晋元帝渡江，定都建康（今南京），建立东晋，大量的中原读书人带着他们的书，带着他们的经典跑到江南来，在南京定居，在吴地定居，慢慢在江南扎根，这个历史事件被称为"衣冠南渡"。中国的文化重心从黄河流域逐渐转移到了长江流域。第三次是北宋末,宋高宗渡江,以临安(今杭州)为行都,建立南宋。这渐渐地成就了当时世界上最繁华的一座城市——杭州。仅以意大利学者路易吉·布雷桑编著的《从马可·波罗到卫匡国:西方人眼里的杭州》一书中一些传教士、贵族和商人所实录的浙记片断为例,我们便可以从中看到当时外国人眼中的杭州是何等繁华。马可·波罗在杭州游记中写道:"第三天晚上,便到达雄伟壮丽的行在城(杭州),此名称是'天城'的意思,它表明,就其宏伟壮丽以及所提供的快乐而言,这座城是世界上任何其他城市都无法比拟的,生活其中的人们恍如置身天堂一般。"

从历史上来看,江南文化的发展有三座高峰。第一座高峰是六朝时代以金陵(就是现在的南京)为中心的高峰;第二座高峰是宋元时代以杭州为中心的高峰;第三座高峰是明清及近代以苏州为中心的高峰。江南文化的历史就是由这三座高峰所代表的文化精神、文化成果、文化人物形成的。

江南有一种江河行地之美。要了解江南,大运河是一个绕不开的主题。江南文化要有经济基础,没有一个繁荣的经济不可能支撑一个繁荣的文化。从经济学角度讲,所有运输当中,水运是最便捷且便宜的。运河从先秦时期就已经开凿,但直到隋唐才真正成为一条贯通南北的大运河,从此,南方的稻米、丝绸源源不断地输送到北方。因为有了水路,就像我们今天有了互联网,人们才越来越发现江南之美,江南的特产、美食甚至风景越来越广为人知。江南是一个依水而生也是依水而兴的地方,而江南文化的形成必然离不开大运河的滋养。可以说,没有大运河,就没有今天的江南。整个大运河流经华北平原、山东半岛、江淮地区和长江三角洲,尤其是江南地区,可以说它有"水乡泽国"之称。两千多年前,大运河以其沟通南北漕运货运强大的功用,孕育了沿岸各个城市的文化。所以我们才会说,大运河是一条中国文化的生命线,也是江南文化的血脉。

江南水国的空间诗意美,首先是和平农耕之美。我们都知道古诗中有"古道西风瘦马"与"小桥流水人家"的区别,"小桥流水人家"就是江南空间诗意。"胡马秋风冀北,杏花春雨江南",古代北方金戈铁马,"胡马"的概念只能在北方出现,而胡马世界的消退,杏花世界的降临,表明了一个和平世俗的安宁社会的到来。"春雨"描述了江南一定是有水的。江南有水的滋润,有水的灵性。江南因为有水的滋润慢慢走向丝绸、桑叶、茶叶、水稻、工商、渔业、耕织的男耕女织的社会。今天能得到水乡这样美好的、丰富的水文和繁荣的鱼米之乡，是经过我们的先民一步步治理而来的。《苏州词典》中描述，关于三点水的字，比如浦、溏、沆、河等，有大量的字与人工治理水系有关。在几千年的历史中，让水乡既保持它的自然，又保持它的文明，非常了不起。

水乡是古典中国这条巨龙的点睛之处。水乡是中国之"血脉""脂膏"。有了水乡，才有真正的男耕女织、渔樵农桑，才有真正的江南奇迹，才有真正的人与自然和谐相处，人跟自然变成共同体。"小桥流水人家"饱含江南人生活的温馨、灵秀、细腻，都跟水乡有联系，描绘出和平安宁的生活，既入世又超世的一种生活理想。

全世界很多国家很多城市都找不到水乡，更找不到像中国这样的江南水乡。水乡不是一个简单的地理地貌，它是中国江南最独一无二的，水乡是华夏文明数千年来修行的一个善果。上善若水，大家应该珍惜水乡作为古典中国的重要的自然遗产和精神遗产。现代人想进入城市，可以得到城市的活力；想游水乡，可以体验水乡生活的宁静，城乡相得益彰。每个周末晚上崇明岛的大桥拥堵，就是上海人向往水乡的证明。魔都各式各样的灯光工程、万人如海的紧张节奏、环境脏乱导致物候消失，让现代化的大都市枯干了那一缕"江南秀发"。

水乡不是一个简单的地理概念，而是一个宜居概念。水乡不仅具有外在的风景，也具有内在的精神品性，比如：清莹、平静、安宁、柔情……作为古典中国的重要自然遗产与精神遗产，水乡是上海最后一缕"江南秀发"，要像爱一个人一样去爱水乡。江南灵光在于水乡，所以我们一定不要让这一缕"江南秀发"慢慢枯干。而我们对未来新大都市的展望也一定是"返者道之动"，通俗地来说就是"返自然"。个人希望可以做到每一个小区都有湖，上海的周边有若干水乡自然保护区，有养老、休闲、疗治、茶道、健身等功能的现代水乡文旅区，在上海恢复一千多条河流、两百多个湖泊。

江南水国的空间诗意之美，另一个表现是生生之美。什么叫生生之美？"生生"是我们中国古时候所说的一个理念，《周易》中的"生生"，第一个"生"是动词，第二个"生"是名词，"生生"总体的意思就是让生命不断地去生长、不断地去向上、不断去生生不息地发展，生生不息就是我们所说的生生之美，这后来也变成了联合国教科文组织关于生态保护的一个基本观念。那么为什么说上海和江南具有这样的美？在中国这个地理空间当中，江南与东海为邻，是海上日出之地。而中国文化当中的日出之地居于东方，东方是春神，是充满希望的。朝霞与朝日共生，碧海共碧天一色，所以我们说江南在地理上富有生机且有无限展开的空间。唐代诗人宋之问面对江南就写道："楼观沧海日，门对浙江潮。"这句诗整个视野非常大气，景观描写也非常开阔，具有视觉冲击力。盛唐诗人王湾写的"海日生残夜，江春入旧年"也是这样的描写。"残夜""旧年"都表示时序的交替。作者从炼意着眼，把"日"与"春"作为新生的美好事物的象征，提到主语的位置而加以强调，并且用"生"字、"入"字使之拟人化。海日生于残夜，将驱尽黑暗；江春，那江上景物所表现的"春意"，闯入旧年，将赶走严冬。不仅写景逼真，而且给人以乐观、积极、向上的力量，也恰好完美体现了江南的生生之美。白居易的这两句："不厌东南望，江楼对海门。风涛生有信，天水合无痕。"为什么他会不厌其烦地想往东南方向看？因为那个地方是最能够带来生生不息的力量的。所以我们从这些诗歌当中看得出来，中国的诗人描写他们认为的最有希望、最有生机、最有活力的一种空间的展望，都是向江南所处的地理区位的展望。这是江南得天独厚的一种生生之美。

江南水国的空间诗意之美，还体现为包容之美。江南文化之所以有丰富的包容性，从地理方面来看，自禹于吴地疏通三江五湖始，江淮之南、吴越之间，表里襟带，形成一个以太湖为中心、水网密布的广大区域，便于相互之间交通往来。至近代，东南沿海也是最早受西学东渐影响的地区。从历史上看，吴越文化自先秦以来即与中原文化及楚文化开始了交融渗透。人才吸引方面，除北方少数民族入侵中原导致的被动"衣冠南渡"之外，江南亦以其环境之美好富庶不断吸引四境远近之人才竞相趋之，异地人才的加入不断为本地文化注入新鲜血液，昌明光大本地文化的同时，使得江南更具魅力，形成人才吸引的良性循环。万物归之，人才归之，之所以能够吸收来自四面八方的人以及各种不同已知的文明，都是因为其极强的包容性。所以在中国的数千年的文明之中，江南才会聚集流动的力比多能量，可以不断地为这个地方带来新的活力。直到今天，江南这个地方也是聚集中国人才最重要的一个区域。

关于江南水国的审美风韵，中国古代文人士大夫做出了精彩的解读。

江南经典文学与水关系紧密。"魂兮归来哀江南"，这是屈原当初在湘江边上的话，最早的时候出现在先秦时期。我们的文献、我们的经典、我们的大诗人早说过了，江南已经在那里了，那时候江南这个概念很大。中国最早的关于秋天的意象，就是屈原在他的《九歌》里面说的，"袅袅兮秋风，洞庭波兮木叶下"。"江南可采莲"来自汉乐府《江南》，这是一首描绘美好水乡、活泼且充满着民间喜气的爱情诗歌。

讲到中国的诗歌就会讲到山水诗，浙江永嘉谢灵运开创了中国文学史上的山水诗派，在世界历史和世界艺术史上，西方的山水诗要远远落后中国山水诗差不多一千年，山水诗是江南重大的文化成就；讲到美术绘画，一定会讲到水墨画，水墨画就是在江南发现的，五代开始出现了水墨山水，烟雾蒙蒙的江南才会有水墨的山水；讲到中国戏剧，就会讲到百戏之祖的昆曲，昆曲又叫水磨调；讲到书法，一定会讲到王羲之，一定会讲《兰亭集序》，曲水流觞，与水有关；讲到江南音乐一定会讲到山水清音，一定会讲到《潇湘水云》；讲到中国园林，"水随山转，山因水活"，这是江南园林的造园艺术，一定不能离开水；讲到小说一定会讲到《红楼梦》，《红楼梦》里面有一句非常有名的话，"女儿是水做的骨肉"，曹雪芹的祖辈在南京苏州做织造，长期受江南文化影响，他笔下的"大观园"原型大多来自江南苏州园林。《世说新语》中提到一条中国最美的小道，叫山阴道，"从山阴道上行，山川自相映发……若秋冬之际，尤难为怀"。读书人都想去走那条道，体会"尤难为怀"。"雪夜访戴"是中国古代名士潇洒自适的经典人生观，"乘兴而来，兴尽而去"。"剡"是一条水路，王子猷一路划船去，如果没有这条水路，他就感受不到一路上那种"兴尽而去"的风景。袁宏年少家贫，但非常有才华，曾经受雇替人运送粮食，适逢镇西将军谢尚坐船出游，袁宏吟咏自作《咏史诗》，谢尚赞叹不绝，二人十分投合，成为真正有文学才能的人是不会被埋没的一个经典。王昌龄的诗歌"洛阳亲友如相问，一片冰心在玉壶"，这个玉壶是冰清玉洁的人格象征，他是在水边相送，来表达为官者的美好情操和高洁人品。王维的诗歌，"唯有相思似春色，江南江北送君归"，只要有水在的地方，就会传播情感，就会传播友情，一层一层水波传递给朋友无限的相思。李白的诗歌"孤帆远影碧空尽，唯见长江天际流"，也是表达对朋友的相思，用水来表达的。

"水是眼波横，山是眉峰聚。欲问行人去那边？眉眼盈盈处。"这首词写出了江南的人和山水、山水和人之间的美妙融合。整个江南的山水和整个江南的人，气质永远在一起，鲜活儒雅、清莹透明。

《春江花月夜》在世界文学史上很独特。因为张若虚只写了一首作品，但是这首作品足以使其成为大家。如果我们把唐诗比喻成一顶皇冠，《春江花月夜》就是皇冠上的明珠。诗歌前面八句写出了一种永恒的美，烂漫、高华，非常高贵，无限透明，它是一种绝对的美。接下来八句，已经是另外一个意思了。他说在这样一个美的面前，人生是如此的有限，每个人的存在有很多缺憾，人跟宇宙相比，宇宙是无限的，人是非常渺小的。"江天一色无纤尘，皎皎空中孤月轮。江畔何人初见月？江月何年初照人？"他说在人和宇宙的关系面前，人不是因为宇宙本身而美，而是宇宙因为人的情感而美。"白云一片去悠悠，青枫浦上不胜愁。谁家今夜扁舟子？何处相思明月楼？"如果没有相思，如果没有扁舟子，如果没有诗赋，没有无穷无尽对远方亲人的思念，宇宙就会变得孤独、空渺、隔绝，所以人跟宇宙在这个地方就关联起来了，就像无处不在的月光和无处不在的水光一样，人和宇宙之间和谐共生。"昨夜闲潭梦落花，可怜春半不还家。江水流春去欲尽，江潭落月复西斜。"宇宙不是那种空洞的、隔绝的、冷冰冰的，而是有人的情感的。"不知乘月几人归，落月摇情满江树。"这句写出了一种水波荡漾后的无限情感，永远无尽的相思。诗歌里面有非常丰富的哲学，有中国文化的灵魂，这才是我们的江南美学。

"水德江南"是一种具体的抽象，是开放性、体认型的理论话语，也是长期以来历史上江南地域特征与人地关系互动过程中的生态、生产、生活以及哲学意义上的观念结晶。主要包括这七点，分别是柔与刚、生与杀、清与浊、容与不容、执与不执、隔与不隔和有与无，它们都包含着哲学当中的辩证关系。

提到江南深厚文脉之所，则可以用"南朝四百八十寺，多少楼台烟雨中"这句诗来描述。十大佛教名山、名寺，江南各占了四座（九华山、天目山、普陀山、天台山；杭州灵隐寺、扬州大明寺、南京栖霞寺、浙江国清寺）。在这样的地方居住，感觉自是不同。

关于江南文化的审美品格，我说了这么多。如果大家想深入地领略江南文化的审美魅力，还是应该实地去走走。我的解读只是提供了一种参考，你们肯定会在此之外有一份独特的感受。

# 第二十一讲　当下中国乡村旅游的美学探寻①

## 张建永

　　**主持人语**：随着人们生活水平的日益提高，旅游成为人们日常生活审美化的一个组成部分。当下红火的民宿旅游，彰显了在城市旅游产生审美疲劳之后，乡村旅游正成为游客追捧的新宠。张建永教授长期从事旅游美学的研究与实践，积累了大量经验。他的演讲从当下乡村旅游的美学缺失谈起，指出美学直抵精神和灵魂，无此便无魂；美学直抵感官和情愫，无此便无根；美学直抵经济和消费，无此便无力。在此基础上，对乡村旅游美学的观念做了独到辨析，从热文化与冷文化、美文化与丑文化、奇文化与庸文化的对比中揭示了乡村旅游美学的应用方法，指出乡村旅游美学的根本路径在于创意与创异。这对于中国乡村生活的审美化和社会主义新农村的建设具有很好的参考意义。

## 一、当下乡村旅游的美学缺失

　　本人从事文旅研究和旅游产业开发近十年，从理论到实操打了几个通关，根据我国乡村旅游发展和乡村建设的当下经验，大家主要关注点基本上集中在政治、经济和文化三个维度之上。从政治维度看，目前乡村旅游建设包括乡村振兴主要解决的是"三农"问题、城乡差别问题、新农村建设问题等。通过对乡村旅游的投资，交通、通讯、服务等一系列基础设施都被拉动

---

　　①　本文根据张建永教授近两年在中南大学、华东师范大学、江西财经大学等地所做的演讲整理而成。张建永，吉首大学前副校长，文艺学教授，湖南省旅游协会专家委员会副主任、首席专家。本文另载《艺术广角》2023 年第 2 期。

起来了。特别是旅游与精准扶贫结合，创造了中国经济发展新模式，这是一项伟大创新。这个维度，从政治出发，解决政党对人民的庄严承诺。从经济维度看，乡村旅游发展了新产业，创新了新业态，拉动了新消费，拓展了新经济。新的乡村旅游突破了农家乐范畴，它通过旅游＋，加生态，带动生态发展；加文化，促进乡村文化建设；加体育，拓展体育旅游；加现代农业，形成农业观光；加康养，形成大健康产业。乡村旅游正成为一种新的经济杠杆，点化催生了许多新产业新业态，促进了许多传统产业和业态的升级提质，活跃了经济生活。从文化维度看，乡村旅游在文化维度上从两个方面发挥了巨大作用。一个是全面提升了生态文明水平。凡是乡村旅游开展起来的地方，政府和群众、投资商和游客，都对保护本土生态环境有了紧迫感和使命感，都知道"绿水青山就是金山银山"。生态环境出现了新中国成立以来最好的修复回归状态，另一个是重新唤起传统文化的深刻复兴。乡村是保持中国传统文化最多、最完整的地方，也是中华传统文化最后一片"保护地"。乡村旅游发展，文化和历史被置放在重要位置之上，因而得到修复和复兴。中国传统文化的根脉得到乡村旅游这个产业兜底支撑。可以说乡村旅游在政治维度、经济维度和文化维度三个维度上，取得重大成就，在繁荣经济、保护生态和复兴传统文化等方面收获了重要成果。但是，有一个维度被严重忽略了，那就是美学维度，主要体现在四个方面：

## （一）美学直抵精神和灵魂，无此便无魂

美学是精神和灵魂的最高阶段。按照马克思的话来说，人类之所以超越动物，是"人也懂得按照美的规律来建造"。胸中装有美学精神，具有审美水平的思想和灵魂，一定是高尚的思想和灵魂。乡村旅游发展，由于急功近利成为总趋势，美学被抛弃在一边，到处都是粗制滥造的乡村建设。那些以为贴了一块青砖、装了一块木板就把历史召唤回来了的理念，直接解构了原乡美丽，这样建起来的乡村旅游，不能留住灵魂，无法使人沉浸式徜徉和回味，它是"伪民俗"和"伪历史"，无法唤醒历史追忆，造成不少景观成为无美之烂景。美学视域下的精神和灵魂追求的是乡村旅游建设和乡村振兴完美结合，深层之处是伦理层次的"美"和感觉层次的美高度融合协调一致。比如新乡风民俗建构，在与美的深度融合中，唯恶德邪行、虚妄邪说之务去。不仅要批判地继承传统文化的优质遗产，更要与世界文化优质资源进行批

判性融合,而不是妄自尊大和自我鄙薄。

### (二)美学直抵感官和情愫,无此便无根

美学直抵感官和情愫,是感觉范畴的理性结果。没有美学维度的乡村旅游建设,人感受得不到应有尊重,大量不符合人类审美需求的,甚至反感觉系统、反美学的意识,直接转化成为各种规划、建筑样态、环境结构,其结果使人倍觉难受,促使感觉系统反感。在这样的环境中,人类找不到皈依感,灵魂成为无根之木,无处泊岸。

### (三)美学直抵格调和情怀,无此便无格

美学成就人类的格调和情怀,无论哪种风格的美学都具有一定品级的格调和一定宽广的情怀。美学缺席的乡村旅游建设所造成的危害,直接表现为低俗、粗俗和媚俗,在这样的环境中,旅游的“康、养、学、闲、情、奇”就很难得到实现。在没有格调的地方很难养成有格调的灵魂,就像在鸡窝中,要培养雄鹰一样,没有这种可能。

### (四)美学直抵经济和消费,无此便无力

进入后现代文明之后,审美从高深学问降维到日常生活。生活美学带着后天成长的经济属性,隆重登场。创意者将美学推广到几乎所有产品之上,使审美无处不在、无时不有。人们不再满足一般性的旅游景区景点、一般性的旅游产品,越来越注意到旅游观光度假休闲中的心理“适意性”。所谓“适意性”在很大程度上是由美感带来的。因此,在旅游新时代,美本身已经超越传统美学的界定,把经济属性揽在怀中,成为旅游产业内在最重要的“吸金”方法。壮美、幽美、静美、奇美、秀美、鲜美、甜美、味美都是可被审美消费的基本状态。可转化成生产力的基本要素。桂林山水永恒的魅力就在于它的山水之美。迪拜之所以成为世界十大旅游目的地,在旅游产业上赚得盆满钵满,就是因为它的建筑美。美不再仅是一个抽象性概念,还是一个实操性概念和方法。因此我提出,在旅游范畴中,美是重要生产力、核心竞争力。

记得吴冠中先生说过,今天中国的文盲不多了,但是,美盲却很多。关键的是,这种“美盲”目前在乡村旅游和文旅融合方面比较普遍,诸多问题如

不予及时纠正,恐怕我们的乡村建设将会出现早些年城市建设初期那样混乱的局面。

历史上中国农耕文明取得了举世瞩目的成就。稻作文化所培植出来的乡村文明达到了当时世界巅峰。那些经过长期生产实践、生活实践和审美实践创造出来,并被历史眼光淘洗之后留下来的精品,无论北方的四合院、如意门,南方的小青瓦、马头墙,还是那些弯弯曲曲随物赋形的进村小路和村头的风水树……都是审美筛选之后的伟大的民间作品。窗棂门楣、天井廊柱、瓴檐翘角和村头的祠堂、村尾的土地堂,无一不在张扬中国乡村美学的丰富性和多样性。中国乡村美学主张天人合一,它深刻地奠基在自然山水和农耕文明之上。绿色、生态、闲适、宁静、优美成为中国乡村美学的经典表现。这种美学与人的本性极相协调——悠然自得、温柔礼让与生命同构。生命在这种环境中的存在,成为历朝历代文人骚客、游子逸夫心中所想。

当时代进入到生产力高度发展、社会狂飙突进的今天,一切都在急剧变化之中,功利追求似乎成为唯一旨归。在这种潮流当中,高举急功近利旗帜,以蔑视"美学"的态度,扫荡碾压诸多美丽乡村的原乡审美格局,这种现象十分普遍。"美学",由于它原来的非功利性、不被待见,被解构成为残渣碎片而抛掷脑后。这种状况,使得著名文学家冯骥才痛心不已,站出来呼吁全社会保护中国乡村,起草了《西塘宣言》并正式发表。这是了不起的文化进步。保护好乡村、保护好乡村美学和建设好乡村两大主题如何协调发展,应该成为国家高度重视的话题。

在我看来,乡村美学正好是区别于都市美学的另一重要的"美学地盘",它的存在和乡村对于人类的存在具有永恒价值一样,永远不可或缺。从世界范围看,人类进入工业时代之后,美学发生了巨大变化。农耕时代生命和自然极其和谐的关系被打破,代之而起的是线性逻辑、规律,是整齐划一,或者几何图形。在色彩方面,工业灰色、黑色成为经典。这种新美学在西方绘画建筑设计以及服饰环境艺术等领域占了统治地位,极简主义美学成为和古典主义美学对冲的精神。尽管如此,欧美发达国家的乡村,那份浓郁的乡村审美精神依然光鲜亮丽地在保持中发展。这种乡村美学,不仅是他们自己的观赏颐养和消费的对象,同样是全世界人们的观赏颐养和消费的对象。

现在的问题是,我们的乡村建设和乡村旅游发展,伟大祖先建构的农耕时代美学被轻蔑、被遗弃,工业时代美学精神又没有被有效借鉴,建设中非常粗暴地用工业时代整齐划一的美学观,把"随物赋形"的自然村落、农舍、小道强行切割拉直,把表现力丰富的本土材料,如各种石头、各种木材、夯土墙、竹编泥巴墙等统统换成了工业产品,如钢筋水泥、瓷瓦瓷砖等,深刻蕴含历史和本土文化精神的结构、色彩、造型、环艺几乎被扫荡干净。这样建起来的乡村,把关联历史的文化脐带一刀剪断了,找不着北了,民族记忆有被阉割的危险。不仅如此,在狭隘陈旧的观念中,"美是无功利"的观念一直占据统治地位,由此导致诸多投资商、创意者和政府官员看不到美的经济属性,不知道美在转化生产力方面所具有的强大变现能力,美,被忽略被轻视也就不奇怪了。

在我看来,乡村旅游发展和建设一定要复归美学精神。一个是依据马克思的观念:"人也按照美的规律来构造。"他论述了人和动物的巨大差别:"动物的生产是片面的,而人的生产是全面的;动物只是在直接的肉体需要的支配下生产,而人甚至不受肉体需要的支配也进行生产,并且只有不受这种需要的支配时才进行真正的生产;动物只生产自身,而人则生产整个自然界;动物的产品直接同它的肉体相联系,而人则自由地对待自己的产品。动物只是按照它所属的那个种的尺度和需要来建造,而人却懂得按照任何一个种的尺度来进行生产,并且懂得怎样处处都把固有的尺度运用于对象。"另一个则是,在后现代社会,美被赋予了经济属性,美也是一种生产力。因此乡村旅游产业和一般产业不同的是,必须"按照美的规律"来打造。

# 二、乡村旅游美学的观念辨析

乡村旅游一定要高举美学旗帜。为此,我提出乡村旅游建设中美学的"原乡精神",作为乡村旅游和振兴以及新型城镇化建设必须高度重视的不可或缺的审美观念。

道法自然是原乡精神的根本。千百年历史中,传统村落建设就一直遵循道法自然的基本原则,依山傍水、因势就形来展开建设。房屋和小道、牛栏和谷仓、宗祠和庙宇等,都依据本地山形地貌气候雨水阳光风向,以及宗教礼仪和信仰崇拜等来安排。这就是道法自然。那种借助工程力量强行扭曲自然规律,打破自然平衡和人文习惯的粗暴做法,绝不可以在乡村建设中实施。"工程暴力"已经让人类尝够了苦头。乡村旅游建设第一美学法则应该是"道法自然"。

在原乡精神支配下的乡村建设,应该充分利用本土资源。你是喀斯特石灰岩层,大青石就是你的材料;你盛产竹子,竹子就是你的材料;哪怕你穷得只剩下黄土,那些夯土墙也是美丽乡村一道韵味十足的风景。重要的还在于,传统乡村建设在本土材料的基础上,应运而生的就是本土工程技术。这些技术满含着本土文化和审美精神。如何垒砌石头,如何夯土筑墙,如何架梁盖瓦等,这些与材料密不可分的"术",具有历史价值和审美元素。"原乡美学"强调"低技术",就是这个意思。原乡工程技术的"低"保持了文化的原生性,具有历史蕴含。如何有效地利用这种"低技术"而不让人感觉是粗疏简陋,就要在其中加注现代时尚元素,形成本土原乡精神和时尚精神的高度融合。传统乡村建筑和现代乡村建筑最大差异在于:前者关乎匠心,后者只在乎功能。关乎匠心,便有石匠、木匠、瓦匠们殚精竭虑地将祖传工艺和自己对审美的热爱,倾心表达在对象上。宗教崇拜、世俗情趣、民间故事等都艺术地留在石基、门楣和窗棂等形式上,这一切再加上岁月的侵蚀剥离,以其第二特征,传达出第一特征无法比拟的魅力。乡村旅游,玩味这种历史包浆,引起遐想和猜想、感动和温馨。这种感觉,比站在把类似厕所瓷砖满墙贴上去的新建筑面前要愉悦得多。

原乡精神指导下的乡村旅游建设,特别注重肌理,这是积淀在历史中又最为表象的元素。比如夯土墙的粗糙质感、石头墙的原始野感、老砖墙的历史厚重感、竹木建筑的生态自然感……以及各种符合审美心理阈限值的结构、线条、色彩等,会无声传达出历史韵味和沧桑之感,具有强大的"带入"性,使人获得游历到历史"里头"的感觉。这是其他装饰无可替代的功能。那些匆忙贴上去的各种仿古材料没有历史肌理,给人感觉仍然是现代材料堆砌的"伪历史审美"。乡村旅游区别于都市旅游最明显的地方,就是它由原生态的历史沧桑所带来的怀旧感。所谓沧桑残旧是审美对象的第二特征。它凝聚着时间和岁月的秘籍,聚敛着可被猜想和可被诠释的内容。我们都说时间会改变一切,其实首先被改变的就是物体外貌。风夹着尘埃,以细碎的棱角给石头、砖瓦和木质材料造成伤害,慢慢地不易觉察地侵蚀物体表层,留下斑痕和纹路。要么风雨飘飞,或骤或缓;要么滴水穿石,在坚硬的石阶上留下印痕;要么雾气洇染粉墙,以数十年之功绘一幅水墨,点染山村寂寞。在这里,走一步,或许就是半部《梁祝》,看一眼,或许就是一场《白鹿原》。属于历史包浆范畴的"沧桑残旧",藏有大量的历史信息,一道小纹理,一片残窗棂……都能对历史进行解读,加上其中的传说、故事,在心灵中引起的感受深厚而蕴藉。可以说,肌理质感是触发旅游心理动机和促动游客流连盘桓的重要因素。

"把乡村建设成为乡村",很容易使人误解,以为本人只强调"复古",并质疑:"那些古已有之的传统就不能有一丝改变吗?"我的"原乡精神"强调两个方面:第一,乡村旅游所推进的建设和振兴一定不能忘记的是,我们花钱、花精力建设乡村不是要把乡村弄成城市,而是要保留一切能够证明这就是乡村的本质特征,要把乡村建设成为乡村。然而,这是"新乡村",与传统旧乡村不同的是,它克服旧"器""术"所造成的落后,比如针对厨卫的传统形式,按照现代工业提供的"器""术"进行内部改造,使居住的舒适感、审美感与时代同步。如果仅此而已,那也只是表达了"原乡精神"的一半。乡村发展,必须融进每个时代的因素。因此,"原乡精神"一定要与时俱进,比如公共服务、医疗卫生、教育环境等都是乡村建设中不能忽略的要素。本土材料和时尚精神在视觉上将形成历史和现实的对话、传统和现代拥抱,让乡村感觉随处飞扬,时代精神又能抵消历史的陈腐之气。这样的乡村旅游建设和振兴在美学上才能既保持历史叙述,又传达当代意识。

乡村旅游说到底,是对乡村自然资源和文化资源进行的沉浸式浏览、观赏、品味和体验。"美"在其中所占分量极大。传统旅游六字诀"吃住行游购娱"只说明了旅游最直接的动机,忽略了沉淀在这六字诀背后的底层逻辑——审美需求。如果"桂林"不是"山水甲天下",古往今来的游客难道仅仅为了一个吃,或者住,或者其他四个字专程跑到桂林来?不就是因为桂林的山水"甲"了天下之故。说到底,美的巨大诱惑是旅游的底层逻辑。有人会说那袁家村不就是吃出来的旅游吗?的确如此。但依然离不开"美"字。准确说,是袁家村独特的美食成为众生趋之若鹜的"利器","美"都在其中。

"美"在旅游中,主要作用于人的感觉,尤以形式感为最。人类经过亿万年进化,在和大自然的相磨相荡中,长养出能辨析乐音的耳朵、能观赏色彩线条的眼睛、能尝出酸甜苦辣的味蕾、能感觉粗细轻重的触觉等一切官能。一句话,自然界提供的丰富性塑造了我们的美感。这就是形式感之所以存在的物质基础。一根抛弧线一样展开的兰草、一阵细碎如鳞片荡漾的波纹、一面刀劈斧削的万仞石壁等,都用它们的姹紫嫣红或千姿百态感征服我们的心灵,引导我们的向往。凡符合形式感需求、与形式感同构同情的东西,人类便感觉舒服美丽快乐,反之则或者无动于衷,或者恶心厌恶。乡村旅游就普遍意义而言,必须建设和改造基础环境、接待条件和游乐设施等,但仅此不足以成为一个好的有效益、成品牌的旅游景区或者景点。严格讲,这顶多达到及格分。对旅游而言,及格分等于零分,平庸的及格对游客产生不了强大的吸引力。所以,旅游产业发展,必须倾其全力认真琢磨的,是内容和形式上提供能够征服心灵的创意。其中,形式感的征服尤为重要。

我们看看迪拜。迪拜是一个旅游资源极度缺乏的地区。从资源上讲,它主要只有石油、大海和沙漠。石油不能构成旅游资源,至于大海和沙漠,你有别人也有。但与同类型地区不同的是,迪拜已经是世界十大旅游目的地,同时还是世界级的金融中心、物流中心、购物中心。众多人认为它就是靠石油,这话不准确。它靠石油起家,但不仅仅只靠石油发展,至少主要不靠。它近十年石油 GDP 占比只到 6%,还有 94%是非石油经济。就是说支撑迪拜迅猛成为世界旅游目的地、购物中心、金融中心、物流中心,主要不是石油。唯一答案就是,它的建筑美。迪拜拥有近百幢惊艳无比的建筑。建筑美成为它的核心竞争力。到迪拜去的游客十之八九是冲着建筑美而去的。迪拜的旅游产业如何成为世界级旅游产业?逻辑在哪里?人们凭什么愿意到沙漠里面去购物,去做金融和物流?只有一个动因,那就是"旅游"。只有旅游才能带来人流,人流带来资金流,资金流带来物流,物流促进了购物,由此衍生出这四大产业。逻辑链条非常清晰。那么问题就来了,它没有像样的旅游资源,怎么办?他们请了一大批世界顶流建筑设计师,建造了近百幢美到极致的建筑物,正是这些构成了人们到迪拜旅游的唯一目的。一句话,建筑美构成了迪拜旅游的核心竞争力。人们到这里来,就是看它的建筑,享受建筑带来的美感和乐感。这种核心竞争力,使它的旅游 GDP 贡献率占了 20%,提供了 69%的就业岗位,这是非常了不得的奇迹。这个奇迹能够最深刻地阐释"美"是旅游核心竞争力这个道理。美使一个极度缺乏旅游资源的地区一跃成为世界级旅游胜地。迪拜和古往今来众多的中外旅游胜地,之所以名满天下,其底层逻辑都建筑在"美学"之上。

美学作为文化之重要内容,在文旅融合大旅游时代,举足轻重。具体而言,美学在文旅融合中,美学本质研究在其次,美学应用则在其首。美学应用的重大价值在于,在当前文旅融合大气候下,人们对文化的重视空前提高，文化对旅游的加持，使旅游有了灵魂，获得更高的起点和更有价值的品格。这是好的一面。麻烦的一面在于，文化被赋予了万能作用。大家以为只要挖掘出文化，旅游就起来了。人们混同了旅游和文化两种不同性质的矛盾，毫无选择地把景区内的文化尽可能多地运用于旅游发展中，甚至不加选择、不遗余力地超越景区规模的发展力度，大打文化牌，结果文化做起来了，旅游做下去了。要知道，文化不等于旅游，也不能替代旅游。矛盾的混淆使旅游发展出现了大量"买椟还珠"现象。当下混淆两者性质而导致破产、停业和消失的教训实在举不胜举。所以，我特别提请大家注意，在乡村旅游发展中，文化如何在旅游中产生作用，哪些文化能够发挥作用，哪些文化不能发挥作用或者适得其反，哪些文化经过改造之后能够发挥作用，是文旅融合最重要的"美学"问题，甚至是"首要问题"。没有经过美学审读、评判选择和创意的文化，在旅游发展中，往往弊大于利。

# 三、乡村旅游美学的应用方法

如何确证、甄别哪些文化可以作用于旅游，哪些反之；哪些进行改造创意之后可以发挥作用，哪些即或劳民伤财也无法实现旅游作为产业需求必须实现的目标。这就是乡村旅游的美学应用方法论。

有三对矛盾、六个问题需要注意。这是本人从数百个旅游产业经验和教训中总结出来的。它们是"热文化"与"冷文化"、"美文化"与"丑文化"、"奇文化"与"庸文化"。凡是挖掘整理出来的文化是"热文化""美文化""奇文化"，把它变现的可能性就比较大。相反，如果它是"冷文化""丑文化"和"庸文化"，你要把它盘成一个旅游市场热点，就极其难矣，这是有标准的。

## （一）热文化与冷文化

什么文化是"热文化"，什么文化是"冷文化"？很简单。凡是具有震撼性、趣味性、传奇性、观赏性、娱乐性、互动性等特点的文化，我定义为"热文化"，反之就是"冷文化"。比如我担纲创意的《魅力湘西》，所选取的文化就是"热文化"。热文化有市场效益，演出十多年来，一直爆满，连续十年位列中国旅游演艺十大票房收入之一。行业中同样拿湘西文化做的旅游演艺，艺术水准不可谓不高，但是，上演几个月就销声匿迹了。同样是少数民族文化,同样是跳舞、唱歌,同样是爱情,为什么会有不同的市场效果呢? 关键原因,就是在文化的选材以及在文化的创意走向上,没有关注文化中的"热元素""美元素""奇元素",没有将这些"热美奇"的创意放大,因此,失去大众消费欲望,走不下去就不意外了。比如《魅力湘西》中的赶尸。赶尸本身具有一定的震撼性,属于"热文化"。把这种湘西文化的震撼性抽取出来,装进罗荣光爱国主义故事中,一下子就使"赶尸"这个古老的传说成为整场演出的高光亮点。比如《边城》,《边城》是非常静态非常美的东西,做小说没问题,做成舞台作品,有困难。怎么办? 我在原小说中抽取翠翠和傩送两兄弟的爱情故事,强化原来沈从文就设置在他们之间的三角关系,放大那种让人揪心的心疼和谦让,把爱这个难题放在翠翠面前,形成强烈的内心冲突,构成观众汹涌澎湃的情感波澜。把冷文化做热,推高了观众的心理欲求,形成了观赏热潮。

《又见平遥》是艺术性和市场性结合得比较好的旅游演艺作品。作者不但注意如何提升它的艺术性,更注意拓展它的市场性。《又见平遥》整个故事就是围绕镖局展开的,谁都知道镖局的故事就是打打杀杀,打打杀杀看上去也属于热文化,但是,这种热文化由于司空见惯,观众对之产生审美疲劳,容易形成由热而冷、落入常态窠臼的现象。王潮歌避开了打打杀杀,选择了一个让人意想不到的场景:镖局兄弟们要出征了,面临九死一生。为了不绝后,出征之前有一个仪式,给出征的新人找个老婆结婚。这样哪怕战死征途,家族根脉不断。这个点恰恰触及了人类灵魂中最底层的宗法意识,具有普遍性。选哪种女人方能实现留种的需要? 剧中糅进了一些性意识。比如可娶来做种的女人,头发要怎么样、眉毛要怎么样、鼻子要怎么样、肩要怎么样、嘴巴要怎么样、胸要怎么样、腰要怎么样、臀要怎么样、手指要怎么样,由生殖问题导向性问题,由性问题上升到文化问题,打了"擦边球"。这种选媳妇的文化本身就是传统文化中的热点问题。它符合基本道德,又迎合了大众选美的心理欲望。王潮歌巧妙地触碰到了我们文化中潜意识存在的那根神经,轻轻一碰,观众就觉得有意思了。

## (二) 美文化与丑文化

这个比较好理解。符合大众审美心理结构的文化都是美文化,反之就可能是丑文化。美文化自然能吸引大众的注意。比如说我们在雪峰山顶建的加拿大木屋,非常美。海拔一千多米高山上,宇宙星辰,山谷梯田,壮美得一塌糊涂。睡在云上,坐在雾中,品在星空下。这种美的元素成了吸引游客产生消费心理驱动的重要原因。爱美是人之天性。但是,我所讲的美文化,绝不指那些一般性的符合基本审美标准的文化。凡是普通大众耳熟能详的美文化,在文旅融合中,仅属于标配。没有不行,有了也就那样。我讲的旅游范畴中的美文化,必须在独特性、唯一性之上所产生的令人惊艳、惊讶和震撼的美的东西。比如前面提到迪拜的建筑美。在它们产生之初,横空出世的美艳精彩绝伦。它能够产生海啸般的震撼力,对受众形成掳获般的吸附力。所有的名山大川之美,都是独特唯一之美。哪怕有一点重合度,也可忽略不计。例如黄山和张家界就是如此。当然自然景观不由人的意志为转移,但是在品宣中如何抓取美的独特元素,则十分重要。至于乡村旅游的美学应用,更是致命点。在举国之力办旅游的大趋势下,差不多村村寨寨都在"撸起袖子加油干"。邻村、邻镇自然资源和人文资源极为相似,这个时候,就要抓取本村有别村无、别村有本村强、邻村别村本村都有都强等不同前提,创造性地开创新的审美视角,用新的玩法、新的话术、新的业态突出本村的文化个性和文化之美。只有这样,具体的乡村旅游才能在大趋势下保持个性亮点。

### (三)奇文化与庸文化

什么叫奇文化?唯一性、奇异性、独特性、极致性、稀缺性、传奇性的文化叫奇文化。这些文化做成文旅产品,成功率比较高。反之则是庸文化。在我这里,庸文化不是指庸俗的文化,而是指那些司空见惯、习以为常的文化。这种文化在众生的审美反应上已经出现疲劳和麻木,很难产生市场效应。雪峰山有一种瑶族分支花瑶的婚俗,就特别"奇特"。婚俗中,有一个环节,花瑶妹必须拿男子"打油"。"打油"不稀奇,稀奇的是在"打油"时,花瑶妹还要抓一把冒着火星的热灰撒到被打油者的裤裆上。这种独有婚俗,场面非常野性,很震撼,很奇特,十分吸引人的眼球。这就是奇文化,我们把它抓取出来,加以提炼创意并放大,引起游客的猎奇心,形成了非常浓烈的旅游热点。奇文化做成的文旅产品,其吸引力有飓风席卷大地之势。

但是,要注意的是,文化的冷热、美丑和奇庸不是固定不变的,它们的性质常常随时代变化而变化。有的在某个时代是热文化,某个时代又成了冷文化,有的在某个时代是冷文化,在某个时代却是热文化。同时文化的"热度""美度"和"奇度"也不同,有强弱之分。在创意中,我们可以把原来不热、不美和不奇的文化,通过创意为它增加热、美、奇的浓厚程度,形成较强的观赏性和持久的吸引力。只有在美学观念和应用方法关注下的文化,才能转化成生产力,成为优秀的文旅产品。

## 四、旅游美学的根本路径:创意与创异

如何让文化经由应用美学观念和多种方法转化成生产力?根本在创意。创意,教科书上有非常标准的答案,大家可以去看。但在我这里,给出我个人对创意的理解:创意是对传统的叛逆;是打破常规的哲学;是大智大勇的同义语;是智能拓展,需要一种超乎寻常的胆识;是破旧立新的创造;是跳出庐山之外的思维翻飞,是超越自我,超越常规,对旧规范、旧习惯、旧思维、旧手段的撕裂和重建;是创造性的系统工程。所以,创意的最高境界是创异。

### (一)创美异:思维要给一般性事物"萃取"出新美感来

在文旅范畴,美是核心竞争力。不美的产品没有市场,不能持续发展。桂林山水"甲"天下,这个"甲"天下的就是美。千百年来人们纷至沓来,就是奔这个独特之美而去的。黄山如此,华山、泰山也是如此。沙漠中的迪拜,如果没有数十幢美轮美奂的奇美建筑,就不可能成为世界十大旅游目的地。但是,所有成功的旅游地的"美"不是"常美",而是"异美"。

因此,创美异是文旅产业的必胜法宝。如何创美异?不在花重金,而在如何使景区景点中任何一个物件、造型、环境等的打造与众不同,这就需要匠心别致。

所谓创美异,既要和城市景区之美有明显区隔,又必须保持浓郁的乡土气息和农耕文明特色,最后还必须与邻村邻镇的"美"有所不同。要形成张家村就是张家村的、李家寨就是李家寨的美学风格。只有美异,只有保持美的独特性,才能保持发展的持久性。

### （二）创奇异：思维要创造与常规不同的奇异新质

人在创意之初，最容易陷入"先在"窠臼。就是先人或同仁已经创造出来的东西，它们极易成为陷阱，一不留神就会深陷其中而不自知。所以，无论设计的内容还是形式，创意逻辑必须保持高度警惕，要以披荆斩棘的努力，剔除某些"先在"影响，独立地开辟不同于"先在"的东西出来，寻找或者创新对象的奇异新质出来，以此闯出新天地。这点极像胡塞尔的现象学。在创意之初，必须将脑子里关于对象所有解释和概念"悬置"起来，收视反听，和自己"新鲜"的感觉对话，这样往往能够创造出与众不同的奇异新质出来。

### （三）创诗意：思维要超拔现实，打破桎梏，向往远方

所谓"诗和远方"是文旅追求的标高。特别是乡村旅游不可忽略的追求。当下都市有两种"难民"：一种是"心态难民"，一种是"生态难民"。所谓"心态难民"，指的是那些生活在城里被学区房、工资、升级、业务、考核、人际关系等，逼得像蚂蚁一样在热锅上仓皇奔跑、心态疲惫不堪的人群。所谓"生态难民"，指的是生活在光污染、声污染、空气污染、水污染等严重污染的生态环境中的人群。对这些"难民"而言，乡村旅游有时候就能给出"短暂逃离"的机会，仿佛鱼儿在缺氧的池塘里总是要跃出水面透口气。"远方和诗"就成了这些难民"透口气"的心理目标。所以，创诗意是我们做乡村旅游的重要逻辑。更重要的是，海德格尔提出的"诗意地栖居"，应该是人类的终极目标。旅游是为这种目标的实现，提供千姿百态的案例。比如说瑞士少女峰、云南腾冲，那么远的地方，从来不缺游客。诗意和远方一起构成了强大的吸引力，使人江汉朝宗。实现"诗意地栖居"，没有模式，应该百花齐放。

### （四）创快意：思维要沿着心灵快乐的路径挑逗快乐神经

乡村旅游一定要创造性地增强游客的快意。追求快乐是人类动物属性和社会属性交织的最深刻的内容。乡村旅游如何给都市人群提供与城市乐园截然不同的快乐，这是创意思考的底层逻辑。我国农耕文明创造了无穷无尽能够提高快乐值的娱乐项目和理念，这些沉埋在历史烟尘中的内容需要挖掘、整理和继承。更重要的是要对之进行创造性地改造并创意出新的

增强乐感的产品和项目。所谓"寓教于乐"就是抓住人们对有趣快乐的事情有天然兴趣这种天性,把需要传授给人们的观念和思想融汇其中,在潜移默化中实现目标。但是特别要强调的是,创快意既是乡村旅游的手段,更是目标。

### (五)创效异:思维要把墙上美女整成炕上媳妇

冯仑讲过一句话,很有意思:"要把墙上美女整成炕上的媳妇。"语言很生动,意思很明白。说的就是,一切理想、规划、创意都像墙上挂的美女图片,如果不能落地并创造异常的效益,成为"炕上的媳妇",那就永远是挂在墙上的美女,中看不中用。我们所有的创意策划以及规划,说千道万,如果不能付诸实施并且产生效益,那就是很糟糕的事。迪拜是把设计家设计规划的建筑变成了迪拜铺天盖地、美不胜收的具体建筑,一举成为世界十大旅游目的地之一,靠的就是把图纸上的"美"创意设计并落地建造出来。正是这批建筑,构成了迪拜旅游的硬核。袁家村的饮食文化同样是创意落地的经典案例。

以上我从美学角度,对乡村旅游发展提出了一些新观念和新方法,这不是空中楼阁,都有成功案例作为支撑。乡村旅游发展,在有条件的地区,它是乡村振兴的重要杠杆。美学在乡村旅游建设中,是非常重要的不可或缺的一维。失去美学关照的旅游,无趣、无味、无美、无生命的灵动之气,因此也不可持续发展。

# 第二十二讲　中国美好形象的建构与传播①

## 孟　建

主持人语:在人类命运共同体的建构中,中国美好的国家形象的塑造及其跨国界、跨政体、跨语言传播是摆在新闻工作者面前的一项至关重要的使命。孟建教授长期致力于此项研究。他的《中国美好形象的建构与传播》结合自己跨文化传播的理论研究与运作实践,面对存在的问题,提出了努力的方向与做法。存在问题是:跨文化传播尚缺乏多元共生的理念;跨文化传播尚缺乏双向交流平衡模式;跨文化传播尚未形成国际话语表达体系;跨文化传播尚缺乏精准有效的传播方略。提出的对策是:建立多元逻辑、多元共生、多元共识的跨文化传播认识论和方法论;设计多层次、多角度、多方位的跨文化传播立体管道;遵从传播规律,增强跨文化传播的有效性;将构建全媒体传播矩阵作为跨文化传播的重点;注重与国际组织合作共同开展国际文化交流。

首先看《开国大典》,这是我国著名画家董希文先生非常经典的一幅油画,它在传播新中国形象的过程中发挥过很大作用。再看 2008 北京奥运会的宣传图片,当时我带着课题组做过 2008 北京奥运会的整体形象塑造和传播战略研究。再看李子柒的照片,照片中有她的奶奶。李子柒把奶奶这一"情感要素"成功地带入了她的传播情景,有特殊的影响。像李子柒这样的民间网红,对国家形象传播有很大的作用。我把这些不同照片拼在一起,也

---

① 本文是孟建教授分别于 2021 年 9 月 28 日下午在上海政法学院、9 月 29 日下午在上海交通大学闵行校区、9 月 29 日晚上在上海建桥学院、10 月 13 日下午在华东政法大学所做讲座的讲稿。孟建,复旦大学国家文化创新研究中心主任、中国传播学学会副会长。

就是想说，我们既要有高大上的国家活动主场外交，也要有民间李子柒这样的民间网红，共同为我们国家美好的国际形象建构与传播产生合力。

由此我来谈一谈我国国家形象的跨文化传播。国家形象的跨文化传播，主要是指国家形象的各种文化要素在全球社会中迁移、扩散、变动和认同的过程。这个过程是在跨国界、跨政体、跨语言的"三跨"当中实现。这是对跨文化传播本质的认知。这"三跨"，说起来似乎就这几个字，要真正做好，非常不容易。我结合跨文化传播的理论研究与运作实践谈两大问题：一是我们存在的问题与不足，二是我们努力的方向与做法。

首先，谈一下我国跨文化传播中的问题和不足。

我国的国际传播取得了许多成绩，为我国的改革开放提供了强大的国际舆论支持。但我们也要清楚地看到，在国际传播中，特别是跨文化传播中，我们还存在着许多问题和不足，离中央的要求尚有一定的距离。这主要表现在以下四个方面。

第一，跨文化传播尚缺乏多元共生的理念。我们要进一步确立文化多元、文明共生的文化理念，强调文明是多彩的，人类文明因为多样才有交流互鉴的价值，要切实防止在跨文化传播中的"新文化中心主义"。在中国快速发展的过程中，我们常会看到"随着中国的发展和崛起，世界文化的中心正在转向东方、转向中国"这样的论调。这样的论调，看似在为中国的发展进行文化上的"鼓与呼"，但究其实质却是"新文化中心主义"的一种表现。"新文化中心主义"源自"文化中心主义"，特指一些国家或一些民族常将自己的生活方式、信仰价值、行为规范看成是最好的、优于其他国家和民族的倾向，并且将本国家、本民族、本群体的文化模式当作中心和标准，以此衡量和评价其他文化，甚至敌视或怀疑自己所不熟悉的文化模式。这种"文化中心主义"在全球化进程日益加快、媒介化社会持续生成的背景下，正在呈现出一些新的特点，因此被称为"新文化中心主义"。我们要警惕这方面的误区，还是要以习近平主席所讲的"以文明交流超越文明隔阂，以文明互鉴超越文明冲突，以文明共存超越文明优越"作为跨文化传播的基点。我们在承担的国家社科基金重大项目研究中，曾经对"中国威胁论"进行了较为深入的研究。其间，着重研究了美国、日本、印度和欧盟的"中国威胁论"问题。在对欧盟的研究中发现，欧盟的"中国威胁论"问题与另外三个国家的"中国威胁论"有着很大的不同，其中就有一个我们以往忽视的重要方面，即欧洲面对中国的快速发展,非常害怕失去他们昔日"文明中心"的地位。我们在跨文化传播中要注意这一问题,多给他们传递"文明共生、文化多元"的理念,有助于消除与欧洲国家间的疑虑和隔阂,甚至是敌意。

第二,跨文化传播尚缺乏双向交流平衡模式。随着中国的快速发展,加大跨文化传播的力度,进一步提升中华文化的国际影响力极为重要。但在跨文化传播过程中,也要防止走入争夺"文化领导权"的误区,要注意克服"圈层式""救赎式"等误区。这就需要我们以"双向交流平衡模式"进行跨文化传播。意大利著名马克思主义理论家安东尼奥·葛兰西针对无产阶级政党如何对抗资产阶级的文化霸权曾提出了"文化领导权理论"。这一理论主张通过获得文化领导权进一步夺取并巩固其政治上的领导权。如果我们从坚定文化自信、提升国家文化软实力的背景出发,葛兰西的文化领导权理论的确具有启示和借鉴意义。但是,"文化领导权理论"体现在跨文化传播中要特别注意两方面的问题:一是处理好国内文化领导权与国际文化领导权的"内外有别"问题;二是处理好历史国际环境与现实国际环境的"文明对话"问题。在这方面,我们还是要遵循习近平主席讲话的精神:"不同文明凝聚着不同民族的智慧和贡献,没有高低之别,更无优劣之分。文明之间要对话,不要排斥;要交流,不要取代。人类历史就是一幅不同文明相互交流、互鉴、融合的宏伟画卷。我们要尊重各种文明,平等相待,互学互鉴,兼收并蓄,推动人类文明实现创造性发展。"

第三,跨文化传播尚未形成国际话语表达体系。构建自己的跨文化传播话语体系迫切需要提上议事日程,但也要防止跨文化传播走入"自我陶醉、自言自语、自说自话"的误区。要努力学会国际传播表达方式,融入国际话语体系,这绝非只是当下做好跨文化传播的实践问题,其根本上也是跨文化传播的理念问题。比如说,我们实施的"一带一路"倡议,媒体曾经经常使用"抢占'一带一路'的桥头堡(制高点)"等"火药味"极浓的话语,引发了国际上一些不良舆论。而"构建人类命运共同体"就提得非常好。人类命运共同体是作为"国之大者"的重要理念提出来的,在具体实施跨文化传播时,还可以进行进一步地细化,比如"责任共同体""利益共同体"。在伟大的抗疫斗争中,我们提出的"人类卫生健康共同体"就非常及时,棋高一招。习近平总书记在中央政治局第三十次集体学习时指出:"要加快构建中国话语和中国叙事体系,用中国理论阐释中国实践,用中国实践升华中国理论,打造融通中外的新概念、新范畴、新表述,更加充分、更加鲜明地展现中国故事及其背后的思想力量和精神力量。"

第四,跨文化传播尚缺乏精准有效的传播方略。我们在跨文化传播中还存在着"维度单一、层次不分、效果不佳"等诸多问题。进而言之,我们在这方面除去表现有效传播理念的缺失、精准传播路径的偏差以外,媒体组合方式的单一,特别是新媒体运用不够充分,是困扰跨文化传播的突出问题。基于互联网的、基于社交媒体的、基于移动传播的媒体新技术革命的发展,正在越来越多地改变着人们的思维方式、学习方式和生活方式。处在这样一个快速发展的媒介化社会,数字技术加持下的新传播形态,其传播速度和传播范围呈现出数量级优势。移动互联网的发展,使得"所有人对所有人的传播"成为可能,每个人的传播创造力、传播扩散力都得到了前所未有的释放。在海外社交平台上,李子柒、阿木爷爷、弹吉他的小女孩 Miumiu 等,以短视频这种新形态的视听传播方式"破圈"跨文化传播的巨大局限性,其潜力不可小觑。

下面我谈一下我国跨文化传播的理念嬗变与方法创新的问题

针对以上我们在跨文化传播上存在的问题和不足的分析,我认为在跨文化传播理念与方法上需要实施下述转变。

第一,要建立多元逻辑、多元共生、多元共识的跨文化传播认识论和方法论。文明的对话、文明的沟通,必须遵循传播规律。各国、各地区、各民族必须在文明对话中,正确认识并接受文明间的冲突和融合。只有这样,才能推进各种文明的全面进步。中华文化,相对于当今世界仍占主导地位的西方文化来说,是一种异质性的文化,是不同的文明系统。在"我们想讲的"与"他人想听的"二者之间,要学会追求一种平衡,要注意话语系统的对接。在不改变原意的情况下,把中华文化中的词汇翻译成西方现代文化术语,但又不能整个地套用西方术语,否则容易丢弃中华文化的神韵。要学会讲述"共享价值观"。不是传递中国价值观,而是讲述世人共同关心的、与人类命运息息相关的价值观,比如共建"人类命运共同体",打造"人类卫生健康共同体"就具有"共享价值观"的意蕴。在这方面,关于"中国模式"话语的问题可谓是个经典案例。当中国崛起的态势非常强劲时,国际舆论场出现了"华盛顿共识"和"北京共识"之说。国内一些人士一看到西方舆论界在提"北京共识",马上就跟进提出"中国模式"。对此现象,国务院原新闻办公室主任赵启正先生立即警觉地提出:我们要警惕、防止堕入"中国模式"的国际舆论陷阱。他认为,我们多提"中国道路"和"中国经验"为妥,因为不同的意识形态、不同的国家政体、不同的宗教信仰，不可能和我们是一个模式，何况我们也不要求他们效仿这个模式。我们只是走出了社会主义发展的一条道路，取得社会主义发展的一些经验。实践证明，这样的跨文化传播话语的精准使用，是非常具有见地的。

第二，要设计出多层次、多角度、多方位的跨文化传播立体管道。跨文化传播某种意义上来说就是研究文化的不均衡分布以及意义的产生与变异的传播领域。因此，要在以官方沟通管道为主导和官方渠道畅通的前提下，将民间沟通管道作为跨文化传播的重要途径，进一步打造"多元传播主体"，并以多层次、多角度、多方面的沟通方式予以实施。在当下国家大传播格局中，我们要充分认识到跨文化传播视域中的文化"走出去"过程就是传播过程。但是目前存在的问题是，对于这个传播过程，我们没有进行传播主体结构的分析和传播策略的设定。要达到阐释清、传播好深层价值观的目标，"影响有影响力的人"是极为重要的途径。习近平总书记指出："要深入开展各种形式的人文交流活动，通过多种途径推动我国同各国的人文交流和民心相通。要创新体制机制，把我们的制度优势、组织优势、人力优势转化为传播优势。"

第三，要遵从传播规律，增强跨文化传播的有效性。一百多年传播学的历史，要说有红线的话只有一条，那就是要孜孜以求地实现传播的有效性，即"有效传播"。我们当下的跨文化传播要实现从混沌一片、大而无当的"对外""海外""西方"等传播理念向"有明确对象的传播"的重大转向，即要实现从泛众传播到分众传播的转变、从广义社会传播到分层社会传播的转变；努力实现从"多国一策"到"一国一策""一国多策"，甚至是"一人一策"的转变。国内有研究机构针对所要传播国家特定重要人群开展重点研究，这为我们实施"有效传播"奠定了科学的基础，是可取之举。习近平总书记在中央政治局第三十次集体学习时还指出："要采用贴近不同区域、不同国家、不同群体受众的精准传播方式，推进中国故事和中国声音的全球化表达、区域化表达、分众化表达，增强国际传播的亲和力和实效性。"这对我们实施好跨文化传播提出了更具体的要求。

第四，要将构建全媒体传播矩阵作为跨文化传播的重点。面对这场由现代传播技术引发的社会巨变，其实质是一场人类精神交往方式的伟大革命。媒介化社会的真正来临，产生了一系列与媒介相关的重要理论，如"媒介赋权理论""后真相理论""全景监狱理论"等，这些理论是媒介化社会的现实写照和高度抽象。在这样极速变化的态势下，要真正实现好跨文化传播，达到习近平总书记所要求的"努力塑造可信、可爱、可敬的中国形象"，我们就要认清楚当下传播生态发生的巨大变化，构建全媒体传播矩阵，用这样的矩阵实现跨文化传播中受众的传受同构、心理同构。在这方面，一些重要的理论需要重视，如"议程设置理论"。"议程设置理论"现在已经发展到了第三个阶段，即网络传播阶段。这一与时俱进的理论提出了在网络社会高度发展的阶段，要用媒介矩阵来对应"去中心化"后"碎片化"了的受众，甚至要用媒介矩阵寻求受众群体的心理同构。

第五，要注重与国际组织合作共同开展国际文化交流，做好跨文化传播工作。中国快速发展和崛起的现实，早为世界瞩目。在世界各国、各地区关注中国走近世界舞台中央之时，也会让世界一些国家在表面积极应和的同时心存疑虑。在这样的情况下，如果我们常常单独举行国际文化交流活动，特别是很大规模的国际文化交流活动，往往会带来一些猜忌，甚至会引发诸多疑虑和更多非议，我们要尽可能与国际组织进行文化交流与合作，其传播效果将会更好。比如说，2019年亚洲文明对话大会就是和联合国教科文组织联合举办的，数千名中外嘉宾围绕亚洲国家治国理政经验交流、维护亚洲文明多样性、文化旅游与人民交往、亚洲文明传承与发扬的青年责任、亚洲文明全球影响力、亚洲文明互鉴与人类命运共同体构建等议题，共商发展之道，共话合作大计。这次大会化解了很多的非议，取得了很好的效果。习近平总书记指出："要更好发挥高层次专家作用，利用重要国际会议论坛、外国主流媒体等平台和渠道发声。"亚洲文明大会的成功经验可持续发扬光大。

党的十八大、十九大以来，我国的国际传播取得了许多成绩，但是随着我国日益走近世界舞台中央，中国要在全球事务中发挥更大作用，这就需要我们的国际传播为我国的新一轮改革开放创造更好的国际舆论环境。其间，跨文化传播也需要进一步融入这一国际舆论环境建设。从这一意义上来说，我们今天站在"两个一百年"奋斗目标的历史交汇点上来探讨国际传播，特别是跨文化传播这一命题，其特殊的价值是显而易见的。我们面对中央对国际传播建设的新要求，要努力重塑国际传播业务、重整国际传播流程、重构国际传播格局。我们完全有理由深信，屹立于世界东方的中国，必将向世界展示出"中华文化感召力、中国形象亲和力、中国话语说服力、国际舆论引导力"等"四力"俱佳的崭新国际舆论环境。

**图书在版编目(CIP)数据**

中华美育演讲录/祁志祥主编.—上海:上海三
联书店,2024.3
ISBN 978 - 7 - 5426 - 8392 - 2

Ⅰ.①中⋯　Ⅱ.①祁⋯　Ⅲ.①美育-中国-文集
Ⅳ.①G40 - 014

中国国家版本馆 CIP 数据核字(2024)第 014403 号

中华美育演讲录

主　　编 / 祁志祥

责任编辑 / 王　赟
装帧设计 / 徐　徐
监　　制 / 姚　军
责任校对 / 章爱娜

出版发行 / 上海三联书店
　　　　　　(200041)中国上海市静安区威海路 755 号 30 楼
邮　　箱 / sdxsanlian@sina.com
联系电话 / 编辑部：021 - 22895517
　　　　　　发行部：021 - 22895559
印　　刷 / 上海颛辉印刷厂有限公司

版　　次 / 2024 年 3 月第 1 版
印　　次 / 2024 年 3 月第 1 次印刷
开　　本 / 710mm×1000mm　1/16
字　　数 / 330 千字
印　　张 / 20.5
书　　号 / ISBN 978 - 7 - 5426 - 8392 - 2/G・1709
定　　价 / 69.00 元

敬启读者,如发现本书有印装质量问题,请与印刷厂联系 021 - 56152633